지진과 학살 1923~2024

야스다 고이치 지음 · 김태경 옮김

일러두기

1. 이 책은 地震と虐殺1923-2024(中央公論新社, 2024)를 우리말로 옮긴 것이다.
2. 저자 주라고 표시된 것을 제외하고 본문의 주는 모두 옮긴이의 것이다.
3. 일본어의 한국어 표기는 기본적으로 국립국어원의 「외래어 표기법」에 따랐으나 반드시 그렇지는 않다. 예를 들어 센다 코레야千田是也의 경우 '센다가야의 코레안Korean'을 의미한다는 문맥을 살리기 위해 '고레야'가 아닌 '코레야'로 표기했다.
4. 일본에서는 '関東大震災(간토대진재)'라는 표현을 주로 사용하나 한국어로 익숙한 '간토대지진'으로 번역했다.
5. 이 책에는 자료문헌 또는 개인발언을 인용하는 형태로 '불령선인不逞鮮人' '선인鮮人' '삼국인三国人' 등의 차별어와 헤이트스피치가 포함되어 있다. 본래 글자로 남기고 싶지 않은 말이다. 하지만 차별과 편견으로 가득한 지진 시의 사회 상황을 이해하기 위해, 그리고 지금도 계속되는 노골적인 차별의 폭력성을 알리기 위해 굳이 손대지 않고 그대로 기재했다. [저자]
6. 원문의 방점은 본문에서 진한 글씨로 강조했다.

* 이 책은 2025년 대한민국 교육부와 한국연구재단의 인문한국3.0(HK3.0) 지원사업의 지원을 받아 수행된 연구임 (NRF-2025-S1A6B5-A02003693)

지진과 학살 1923~2024

차례

한국어판 서문 … 10

머리말 … 12

제1장 · '묻힌 역사'를 파헤치다: 도쿄 야히로 … 21

1. 도쿄 스카이트리 아래에서 … 24
주택에 끼어있는 추도비/'반준'이 본 지옥도/내무부 통달 「조선인 식별자료에 관한 건」/생사를 가른 '15엔 50전' 발음/자경단 무기로 사용된 쇠갈고리/나라시노 기병 연대가 요쓰기 '진군'/학살을 부추기는 신호/비상시에 터져 나온 차별과 편견/정부는 알면서도 학살을 묵인

2. 유해 발굴을 이끈 어느 교사의 발걸음 … 47
초등교사의 호소로 시작된 아라카와 강변 유해 발굴/조선인은 스스로 개척한 강에서 죽었다/죽음을 향해 가는 순간을 상상하다/「유해를 발굴하고 위령하는 모임」 발족/이 자리에서 사람이 죽임을 당하고 묻혔다/학살 후 경찰에 빼앗겼던 시신/증거 인멸 명령/구사일생 조인승의 증언/몸 구석구석에 밴 학살의 기억/시굴에 접수된 항의 소리/추도비 완성/'실천하는 사람' 기누타 유키에

3. 서민 주택가에 사는 자이니치의 노래 … 73
"나를 죽이지 않는 사람을 늘리기 위해"/재해 때마다 떠도는 헛소문/우토로 지구 방화범의 새로운 '범행 예고'/미성년자를 향한 증오의 화살/대규모 방재훈련과 '삼국인 발언'/시라히게바시 다리에서의 학살/'일본인과 조선인이 싸운 날'/이정미에게 있어 아리랑/'자이니치'가 사는 고향으로 돌아가기

제2장 · 학살을 묻으려는 사람들: 도쿄 요코아미초 공원, 신주쿠 ··· 95

1. 도립 요코아미초 공원에서의 충돌 ··· 98
처참하기 그지없는 육군 피복창 터/센다 코레야의 기억/고이케 도지사 추도문 송부 중지/추도문 송부 중지의 배경/"당신 같은 반일은 이해할 수 없다"/도쿄도가 헤이트 행위로 인정한 「위령제」/지역을 무시한 마을 명칭의 '정치적 이용'/차별 행위를 용인하는 행정

2. 봉쇄된 표현: 〈In-Mates〉 상영중지사건 ··· 115
죽은 자가 되어 항의하기/상영중지로 몰아가기 위한 궤변/"아무것도 드릴 말씀이 없습니다"/'진짜 집 찾아가기'/조선인의 신세타령/터널 속에서 어둠을 보다/"나는 존재 자체가 금기"/가와사키 한인타운의 시작/'자이니치 2.5세' FUNI의 원풍경/100년 전과 무엇이 달라졌는가/학살부정파를 일축한 스기나미 구청장/학살을 '없던 일'로 만드는 사회 속에서

제3장 · 알려지지 않은 '군민공동' 학살: 지바 후나바시, 나라시노, 야치요 ··· 143

1. '영광의 역사'에서 지워진 기록 ··· 146
해군 무선전신소 후나바시 송신소/지진 다음날에는 준비되어 있던 루머 전문/유언비어에 놀아난 후나바시 송신소장/자경단원의 증언/자경단원은 '증거 불충분'으로 불기소/처참한 기억은 남는다/자경단원 사이에서의 '논쟁'/조선인의 '무고'를 확신했던 경찰관/천추불멸의 '원한'

2. 중학생이 쓴 특종: 군에 의한 '조선인 불하' 사실 ··· 165
자경단으로부터 조선인을 지킨 현지 주민/군에 의해 불하된 조선인/어르신의 증언을 파헤치다/후나바시 소학교 '폭탄 소동'/나라시노 기병연대 출동/조선인이 등장하지 않는 '군향' 이야기/수용소에서 조금씩 조선인들이 사라져간다

3. 지진 78년 후 발굴된 유골 … 183

은밀히 진행되어 온 시아귀 공양/15년이 걸린 유해 발굴 설득/유골 6구 발굴/"오늘날의 일본과 일본인을 탓하고 싶지는 않다"/학살범 재판이 열린 요릿집/자경단원 대부분은 집행유예

제4장 · 복합차별이 부른 '후쿠다무라 사건'의 비극: 지바 노다 … 197

사건 해명의 단초가 된 한 통의 전화/생소한 방언 때문에 조선인으로 의심/행상단 고향에서만 구전되어 온 비극/새로운 증언자/피해자는 항상 방치된 채/지역 전체가 범인 가족을 지원/13살이었던 생존자는 가족에게도 사건에 대해 말하지 않았다/60년 이상 지나 말해진 것/세상의 눈총에 '당하다'/차별을 부추겨 온 국가에 대한 분노/덧씌어진 '불령' 이미지/자경단이 시체를 끌고 간 길/후쿠다무라 출신 인사의 첫 사죄/'복합 차별'의 결과/금기이니 더욱/요시다 형사와의 '재회'/게미가와 사건의 전말/"'일본인'이 아니기 때문에 죽임을 당했다"

제5장 · 폭주하는 집단 심리: 사이타마 요리이, 오미야, 진보하라, 혼조, 군마 후지오카 … 239

1. 군중에게 살해당한 엿장수 청년 … 242

조선 엿 의외의 유래/동네에서 인기 많던 엿장수 청년 구학영/루머 정보는 당국이 '보증'/자경단은 '죽일' 생각으로 모여 있었다/자경단과 경찰관의 대치/군중을 선동한 남자의 기막힌 변명/한국에서도 역사의 풍화는 진행된다

2. 학살 선동의 정체 … 256

이 우물물로 쇠갈고리와 낫을 갈았다/살해 연루 자경단원 전원이 집행유예/지역에 있어 목구멍에 박힌 가시/할아버지 수첩에 기록되어 있던 일/판결은 살인죄가 아니라 상해치사죄/국가가 범죄를 유발하고 그 사실을 매장/자경단원들의 약간의 망설임과 당혹감

3. 군마로 가는 이송 길에 ··· 269

영화를 누렸던 제지회사의 잔재/자경단에 습격당한 T형 트럭/군마현 경계 근처 소나무 가로수로/"조선인은 모두 죽임을 당했다"/트럭은 어디로 향하고 있었나/'조선인 가짜 순경'으로 의심받아/단말마의 외침/학살에 참여한 '보통 사람들'/'죄는 술에 있고 사람에 있지 않다'는 궤변/위령비를 건립한 신문기자/사건자료는 어디로 사라졌나/'엄숙한 반성'은 지성에서 살아 있는가

4. 간나가와 강 건너 그곳에서 ··· 293

「군마의 숲」 조선인 노동자 추도비 철거/건립 10년 만에 일어난 '이변'/역사부정운동, 인종차별운동과 연계/'평온'을 어지럽히고 있는 것은 누구인가/추도비 건립의 일등공신 이노우에 데루오/2평짜리 오두막을 거점으로 기지반대 투쟁/후지오카 사건: 지금도 마찬가지인 루머 확산의 메커니즘/경찰서에 들이닥친 폭도/"남자의 자존심으로 물러설 수는 없고"/"사건은 아직 해결되지 않았다"/비석 뒷면에는 죽은 조선인의 이름이/잠자는 아이를 깨우지 말란 의견도/하기와라 사쿠타로의 분노

제6장 · 항구도시에 숨겨진 학살의 기억: 가나가와 요코하마 ··· 317

잿더미로 변한 우아한 거리/"선인은 보면 다 때려죽이라"/다리 난간에 매달린 시체/아이들 작문에 쓰인 광경/관제 헤이트크라임에 대한 공포/연쇄적인 증오와 차별/해안으로 밀려온 대량의 인골/편견으로 가득 찬 교과서 부교재/잇단 역사 부정 움직임/군 보고서에 쓰인 '빨치산'이라는 단어/경찰이 학살 사건에서 수행한 역할/"하룻밤에 전멸하는 참상"/없던 일이 되어 버린 가해 사실/소문은 어떻게 퍼졌는가/약탈을 반복하고 있던 것은 일본인이었다/참극의 기점이 된 헤이라쿠 언덕/"거의 전시상태와 같다"/'호기'로 회자되는 살해/언덕을 다 오르기 전에 살해된 사람들/사법성 조사를 뒤집는 공문서/정부는 학살 사실을 알고 있었다/죽임을 당한 사실을 비석에 새기다/조선인이 쓰루미 경찰서장에게 보낸 감사장/'이용'당한 오카와 쓰네키치 일화

제7장 · 학살을 둘러싼 다양한 풍경: 니가타 쓰난마치, 오사카 히라카타, 한국, 도쿄 가메이도, 후쿠시마 니시고무라 … 387

1. 지진 전년에 일어난 '나카쓰가와 사건' … 390

도망간 노동자에 가해진 '죽음의 제재'/명백했던 언론 통제/일상적인 풍경이었던 현장에서의 학대/조선인은 표적이 되었다/학살에 이르는 '50년 전쟁'/만들어진 조선인 '폭도'상/일본 사회에 각인된 의식

2. 지진 후 오사카에도 루머가 돌았다 … 407

쓰루하시 마을을 휩쓴 레이시스트 집단/헤이트스피치를 외치는 여중생/일본인은 달라졌는가/차별하는 자가 근거로 하는 우월감/자연재해를 이용한 악질적인 증오시위/"화약고를 조선인이 덮친다"/「오사카 시내에도 선인 출몰 빈발」/천지에 이변이 생기면 폭도 의심/'황민화 정책'의 도구

3. 학살희생자 유가족을 찾아 한국에 … 422

'책임'을 다해야 할 사람은 누구인가/할아버지는 후지오카 사건의 피해자였다/남겨져 간다는 생각/그 마을은 조인승의 고향이었다/유골이 없는 유족의 슬픔/"참을 수 없이 분하다"

4. '왕 시티엔 사건'과 '주의자 사냥' … 436

사카사이바시 다리 아래에서/한 병사가 남긴 일기에서/관민일체의 중국인 배척에 저항/대량 학살도 관민일체로/죽이는 쪽과 죽임을 당하는 쪽 사이에 가로놓인 것/왕 시티엔 살해로 끓어오른 중국 여론/지급되지 않은 위자료/학살의 사상은 그 후에도 계속되었다/전쟁과 차별은 불가분의 관계/'네—상'이란 도대체 누구인가/신좌익에게 제기된 '화청투 고발'/남갈노동협회와 교일공제회/지진을 이용한 '주의자 사냥'/"경시청 당국으로서 참으로 면목 없는 바입니다"/"남갈 혼을 영원히 기념한다"/발굴된 오스기 사카에 사인 감정서/아마카스는 2년 반 만에 석방/"오스기 사카에, 노에와 같이, 개와 같이 학살"

5. 진재 에마키를 둘러싸고 … 476

나카야마 경마장에서/심상소학교 학생이 그린 연필화/70년간 수장고에서 잠들어 있던 '기억'/비로소 자리를 찾은 '학살 그림'/인터넷 경매에 나온 학살을 그린 두루마리 그림/기록하겠다는 명확한 의지/후쿠시마 마을에서도 일어났던 학살/'기코쿠'를 둘러싼 탐색/건네받은 기억의 바통

후기 … 496

주요 참고문헌 및 자료 … 504

옮긴이의 말 … 508

한국어판 서문

21세기 들어 줄곧 일본 국내의 '차별' 문제에 천착해 왔다. 사람을 단 하나의 속성만으로 판단해 배제의 대상으로 삼는 혐오 발언Hate Speech을 절대 용납할 수 없어 나도 '반反 차별' 대열에 동참해 왔다.

차별과 편견은 사람을 죽인다. 이 책에서 목이 터지도록 호소해 온 말이다. 간토대지진 때 많은 조선인을 죽인 범인은 지진이라는 자연재해가 아니다. 사람이 사람을 죽인 것이다. 차별과 편견이 쓸데없는 증오를 낳고 살육에 이르렀다. 그렇기에 나는 차별을 미워한다.

그래도 오랫동안 나는 지진 학살에 대해 취재하고 그것을 문자화할 수 없었다. 피해의 범위가 너무 넓고 공식 서류가 흩어져 있으며 비슷한 책도 많고 게다가 지진 학살은 자명하여 이제 와서 다시 조사할 필요성을 강하게 느끼지 않았기 때문이기도 하다. 하지만, 지금은 '자명'하다고는 말할 수 없게 되었다.

역사 부정의 물결이 일본을 덮치고 있다. '애국자'를 자칭하는 자들이 전쟁의 죄과를 "없던 일로" 할 뿐만 아니라 식민주의를 미화하는 얘기를 퍼뜨리게 됐다. 아름다운 이야기로 가득 찬 일본. 강하고 용감한 일본. 옳은 길을 계속 걸어온 일본. 그리고 일본인을 위한 일본. 그런 담론이 지진 학살조차 부정하기에 이르렀다. 그래서 나는 과거의 풍경을 파헤치기 위한 여행을 떠났다. 살육 현장으로, 피해가 파묻힌 채 있는 현장으로, 유골조차 돌아오지 않고 텅 빈 무덤만 있는 한국의 산속으로 발걸음을 옮겼다. 내 눈에 비친 것은 슬프고 견딜 수 없는 과거의 죄과만이 아니다. 증오와 무관용, 배타와 차별로 얼룩진 지금 일본의 모습 또한 뚜렷이 드러난 것이다.

그렇다. 나의 여행은 현재의 일본 사회를 비추는 거울과 만나기 위한 여행이기도 했다. 배외주의가 발호하는 현 상황에서 학살을 다시는 반복해서는 안 된다는 생각을 더욱 강하게 하고 있다.

한국 여러분들이 이 책을 읽을 수 있게 되어 정말 기쁘게 생각한다. 학살 사실을 알았으면 좋겠다. 동시에 그 사실을 잊지 않으려고 필사적으로 투쟁하는 일본 시민이 각지에 있다는 사실도 알았으면 한다. 배타적인 공기를 견디며 기억의 실을 계속 이어가는 사람들도 함께 생각해 주셨으면 한다.

지금 일본뿐만 아니라 세계가 폐쇄적인 내셔널리즘을 강화하고 있다(아마 한국의 일부 여론도 그러한 움직임과 무관하지 않을 것이다). 그런 시대를 함께 사는 인간으로서, 학살의 반성 없는 '가해국'에서 사는 인간으로서 다시 한번 호소하고 싶다.

죽이지 않기 위해
안 죽으려고
안 죽이게 하려고

그러기 위해 나는 앞으로도 계속 쓸 것이고 차별과 편견과 싸울 것이다. 한국 분들과 함께 살아가고 싶다.

야스다 고이치

머리말

이상한 광경을 마주할 때가 있다. 심야의 '노을'이다. 때때로 밤하늘이 붉은빛으로 물든다. 나는 도쿄만 게이요 공업지대에 가까운 동네에 산다. 야간에 콤비나트 굴뚝에서 불꽃이 솟구치면 하늘도 타오른다. 어둠 속에서 인공적인 노을이 펼쳐지는 것이다. 플레어 스택flare stack이라고 불리는데 이 근처에서는 흔히 볼 수 있다. 잉여가스를 굴뚝 끝에서 연소시킴으로써 생기는 현상으로 가스를 정화시키기 위한 조치이다.

지역 주민들에게는 익숙한 광경이지만 처음 본 사람들에게 '심야의 노을'은 비상사태로 여겨질 수도 있다. 게다가 플레어 스택은 지진이 일어났을 때 안전대책으로서 공장이 일시 정지되었을 경우에 발생하는 경우가 많다. 그래서 지진에 의한 가스폭발로 오해를 받는 것이다.

루머가 퍼진다. SNS에서는 사고 발생을 단정 짓는 글이 반복된다. 경찰과 소방 신고도 잇따른다. 이 경우로 한정하면 헛소문을 전파한 사람 모두에게 악의가 있었다고는 생각되지 않는다. 평소와는 다른 상황에서 불안이 증폭되는 것은 누구에게나 있을 수 있는 일이다. 물론 나한테도. 하지만 유언비어는 불필요한 패닉을 일으킬 수도 있다. 비상시에 있어서는 생명에 관계되는 문제이기도 하다. 경시할 수 없다.

밤하늘이 아니라 길거리가 새빨갛게 물든 적도 있는 것이다. 조선인의, 중국인의, 장애인의, 그리고 사회에 '불필요'하다고 여겨진 사람들의 핏빛으로.

루머를 계기로 일본 사회에 선혈이 낭자했던 것이다. 1923년의 일이다. 9월 1일 오전 11시 58분, 사가미만 북서부를 진원지로 하는 매그니튜드 7.9 대지진이 간토 전역을 덮쳤다. 지금과 같은 관측기기는 없었지만 가옥 붕괴 상황 등으로 보아 사가미만 연안지역이나 보소반도 남단에서는 진도 7에 상당하는 흔들림이 있었을 것으로 추정된다.

점심시간이었다. 식사 준비를 위해 불을 쓰는 집도 많았다. 곳곳에서 화재가 발생해 피해가 커졌다. 사망자와 실종자는 10만 5천여 명이라고 한다. 미증유의 대참사이다. 하지만 자연재해 뒤에 또 하나의 '대참사'가 기다리고 있었다.

'학살'이다. 각지에서 유언비어=루머가 퍼졌다. "조선인이 방화했다", "폭동을 일으켰다", "우물에 독을 던졌다" 조선인에 대한 차별과 편견이 이런 유언비어를 만들었다. 이것이 학살의 도화선이 된다. 루머 발생은 지진 직후이다. 경시청 편 『다이쇼 대진화재지大正大震火災誌』(1925년)에서는 유언비어 발생을 시계열로 정리하고 있다. 이에 따르면 지진 발생 1시간 뒤에는 '후지산 대폭발' '더 큰 지진 내습' '도쿄만 연안에 거대 쓰나미'라는 루머가 돌고, 오후 3시에는 이미 '사회주의자 및 선인[1] 방화 다수'라는 헛소문이 난무했다고 한다. 마치 미리 준비되어 있었던 것처럼 이른 단계부터 조선인에 관한 유언비어가 돌았음을 경시청은 기록하고 있다.

한편 경찰관이 유언비어 선동자였음을 증언하는 사람도 적지 않다. 물리학자이자 수필가인 데라다 도라히코는 우에노 니카텐 전시회를 관람하고 돌아오는 길에 들른 찻집에서 지진이 일어났다. 다음날 근무처인 도쿄제국대학 주변 피해상황을 조사하고 귀가하니 아사쿠사에 사는 친척이 피난 와 있었다.

1　조선인朝鮮人을 줄여서 부르는 말로 멸칭이다.

뭐 하나 가지고 나올 틈도 없어 어젯밤은 우에노 공원에서 노숙했는데 순사가 와서는 ○○인 방화자가 배회하니 주의하라고 말했다 한다. 우물에 독을 넣는다든가 폭탄을 던진다든가 하는 여러 뜬소문이 들려온다. 이런 변두리 마을까지도 휩쓸고 다니기 위해서는 도대체 몇 천 킬로의 독약, 몇 만 킬로의 폭탄이 필요할까, 그런 어림짐작만으로도 나로서는 그 이야기는 믿을 수 없었다. (『진재일기에서震災日記より』)

○○ 부분에 '조선朝鮮' 두 글자가 들어가는 것은 물론이다. 여기서 말하는 '어젯밤'이란 지진 당일로 이미 이때부터 순사는 조선인에 의한 방화를 떠들고 있었던 셈이다.

같은 해 10월 28일 〈호치신문〉 석간에는 아케보노초(현재의 혼코마고메) 자경단 대표가 한 「보고」가 게재되어 있는데, 거기에도 지진 당일 경찰관에 의한 루머 유포가 기술되어 있다.

9월 1일 저녁 아케보노초 파출소 순사가 자경단에 와서 "각 마을에서 불령선인不逞鮮人이 살인 방화하고 있으니 조심하라"라고 두 번이나 통지하러 온 것 외에, 다음 2일에는 경시청 자동차가 "불령선인이 각처에서 폭위를 떨치고 있으니 각자 주의하라"라는 선전 삐라를 살포해, 다시 말해 선인에 대해 자경단 등이 폭행을 행할 법한 원인을 제공한 것이다.

이러한 경찰의 '선전 삐라'에 관해서는 비슷한 증언도 존재한다. 프랑스 문학자 나카지마 겐조는 저서 『쇼와시대』에서 다음과 같이 쓰고 있다.

인적도 드문 경찰서 검은 판자 울타리에 커다란 벽보가 붙어 있었다. 거기에는 '경찰서 이름으로 번듯하게 현재 도쿄 시내의 혼란을 틈타 '불령선인' 일파가 도처에서 폭동을 일으키려는 모양이니 시민은 엄중히 경계하라'라고 쓰여 있었다. (중략) 이 벽보 이미지가 오늘날까지 계속 나의 머리에 달라붙어 있는 것이다. (중략) 가구라자카 경찰서 판자 울타리였다. 시간은 지진 다음 날인 9월 2일 낮. 분명히 경찰 이름으로 된 종이였던 이상, 단순한 유언비어라고는 할 수 없다.

비슷한 무렵 요코하마에서도 경찰관이 '불령선인 습격'을 퍼뜨리고 다녔다. 다카시마산(현재의 요코하마역 근처) 고지대로 피난 온 사람들에게 300명이나 되는 조선인이 '방화, 강탈, 강간, 투독投毒'을 하고 있다고 전하며 자경단 결성을 재촉했다.

반복한다. 조선인의 폭동도 방화도 모두 헛소문이다. 전혀 근거가 없는 루머였음은 역사가 증명한다. 폭동과 방화 혐의로 재판에서 유죄 판결을 받은 조선인은 한 명도 없다. 더욱이 이런 이야기에 대해 경시청 자신이 나중에 '유언비어'라고 단언하고 있는 것이다. 그러나 지진 발생 시에는 헛소문에 대해 바로 그 경찰이 보증수표를 내주었다. 조선인의 '위협'을 부추기는 전단을 뿌리거나 경찰서에 내걸고 '불령선인'을 조심하라며 도쿄를 누볐다. 극히 일부 경찰관을 제외하고 경찰은 학살의 선동자가 된 것이다.

지진으로부터 한 달이 더 지난 10월 22일 〈도쿄일일신문〉에는 학살을 부추긴 경찰서장에 대한 독자 투서가 실려 있다. "나는 미타 경찰서장에게 묻는다"로 시작하는 투서는 자신이 자경단을 조직했을 때 서장이 했던 말을 전한다.

"××을 보면 본서로 데리고 와라. 저항하면 ○해도 무방하다." 이 말을 친근하게 귀하로부터 받았다. 그 한마디는 잠꼬대였나? 아니면 근거 없음을 핑계로 기억이 없다고 부정하는가? 어떤가.

가려진 부분은 쉽게 상상할 수 있을 것이다. ××는 선인鮮人, ○는 살殺이다. 10월 후반은 이미 조선인 범죄가 모조리 유언비어였음을 일반 시민들이 알게 된 시기이기도 하다. 투서 주인은 "죽여도 무방하다"는 말에 놀아나 학살에 가담한 것일까? 학살 가해자 중에는 나중에 "포상을 받을 수 있다고 생각했다"라고 재판정에서 말한 사람도 있다. 투서한 사람도 그중 한 사람이었을지도 모른다. '보증수표'를 내준 것은 경찰뿐만이 아니다. 나중에 자세히 다루지만, 9월 2일에는 사이타마현 내무부가 「불령선인 폭동에 관한 건」이라는 통달을 현내 각 관공서에 보내 자경단 결성, '적당한 방책'을 호소했다. 수상한 조선인을 보면 각자 적절한 조치를 취하라는 행정명령이다. 다음 3일에는 내무성 경보국장 명으로 「조선인은 각지에 방화하고 불령 목적을 수행하고자 하여 실제로 도쿄 시내에서 폭탄을 소지」하고 날뛰고 있다는 내용의 전문을 전국에 타전한다.

참고로 2일 도쿄시와 그 주변 5개 군에 계엄령이 포고되었다. 다음 3일에는 도쿄부 전체와 가나가와현에, 4일에는 사이타마 및 지바 두 현에도 포고된다. 그렇다. 유언비어 유포에 절대로 틀림없다고 보증을 선 것은 정부, 국가였다. 당연히 당시 언론도 여기에 가담했다.

「선인 대 폭동 식량부족을 빌미로 약탈 성행」(〈하북신보〉 1923년 9월 3일), 「약 3천명의 불령선인 오모리 방면에서 도쿄로」(동 9월 4일), 「불령선인 광포하기 그지없고 음식물에 독약과 석유를 붓다」(〈북해타임스〉 9월 5일), 「대 화약고 폭파 계획인가 세키가하라 육군화약고 부근에 모이다 불령선인 수백 명」(〈산요신보〉 9월 5일)

있지도 않은 사건이 날조되어 지진 피재지에서 조선인에 대한 살의가 확산됐다. 단순한 가담이었다고 할 수는 없을 것이다. 아무런 근거조사도 없이 당국 발표를 그대로 흘린 저널리즘은 그 역할을 포기한 것이다. 신문 역시 선동자 대열에 있었던 것이다. 나중에 언론은 별다른 사과나 정정 기사를 쓰지 않고 학살 책임을 국가나 관헌, 자경단에 떠넘긴다. 하지만 이미 늦었다. 국가와 지방행정, 군과 경찰, 그리고 언론과 일반 민중이 떼 지어서 덤벼든 결과, 많은 조선인, 그리고 중국인, 사회주의자, 심지어 장애인, 조선인으로 오인된 지방 출신자 등 많은 희생자를 내게 되었다.

그렇다면, 학살 희생자는 어느 정도의 규모에 이르는 것일까? 잘 알려진 것은 한반도 유학생을 중심으로 조직된 「재일본 간토지방 이재조선동포 위문반」에 의한 조사 결과 6,661명이다. 이는 학살된 조선인 수를 기록해 상하이의 대한민국 임시정부 기관지 〈독립신문〉에 발표한 것이다. 「위문반」은 원래 「재일조선동포 피학살 진상조사회」라는 명칭으로 지진 1개월 만에 결성됐으나 경시청은 '학살' 문구가 불온하다며 명칭 변경을 강요했다. 그래서 「위문반」 이름으로 각지를 조사했다. 하지만, 조사는 곤란하기 짝이 없었다. 형사의 미행, 지역에서의 증언 거부나 조사 방해도 다반사였다. 학살 사실은커녕 사체 은폐, 증거 소각 등도 당연했다. 그러한 가운데서 조사한 숫자이다. 또한, 정치학자 요시노 사쿠조는 10월 말 시점에서의 「위문반」 조사를 인용해 희생자 수를 2,613명이라고 전했다.

참고로 요시노는 같은 해 11월 발행 월간지 『중앙공론』에서 「조선인 학살사건에 대하여」라는 논문을 발표. 지진 시 유언비어에 놀아난 민중이 "닥치는 대로 남녀노소 구별 없이 선인을 몰살"했다고 적었다. 한편 당시 사법성이 지진 2개월 후에 발표한 보고서 「지진 후의 형사사범 및 이에 관련된 사항 조사서」에서는 조선인 학살 희생자는 233명으로 했다. 다만 이 보고는 용의자가 판명되고 사건으로서 입건할 수 있었던 케이스의 희생자에만 한정되어 있어 실제 숫자와는 크게 동떨어진 것임은 많은 연구자가 지적하는 바이다. 더구나 군대나 경찰 등에 의한 살상에 대해서는 언급하지 않았다. 보고서에서는 가나가와현 내의 희생자를 불과 2명이라 하는 등 엉터리라고 말할 수밖에 없는 수치가 제시된다. 가나가와현에는 학살에 관한 많은 증언이 남아 있을 뿐만 아니라, 2023년 9월에는 145명의 희생자를 기록한 새로운 자료도 공개되었다(6장에서 자세히 서술). 오히려 주목할 만한 것은 희생자 수를 최대한 억제한 「사법성 보고서」조차 폭동, 방화, 투독投毒 등은 "계획 하에 관련 범죄를 저지른 종적을 인정하기 어렵다"고 모두가 유언비어였음도 인정하고 있다는 점이다. 이런 일련의 기록을 훑어

보아도 한 자리 단위까지 정확한 인원을 파악하는 것은 불가능할 것이다. 그렇기 때문에 2009년 정부 중앙방재회의 「재해 교훈의 계승에 관한 전문 조사회」가 발표한 「1923 간토대지진 보고서」 제2편에서는 "지진 시에는 관헌, 이재민과 주변 주민에 의한 살상 행위가 다수 발생했다" "학살이라는 표현이 타당한 예가 많았다" "대상이 된 것은 조선인이 가장 많았으나 중국인, 내지인內地人[2]도 적지 않은 피해를 입었다"라고 한 다음, 희생자 수를 지진 재해 전체 사망자 10만 명 이상의 "1~수 %에 해당한다"라고 기술한 것이다. 대략 수천 명의 희생자가 있었다는 것이다.

문제는 이런 숫자를 발표하면서도 진상규명을 소홀히 하고 그뿐만 아니라 책임을 일절 인정하지 않는 정부의 태도에 있다. 지진 직후 제국의회에서 나가이 류타로 중의원 의원은 학살 사건에 대해 "정부 스스로 낸 이런 유언비어에 대해 정부는 책임을 느끼지 않는가?"라고 정부를 추궁. 이에 대해 야마모토 곤베 수상은 "현재 조사 진행 중"이라고 대답했다. 하지만, 이후 진상규명이 '진행'된 흔적도 책임을 명확히 인정한 사실도 없다.

간토대지진 100년을 맞이한 2023년 국회에서는 지진 시의 학살을 둘러싸고 스기오 히데야, 후쿠시마 미즈호 두 참의원 의원이 100년 만에 정부의 책임을 추궁하는 질문을 했지만, 이에 대해 정부는 "조사했지만 기록이 눈에 띄지 않는다", "앞으로도 새로운 조사는 생각하고 있지 않다"라고 답변. 어떻게 보면 정부는 은폐와 책임 회피라는 점에서는 일관하고 있다. 이런 무책임한 태도는 일본 사회에서 학살의 기억을 지워버릴 뿐만 아니라 새로운 학살까지 불러올 수 있다. 결코 과장된 이야기가 아니다. 최근 자연재해가 일어날 때마다 간토대지진 때와 마찬가지로 차별 루머가 떠돌고 있기 때문이다. 단순한 재미로 하는 투고인지, 또는 진심으로 그렇게 믿고 있는 것인지, 아니면 주목을 끌고 싶을 뿐인지, 루머 발신의 의도는 다

---

2   일본인을 가리킴. 당시 일본 제국은 본국과 식민지를 '내지內地'와 '외지外地'로 구분했다.

양할 것이다. 하지만 공통된 점은 차별과 편견으로 똘똘 뭉친 자들에 의한 '범행'이라는 것이다.

이 책에서도 반복적으로 나오지만, 학살은 결코 지진 때의 혼란만을 이유로 일어난 것이 아니다. 지진은 하나의 계기일 뿐 살의를 발동시킨 것은 바로 차별과 편견이다. 그렇기에 일본 사회는 간토대지진 학살을 교훈으로 삼아야 한다. 유언비어의 근원에 있는 차별 및 편견과 사회가 결별해야만 한다. 차별과 편견 앞에 학살이 있는 것이다. 죽이지 않기 위해. 안 죽으려고. 안 죽이게 하려고. 그리고 사회를 망치지 않기 위해. 그런 생각으로 나는 '지진 100년' 아니 '학살 100년'의 현장을 돌았다. 저마다의 풍경 속에 떠오른 것은 100년 전 참사와 현재 위태로운 사회의 모습이다. 그리고 다시 한번 생각했다. 밤하늘이 아니라 거리가 시뻘겋게 물드는 광경은 절대 보고 싶지 않다. 그런 사회가 되도록 그냥 둘 수는 없다.

경칭은 생략했다. 연령은 특별히 밝히지 않는 한 취재 시 나이이다. 본문 내 사진에서 촬영자 이름이 따로 없는 것은 저자가 촬영한 것이다. 이 책에는 자료문헌 또는 개인발언을 인용하는 형태로 '불령선인不逞鮮人' '선인鮮人' '삼국인三国人' 등의 차별어와 헤이트스피치가 포함되어 있다. 본래 글자로 남기고 싶지 않은 말이다. 하지만 차별과 편견으로 가득한 지진 시의 사회 상황을 이해하기 위해, 그리고 지금도 계속되는 노골적인 차별의 폭력성을 알리기 위해 굳이 손대지 않고 그대로 기재했다.

제1장

'묻힌 역사'를 파헤치다
: 도쿄 야히로

아라카와 강변에서 요쓰기바시 다리를 바라보다

1. 도쿄 스카이트리 아래에서

주택에 끼어있는 추도비

아라카와 강둑에 서다. 하늘은 황혼을 놓아주려 하고 있었다. 얼마 전까지 석양으로 새빨갛게 물들어 있던 강변의 풍경이 그림자처럼 녹아든다. 바람이 밤의 냄새를 날라 왔다. 슬슬 돌아갈까? 그렇게 생각하고 강둑과는 반대 방향으로 돌아보니 희미하게 빛나는 빛의 기둥이 보였다. 도쿄 스카이트리이다. 황혼의 하늘에 조명으로 반짝이는 모습이 뭔가 동떨어져 보인다.

그날 나는 스카이트리의 바로 아래, 도쿄 지하철 오시아게역에서 여기까지 걸어왔다. 2023년 초여름이었다. 스카이트리 주변은 관광객들로 붐볐다. 기념품 가게와 음식점, 자립식 전파탑으로는 세계에서 가장 높은 경치를 자랑하는 전망대 엘리베이터는 장사진을 이루고 있었다.

나는 역 앞을 빠져나와 변두리의 주택가를 지나 히키후네가와 거리라고 불리는 길을 따라 아라카와 둑의 제방에 도착했다. 내가 걸었던 히키후네가와 길은 이름이 나타내듯이 같은 이름의 하천이 흐르고 있었다. 1960년대 중반까지는 물고기가 헤엄치는 모습도 볼 수 있을 정도로 맑았지만 고도경제성장기를 지나며 악취가 풍기는 뿌연 물이 되었다. 인근 공장에서 나오는 배수가 흘러들어 시커먼 띠가 마을을 반으로 나눈 것처럼 밖에 보이지 않았다고 한다.

현재는 대부분 매립되어 거리 명칭으로 '히키후네가와'가 남아있을 뿐이다. 작은 공장이나 주택이 늘어선 변두리 어디에나 있는 생활도로의 풍경으로밖에 보이지 않는다. 히키후네가와 거리의 종점 근처에는 아라카와의 강둑길에 위치하는 게이세이 전철 야히로역이 있다. 나는 역 앞에서 제방 아래 오솔길을 강 상류 방향으로 나아갔다. 주택에 낀 자그마한 공간에 그것이 서 있다.

'悼(도)'라고 표면에 새겨진, 높이와 너비 모두 1m 남짓한 비석. 간토대지진 직후 발생한 조선인학살 추도비이다. 분홍빛 수국이 비석 아래에서 화사한 꽃을 피우고 있었다. 나는 이 장소를 방문할 때면 항상 그러듯이 고개를 푹 숙였다. 형식적이고 의례적이라고나 할까 너무 뻔한 방식이지만, 그렇다고 잠자코 지나칠 수도 없어 내 나름 최선의 예를 다한다.

죄송합니다. 또 쓸게요.

죄송합니다. 또 꽃 사오는 걸 잊었네요.

죄송합니다. 여전히 일본은 이런 나라입니다.

가슴속에서 중얼중얼. 거품이 터져 사라지듯 띄엄띄엄 말을 되새기며 비석 위에 살짝 손을 댄다. 가나가와현 산의 희소한 천연 네부카와이시 돌은 부드러운 촉감이 특징이다. 용암류가 굳어 생긴 만큼 상상력을 최대한 발휘하면 모종의 열을 느낄 수도 있다. 거기에는 인간의 억울함이, 존엄이, 슬픔과 고통이 갇혀 있으니.

추도비 뒷면에는 다음과 같은 문구가 적혀 있다.

1923년 간토대지진 때 일본의 군대·경찰·유언비어를 믿었던 민중에 의해 많은 한국·조선인이 살해되었다. 도쿄 주택가 일대에서도 식민지하의 고향을 떠나 일본에 와 있던 사람들이 이름도 모른 채 소중한 목숨을 빼앗겼다. 이러한 역사를 마음에 새기고 희생자를 추모하며 인권의 회복과 양 민족의 화해를 기원하여 이 비석을 건립한다.

1923년 간토대지진 직후 이곳은 조선인 학살의 '현장'이 됐다. 당시 야히로역은 '아라카와역'이라는 이름으로 개업하고 약 2개월이 경과 한 때였다. 역 남쪽으로부터 강 건너의 가쓰시카구를 향해서 '요쓰기바시' 다리가 걸려 있었다(현재의 다리는 국도 6호선으로서 역 북쪽으로 옮겨져 있다). 요쓰기바시는 재해 1년 전에 완성된 다리로 대지진에서도 붕괴되지 않았다. 다리 아래 아라카와 강변은 불길을 피해 밀려든 피난민으로 뒤범벅이 되어 있었다.

'반준'이 본 지옥도

이 일대에서 학살을 목격한 인물의 증언이 기록되어 있다.

"아비규환의 지옥도였다."

그런 말을 남긴 것은 '아자파―アジャパアー'라는 유행어로 일세를 풍미한 쇼와기의 코미디언, 반준バンジュン이라고 불린 반준 자부로이다. 그 무렵 아직 15살. 고향인 야마가타를 나와 사이타마현 구마가야시에 사는 형과 함께 생활하다 형제 사이가 나빠져 집을 나와 상경한 지 얼마 되지 않았다.

지진이 몰고 온 연기에 쫓겨 도착한 곳이 요쓰기바시이다. 당시 다리 주변에는 토란밭이 펼쳐져 있었다. 지칠 대로 지친 그는 풀밭에 주저앉는다. 주위는 피난민으로 가득 차 있었다.

거기에 "조선인들이 폭동을 일으켰다"는 소문이 돌았다. "조선인을 잡아라." 흥분한 어른들이 연달아 외쳤다. 안색이 바뀐 그들은 어디론가 달려갔다. 그리고 다음날 아침 반준이 본 광경이야말로 '아비규환의 지옥도'였다. 『반준의 아자파― 인생: 예도·색도 50년』에서 그는 다음과 같이 술회하고 있다.

조선 사람으로 보이는 시체가 무수히 땅바닥에 뒹굴고 있다. 이 새끼ㄱ/ヤ口―, 이 새끼라며 그 시체의 머리를 돌로 찧어 엉망진창으로 망가뜨리고 있다. 살아 있는 조선 사람을 잡으면 등을 칼로 내리친다. 남자는 털썩 쓰러진다. 처음엔 흰자처럼 보였던 상처에서 얼마 지나지 않아 붉은 피가 쏟아진다. 나는 그것을 목격하고는 몸을 떨었어.

그러는 사이 영화관으로 조선 사람이 도망갔다며 떠들고 있다. 다 같이 쫓아다닌다. 조선 사람은 견딜 수 없어 지붕으로 도망친다. 그걸 아래에서 엽총으로 탕탕 쏴

도쿄 야히로의 주택가에 세워진 추도비

서 떨어뜨린다. 그 시체를 겨냥하여 군중이 쇄도한다. 손마다 든 돌을 시체를 향해 던진다. 시체는 금세 벌집처럼 엉망진창이 되고 만다.

요쓰기바시 다리 밑에서 인간은 '엉망진창'이 되었다. 이곳은 인간이 '망가진' 장소였다. 반준 외에도 요쓰기바시에서의 기억을 증언하고 있는 사람은 적지 않다.

"정말 잔인하게 죽였어."

그렇게 회상하는 것은 '아오키(가명)'라는 인물이다. 『바람아 봉선화의 노래를 전해줘: 간토대지진·조선인학살·추모의 메모』에 기록되어 있는 그의 증언에서 일부를 인용한다.

(자경단이 조선인을) 죽창으로 찌르거나 쇠막대기로 찔러 죽였어요. 여자, 그중에는 배가 부른 사람도 있었는데 그냥 찔러 죽였습니다. 내가 본 걸로 삼십 명 정도 죽였어요. 아라카와역(현재의 야히로역) 남쪽 둑이었지. 죽인 뒤에는 소나무 장작을 가져와 시체를 쌓고 석유를 뿌려 태웠습니다.

죽였다. 그리고 불태웠다. 조선 사람이니까. 단지 그런 이유로 마치 벌레가 짓밟히듯 많은 사람이 목숨을 빼앗겼다. 여러 증언과 기록을 통해 당일 밤 이후 지진 재난지역 일부에서 유언비어가 유포되었음을 알고 있다. 조선인들이 폭동을 일으켰다. 조선인이 우물에 독을 던졌다. 그런 근거 없는 무책임한 소문이 난무했다. 조선인은 일본의 '적'으로 인식됐다.

내무부 통달 「조선인 식별자료에 관한 건」

아이들에게도 어른들이 품는 증오는 공유됐다. 당시 제2 이와부치 심상소학교[1] 5학년이던 가와시마 이치로도 다음과 같은 작문을 남겼다.

요쓰기에 피난 갔을 때도 선인鮮人이 왔다며 자꾸 소리가 나서 놀라게 되는 그런 때, 비명 소리에 나는 아버지의 칼을 뽑으려고 한 적도 적지 않았다. 둑에 올라가 보니 선인이 군인에게 쫓기며 비명을 지르는 것도 들렸다. (『간토대지진 조선인 학살의 기록』)

미워해야 할 '선인'. 쓰러뜨려야 할 '선인'. 소년은 그 이유조차 생각하지 않고 아버지에게 가세하고 싶었을 것이다. 어린 증오는 더욱 계속된다.

내가 크면 군인이 되어 저 밉살스럽고 잔혹한 조선인을 모두 죽여 버릴 생각이지만, 저렇게 소리를 지르는 것을 보고 있으면 왠지 귀여워진다.

마지막 '귀여워진다'는 '불쌍하다'에 가까운 의미일 것이다. '모두 죽여 버릴' 생각을 하며 소년의 마음은 약간 흔들리고 있었다. 하지만 어른들의 폭주는 멈추지 않는다. 이 지역에서도 자경단이 조직되어 조선인에 대한 폭행과 살육이 반복되었다.

사업가 미나미 기이치는 그 무렵 인근 데라시마 지구(현재의 무코지마)에서 글리세린 공장을 경영하고 있었다. 지진 재해 직후는 자경단장도 맡았다. 데라시마 경찰서는 그에게 폭동을 일으키려는 자가 있으니 "확실히 부탁합니다"라며 엄중한 경비 체제를 요청했다. 『중앙공론』(1964년 9월호)에 미나미는 다음과 같은 수기를 쓰고 있다.

조선인이 습격한다는 소문이 나면서 경찰서의 명령으로 자경단은 각자 호신용 철

---

1   지금의 소학교(한국의 초등학교)에 해당한다.

봉, 죽창, 천칭 막대를 지니게 되었다. 밤이 되자 자경단은 도로에 방울 달린 밧줄을 둘러쳤다. 방울 소리가 울리면 뛰쳐나가 "이놈아, 조선 사람이지, 사시스세소 サシスセソ, 바비브베보バビブベボ를 말해 봐"라고 소리쳤다. 이 소동으로 살해된 조선인이 꽤 많았다.

지진으로 폐허가 된 간토 일대에서는 이런 광경을 곳곳에서 볼 수 있었다. 무기를 든 자경단원들은 패거리를 짜고는 오가는 사람들을 검문했다. 이들은 조선인으로 의심되는 사람에게 정확한 일본어를 말하도록 강요했다. '사시스세소' '바비브베보' 또는 '주고엔 고짓센'. 청음과 탁음의 구별이 명확하지 않은 한국·조선어의 특성상 '바비브베보'도 '주고엔 고짓센じゅうごえんごじっせん'도 조선인에게는 발음이 어렵다. 또한 비록 정확한 발음이 가능하다고 해도 자경단이 의심한 인간에게는 기미가요를 노래하게 한다든지 하는 등의 검사가 반복되었다. 당사자에게는 굴욕이라고도 할 수 있는 이러한 '구분법'은 실은 정부가 '발안'하여 한층 더 선동한 것이기도 하다.

1913년 당시 치안총수인 내무성 경보국장은 「조선인 식별 자료에 관한 건」을 각 부현 본부에 송달했다. 말 그대로 조선인을 구분하는 법을 제시한 것이다. 경찰, 관공서 창구에서 조선인을 식별하기 위한 노하우가 적혀 있다.

예를 들면 다음과 같다.

"키는 내지인과 별 차이 없으나, 자세가 바르고 허리가 구부러지거나 새우등인 자 적음"

"모발은 부드럽고 숱이 적으며 머리는 아랫방향으로 자라는 자 많음"

"치아는 어려서부터 소금으로 닦아 하얗고 가지런하며 충치가 적음"

"발음하는 데에 탁음(가기그게고ガギグゲゴ)을 가장 어려워함"

자세가 바르고 모발이 부드럽고 치아가 희면 조선인이 틀림없다는 엉성한 서술은 물론 이러한 식별 자체가 바로 '차별과 편견'이다. 더구나 이를 작성한 것이 치안당국이다. 조선인을 향한 당국의 왜곡된 시각과 차별선동의 목적이 잘 드러나 있지 않은가. 더구나 이 매뉴얼은 목적대로 민중들 사이에 침투했다.

생사를 가른 '15엔 50전' 발음

중요한 것을 처음에 말해 두고 싶다. 당시 일본 사회 일부는 조선인을 '어떤 일을 저지를지 모르는 사람'으로 간주하고 있었다. 즉 국가 권력에 의해 테러리스트 예비군인 것처럼 자리매김 되었던 것이다.

「15엔 50전」이라는 제목의 시가 있다. 프롤레타리아 시인으로 알려진 쓰보이 시게지의 작품이다. 이 장편 시에서는 대지진 직후의 조선인 학살이 시인의 경험을 바탕으로 그려져 있다. 우에노에서 재해를 입은 쓰보이는 도쿄 시내를 돌아다녔다. 길거리에 조선인들의 악행을 떠도는 유언비어가 난무했다. 그도 "구경꾼에 둘러싸여/쇠갈고리를 등에 두들겨 맞고/스스로의 핏덩이 속에 쓰러져가는/조선 인부풍의 사내"를 눈앞에서 봤다.

고향 쇼도시마로 돌아가기 위해 다바타역에서 피난 열차에 탑승한 것은 9월 5일 아침이었다.

> 여기서도 야만적인 눈이 번쩍번쩍 빛나고 있었다./— 이 안에도 주의자나 선인들이 숨어 있을지도 모르지!/꼼짝도 할 수 없는 차 안에서의 이 지껄임에/나는 가슴속에 못이 박히는 느낌이 들어/무의식적으로 깊숙이 눌러쓰고 있던 모자챙을 더욱 깊숙이 끌어 내렸다.

쓰보이가 모자를 푹 눌러쓴 것은 당시로서는 보기 드문 장발이었기 때문이다. 장발은 사회주의자들의 '표식'이었다. 기차 안에 총검을 든 병사들이 들어왔다. 이들은 차 안을 '검색'하면서 승객 한 명 한 명의 얼굴을 노려보고 있었다. 병사의 시선은 쓰보이 옆에 앉아 있던 작업복을 입은 남자에게 향했다. 화난 목소리가 차내에 울렸다. "15엔 50전 말해봐!" 호통을 맞은 남자는 당황하면서도 유창한 말로 "주고엔 고짓센"이라고 대답했다. 병사들은 "좋아!"라고 소리치고는 그 자리를 떠났다. 쓰보이는 만약 그 남자가 조선인이었다면 하고 상상한다.

만약 그 작업복이 조선 사람이었다면/(중략) '쥬코엔 코칫센ヂュウコエンコチッセン'이라고 발음했다면/그는 그 자리에서 바로 끌려갔을 것이다.

또한 조선인이라는 단지 그 이유만으로 죽임을 당한 자들을 생각한다.

나라를 빼앗기고/말을 빼앗기고/마지막으로 생명까지 빼앗긴 조선의 희생자여/나는 그 수를 헤아릴 수 없다.

자네들을 죽인 것은 구경꾼이란 말인가/구경꾼에게 죽창을 들게 하고 쇠갈고리를 쥐게 하고 일본도를 흔들어대게 한 것은 누구였는가/'자브통ザブトン'이라는 일본어를/'사프통サフトン'이라고 발음했기 때문에/칙어勅語를 읽으라는데/그것을 읽을 수 없었기 때문에/단지 그때문에/무참히 죽음을 당한 조선의 동료여.

쓰보이는 이해하고 있었던 것이다. 진짜 '하수인'을. "구경꾼에게 죽창을 들게 하고 쇠갈고리를 쥐게 하고 일본도를 흔들어대게 한" 자를. 그것은 총검을 든 병사, 즉 '일본'이라는 존재였다. 결과적으로 이를 위해 이용된 것이 조선인을 식별하기 위한 매뉴얼이었다. 처음에는 관헌이나 관리에게만 배포되었던 것이 어느새 사람들 사이에도 알려져 '15엔 50전'의 발음이 하나의 기준으로서 기능하게 되었다. 그것이 생사를 갈랐다. 조선인임을 자경단이 결론내리면 가차 없이 칼이 내려앉았다. "선인이다!" 그런 외침과 함께 피가 흥건하게 흘렀다. 피해자 중에는 조선인으로 오인해 살해된 일본인도 적지 않다. 모두 표준어를 말할 수 없는 도호쿠나 오키나와 등 지방 출신자였다.

자경단장이면서도 앞서 나온 미나미 기이치는 살육 행위에는 참가하지 않았다고 한다. 그 잔학행위에 의구심을 느꼈을 것이다. 인근 전선공장에는 많은 조선인들이 일하고 있었다. 미나미는 이들 조선인 노동자가 폭도들에게 죽임을 당할 것을 염려해 구해낸 일도 수기에 적고 있다. 덧붙여서 미나미의 친동생인 요시무라 고지(노동운동 활동가)는 지진으로부터 이틀 후인 9월 3일, 노동쟁의로 적대관계에 있던 가메이도 경찰서에 잡혀 살해되었다(제7장에서 후술하는 가메이도 사건). 그것을 계기로 미나미는 당시 비합법이었던 일본공산당에 입당, 그 후 약 5년간 당 활동가로 활동한다(나중에 체포되어 옥중 전향).

자경단 무기로 사용된 쇠갈고리

『중앙공론』 같은 호에는 역시 이 근처에 살았던 작가 사타 이네코의 증언도 실려 있다.

사타는 당시 니혼바시의 '마루젠 서점'에서 일하고 있었다. 출세작이 되는 「캐러멜 공장에서」가 간행되기 5년 전의 일이다. 일하는 중에 지진이 일어났고 데라시마에 있는 집까지 걸어서 돌아왔다. 집에 돌아오자 남동생이 쇠갈고리를 건넸다. 이것으로 조선인으로부터 몸을 지키라는 것이었다. 그날 밤 사타는 쇠갈고리를 안고 앉은 채로 아침까지 지냈다고 한다. 인근에서는 학살이 시작되고 있었다.

'아라라라'라고 들리는 높은 외침은 조선말처럼 들린다. 죽도로 격렬하게 서로 치고받는 듯한 소리도 들린다. 조선인이 혼란을 틈타 폭동을 일으켰다는 이야기를 의심할 힘도 없으니까, 공터 주위의 고함소리나 서로 치고 받는 소리를 조선인과의

싸움이라고 생각했다. (중략) 근처의 시궁창에 엎드려 있던 것은 마을 주민들에게
죽임을 당한 조선인의 시체였다.

　일본공산당에 입당했고(전후에 노선 대립으로 제명됨) 프롤레타리아 작
가로도 잘 알려진 사타 이네코조차 당시에는 루머를 믿고 일방적인 살육
을 '조선인과의 싸움'으로 여기고 있었다. 그 무렵 사타가 근무하고 있던
마루젠 서점에는 양복 차림에 중절모라는 멋쟁이 단골손님이 있었다. 여
성 점원들의 주목을 받고 있던 그 남자, 아나키스트 오스기 사카에도 2주
후에 헌병에게 끌려가 살해되었다(오스기에 대해서는 제7장에서 자세히
기술함).
　사회는 광기로 가득 차 있었다. 지진은, 아니, 일본 사회는, 살아남은 자
들에게도 불합리한 죽음을 주었다. 참고로 사타가 동생으로부터 건네받았
다는 쇠갈고리는 조선인 학살 조사를 통해 여러 차례 관련 문헌과 증언에
등장하는 자경단의 대표적인 무기로 밝혀졌다. 쇠갈고리란 이름 그대로 솔
개의 부리와 비슷한 형상을 한 철제 이삭 끝을 긴 자루 끝에 붙인 것이다.
예를 들어 통나무 등 목재의 이동이나 가옥의 해체 등에 이용된다고 한다.
나도 손에 쥔 적은 한 번도 없고 본 적도 없다. 어설픈 지식에만 의지하는
것도 그래서 집 근처 일용 잡화점을 가보았다. 판매되고 있다면 구입하고
싶다고 생각했다. 무기로 사용할 생각은 물론 없지만, 그래도 만져보지 않
고는 언급할 자격이 없는 것처럼 느껴졌다.
　"저기, 쇠갈고리는 어디에 있습니까?"
　내가 그렇게 묻자 초록색 앞치마로 단장한 잡화점의 젊은 남자 점원은 의
아한 표정을 지으며 내 얼굴을 응시했다.
　나는 같은 질문을 반복한다.
　"쇠갈고리입니다. 이 가게에 있습니까?"
　"쇠…… 다시 한번 말씀해 주세요."

“쇠갈고리입니다.”

“그것은 어떤 물건일까요?”

쇠갈고리를 모른다고 해서 이 젊은 점원을 나무랄 생각은 전혀 없다. 애초에 나도 잘 몰랐던 것이다.

“긴 막대 끝에 칼날이 붙어있는 것 같은 놈입니다.”

묻고 있는 나의 지식도 어휘도 그 정도였다.

점원은 조금 생각에 잠겨, 그리고 뭔가를 생각해 낸 듯이 “아, 알겠습니다!”라고 힘차게 대답했다. 따라오라는 듯이 점원은 가게의 안쪽을 향해 나아간다.

안내된 장소에는 확실히 ‘긴 막대의 끝에 칼날이 붙어있는’ 것이 상품 선반에 다수 줄지어 있었다. 맞아, 이거다. 이거. 나는 진열되어 있는 물건 중 하나를 집어 들었다.

벌초 낫. 상품에는 그렇게 적혀 있었다. 응? 낫? 확실히 긴 막대기다. 끝에 날이 달려 있다.

같은 코너의 비슷한 상품도 살펴보았다. ‘편안한 긴 자루 풀베기’, ‘예초기 낫’. 모두 ‘긴 막대기’이지만 모두 ‘낫’이다. ‘선 자세로 손쉽게 제초’라는 문구가 있는 이상, 어디까지나 벌초용의 낫일 뿐이다. 이래서는 통나무를 이동시킬 수도 가옥을 해체할 수도 없을 것이다.

나는 돌아가려던 점원을 다시 한번 불러 세웠다.

“죄송합니다. 이건 낫인데요. 쇠갈고리는 아닌 것 같아요.”

“다른가요?”

“네, 아닌가 봐요.”

“뭐에 쓰는 건가요?”

“건물 벽을 부수거나 통나무나 참치 같은 것에 걸어서 운반하는 것 같은… 그런 거라고 들었습니다”.

“아, 그렇군요.”

　점원은 그렇게 중얼거리면서 '편안한 긴 자루 풀베기'의 끝을 손가락으로 만지며 "참치 정도라면 잘될지도 모르지요."라고 혼잣말처럼 중얼거렸다. "그러네요."라고 나도 무심코 동조했다.

　점원은 쇠갈고리가 어떤 한자인지를 나에게 묻고는 스마트폰으로 상품 검색을 했다. 결론부터 말하자면, 쇠갈고리는 상품으로서 존재했다. 다만 수요가 거의 없기 때문에 따로 '주문'하거나 인터넷 통신판매에서만 취급된다고 한다. 게다가 가격은 1만 엔이 넘었다. 단념한 채 가게를 나섰지만, 후일 후쿠다무라 사건(제4장에서 후술)의 필드 워크에 참가해 겨우 현물을 만질 수 있었다.

　낫과의 차이점은 끝이 얄팍한 '칼날'이 아니라 두께를 가진 철제의 날카로운, 그야말로 '부리'였다는 점이다. 즉 '자르다' '베다'를 위한 것이 아니라 '찌르다' '부수다'를 위한 용도로밖에 생각할 수 없는 형상이었다. 끝의 두께로 생각하면 아주 못 쓸 것은 아니지만 벌초에는 적합하지 않다.

　평소 알고 지내던 신문기자로부터 "쇠갈고리가 전시돼 있다"는 말을 듣고 도쿄 신주쿠구에 위치한 소방박물관을 방문하기도 했다. 도쿄 소방청이 홍보·교육 시설로서 운영하는 시설이다. 소방 관련 자료, 서적뿐만 아니라 에도시대부터 현재에 이르기까지의 소화도구, 각종 장비, 심지어 소방헬리콥터의 실물까지도 전시되어 있다.

　'소방의 새벽'이라고 이름 붙여진 5층에 그것은 있었다. 에도시대 소화도구의 하나로서 사람 키 정도 되는 긴 쇠갈고리와 자루 부분이 50센티 정도 되는 쇠갈고리가 전시되어 있었다. 에도시대에는 화재 때 연소 방지를 위해 가옥의 벽을 떼어내는 등의 작업에 사용되었다고 한다. 이것을 '파괴소화'라고 한다(참고로 현재의 소화 작업은 주수注水 소화라고 불리는 것 같다). 지금도 소방단에 의한 소방조법 대회에서 사용되는 일이 있다고 한다.

　가옥의 파괴, 그것이 쇠갈고리의 주된 용도임을 생각하면 학살의 '사상'이 비쳐 보인다. 조선인은 '사람'으로서 취급받지 못했다. 아니 '사람'임이 부정되었다. 존엄성도 인정받지 못하고 죽임을 당했다. 가옥을 부수듯 목재를 이동시키듯 쇠갈고리로 질질 끌려가 혼이 함께 베어졌다. 그래, 바로 '파괴' 그 자체였다. 사람이 사람을 '엉망진창으로' 만든 것이다. 그것은 목숨을 빼앗은 측이야말로 '사람'임을 방기한 결과였다. 망가져 있던 것은 학살자 측의 영혼이었다.

참고로 소방박물관은 소방 장비의 변천이 알기 쉽게 전시되어 있어 그 방면에 대한 관심이 특별히 없어도 충분히 즐길 수 있는 시설이다. 입장료가 무료인 것도 기쁘다. 다만 간토대지진의 화재 피해에 많은 공간을 할애해 두면서도 유언비어에 의한 '인재'에 대해서는 전혀 언급하지 않고 있다. 방재라는 관점에서 인명의 고귀함을 호소하고는 있지만 루머나 차별이 부추긴 인재는 무시되고 있는 것이다. 더욱이 행정이 이를 감추고 싶어하니 안타깝다.

나라시노 기병 연대가 요쓰기 '진군'

요쓰기바시 다리 주변에 있어서의 학살의 이야기로 돌아가자. 당시 친척 등 15명의 동료와 함께 일본을 여행하고 다녔던 신창범도 쇠갈고리에 의한 살해를 직접 본 한 사람이었다. 그가 우에노의 여관에 머무는 동안 지진이 일어나 타오르는 잔해 속 길거리를 헤매었다. 9월 3일 밤, 아라카와 강둑까지 도착해 피로 속에 그대로 잠들어 버린다. 다음은 『간토대지진에 있어 조선인 학살의 진상과 실태』에 실린 그의 수기이다.

꾸벅꾸벅 졸고 있으니 '조선사람 잡아내라', '조선인을 죽여라' 등의 소리가 들려왔습니다. (중략) 얼마 지나지 않아 맞은편에서 무장한 무리가 자고 있는 피난민들을 한 명 한 명 일으켜 세워 조선인인지 확인하기 시작했습니다. 우리 15명 대부분이 일본어를 모릅니다. 옆에 오면 조선인임을 금방 알게 됩니다. 무장한 자경단은 조선인을 발견하면 그 자리에서 일본도로 베거나 쇠갈고리로 찔러 학살했습니다.

아라카와 강둑 공사장에서 일하던 임선일이라는 조선인 노동자에게 자경단이 다가왔다. 그는 일본어를 거의 이해하지 못했다. "무슨 말을 하는데 전혀 모르겠으니 통역해 주시오." 그는 조선말로 외쳤다. 바로 일본도가 그의 머리 위로 내려앉았다. 이러다 자신도 죽을 거라 생각한 신창범은 강물 속으로 뛰어들어 달아났다가 배를 타고 쫓아온 자경단원들에게 사로잡히고 만다. 일본도로 칼에 찔려도 격렬하게 저항했다. 그의 기억은 거기서 끊긴다. 정신을 차리고 보니 데라시마寺島 경찰서 부지 안에 다른 조선인의 시체와 함께 방치되어 있었다. 운 좋게 살았지만 그의 몸에는 무수한 흉터가 남았다. 일본도로 칼에 찔리고 죽창과 쇠갈고리에 찔린 상처는 기억상실된 시간에 무슨 일이 있었는지를 웅변한다.

요쓰기바시 주변에서는 총에 맞아 숨진 조선인도 적지 않다. 하수인은 군대다. '폭동 진압'을 목적으로 지바현으로부터 나라시노 기병 제13연대의 군인들이 진군하고 있었다.

증언자는 당시 근처에 살고 있던 아사오카 시게조이다. 앞에서 언급한 『바람아 봉선화의 노래를 전해줘』에는 다음과 같이 기록되어 있다.

> 요쓰기바시의 아래 스미다구 쪽 강변에서는 10명 정도씩 조선 사람들을 묶어놓고 군대가 기관총으로 쏴 죽였습니다. 아직 살아있는 인간을 선로 위에 늘어놓고 석유를 부려 태워버렸어요. (중략) 병사가 트럭에 실어 많은 죽은 조선인을 날라 왔습니다. 맞아, 강변에서 죽인 것도 있어요. 정말 보통 조선인입니다. 손을 묶고 죽인 것도 일본인이 아니라 조선인인 줄 알았어요. 저쪽을 향하게 해놓고 등에서 쏘았지요. 군대가 기관총으로 쏴 죽였고, 아직 죽지 않은 사람에게는 권총으로 쏘았어요.

영화감독 오충공이 1983년에 찍은 기록영화 〈숨겨진 손톱자국〉에서 아사오카는 회한이라고도 할 수 있는 감정을 다음과 같이 밝히고 있다.

나쁜 짓을 했으니까 당연히 죽임을 당해도 어쩔 수 없다고 생각했는데, 나중에 그것은 헛소문이었구나, 그렇게 죽임을 당한 것이라고 생각하니 꺼림칙한 마음이 들었습니다. 만약 일본인이 조선에 가서 이런 일을 당한다면, 살해당한 사람은 어떤 기분일까 하고요. 나중에 정말 저는 이상한 기분이 들었어요. 왜 그런 루머가 돌았나 싶어서. 그러니까 그 후 1년이나 2년이 지나고, 이 시기가 되면 꽃이니 향이니 하는 걸 올리는 사람이 꽤 있었어요.

각지에서 핏방울이 흩날렸다. 울부짖는 소리를 지우듯이 호통과 함성이 터져 나왔다. 그날 아라카와 강변도 피로 물들었다. 목숨이 사라졌다. 추도비 앞에서 고개를 숙이면서도 나는 항상 이곳에서 그런 풍경을 떠올린다. 그날부터 시대는 변했나. 우리 사회는 죄과를 제대로 역사에 새겼는가. 그런 생각을 하고 있자니 추도비에 인접한 가옥의 문이 열렸다.

학살을 부추기는 신호

"어머, 왔구나."

이렇게 말해준 것은 신민자였다. 추도비를 건립하고 관리하며 학살 사실을 세상에 알려온 일반사단법인 「봉선화」의 이사를 맡고 있다. 인접한 가옥은 「봉선화」 사무실이었다.

1949년생으로 재일교포 2세인 그는 보육원 근무 등을 거쳐 30대에 「봉선화」 활동에 참여했다. 시간에 여유가 있을 때는 사무실에 틀어박혀 자료정리나 회보편집 작업에 임하는 것 외에 학교 등에서의 강연에 불리는 일도 적지 않다. 사무실에 초대된 나는 커피를 한잔 대접받으면서 오랜만에 말을 주고받았다.

"오시아게역에서 걸어왔어요"라고 하자 신민자는 "그날의 피난민과 같은 루트네"라고 대답했다. 맞는 말이었다. 지진 직후, 현재는 도쿄 스카이트리가 서 있는 오시아게 주변은 격렬한 불길에 휩싸였다. 당시 오시아게 주변은 혼조구에 위치해 있었는데, 해당 구는 이 지진으로 90% 남짓의 가옥이 소실되었고 4만 8천명이 불에 타 죽었다. 그 수는 도쿄시 전체의 80%를 웃돈다. 사람들은 아라카와 강과 이어지는 히키후네가와 강을 따라 대피했다. 모두 맨몸뚱이로 혹은 큰 수레에 가재도구를 실은 가족 단위도 많아 길은 인파로 가득 찼다.

피난민은 아라카와 강의 하천 부지에 우선 앉아 격렬하게 타오르는 거리를 멍하니 보고 있을 수밖에 없었다. 그 하천 부지도 입추의 여지가 없을 정도로 피난 온 사람들로 가득 찼다.

그날(9월 1일) 밤, 어디선가 "쓰나미가 덮친다"는 루머가 돌았다. 그것은 학살을 부추기는 신호이기도 했다. 사람들은 살기를 띠었다. 앞서 본 『바람아 봉선화의 노래를 전해줘』에는 도야마(가명)라는 인물의 다음과 같은 증언이 실려 있다.

> 첫째 날 밤 "쓰나미다"라고 해서 구 요쓰기바시 둑 근처의 벌판으로 피난했다. (중략) 그 벌판에 하룻밤 있었을 때 조선인 소동으로 힘들었다. "남자들은 머리띠를 동여매고 모두 나와"라고. (중략) 다음날 둑에 나가니 순경이 서 있었다. 시체 된 조선인은 꽤 있었다. 이, 삼십 명 정도나 살해당했을까. 죽인 것은 일반인이었다. 총이 있는 사람은 총, 칼이 있는 사람은 칼을 들었으니까. 다음 날도 경찰은 손도 못 댈 만큼 모두 살기등등했다.

이때 도야마는 둑 위에서 재향군인과 경찰관의 대화를 들었다. 들은 것은 이런 말이었다. "조선인들이 일부러 쓰나미 소문을 내고는 집 비운 곳을 도둑질하고 있으니 집을 비우지 말라."

유언비어 발생원조차 조선인으로 몰린 것이다. 거기에, 새로운 루머가 더해진다. 폭동, 도둑질, 강간, 우물에 독 타기. 지진이라는 비상시에 조선인이라는 존재 자체가 온갖 범죄와 액운의 근원이 되었다.

「봉선화」의 이사를 맡고 있는 신민자

비상시에 터져 나온 차별과 편견

「봉선화」 사무실 벽은 지진 직후 조선인들의 '악행'을 보도한 신문들로 채워져 있다. 예를 들어 「폭탄, 권총, 휘발유가 든 맥주병으로 무장한 조선인들이 제도帝都[2]를 날뛰다」라는 큰 제목을 내건 〈도오일보〉(아오모리현 지방지) 지면(1923년 9월 6일). 여기서는 같은 현 출신 스즈키 요시오라는 인물의 이야기로 조선인의 '만행' 스토리가 전개된다.

도쿄 스미다구의 방적공장에서 일하던 스즈키는 간신히 목숨을 건져 고향으로 돌아와서는 〈도오일보〉 본사를 방문해 "불령선인 대참살"에 대해 기자에게 말했다.

> 천인天人 모두 용서하지 못할 불령선인의 포학, 무도, 강간, 살인, 방화, 약탈에 분개한 무코지마 방면의 청년단은 군대, 경관과 함께 음모단 일대를 체포하는 데에 힘을 쏟았다. 스즈키 요시오 씨도 청년단의 일원으로서 불령선인 집단과 악전고투…

이러한 앞 문장에 이어 스즈키의 견문이 상술된다. 다음은 기사 요약이다. 무코지마 일대를 조선인들이 "해소! 해소!"를 외치며 온 동네를 누비고 있었다. '해소'란 해일(쓰나미)에 의해서 강의 흐름이 역류하는 것이다. 이에 사람들은 동요하여 아라카와 강둑 위에서 꼼짝할 수 없는 상태가 되었다. 거기에 "쾅!"하고 폭발음이 울렸다. "화염이 어둠을 깨뜨렸다"라고 스즈키는 말한다.

그 자리에서 경비하고 있는 군대가 허둥지둥 대는 피난민에게 설명했다. "해소는 선인이 주민을 속여 빈집에 방화하기 위한 계략이다. 남자는 모두 머리띠를 매고 선인 체포의 응원에 나서라. 머리띠가 없는 자는 총살 척살의 위험에 처해도 어쩔 수 없다."

2　제국의 수도. 도쿄를 가리킨다. 이하, 수도 또는 도쿄로 문맥에 따라 번역한다.

방화뿐 아니라 '해소' 유언비어를 외치던 조선인은 여성들을 강간하고 다녔다고도 한다. 증오가 그 자리를 지배한다. 아니 원래 품고 있던 조선 인에 대한 차별과 편견이 비상시에 따라 한꺼번에 터져 나왔다. '불령선인' 조선인상을 많은 일본인이 내면화하고 있었다. 혹은 지배하는 측으로서 어 떠한 공포도 안고 있었을 것이다.

식민주의에 의한 타민족 지배는 강권에 의해 질서가 통제되는 것이 절대 조건이다. 하지만 지진은 일상을 파괴하고 권력구조마저 무너뜨리는 것이 아닌가 하는 위기감이 사회에 싹텄다. 조선인들에게 원망을 사고 있다. 그 감각은 지진 전부터도 희미하게나마 자각하고 있었을 것이다. 그것이 일 상의 붕괴를 단초로 '공포심'으로 이어진 부분도 있을 것이다. 원래 존재했 던 민족 멸시가 수반되어 제노사이드(Genocide, 집단 학살)로 돌진한다.

그렇다. 여하튼 '포학, 무도'의 어둠 속으로 뛰어든 것은 일본인 쪽이었 다. 지진은 일본인으로부터 정의를 빼앗고 조선인으로부터 목숨을 앗아갔 다. 군인의 설명을 들은 스즈키를 포함한 '남자들'은 "경찰대로 달려갔다." 그들은 스스로를 '선인 토벌대'라고 칭했다. 잠시 후 스즈키 등은 '불령선 인 집단'을 발견했다. 조선인은 총 400명. 모두 셔츠 한 장에 반바지의 가 벼운 차림으로 허리에 폭탄을 차고 가슴에 권총을 숨겼으며 손에는 휘발 유를 채운 맥주병을 들고 있었다고 스즈키는 증언한다. '토벌대'는 조선인 에게 덤벼든다. 조선인들은 권총을 난사하며 응전했지만 모조리 '토벌대' 가 붙잡았고 남은 자 중에는 폭탄으로 자결하는 자도 있었다. 붙잡힌 조선 인은 흐느껴 울었다.

신문 기사는 이렇게 적고 있다. "선인의 특징은 잘 우는 데 있어서 지금 이 바로 절체절명이라는 순간까지 아이고, 아이고 비참한 통곡을 한다."

한편 사로잡힌 조선인의 리더 격인 남자는 넉살이 돋았다. 병사가 총검 을 내밀자 "나는 죽어도 야스쿠니 신사에 모셔질 것이다. 온 일본을 잿더 미로 만들어 보이겠다. 두고 보자!"라고 외쳤다. 스즈키의 말에 의하면 조선인 일행은 '도호쿠 잠입'을 기도하여 북쪽으로 향하던 중이었다. 실은 폭동은 지진 전부터 계획되어 있었다고 한다. '주민 소문'에 따르면 조선인들은 "9월 1일까지는 며칠이 있느냐"고 주위의 일본인들에게 여러 차례 물었다. 지진 당일은 조선인들에게 폭동의 'X 데이'였다는 얘기이다. "아마 천재지변 없이도 '9월 1일'은 그들의 목표였던 것 같다."

조선인이 가지고 있던 폭탄은 아시오 동산 공사장에 보관되어 있던 것으로 판명되었다. "불령한 일본인 내통자도 얻은" 것이 흉사로 이어진 것이라고도 보도하고 있다. 이어 조선인과의 '전투'를 마치고 나서 강가에 버려져 있던 말이 "악취에 코를 찌르고 뒷발로 모래를 파헤치니" 젊은 여성의 참살 시체가 나왔다고 한다. 이 또한 조선인에 의한 '강간 후 학살의 흔적이 역력'했다.

다시 읽으면 진절머리가 난다. 헛소문이라기보다는 완전한 날조, 창작이 아닐까. 나중에 모든 것이 부정된 전형적인 루머 기사다. 유일한 진실이라고 할 수 있는 것은 "절체절명이라는 순간까지 아이고, 아이고 비참한 통곡을 하는" 조선 남자의 모습뿐일 것이다. '아이고'는 감정이 격앙됐을 때의 감탄사인데, 칼에 찔리는 순간에 울부짖는 조선 남자들에게 끓어오른 감정은 무엇이었을까? 분노일까 슬픔일까 아니면 갑자기 자신에게 덤벼들었던 불운을 한탄했던가. 불합리한 살인을 망막에 남기고 죽게 되는 그의 마지막 절규야말로 당시 조선인들이 강요당했던 '자리'였다.

간토대지진 시의 '조선인의 악업'을 보도한 신문은 여러 차례 눈에 띄었다. 전국지, 지방지를 막론하고 거의 모든 신문이 조선인이 폭동을 기도했다. 우물에 독을 던졌다. 강간했다. 요인을 암살했다는 등의 유언비어를 퍼뜨렸다. '야수 같은 선인 폭동'이라고 쓴 신문도 있다(〈하코다테函館 일일신문〉 1923년 9월 5일). 이 신문은 그 폭동은 "강도 강간 약탈 살인이 그들의 목적"이라고까지 적으며 조선인에 대한 증오를 부추기고 있다. 애당초 '야수 같은'은 누구였던가.

정부는 알면서도 학살을 묵인

선인 관련 이외에도 신문들의 '지진재해 보도'는 유언비어와 오보로 가득 차 있었다. 「지치부 연산 대폭발」(〈오사카 마이니치신문〉 9월 2일), 「요코스카는 함몰」(〈오타루신문〉 9월 2일), 「진원지 오시마 침몰해 전 도민 익사」(〈나고야 마이니치신문〉 9월 4일), 「마쓰카타공[3] 서거」(〈나고야신문〉 9월 4일), 「다카하시[4] 총재 이하 정우회 간부 20명 압사」(〈규슈일보〉 9월 3일)

혼란 속에서 온갖 정보가 뒤엉켰다고는 하지만 신문사가 황당무계한 유언비어를 유포시킨 것을 면죄할 이유는 없다. 더구나 그후 많은 신문들은 유언비어 보도에 대한 반성도 정정도 없이 태연히 민중을 훈계하곤 한다.

〈아사히신문〉 기자였던 와타나베 노부유키의 저서 『간토대지진 '학살 부정'의 진상』에서는 당시 신문의 혼란상을 상술하고 있다. 지진 당초부터 조선인의 범죄를 보도해 증오를 부추겨 온 〈도쿄일일신문〉은 9월 8일에 「선인의 폭탄, 사실은 사과, 어이없는 유언비어」라는 제목의 기사를 게재했다. 기사에는 당시 경시청의 수장이라 할 유아사 구라헤이 경시총감의 코멘트가 먼저 소개된다.

미증유의 참상에 이재민이 당황해하는 것은 당연하지만, 선인 폭행이라는 풍성학려風聲鶴唳만으로 거의 상궤를 벗어난 행동에 나선 자가 있었음은 유감천만이다. 예를 들면, 선인이 폭탄을 품고 있다고 해서 잡아보니 사과였던 적도 있었습니다. 식초를 흘린 주부가 이것을 솜에 묻혀 대야에 넣어 두었더니 청년단 사람이 방화용 석유라고 오인하여, 주부가 아무리 설명해도 들으려 하지 않고 선인 편이라고 오해받아 얻어맞은 사실도 있다. 그 밖에도 일일이 세자면 분노할 만한 것이 많고, 참으로 대大국민의 금도襟度로 보아 여러 외국에 대해 부끄러운 일이다. 더구나 이

---

3   마쓰카타 마사요시. 총리대신을 역임한 일본의 정치가이다.
4   다카하시 고레키요. 대장성 장관, 입헌정우회 총재, 총리대신을 역임했다.

와 같은 뜬소문에 현혹되어 조선인을 폭행한 것은 우리의 조선통치 상 걱정할 만한 일임은 말할 필요도 없다.

여기서 말하는 '풍성학려'란 겁먹은 자가 약간의 소리나 희미한 소리에도 겁을 내는 것을 뜻한다. 전쟁에 패한 병사들이 바람 소리와 학의 울음소리를 적의 추격으로 여겨 두려워했다는 중국의 고사가 바탕이 된 말이다. 사과를 폭탄으로 생각한 것도 그런 '두려움' 때문이라고 하겠지만, 실제로 목숨을 빼앗긴 쪽은 도저히 참을 수가 없는 일이다. '금도襟度'(사람을 받아들이는 도량) 문제로 끝날 일이 아니다. 일본 사회는 겁에 질려 도망친 것이 아니라, 죽인 것이다. 도망치는 사람들의 머리 위에 칼과 쇠갈고리를 내리친 것이다. '풍성학려'에 떨었던 것은 조선인 쪽이다. 게다가 이 코멘트를 게재한 〈도쿄일일신문〉은 그 후에 보도를 고쳤는가 하면 결코 그런 일은 없었고 그 후도 당분간 '선인의 폭행'을 계속해서 썼다.

덧붙여 앞의 저서 『간토대지진 '학살 부정'의 진상』에서도 지적한 대로, 유아사 총감의 코멘트가 게재된 것과 거의 같은 시기에 도쿄 지검 미나미타니 도모야스 지방검찰청장의 담화도 통신사로부터 신문 각사에 전달된 바 있다. 그것은 다음과 같은 것이다.

이번 대지진에 즈음하여 불령선인이 수도 도쿄에 발호하고 있다는 풍설에 대해 당국도 상당히 경계 조사하고 있지만, 유언비어가 행해지고 있을 뿐이다. 7일 저녁까지 이와 같은 사실은 절대로 없다.

도쿄의 치안을 담당하는 경찰과 검찰 두 총수 모두가 조선인의 불법 행위를 부정하고 있는 것이다. 즉, 이 시점에서 모든 것이 루머임을 알고 있었다. 알면서도 정부는 학살을 묵인했다. 아니, 관헌 스스로 학살자가 된 경우도 허다하다. 걱정할 때가 아니었던 것이다. '야수'로 변한 것은 일본인의 편이었으니 말이다.

2. 유해 발굴을 이끈 어느 교사의 발걸음

초등교사의 호소로 시작된 아라카와 강변 유해 발굴

"생명의 무게가 달랐죠, 일본인과는."

사단법인 「봉선화」 사무실에서 커피를 마시며 신민자가 말했다.

고개를 끄덕이는 나에게 그녀는 계속했다.

"나도, 일본인을 계속 불신하고 있었어."

앞서 말했지만 신씨가 「봉선화」 활동에 가담한 것은 30대 중반 무렵이다. 그때까지는 당시 살고 있던 도쿄 조난 지구에서 재일교포 인권문제에 관여해 왔는데 "일본인에 대한 불신감은 높아지기만 했다"고 한다. "시민 단체라든지 노동조합이라든지 '진보적'이라고 인식되던 단체를 돌며 자이니치[5]가 얼마나 차별받고 있는지를 호소해도 진지하게 들어주는 사람은 적었죠."

우선시되는 것은 언제나 일본인이 안고 있는 문제였다. 자이니치 문제는 일본 사회의 문제이기도 한데. 결국 뒷전으로 밀리는구나 하는 굴욕감만 맛보았다.

1980년대 초 도쿄의 변두리인 스미다구로 이사했다. 어느 날 신문에서 「아라카와에서 학살된 조선인의 유해가 발굴된다」는 기사를 읽었다. 발굴

---

5   자이니치는 한자 재일(在日)의 일본어 발음이다. 재일교포라고 할 때의 재일이다. 재일조선인, 재일한국인, 재일조선한국인, 재일코리안 등 다양한 명칭이 존재하는데, 어떠한 역사적·정치적 문맥을 중시하느냐에 따라 사람마다 각기 다른 명칭을 선호한다고 할 수 있다. 2000년대 이후에는 일본에 있음, 일본에서 살아감, 그야말로 '재일(在日)'을 가장 중시하며 스스로를 그러한 새로운 정체성으로 규정하는 '자이니치'라는 명칭이 당사자 및 외부에 있어 가장 많이 쓰이는 용어로 정착된 느낌이다. 저자는 주로 '재일코리안在日コリアン'이라는 명칭을 사용하는데, 이하 이 책에서는 '자이니치 코리안'으로 통일하여 표기한다.

현장인 아라카와 강둑은 집 근처였다. 발굴 작업을 하고 있던 것은 「간토대지진 때 학살된 조선인의 유해를 발굴하고 위령하는 모임」이라는 이름의 시민단체였다. "보러 갔어요, 발굴 작업을. 하지만 일본인에 대한 불신감은 아직 가시지 않았고, 참가할 생각은 없었어요. 그래도 궁금해서 어쩔 수가 없어. 무관심할 수가 없었거든요. 그래서 멀리서 본 거죠."

둑에 서서 굴삭기가 강변을 파내는 작업을 지켜보고 있었다. 몇 시간이나. 해가 질 때까지.

아라카와 강가에서 유골을 찾는 작업이 이루어진 것은 1982년 9월 1일이다. 간토대지진으로부터 59년째에 해당하는 날이었다.

이 작업을 호소한 것은 아다치구 내에서 초등학교 교원을 하고 있던 기누타 유키에이다. "정말 온화하고 자상한 성격의 사람이었어요. 그분의 정열이 없었다면 지금의 「봉선화」 운동은 없었을지도 몰라요."

신민자는 그렇게 회상한다.

기누타는 1990년에 『아라카와 방수로 이야기』라는 책을 낸 바 있다. 지금은 절판이라 중고 서점이나 중고품 인터넷사이트를 통해 입수할 수밖에 없지만, 정말 명저이다. 아라카와의 역사를 알기 쉽게, 게다가 정성스럽게 답사한 책은 달리 없다. 나는 그 책을 읽고 지금 시내를 흐르는 아라카와 강이 실은 인공 하천인 것을 알았다. 평소에 우리가 '아라카와'라고 부르고 있는 강은 정확히는 아라카와 방수로라는 명칭이다. 1911년부터 1930년까지 무려 19년의 시간을 들여 인간이 만든 강이다. 오쿠지치부를 원류로 하는 아라카와 강은 예전에는 시내에 들어오면 스미다가와강에 합류해 도쿄만으로 흘러들어가고 있었다. 이름 그대로 '거친 강'이었다. 각지에서 크게 곡류하고 게다가 다수의 하천과 합류함으로써 유역에서는 종종 홍수를 일으켜 도쿄에 큰 피해를 계속해서 가져왔다.

1907년 8월의 대홍수 때는 폭우로 인해 아라카와를 비롯한 관동 각지에서 하천이 범람, 도쿄 동부는 진흙에 파묻혔다. 사망자 769명, 행방불명

78명, 가옥 전파 2121호, 가옥 유출 2796호에 이르는 이른바 간토 대수해이다. 이를 계기로 '배수용 하천'의 필요성이 제기되어 현재의 아다치구에서 스미다구, 가쓰시카구의 경계를 경유해 직접 도쿄만까지 연결되는 직선의 대규모 수로가 건설되었다. 에도가와 강과 스미다가와 강의 사이를 평행으로 달리는 수로, 그것이 아라카와 방수로이다. 나도 책에서는 편의상 아라카와 '강'이라고 표기하고 있지만, 어디까지나 통칭이다.

조선인은 스스로 개척한 강에서 죽었다

기누타가 아라카와의 역사를 조사하게 된 것은 1970년대 초였다. 아다치구 시카하마鹿浜 제1초등학교에 근무하고 있던 무렵이다. 계기는 4학년 사회과 수업이었다. 그날의 테마는 '아다치구 사람들의 생활과 물'이었다. 현재의 아라카와가 '인간이 판 강'이라고 전하자 학생들이 시끄러워졌다.

"저렇게 큰 강을 뚫을 리가 있나."

"그런데 왜 강을 팠어?"

"이 강, 어느 쪽으로 흘러가는 거야?"

"어떻게 팠어?"

사실 그 무렵까지는 기누타도 아라카와의 역사를 잘 몰랐다. 아이들을 납득시키기 위해서, 즉 설득력 있는 교재를 만들기 위해 기누타는 현지의 아라카와 유역에서 탐문을 시작한다. 하천 부지를 거닐며 관공서나 관계 기관에 자료를 요청하고 오래된 가옥을 찾아다니며 옛 이야기를 듣기 시작했다.

대단한 취재력이다. 기자 경험이 없는 초등학교 교원이 그야말로 발품을 팔아 철저한 조사를 혼자서 실시한 것이다. 기누타와 친했던 후원자 중 한 명인 후루카와 준이치古川純一는 자신의 블로그에 그녀가 남긴 말을 적고 있다.

"교사가 교재를 찾는 눈은 여기저기에 붙여두어야 한다."

복안으로 그리고 끈기 있게. 그런 기누타의 '취재'에 걸었던 자세가 이 말로부터 떠오른다. 기누타는 집념의 저널리스트이기도 했다.

「봉선화」 편저, 앞서도 나온 책 『바람아 봉선화의 노래를 전해줘』에는 아라카와의 역사를 조사하던 기누타가 '학살'과 만나 운동을 일으키기까지의 과정이 정성스럽게 그려져 있다. 일부를 요약하면, 조사를 계속하는 과정에서 그녀는 하나의 증언에 도달한다. 지진 시의 아라카와 공사에 대해 조사할 때 만난 노인에게서 들은 말이었다.

> 구 요쓰기바시 아래 강변에서는 열 명 정도씩 조선인들을 묶어놓고 군대가 기관총으로 죽였습니다. 다리 밑에 세 군데쯤 큰 구멍을 파서 묻었다. 몹쓸 짓을 했단 말이에요. 지금도 뼈가 나오지 않을까 싶은데.

기누타는 그때까지 어디까지나 아라카와의 역사를 조사하고 있었을 뿐이었다. 그런데 느닷없이 '학살' 증언이 날아든 것이다. 엄청난 일을 듣고 말았다는 충격이 있었다. 지진 재해 당시 아라카와는 현재의 형태를 하고 있지 않았다. 한창 공사 중이어서 파낸 물길에 물이 흐르고는 있었지만, 지금만큼의 수량은 없었다. 둑 위에는 토사를 운반하기 위한 열차가 달리고 있었다. 그곳에서 많은 조선인 노동자가 일하고 있었다. 1910년 일본의 식민지가 된 조선에서는 다양한 형태로 노동자들이 일본으로 건너갔다. 이들 중 상당수가 이런 공사 현장에서 가장 가혹한 환경에 놓인 값싼 노동력으로 '이용'되었다. 급여는 일본인 노동자의 반액 이하였다.

조선인들은 자신들이 개척한 강에서 베이고, 찔리고, 죽임을 당한 것이다.

죽음을 향해 가는 순간을 상상하다

기누타는 처음으로 학살 증언을 들은 이래, 연달아 비슷한 체험담을 듣게 된다. 예를 들어 스미다구에 사는 노인은 다음과 같은 이야기를 했다고 한다. 『아라카와 방수로 이야기』에서 인용한다.

(9월) 3일에 나라시노에서 기병대가 왔습니다. 군인들은 아라카와역 남쪽, 옛 요쓰기바시의 아래 둑에 여기저기서 데려온 조선인들을 강 쪽을 향해 줄을 서게 하고 기관총으로 쏘았습니다.

총에 맞은 조선인은 둑을 굴러 떨어져 간다. 인간이 쓰러지고 공처럼 굴러간다. 처참한 광경이었다. 노인은 이렇게 계속한다.

몇 명이나 죽였을까요? 많이 죽였더라고요. 저는 구멍 파는 일을 도왔습니다. 나중에 석유를 뿌리고 불태워 묻었어요. 싫었습니다.

기누타가 이 목격 증언을 들은 것은 같은 구의 야히로八広였다. 맞다. 나중에 추도비가 건립될 곳 근처였다. 이곳에서, 둑 위에서, 나는 항상 굴러 떨어지는 사람의 그림자를 상상한다. 제방 위 산책로에서 녹색 잔디가 펼쳐진 강변까지는 약간 가파른 경사가 이어져 있다. 각도로 하면 30도 정도 될까? 당시는 산책로가 아니라 제방 위에 화물열차 레일이 깔려 있었다. 공사 중이던 강변에도 잔디는 없고 맨 땅이 펼쳐져 있었다. 나는 둑의 경사면을 뛰어 내려갔다. 스스로 구를 만한 용기는 없어 무언가에 쫓긴 자처럼 두 손을 파닥거리며 경사면을 내려갔다. 강변에 착지했을 때는 기세와 속도가 붙어 넘어질 뻔했다.

그때의 '기세'로부터 상상할 수밖에 없다. 죽음을 향해 가는 그 순간을. 통나무처럼 공이 튕기듯 속도를 내고 구르며 이름 없는 조선인이 마지막으로 본 풍경은 무엇이었을까. 그것은 총을 겨누고 있는 병사의 모습이었는가. 불그스레한 토사였나. 이제 막 완성된 요쓰기바시의 교각이었던가. 탁한 강물의 흐름이었나. 아니면 절망과 체념 끝에 펼쳐진 그저 어둠이었을까.

아라카와 유역을 뭔가에 사로잡힌 듯 헤맨 기누타도 같은 상상을 했을 것이다. 그리고 그녀는 조선인이라는 이유만으로 무참히 죽임을 당한 사람들에게 마음을 향했다. 기누타에게 증언을 맡긴 노인은 "불경이라도 드리면 공양이 될 텐데"라고 헤어질 때에 말했다. 그녀는 그것을 흘려들을 수 없었다. 제대로 넋을 위로하고 싶다고 생각했다. 더 나아가 이런 사실을 역사에 정확히 남겨야 한다고도 생각했다.

기누타는 아라카와의 둑을 달려 나간다. 필사적으로 듣고 쓰는 것을 계속하는 것과 동시에 스스로 감당할 수 없다고 생각했을 때는 신문사에 "조사를 부탁한다"고도 상담했다. 공양은 불가능한 것일까. 적어도 유골이라도 찾을 수는 없을까. 기누타의 생각은 단순한 조사에서 시작하여 일본에서 태어난 사람으로서의 '책임'을 생각하는 데까지 이르게 되었다.

「유해를 발굴하고 위령하는 모임」 발족

그러던 때에 만난 사람이 전 에도가와구 의회 의원 다카노 히데오였다. 그는 에도가와구에 있어 야간 중학교 설립 운동의 중심인물로 알려져 있다. 고등학생 때 일본공산당에 입당했고, 와세다 대학시절에는 전학련 서기장으로서 스나가와 투쟁(1950년대에 행해진 주일미군 다치카와 기지의 확장 반대 운동)의 최전선에서 싸웠다. 반대 운동의 대열과 마주하는 경찰대를 향해 "자신의 아버지의 땅, 어머니의 땅이 빼앗기는데, 당신들은 가담하는 것인가"라고 다카노가 호소하자 경찰대 안에서 흐느끼는 소리가 들렸다는 에피소드는 그 자리에 있던 전원이 동요 〈고추잠자리〉를 합창한 일화와 함께 스나가와 투쟁의 추억으로서 이야기되는 경우가 많다.

다카노는 그 후 노선 대립으로 공산당을 떠났지만, 1960년대부터 70년대에 걸쳐 연속 4기 에도가와 구의원을 맡아 서민주택가의 치수 대책, 야간 중학교 설립 등에 진력했다.

기누타와 알게 되었을 무렵은 전 도쿄 도지사 미노베 료키치와 함께 '시민운동 전국센터'를 설립하여 전국의 모든 시민운동을 지원하고 있었다. 기누타는 조선인 학살의 진상을 요구하며 매스컴 관계자와 만났을 때 다카노를 소개받았다. 다카노는 "학살의 실상을 조사하고 죽은 조선인의 위령慰靈을 하고 싶다"는 기누다의 열정에 움직였다. 다카노는 함께 조사를 진행하자고 응했다. 반전운동을 비롯해 온갖 시민운동에 전념해 온 다카노 역시 "일본 사회에서 살아가는 사람으로서 책임이 있다"고 기누타에게 전했다. 이를 계기로 아라카와 강둑에 묻혀 있을 유골을 발굴해 공양해야 한다는 목소리가 '운동'으로 발전한다. 기누타와 다카노의 품에 많은 사람이 모여들었다. 1982년 6월 기누타의 이야기를 듣기 위해 '기누타 선생을 둘러싼 모임'이 열려 참가자들 사이에서 유골 발굴을 위해 구체적인 활동을 시작하는 것으로 정리되었다.

다음 달 「간토대지진 때 학살당한 조선인의 유해를 발굴해 위령하는 모임」(통칭 「위령하는 모임」) 준비 모임이 출범한다. 학생과 회사원, 연구자, 교사, 더욱이 인근에 사는 자이니치코리안과 지진 체험자 등 많은 사람이 모였다. 이것이 나중의 「봉선화」가 된다. 모두의 추대로 대표에는 기누타가 뽑혔다. 기누타는 "이런 큰 짐을 짊어질 수 없습니다"라고 흐느꼈다고 한다.

그녀는 학살사건에 분노와 슬픔을 느끼는 한 사람이었다. 많을 사람들을 이끌고 '운동'을 이끌 생각은 한 번도 해본 적이 없었다. 휴일이면 노트를 한 손에 들고 어르신들 집을 찾아다니던, 지금은 세상을 떠난 기누타의 모습을 나는 상상할 수밖에 없다. 「위령하는 모임」 발족과 동시에 참가한 사람 중에 니시자키 마사오가 있다. 현재는 「봉선화」 이사 중 한 명인 동시에 『간토대지진 조선인 학살의 기록』의 편저자로 알려진 인물이다. 그 무렵은 아직 메이지 대학 학생이었다. 어학을 좋아해서 영어 이외에도 독일어, 스페인어, 프랑스어 등의 학습에 열중하고 있었다. 그중 아시아의 언어

에도 눈이 가기 시작했을 때, 우연히 학내에서 '자율강좌 조선어 개강 중'
이라고 쓰인 입간판이 눈에 띄었다. 당시 '조선어'를 가르치는 정규 학과는
없었고, 어디까지나 자체 강좌 형식으로 '조선어'에 관심 있는 학생들이 배
우고 있었다. 니시자키는 거기에 참가한다. 처음 강좌에 참석했을 때의 일
이다. "교실에서 제 옆에 앉아 있던 게 자이니치한국인 2세 학생이었어요.
궁금해서 물어봤습니다. 한국인인데 왜 조선어를 초급부터 배우냐고요."

니시자키에게 질문을 받은 그 학생은 "일본 학교에 다녀서 조선어를 배
울 기회가 없었다"고 대답했다. "부끄러운 얘기지만 그때 신선한 발견을
한 것 같기도 했어요. 일본에 있으면서 조선어를 배우고 있는 한국인이 있
다. 그것이야말로 자이니치在日라는 존재를 의미하는 것이라고." 말과 역사
를 잃고 그것을 되찾기 위해 필사적으로 배우고 있는 사람들이 있다. "그런
학생들이 지금 내 옆에 있다는 것 자체가 식민지 지배의 결과죠. 식민지 지
배가 있어서 일본에 일하러 올 수밖에 없게 되고, 혹은 강제 연행으로 끌려
와 그 아이들이 2세로서 일본에 태어났으니까요."

니시자키는 한반도에 뿌리를 가진 사람들, 그리고 북일 관계사에 깊은
관심을 갖게 되었다. 그때까지 학교에서 배운 적이 없었던 일본의 부정적
인 역사에 관심을 가졌다. 강좌에 다니는 동료들을 통해 그는 그때까지 몰
랐던 일본과 조선의 담당을 배워갔던 것이다.

이 자리에서 사람이 죽임을 당하고 묻혔다

학우 이외에 니시자키의 운명을 바꾼 또 다른 인물이 있다. 그 무렵 메이
지대학 강사로 동아시아 역사를 가르쳤던 강덕상이다. 간토대지진 때의 조
선인 학살 문제에 있어 권위자이다. 1932년 현재의 한국 경상남도에서 태
어나 2살 때 어머니를 따라 아버지가 계신 일본으로 건너갔다. 와세다 대
학을 졸업한 후 역사학자의 길을 걸었고, 1989년에는 자이니치 코리안으
로서는 처음으로 국립대(히토쓰바시대) 교수에 취임했다. 『간토대지진』,

『현대사자료6 간토대지진과 조선인』(금병동과의 공·편저) 등 학살 연구에 있어 빼놓을 수 없는 문헌을 남겼다.

한반도의 역사에 관심을 기울이던 니시자키는 '청강'으로 수업을 들었다. 강덕상은 '뜨거운 사람'이었다고 많은 사람들이 술회한다. 일본의 불합리한 식민지배와 차별에는 분노를 감추지 못했고, 그가 뱉는 말은 작열에 탄 쇠구슬처럼 사람들을 직격했다. 혈액 대신 마그마가 온몸을 누비는 듯한 사람이었다. "아무튼 격한 수업이었어요. 박력이 있었어요. 간토대지진 얘기가 되면 분노가 치밀어 오르는 건지 더 힘이 들어갔어요. 그렇다고는 해도 결코 난폭한 사람은 아니었습니다. 꼼꼼하고 치밀하며 많은 정보가 정확하게 정리돼 있었어요. 그래서 뜨거운 말이 확실히 머릿속에 각인되어 가는 느낌이었죠. 저는 강 선생님의 수업을 통해서야 학살의 실상을 알 수 있었습니다."

니시자키의 젊음은 그의 열정을 순순히 받아들였다. 강덕상은 2021년 89세 나이에 세상을 떠났지만 그 영혼은 똑같이 피가 뜨거운 니시자키 안에 계속 살아 있다.

대학 4학년 때 니시자키는 아라카와 하천 부지에서의 유해 발굴 운동에 참가한다. 기누타 유키에 등의 활동을 대학 선배를 통해 알고 운동에 참가한 것이다. 운동에 참여했을 때의 심경을 니시자키는 이렇게 말했다. "이 자리에서 사람이 죽임을 당하고 묻혔다. 그 말을 들었을 때의 충격은 잊을 수 없어. 저는 거기에서 조금 상류에 있는 아다치구 니시아라이西新井에서 태어나고 자랐습니다. 어렸을 때는 아라카와 강변에서 매일같이 축구를 하며 놀았어요. 그곳이 학살 현장이라니, 어른은 아무도 가르쳐 주지 않았어요."

지금 아라카와 강 부지는 평화로운 광경으로 가득 차 있다. 니시자키의 소년 시절처럼 축구에 열중하는 아이들의 모습이 있다. 휴일에는 동네야구를 즐기는 사람들도 있다. 강변의 산책로는 자전거가 많이 다니고 둑을 산책하는 연인들도 적지 않다. 햇빛을 받아 탁 트인 강변에 양지가 떠오른다. 저녁 시간 하늘은 새빨갛게 물든다. 황혼에 지배된 하천 부지를 정적이 감쌀 때, 둑 너머로 도시의 야경이 가볍게 비친다.

이 지점에서 살해당했어. 여기서 죽였어. 기누다도, 다카노도, 니시자키도, 하천 부지 건너편에, 발밑에, 죽임을 당한 자들의 억울함과 통곡을 보았다. 학살의 광경이 떠올랐다. 거기서 눈을 피하지 않겠다고 맹세했다. 같은 생각을 가진 많은 사람이 그 안에 들어왔다. 그리하여 하천 부지를 '파기'로 결정되었다.

학살 후 경찰에 빼앗겼던 시신

1982년 9월 1일. 하천 부지에는 텐트가 쳐져 있고 구경꾼 등도 포함해 약 200명이 모였다. 관계자도 있었고 호기심에 온 사람들도 있었다. 그중에는 불신과 기대를 모두 안고 둑 위에서 복잡한 시선을 보내는 신민자의 모습도 있었다. 기누타도 근무처 초등학교의 시업식을 마치고 달려갔다. 작업이 시작되기 전에 이루어진 기누타의 인사말이 『바람아 봉선화의 노래를 전해줘』에 아래와 같이 기록되어 있다. 조금 길지만 인용한다.

아라카와 방수로는 1911년부터 1930년에 걸쳐 19년간 공사한 인공 강입니다. 아이들은 아라카와 방수로가 인공 강이라는 것을 모릅니다. 사회과목에서 가르치기 위한 자료로서 지역을 돌아다니며 어르신으로부터 이야기를 듣거나 사진을 모으거나 했습니다. 지금으로부터 5년 정도 된 일입니다. 그러던 중 "다이쇼 12년[6] 간토 대지진 때, 화물열차 선로가 아직 공사 중인 강변에서 유언비어 때문에 많은 조선인이 죽임을 당해 옛 요쓰기바시 밑에 묻혔다." "너무나도 안 된 일을 했다." "제대로 할 수 있었으면." 하는 얘기를 많은 분들로부터 들었습니다. 5년이 걸려서 겨우 여

---

6   다이쇼大正 12년은 1923년에 해당한다.

기까지 올 수 있었어요. 이외에도 아직 아시는 분들도 많이 계실 거예요. 부디 목소리를 크게 하여 안심하고 당시의 이야기를 해 주시기 바랍니다. 그리고 여기 계신 여러분은 용기 있는 증언을 해 주시는 이러한 분들을 부디 지켜 주세요. 이번에는 시굴試掘이기 때문에 유골이 나오지 않을지도 모릅니다. 하지만 유골만이 목표는 아닙니다. 이웃해서 살고 있는 우리, 그중에서도 이름 없는 서민이 죽거나 죽이지 않고 살아가기 위해서는 어떻게 하면 좋을까, 국가를 넘어 생각의 차이를 넘어 인간의 생명은 누구나 똑같이 소중하기에 여기에 모이신 것으로 생각합니다. 앞으로도 긴 여정이 될 수 있습니다. 새로 참가해 주신 분들도 아무쪼록 잘 부탁드립니다.

기누타의 소박하고 꾸밈없는 말을 옮겨 적으면서 나는 거기에 지금 이 시대를 향한 것 같은 뜨거운 메시지임을 느꼈다. 죽거나 죽이지 않고 살려면 어떻게 해야 하는가. 이 물음에 우리 사회는 아직 답을 내놓지 않고 있다.

작업은 다음 날부터 중장비가 들어와 본격화했다. 기누타가 모은 증언에 근거해 사체가 묻혔다고 생각되는 장소를 정해 말뚝을 박아 표식으로 한 다음에 파헤치는 작업이 시작되었다.

다만 시신이 묻혀 있는 곳으로 가장 '유력'하다고 여겨진 곳은 옛 요쓰기바시 아래, 현재는 제방으로 되어 있는 곳이므로 이곳을 무너뜨릴 수는 없다. 하천을 관리하는 건설성(당시)은 굴삭작업 자체에 난색을 표해 당초에는 좀처럼 허가가 나지 않았다. 그래서 제방 쪽에서 떨어져 조금이라도 가능성이 있는 하천부지 부분에서의 작업을 결정하여 어떻게든 허가를 받은 것이다. 그러한 경위도 있어 기누타가 말한 대로 '시굴'이 된 것이다.

작업은 3일간에 달했다. 기계가 구멍을 파면 모임의 멤버들은 사다리를 이용해 구멍 아래로 내려가 수작업으로 토사를 긁어냈다. 결과부터 말하면 뼈는 나오지 않았다. '시굴' 작업을 통해서 알게 된 것은 지진 당시의 지표면은 현재보다 4~5미터나 아래에 있었다는 것이다. 준비한 장비로는 그 이상을 캐지 못했다. 본래 작업해야 할 장소는 제방 아래이다. 하지만 제방을 파괴할 수는 없다. 작업은 9월 7일로 중단되었다. 게다가 알고보니, 학살 후 경찰이 시신을 가지고 가버렸던 것이다. 사실 하천 부지에 묻혀 있던 것은 이곳에서 살해된 조선인들만이 아니었다. 일본인 노동운동가 등이 지진 재해의 혼란을 틈타 가메이도 경찰서에서 살해된 '가메이도 사건(앞서 나온 미나미 기이치의 친동생도 이때의 희생자이다. 사건에 대해 자세히는 제7장에서 후술)'의 피해자들도 아라카와 하천변에 묻혔다는 것이다. 사건 후 유족들은 가메이도 경찰서에 시신의 반환을 요구했다. 이것이 조선인의 요구라면 아무렇지도 않게 무시했겠으나, 일본인 유족들에게는 당시 경찰도 응답하지 않을 수 없었다.

증거 인멸 명령

지진으로부터 1개월 후 10월 15일자 〈호치신문〉에 유해 반환 요구에 대한 경찰서장의 코멘트가 게재되었다. "시체는 아라카와 방수로 제방에서 소사燒死 익사 사망자 및 ××시체 백여 명과 함께 화장했으니 어느 것이 누구의 유골인지도 모른다."

이 '××시체 백여 명'이라는 복자[7] 부분은 당시의 관습으로 보아 당연히 선인鮮人 두 글자임이 틀림없다. 즉 서장은 여러 시체가 뒤죽박죽 섞여 있기 때문에 선별은 불가능하다고 이야기하고 있는 것이다. 물론 유족은 납득이 가지 않는다. 11월 13일 유족은 아라카와 강가에서 유골을 파헤치기로 하고 현장으로 향했다. 그런데 그곳에는 이미 많은 경찰관들이 모여 지나가지도 못할 정도로 경계태세가 깔려 있었다. 현장에서는 유족에 앞서 파헤치기 작업이 진행되고 있었다. 유족들은 쫓겨났다. 그 모습을 〈고쿠민신문〉 11월 15일자는 「뼈도 못 파보고 유족 돌아서다. 가메이도 사건 사체유기 현장 헌병 및 경찰이 막아」라는 표제 아래에 상세히 보도하고 있다. 한

---

7   ××를 가리킨다. 당시 검열 등의 흔적이다.

마디로 경찰은 학살 은폐를 도모한 것이었다. 60년 후의 '시굴'에서 유골을 발견하지 못한 것도 당연했다.

니시자키는 "한심한 이야기입니다만"이라고 운을 띄우며 다음과 같이 말했다. "시굴 후에야 우리는 은폐 사실을 보도한 신문기사를 발견한 거죠. 이미 유골이 파헤쳐진 줄도 모르고 우리는 현장에서 계속 구덩이를 판 거죠." 덧붙여 일본 정부에게 학살 피해자 유골의 '은폐'는 이미 정해진 노선이었다. 국립 국회도서관 헌정자료실 소장 『다이쇼 12년 12월 간토지방 지진이 조선에 미친 상황』(조선총독부 경무국)에는 제목에 '극비'라고 적힌 「지진 당시 불령 선인의 행동 및 피살 선인 수에 대한 처치」라는 문서가 포함되어 있다. 이 문서에는 살해된 조선인의 '처리'에 관해 다음과 같은 지시가 적혀 있었다. "매장한 것은 조속히 화장할 것", "유골은 내지인과 외지인 알 수 없도록 처치할 것", "기소된 사건에 있어 선인에 피해가 있는 것은 바로 유골 판명을 불명으로 처리할 것"

아연해질 수밖에 없다. 이것은 바로 증거은멸의 명령이 아닌가. 시신은 서둘러 화장하고 유골은 일본인·조선인의 차이를 알 수 없도록 조치한 데다. 가해자가 기소된 조선인 살해사건에 관해서는 유골을 '불명不明'으로 '처리始末'하라는 것이다. 이러한 '처치'가 명령대로 행해졌다면 애당초 유골이 발견될 리도 없다.

구사일생 조인승의 증언

하지만 아라카와 강변에서의 '시굴'은 헛되지 않았다. 수확이 아예 없었던 것은 아니었다. 작업 모습을 텔레비전 뉴스 등을 통해 알게 된 많은 사람들이 하천 부지에 모였다. 그중에는 학살의 목격자도 포함되어 가슴속에 가두고 있던 기억을 슬쩍 내비치는 경우도 적지 않았던 것이다. 그동안 겉으로 드러나지 않았던 '증언'이 수없이 날아들었다. "나도 여기서 살해당한 사람을 보았다."

그런 증언이 잇따랐다. 또한 아무 말 없이 후원금을 두고 가는 노인의 모습도 있었다. 저마다 각자의 기억을 안고 있었다. '시굴' 작업으로 기억이 되살아나 현장을 찾을 수밖에 없었을 것이다. 그중 한 사람으로 조인승도 있었다. 시굴 당시 그는 시나가와구 오이大井경마장 인근에서 곱창 가게를 운영하고 있었다.

조인승은 지진 직후 동포 14명과 함께 아라카와역 인근에서 지역 소방단에 붙잡혔다. 밧줄로 묶여 도망치면 죽이겠다고 협박당했다. 그 후 데라시마 경찰서에 연행되어 밧줄로 묶인 채 요쓰기바시 옆을 지나갔다. 이때 피살된 동포들의 모습을 목격했다.

다리는 시체로 가득 차 있었다. 둑에도 장작더미처럼 여기저기 시체가 쌓여 있었다.
(『간토대지진 조선인 학살의 기록』)

다리 위에는 도망치려는 조선인들이 뭇매를 맞고 있었다. 포승줄에 묶여 꼼짝 못하는 조인승도 습격당했다. 쇠갈고리로 발을 찍혔다. 그는 쇠갈고리로 맞은 다리를 절면서 걷는 수밖에 없었다. 그는 다친 채로 데라시마 경찰서로 연행되었다. 당시에는 '보호' 명목으로 이렇게 경찰서로 끌려가는 조선인도 많았다. 참고로 데라시마 경찰서(현재의 무코지마 경찰서)는 요쓰기바시 다리가 있던 장소로부터는 약 1킬로미터 거리에 위치해 있었다. 나는 아라카와 제방(옛 요쓰기바시와 가까운 기네카와바시 근처)에서 데라시마 경찰서가 있던 자리까지 걸어 보았다. 기복도 없고 거의 일직선인 길은 보도도 넓고 걷기 편하다. 하지만 그 당시 쇠갈고리로 다리를 다친 조인승에게, 또는 일본도로 칼에 찔린 신창범에게 경찰서까지의 길은 무섭고 긴 시간으로 느껴졌을 것이다. 다리를 절고 피를 흘리며 이 길을 그들은 걸었다. 억지로 걸어가야 했다. 아니면 끌려간 것일까. 길 위로 끝없이 이어지는 핏자국을 상상했다. 데라시마 경찰서가 있던 자리에는 현재

중층 주택이 들어서 있었다. 언뜻 보기에 보통 맨션으로 보이기도 하지만, 암호 장치가 붙은 문은 굳게 닫혀 어딘가 서먹서먹하다기보다 사람이 다가오는 것을 거부하는 분위기가 전해져 온다. 이웃에 따르면 그곳은 경시청 경찰관의 관사였다.

지진 직후 데라시마 경찰서에도 약 360여 명의 조선인이 몰려들었다. 다만 경찰서는 결코 안전한 곳이 아니었다. 경찰서 밖에서는 자경단을 비롯한 많은 사람들이 "조선인을 내놓으라"고 외치고 있었다. 조인승을 비롯해 모두가 떨고 있었다. 이대로 가다가는 경찰서 내에 난입한 자경단원들에게 죽임을 당할 줄 알았다. 다음은 다시 조인승의 증언이다.

> 나도 이대로 죽을 수는 없다는 마음으로 정신없이 밖으로 뛰쳐나가려고 경찰서 담벼락에 뛰어올랐다. 그러자 자경단 놈들이 함성을 지르며 달려들었다. 나는 그대로 경찰서 정원 쪽으로 떨어져 살았다. 나가지도 못하고 옆에 있는 삼나무에 올라가 딱 붙어 있었다. 30분쯤 지나서야 나는 슬그머니 삼나무를 내려 정원 쪽으로 가보았다. 그러자 그때 내 눈에 들어온 광경은 순사가 칼을 빼들고 동포들의 몸을 발로 짓밟은 채 찔러 무참히도 학살하고 있는 것이었다. 단지 경찰의 명령을 따르지 않고 도망갔기 때문이라는 것만으로 이때 8명이나 되는 사람이 살해되고 다수의 사람들이 상처를 입었다. (『간토대지진 조선인 학살의 기록』)

구사일생으로 살아난 조인승은 이후에도 계속 일본에서 살았다. 작은 가게를 마련해 소소한 행복도 느낄 수 있었다. '시굴' 현장에서는 다리를 절며 하천 부지에 난 구멍 주위를 돌아다니며 여러 차례 들여다봤다고 한다. 그도 동포들의 유골을 발견하지 못한 것은 억울했을 것이다. 앞서 나온 오충공 감독의 기록영화 〈숨겨진 손톱자국〉에서는 이 '시굴'의 모습이 정성스럽게 그려져 있는데, 등장인물 중 특히 눈길을 끄는 것이 바로 조인승이다.

몸집이 크고 어깨를 좌우로 흔들며 불편한 다리를 감싸듯 천천히 걷는 '곱창 가게 아재'는 골목에서 스치면 무심코 피해버리고 싶을 것이다. 생사를 넘나든 경험을 한 사람 특유의 처연함이 느껴지는 것이다. 아마도 그런 삶이었을 것이다. 온몸에서 '인간냄새'가 발산된다. 차별과 싸우고 가난과 싸우며 치열한 시대의 공기를 호흡하며 '자이니치'라는 삶을 살아왔다. 그의 말에, 모습에, 표정에, 자이니치 1세의 치열한 삶의 모습이 각인되어 있는 것처럼 보이기도 했다. 요쓰기바시 다리에서 본 학살 광경은 그의 뇌리에서 사라지지 않았을 것이다. 심야 악몽에 가위눌려 벌떡 일어나는 일도 있다고 아내는 영화 속에서도 말하고 있다.

이 영화의 클라이맥스는 그 조인승과 요쓰기바시에서 "조선인을 묶어놓고 군대가 기관총으로 쏴 죽였다"는 목격담을 증언한 아사오카 시게조의 대면 장면이었다. 두 사람은 아라카와 강둑에서 마주한다. 요쓰기바시 참사를 상세히 밝히는 아사오카의 손을 조가 꼭 쥐었다. "정말 억울했어요." 울음을 머금은 채 조가 그렇게 호소했다. 마음속에 가둬두었던 격정이 몸을 뚫고 나온 순간이었다. 고개를 숙이면서 아사오카의 손을 놓지 않는다. 아사오카 또한 "힘들었지요……"라고 몇 번이나 머리를 끄덕이며 고개를 숙인다.

1923년 9월 1일. 같은 날 같은 시간 같은 장소에 있던 같은 세대의 두 사람이다. 그 순간 한 사람은 살해당할지도 모른다는 공포에 사로잡힌 조선인 젊은이였고, 다른 한 사람은 그런 광경을 보고 있던 일본인 젊은이였다. 그 무렵의 아사오카는 학살을 '조선 정벌'이라고 믿고 있었다. "나쁜 짓을 했으니까 당연히 죽임을 당해도 어쩔 수 없다고 생각했는데"라고 술회하고 있는 것이다. 그때까지 아무런 접점도 없던 두 사람은 우연히 요쓰기바시에 함께 있었다. 같은 풍경을 보면서 다른 생각을 하고 있었다. 결코 만나지 않는 공포와 냉철한 시선. 통하지 않는 분노와 체념. 넘을 수 없는 민족의 벽. 접점 없던 인생. 60년이 지난 후, 두 사람은 같은 장소에서 대면

한 것이다. 조는 처음으로 일본인에게 억울함과 고통을 호소했고, 아사오카는 이를 제대로 받아들였다.

덧붙여 아사오카한테는 영화가 공개된 이후 "쓸데없는 말을 해서"라는 전화가 잇따랐다고 한다. 진실을 말하면 괴롭힘을 당하는 것은 예나 지금이나 변함이 없다. 아사오카는 그것을 견뎌냈으며 불평도 하지 않았다. "나는 본 것을 이야기했을 뿐이다"라고 계속 말했다. 한편 못 다한 일을 해치운 자그마한 안정이 고뇌에 찬 마음을 해방시킨 것일까. 조인승은 그 2년 후(1985년)에 85세의 나이로 세상을 떠났다.

몸 구석구석에 밴 학살의 기억

두 노인이 대면하는 장면을 찍은 오충공은 "(그 장면은) 예상치 못한 전개였다"고 술회한다. "취재를 통해 알게 된 조 씨와 아사오카 씨를 어떻게든 그 장소(아라카와 강둑)에서 만나게 하고 싶었어요. 처음에는 당황스러웠을 거예요. 특히 일본인으로서 학살 현장을 보고 있던 아사오카 씨로서는 결코 기분 좋은 대면은 아니었다고 생각해요. 그래도 외면하지 않고 정면으로 마주하셨어요."

그는 그때 아직 요코하마 방송영화전문학원(일본영화대학) 학생이었다. 〈숨겨진 손톱자국〉은 학교 졸업 작품으로 기획한 것이었다. 무대가 된 아라카와 제방은 익숙한 장소였다. 그는 야히로역 인근 조선 제5초중급初中級학교 출신이기도 하다. "그렇다고는 해도 학살 사건에 대해서는 잘 몰랐습니다. 나에게 아라카와는 학교 근처를 흐르는 큰 강이라는 정도의 인식밖에 없었어요."

전문학교에서는 다큐멘터리 세미나에 속해 있었다. 흥미가 있는 것은 극영화가 아니라 진실을 카메라로 쫓는 다큐멘터리였다. 졸업 작품을 만드는 단계에서 무엇을 찍어야 할지 아직 정하지 못했다. 간토대지진을 주제로 하고 싶다고 말한 것은 그가 아니라 그의 세미나 동료였다. "우연히 친구가 요시무라 아키라의 『간토대지진』을 읽고 있었습니다. 이것을 영상화하고 싶다고 그 친구가 말해서 주제가 정해진 것입니다만, 무엇을 어떻게 찍어야 할지 전혀 모르겠다. 지진 재해로부터 60년이라는 해였기 때문에 주제로서는 나쁘지 않았지만 영상화해야 할 풍경도 재료도 생각나지 않았습니다. 그때 아라카와 강변에서 유해를 찾기로 결정됐다는 뉴스가 나왔습니다. 그럼 이걸 다루어볼까."

그는 동료들과 함께 학교 카메라를 빌려 현장에 나갔다. 영화용 녹음 기자재까지는 불가능했고 녹음용으로 카세트테이프 레코더를 준비했다. 그리고 3일간의 시굴작업을 촬영한 것이다. "비로소 학살의 실체를 알 수 있었습니다. 저는 전혀 그런 사실을 몰랐기 때문에 충격적이었습니다. 낯익은 하천 부지이기는 하지만 그곳에서 동포들이 살해된 사실에 대해서는 전혀 아는 바가 없었어요. 구경 나온 사람들에게서 수많은 증언이 나왔습니다. 아직 목격자가 살아 있던 시대입니다."

학생들의 카메라는 발굴 작업을 따라 지역 노인들의 증언도 정성껏 주웠다. "하지만 영화치고는 부족했어요. 유골은 전혀 나오지 않고. 그리고 무엇보다 가해자의 증언은 있어도 피해자의 증언은 없으니. 이대로는 영화가 되지 않을 것 같아서 피해자를 찾아다녔죠."

그때 자이니치 조선인 지인이 "그날 현장에 있던 사람을 안다"고 했다. 조인승이었다. 시굴 작업도 거의 끝나가던 날, 오충공은 시나가와구 내 곱창구이 가게를 찾아 아라카와 강가에서 그의 모습을 촬영하게 해달라고 부탁했다. 조인승은 고개를 저었다. "싫어하더라고요. 현장에는 가고 싶지 않다고. '간다고 뭐가 돼'라고도 얘기했어요. 당연하죠 뭐. 조 씨에게는 잊어버리고 싶은 곳이었을 수도 있으니까요."

일본도가 내리친다. 쇠갈고리가 몸에 박힌다. 총구가 불을 뿜는다. 그리고 조선인이 쓰러진다. 이것이야말로 조인승의 망막에 맺힌 학살의 풍경이다. 그립다는 감회는 물론이고 하천 부지에 아련한 추억이 있는 것도 아니다. 오히려 기억에서 지워버리고 싶은 곳이기도 했다. 그는 자다가도 악몽처럼 하천부지의 광경을 떠올리며 벌떡 깨고 만다. 가위눌림을 당한다. 60년 동안 몸 구석구석에 밴 학살의 기억을 딱지를 벗겨내듯 떨쳐온 것이다.

조인승에게는 몸도 마음도 갈아 넣으며 이룩한 소소한 생활이 있었다. 내장 부위 재료를 준비하고 맛있는 양념장을 만들어 손님들이 기뻐하는 얼굴을 본다. 밤에 가족들과 함께 지친 몸을 이불로 덮으며 필사적으로 살아왔다. 그런데 왜 굳이 얼굴을 카메라에 앞에 내놓고 하필 기억하고 싶지도 않은 곳으로 가야 할까? 그 불합리를 같은 조선인으로서 이해하면서도 오충공은 설득했다. 젊음의 혈기가 무모함을 뒷받침했다. 몇 번이고 고개 숙인 간청에 결국 조인승은 승낙했다.

시굴 마지막 날, 조인승은 마지못해 오충공을 따라 아라카와로 향했다. 아마도 자이니치동포인 오충공의 부탁이기 때문에 따랐을 것이다. 풍채로 보아 호방한 조는 정에 약한 성격이기도 했다. 시굴 현장에서 여느 때는 말 많은 조도 이때만은 말이 없었다. 잠자코 구멍 주위를 돌아다녔다. 무슨 생각을 하는지 오충공은 알 수 없었다. "꼬리를 물고 밀려오는 기억의 파도와 열심히 싸우는 것처럼 보였다"고 오 감독은 회고한다. 그리고 아사오카와 대면하자 조인승은 참다못해 통곡하는 것이다. 자기 자신과의 '싸움'을 끝내고 긴장의 끈이 끊어지는 순간이기도 했다.

오 감독에게 첫 작품인 〈숨겨진 손톱자국〉은 시굴작업을 쫓으며 조선인 학살의 실상을 그려냈을 뿐만 아니라 그 자신도 바꿔간다. '자이니치'로 살아온 자신을 강하게 의식하고 일본과 한반도의 역사, 그중에서도 '학살'을 통해 드러난 '일본'의 모습을 끈질기게 쫓아가기로 결심하게 된 것이다. 그는 이후에도 지바현 내 학살사건(3장을 보라)을 추적한 〈불하된 조선인〉(1986년) 등의 기록영화를 계속 찍는다. 초등학교 교원이었던 기누타 유키에가 우연한 계기로 일으킨 파란이 많은 사람을 끌어들여 간다. 많은 사람의 인생을 바꾸어 간다. 그것은 학살의 실상을 조금씩 밝혀 가는 것이기도 했다.

시굴에 접수된 항의 소리

「위령하는 모임」의 시굴은 유골을 찾지 못한 결과로 끝났지만 반향은 컸다. 앞서 말한 것처럼 지역 노인들로부터 목격담이 잇따랐을 뿐만 아니라 감사의 목소리와 함께 "다음 시굴을 위해"라며 후원금을 보내는 이들도 있었다. 한편 반대의 소리도 적지 않았다. 가해 책임을 묻는 것을 혐오했는지 혹은 학살 따위는 없었다고 믿고 싶은 것인지 「위령하는 모임」에는 비난의 편지도 잇달아 도착했다. 이들은 『바람아 봉선화의 노래를 전해줘』에도 수록되어 있다. 일부를 여기서 인용하고 싶다.

지금 (중략) 한국과 일본의 국교 상 평화해결을 위해 노력하고 있는 마당에 60년 묵은 상처를 들추고 떠들어대는 바보가 있다고 생각하니 한심스럽다. 일본인이라면 애국심이 있을 터. (중략) 부디 진정한 애국심을 가졌으면 좋겠다.

아이들의 장래를 생각해 주신다면 세상을 떠들썩하게 하는 것은 그만두십시오. 전쟁의 슬픔을 진정으로 아는 사람은 모두 말없이 평화를 기원하며 살고 있는 법입니다.

하천 부지에서 6백 명을 묻었다는 것은 다 거짓말. 삼촌은 주동자였나본데 세 사람을 베었지만 결국 마음이 약해져서 죽일 수 없었다고 말했다. (중략) 현재 일본은 선인鮮人에게 점령당한 것을 깨닫지 못하고 있어. 일본 이름 또는 일본 여자 이름이라도 역전 음식점은 사실은 전부 선인이지. 밀주 팔기, 화장실 청소한 행주로 테이블 식탁 닦기, 이런 사람들이 우리한테 기생했어. (인용은 모두 원문 그대로)

이 '비난'은 40여 년 전의 것임을 주목하기 바란다. 기시감이 있다. 바로 현재 인터넷과 길거리에서 휘몰아치고 있는 헤이트스피치와 같은 내용이 아닌가. 일본이 조선인에게 점령당하고 있다는 등의 유언비어는 지긋지긋할 정도로 많이 들어왔다. 인종차별주의자 집단의 시위 현장에서, 그리고 인터넷에서.

일본이 조선인에 의해 지배당하고 있다며 전단을 무단으로 마구 붙인 자칭 '애국자' 남성이 2016년에 체포된 사건도 취재한 적이 있다. 헤이트스피치(Hate Speech, 혐오 발언)라는 말은 일본에 있어서는 비교적 새로운 말이다. 나는 2012년에 발간한 『거리로 나온 넷우익』(후마니타스에서 한국어판 출간)에서 이 말을 사용했는데, 당시에는 어느 정도 설명을 덧붙여야 했다. 아직 일반적인 용어가 아니었던 것이다. 일본 신문사 중에는 2013년에 〈아사히신문〉이 처음으로 사용했다. 그래서 헤이트스피치 자체가 뭔가 새로운 현상인 것처럼 오해하고 있는 사람도 적지 않은데, 이미 40년 전에도 이러했던 것이다. 100년 전에는 헤이트스피치보다도 더한 제노사이드라는 미증유의 헤이트크라임Hate Crime을 일으킨 것이 일본 사회인 것이다.

헤이트스피치는 21세기에 들어 갑자기 제기된 것이 아니다. 100년 전부터, 아니 그보다 훨씬 전부터 사회에 침투하고 침식해 왔다. 새로워 보이는 것은 차별의 형태가 리뉴얼을 거듭해 왔기 때문이다. 그래도 아직 1980년대는 노골적인 혐오 발언이 길거리에 난무하던 시절은 아니었다. 인터넷도 존재하지 않았다. 무엇보다 지진 직후 있었던 학살의 사실을 의심하는 사람은 어떠한 정치적인 입장이더라도 그다지 많지 않았다.

추도비 완성

시굴을 마친 「위령하는 모임」은 '준비(회)'라는 문구를 빼고 정식 조직으로서 활동을 계속하기로 결정했다. 시굴 이후에도 인터뷰와 자료조사 등 정력적인 활동을 펼쳤고, 매년 9월 1일에는 추도식을 배놓지 않고 계속했다. 덧붙여 시굴 다음 해(1983년) 기누타와 함께 모임을 만들고 ‘시굴’을 위해 애썼던 다카노가 에도가와 강에 빠져 자살했다. 어떤 절망이 그를 덮 쳤는지는 모른다. 구의원 선거 낙선이 그에게 깊은 상처를 줬다고 말하는 사람도 있지만 사실은 아무도 모른다. 알 필요도 없겠지. 그는 분명 공로자 였다. 51세라는 젊은 나이에 세상을 떠난 것이 아쉽다.

1991년 「위령하는 모임」은 모임의 목적을 유해 발굴에서 추도비 건립으 로 변경했고, 이듬해 모임의 명칭도 「간토대지진 때 학살된 조선인의 유해 를 발굴하고 추모하는 모임」(통칭·추모하는 모임)으로 정했다. 추도비 건 립을 공식 제기한 「추모하는 모임」은 행정기관 등을 상대로 교섭을 시작한 다. 또한 1993년에는 지역 활동을 염두에 두고 모임 멤버들을 중심으로 「봉선화」를 설립(2010년에 일반 사단법인이 된다)했다. 따라서 이 책에서 도 두 단체의 총칭으로서 「봉선화」라고 하겠다.

오래도록 염원하던 추도비가 완성된 것은 2009년이었다. 건립 제안으 로부터 완성까지 무려 19년의 세월이 소요된 것은 행정과의 교섭이 난항 을 겪었기 때문이다. 당초 「봉선화」는 하천 부지에 추도비 설치를 요구했 다. 희생자의 존재를 확정할 수 있는 장소였기 때문이다. 하지만 하천 부지 는 국유지이다. 담당기관인 건설성은 “국가로서 가장 큰 어려움은 ‘역사 인 식에 관한 합의를 얻을 수 있는가’라는 것”이라고 했다. 국가는 일관되게 학살 사실에 대해 사과를 하지 않고 있다. 추모를 한 적도 없다. 그것이 나 라의 ‘역사 인식’이었다. 이 작은 시민 그룹이 국가를 상대로 싸우는 것은 힘들었다. 도시락을 싸들고 활동하는 이들에게 그럴 만한 여력은 없었다.

현지의 스미다구와도 교섭을 거듭했다. 구가 관리 주체가 되면 국가가 움직일 수도 있다고 생각했기 때문이다. 하지만 구는 의회에서 “공익성은 높지 않다고 판단했다”라고 소극적인 자세를 나타냈다(2000년 12월 7일). 「봉선화」 멤버는 “스미다구가 공익성은 높지 않다고 말해 희생자에 대해 서 미안한 마음으로 가득했다. ‘조선인 희생자를 추모하는 것이 다수자의 의지'라는 데까지 우리는 운동을 만들지 못했다. 함께 방청하던 자이니치 한국인의 몸은 분노로 떨리고 있었다."고 그때의 모습을 적고 있다(『바람아 봉선화의 노래를 전해줘』). 그래도 추도비는 완성됐다. 그 후 행정기관에는 일절 의지하지 않았다. 학살 현장 근처 제방 아래에 면한 주택가의 일각, 즉 사유지를 구입하여 그곳에 추도비를 건립한 것이다. 그 경위를 니시자키는 이렇게 설명했다.

"그 자리에는 오래전부터 이어진 술집이 있었어요. 추도식 후의 뒤풀이 등에서 자주 이용했었습니다. 좀처럼 추도비 건립 이야기가 진전되지 않아 곤란해 하던 타이밍에 술집 주인이 말을 말을 걸어왔어요. 나도 이제 슬슬 나이가 있으니 당신들에게 이 가게를 팔아줄까? 여기다 지으면 되지 않느냐고. 망설일 여유가 없어 달려들었습니다."

2007년의 일이었다. 부지 일각에 추도비 건립 공간을 마련하고 주점 연회장이었던 부분은 사무실로 개축하기로 했다. 참고로 니시자키는 대학 졸업 후 도쿄 내 중학교의 영어 교사가 되었다. 하지만 자이니치 친구나 모교 메이지 대학의 강사 강덕상에게 배운 일본과 한반도의 역사, 그리고 '시굴' 참가 경험이 그를 붙잡아 놓지 않았다. 추모하는 모임의 활동을 계속하면서, 교원 생활 틈틈이 학살 목격자의 증언을 모아 앞서 말한 방대한 규모의 저서 『간토대지진 조선인 학살의 기록』을 엮었다. 교사 생활을 은퇴한 지금은 「봉선화」 이사로 또는 현장에서 강사로 학살 사실을 젊은이들에게 전하고 있다.

염원하던 추도비가 완성된 것은 2009년. 같은 해 8월 29일에 제막식을 열고 9월 1일에는 예년과 같이 하천 부지에서 추도식이 개최되었다. 추도식이 끝나면 참석자들은 그대로 둑을 넘어 오솔길을 사이의 비석에 꽃을 바친다. 이 '예의범절'은 지금도 계속된다. 비석 옆에 선 「봉선화」 사무소는 과거 선술집 건물의 일부인데, 한때 니시자키는 거기에 살았다. "사람들에 녹아들어 이해시키기 위해서"라고 한다. 니시자키의 권유로 「봉선화」

출범 당시부터 참가한 사람이 현재 이사 중 하나인 야노 교코이다. 니시자키와 같은 메이지 대학의 학생이었지만 참가 동기는 '호기심'이었다고 한다. "지진 때 무슨 일이 있었는지 알고 싶었다."

알고 싶어, 더 알고 싶어. 그렇게 약 30년. 문헌을 모으고 듣고 쓴 것을 정리해 왔다. "고집이죠."라며 야노는 웃는다. '고집'은 무너지지 않고 「봉선화」의 기초를 다져온 것이다. 그런 야노가 '호기심의 선배'로서 우러러본 사람이 기누타였다.

추도비 완성 한 해 전에 최대 공로자인 기누타가 사망했다. 77세였다. 그 전부터 파킨슨병으로 인해 걷기도 불편한 상태였다. 나중 모임에서 기누타의 딸은 "수수하면서 화려한 어머니"였다고 말했다. 수수한 성격인데 결과적으로 큰일을 해냈다는 의미에서 기누타를 아는 사람 대부분이 이 말에 납득했다. 관계자 누구에게 이야기를 들어도 어떤 자료를 훑어보아도 거기에서 비춰지는 기누타의 모습은 '수수함' 그 자체였다. 자신에 대해서는 많은 이야기를 하지 않고 남의 이야기를 듣는 데 주력했다. 그런 사람이기에 지역의 어르신들도 마음을 열어 가슴속 깊이 간직하고 있던 '체험'을 이야기해 주었을 것이다. 기누타는 저서 『아라카와 방수로 이야기』의 마지막을 다음과 같은 문장으로 마무리하고 있다. "나는 지금 마음을 놓은 채로 이 이야기를 끝낼 수가 없다. 아이들에게 너무 큰 과제를 남긴 상태니까."

기누타는 멀리 보고 있었다. 역사를 더듬어 증언을 듣고 기록을 쓰면서 앞으로 칼날에 쓰러진 사람들의 마음이 편안해질 수 있는 시대가 오기를 바랐다.

'실천하는 사람' 기누타 유키에

나는 기누타가 초등학교 교사였을 때 제자를 만날 기회가 있었다. 2023년 8월 도쿄 시내에서 열린 지진재해학살 학습회에서의 일이다. 그날 강사는 오충공이었다. 오 감독이 1983년에 찍은 〈숨겨진 손톱자국〉이 상영되었고, 당시의 추억 이야기나 신작영화 준비상황 등이 보고되었다. 학습회가 끝난 후 돌아가려던 참에 오의 부름을 받았다. 소개하고 싶은 사람이 있다고 했는데, 도쿄의 초등학교에서 교사를 하는 아리모토 후미히코였다.

"이분, 기누타 씨의 '선생님 시대'를 알고 있대. 이야, 나도 처음 만났어."라고 말하며 오감독이 기쁜 얼굴을 하고 있었다. 내 앞에 나보다 약간 연상의 남성이 정중하게 머리를 숙이고 있었다.

이날 아리모토는 아는 교사분의 권유로 학습에 참가했다. 지역에서 「전쟁 전시」 등에 관여하고 있는 아리모토는 역사를 아이들에게 물려주는 것의 중요성을 인식하고 있었다. 간토대지진으로부터 100년이 되는 해여서 더 좋은 기회라고 생각한 것이었다. 영화는 처음 보는 것으로 딱히 예비지식도 없었다. 그런데 영화 상영 중 예상치 못한 장면이 눈에 들어왔다. 기누타 유키에의 모습이었다. 영화 속에서 새하얀 블라우스에 몸을 감싼 기누타가 아라카와 강가에서 '시굴'에 앞서 인사말을 하고 있었다. "우와 하고 가슴 속에서 작게 외쳐버렸습니다. 그건 바로 내가 알고 있는 '기누타 선생님'의 모습이었으니까요."

아리타는 기누타가 초등학교 교사였던 시절의 '제자'였다. 영화가 끝난 후, 놀라움과 흥분을 안은 채로 그 사실을 전한 것이다. 다시 말하지만 기누타가 없었다면 아라카와 유역에서의 조선인 학살 사실을 깊이 파고드는 일은 없었을지도 모른다. 그런 의미로도 기누타의 존재는 엄청 큰 것이었지만 본인은 매우 수수한 존재로 남았다. 「위령하는 모임」의 대표 취임을 요청받고도 울면서 거부해 버리는 사람이다. '얌전하고 그렇지만 심지가 강한 것 같아'라는 평가 이외에 기누타의 사람됨을 연상시키는 일화는 부족하다. 그렇기 때문에 나는 아리모토에게 교원으로서의 기누타의 모습을 물어보고 싶었다. 훗날 아리모토 씨는 취재에 응해 주었다. "기누타 선생님이 우리 반 담임이었던 것은 1970년대 초, 벌써 50여 년 전의 이야기네요."

아리모토는 반세기 전 기억의 문을 억지로 열어 남겨진 추억의 조각들을 끄집어냈다. 아다치足立 구립 시카하마 제1초등학교. 5학년과 6학년 2년을 기누타 밑에서 배웠다.

"좋은 분이셨어요. 항상 수업에 정성이었던 것이 기억에 많이 남습니다. 수업에 못따라가는 아이를 버리고 가는 일은 하지 않으셨어요. 성을 내거나 화를 내는 일은 없습니다. 언제나 온화하고 자상한 선생님이었어요."

그 무렵 기누타는 광독鑛毒 사건으로 알려진 아시오 동산에 대해 열심히 조사하고 있었다고 한다. "조사를 위해 어느 역에서 하차하고 어디를 걸었는지 동산은 어떤 곳이었는지 그런 것들을 세세하게 가르쳐 주셨습니다. 이미 그때부터 교과서에만 의존하지 않고 근현대사의 묻힌 부분에 빛을 비추려 했던 것일지도 모르겠습니다."

아리모토가 기누타에게 아라카와 방수로의 역사나 조선인 학살에 대해 배운 것은 없다. 여하간 기누타는 '묻힌 역사'를 파헤치기 위해 그 무렵부터 여러 '현장'을 걷고 있었다. 교과서를 그대로 읽는 것이 아니라 자신의 경험과 체험을 전한다. 그런 수업이 많았다. 기누타는 '실천하는 사람'이었다. 그것은 정해진 규칙에 구애받지 않는 너그러움을 의미한다.

지금이나 옛날이나 학교는 불합리한 규칙으로 가득 차 있다. 당시 이 초등학교에는 점심시간은 꼭 교정에 나가 몸을 움직여야 한다는 '수수께끼 규칙'이 있었다. 하지만 모두가 밖에서 놀기를 원했던 것은 아니다. 교실 안에서 얌전히 시간을 보낸 아이가 있다. 그래서 기누타는 바깥놀이를 강제하지 않았다. 사소한 일일지도 모르지만 그런 자세가 아리모토에게는 '잊히지 않는 것'으로서 지금도 뇌리에 각인되어 있다. "그러니까 나 같은 경우는 교실에서 칠판지우개를 핀으로 해서 볼링 흉내를 내고 있었습니다. 물론 기누타 선생님은 그것을 보고도 아무 말씀도 하지 않았다. 언제나 웃고 계셨던 것 같아요."

그런 얼마 안 되는 기억의 단편으로부터 떠오르는 것은 기누타의 '무리하게 서두르지 않는 성격'이라고 아리모토는 말한다. 무리해서 학생들을 모이게 하지 않는다. 그리고 자신의 발로 모은 기억과 기록을 모두에게 전한다. '서두르지 않는' 기누타는 스스로에게 부과한 조사 활동에서도 그 자세를 관철했다. 아라카와 유역을 거닐며 알게 된 어르신들에게서 처참한 기억을 들었다. 기자와 달리 그녀는 다른 사람의 말을 빼앗지 않았을 것이다. 기누타에게 어르신들의 증언은 단순한 '이야깃거리'가 아니다. 역사를 새기기 위해 필요한 사실로 쉽게 소비되어서는 안 될 것이었다.

궁금해. 듣고 싶어. 찾고 싶다. 그 생각을 안고 기누타는 학살 사실과 마주하려 했다. 다시는 그런 시대가 오지 않기를 바라면서. 일본 사회가 과거의 죄과와 진지하게 마주하기를 바라면서. 하지만, 그런 기누타의 생각은 아직 실현되지는 않았다.

3. 서민 주택가에 사는 자이니치의 노래

"나를 죽이지 않는 사람을 늘리기 위해"

시대는 좋아지고 있는 것일까요, 아니면 나빠지고 있는 것일까요? 나는 「봉선화」 사무실에서 신민자에게 물었다. "음…" 그녀는 팔짱을 끼고 생각에 잠긴다. 아라카와의 하천 부지에서 사람들이 '구멍 파기'를 하고 있을 때까지는 어딘가 차가운 시선으로 일본인을 보고 있었다. 그런데 그로부터 몇 년 뒤에는 같이 활동을 시작했다. 추도비 건립을 위해 동분서주했다. 왜 그렇게까지 열심히 활동한 것일까? 내 물음에 신민자는 즉답했다.

"나를 죽이지 않는 사람을 늘리기 위해."

그녀의 머릿속에서 언제나 재현되는 것은 죽임을 당하는 쪽의 비명과 외침 그리고 억울함이다. 그런 시대를 보고 싶지는 않아. 그보다도 죽고 싶지 않아. 역사를 파헤치고 사람들에게 전하고 함께 기도하는 것은 죽임을 당하지 않기 위해, 그리고 죽이게 내버려두지 않기 위해서이다. 그 생각만으로

「봉선화」 활동을 계속해 왔다. 동료는 늘었다. 배우기 위해 알기 위해 「봉선화」를 찾는 사람도 늘었다.

한편 자이니치에 대한 차별은 지금도 있고 편견도 없어지지 않았다. 오히려 인터넷상에는 혐오 발언이 넘쳐나고 있다. 길거리에서 버젓이 자이니치 코리안을 향해 "나가라"고 외치는 이들도 있다. "죽어, 죽여"라고 아우성치는 자들이 있다. 오락처럼 심심풀이처럼 비웃으며 자이니치는 일본의 적이라고 호소하는 자들의 모습을 그녀도 몇 번인가 보았다.

혐오 발언의 시대를 살고 있다. 생각하기 싫어도 그렇게 생각하게 된다. '나를 죽이지 않는 사람'은 늘고 있는가, 줄어들고 있는가. 거리에서 증오 시위를 반복하는 자들 앞에서 조선인을 마구 죽인 자경단원들의 모습을 상상했음은 물론이다.

재해 때마다 떠도는 헛소문

예를 들어 지진이나 태풍 등의 자연재해가 발생하면 지금도 인터넷상에서는 루머가 난무한다. 자이니치 코리안을 비롯한 외국인, 해외에 루트가 있는 사람을 범죄자로 만드는, 용서할 수 없는 거짓 정보가 담긴다.

"조선인이 우물에 독을 넣었다."

"폭동이 일어난다."

"여자가 습격당했다."

21세기에 이르러서도 헛소문의 문구는 간토대지진 당시와 다르지 않다. 아니, 이러한 루머의 재료가 되는 것은 언제나 간토대지진 때의 유언비어이다. 2011년 동일본대지진 때는 외국인 절도단이 암약하고 있다는 헛소문도 난무했다. 이것을 진짜 믿은 일부 우익 단체는 자경단을 조직하여 재해지역에 파견. 치안 유지를 명목으로 한 '경비 활동'까지 벌였다. 우익 단체 기관지에 게재된 관련 기사에는 "긴 철 파이프에 최루 가스, 전기 충격기 등으로 무장해" 열을 지어 걸었다는 서술이 있었다. 또한 자경단에 참가한 멤버 중 한 명은 인터넷 프로그램의 인터뷰에서 "지나가는 사람에게 말을 걸어 (중략) 중국어로 말하면 그 자리에서 죽여 버려"라고 생각했었다고 말한 바 있다.

그 무렵 도호쿠 연안부에는 중국인 기능실습생을 비롯해 외국 국적 사람들이 다수 살고 있었다. 자칫 이들이 무장한 자경단에 의해 살해됐을 가능성도 부인할 수 없다. 2014년 8월 히로시마 시내는 폭우로 인한 토사 재해를 겪었다. 그때도 인터넷상에 "재해지역에 빈집털이가 빈발하는 것 같다. 이런 일을 할 사람은 재일조선인밖에 없다."라거나 "화재 때 도둑질은 조선인·중국인의 국기 같은 거야!"라는 글이 잇따랐다. 얼마 지나지 않아 이번에는 절도단으로부터 주민을 지키겠다며 자경단 결성을 트위터twitter(현 X)로 선언하는 자까지 나타났다.

현지인임을 칭하는 이 인물은 폭우에 의한 토사 피해 직후인 8월 25일, 트위터에 다음과 같이 썼다. "앞으로 빈집=재일조선인을 쫓아내기 위해 '자경단'으로 밤샘 경계를 다녀오겠습니다. 물론 '방어도구'를 챙겨서." "눈이 치켜 올라간 패들이 이곳저곳을 배회하고 있습니다. 경찰 분들도 평소처럼 '직무 질문'을 할 수가 없습니다. 자원봉사자인 척하고 있으니까. 어디까지 '썩은'거냐 조선인!!" "오늘도 활기차게 부흥활동! 조선인, 세정洗浄!!" 다행히 첩보를 입수한 지역경찰에 의해 자경단 결성은 무산됐다. 하지만 앞서 말한 트윗에 많은 찬동과 지원 코멘트가 붙었다는 점에 지금 일본 사회의 '기분'이 나타나 있다. 인터넷을 무대로 한 루머 유포는 그 후에도 계속된다. 2016년 구마모토 지진, 2018년 오사카 북부 지진, 서일본西日本 호우, 2019년 지바현 태풍 피해 때도 역시 '우물에 독' '외국인 절도단'이라는 문구가 SNS에 넘쳐 외국인에 대한 편견이 부추겨졌다.

2024년 1월 노토 반도 지진 때 역시 SNS에서 "외국인 절도단이 노토 반도에 집결하고 있다"라는 거짓 정보가 떠돌았다. 아무런 근거 제시 없이 일반 자가용 사진이 인터넷상에 투고되어 '절도단의 차'라고 '소개'되었다.

'외국인 절도단'의 가짜 정보를 내보낸 X의 게시물에는 400만 회 이상의 열람 기록이 달려 있었다. 그래, 자연재해가 일어날 때마다 황당한 루머가 떠돌며 증오를 부추긴다. 배타적인 말이 난무하고 폭력이 암시된다. 그리고 일본 사회는 자이니치 코리안, 외국 국적 주민, 해외에 루트를 가진 사람들에 대한 차별을 내면화한다. 도대체 100년 전과 무엇이 다른가? 어쩌다 학살이 발생하지 않은 것만은 아닌가. 아니, 이미 그 징조는 '평상시'에도 나타나 있는 것이다. '불령선인'이라는 말은 인터넷상, 또는 증오 데모가 행해지는 가두에 지금도 살아 있지 않은가. "죽여"라고 외치는 자가 있지 않은가. 금세기 들어 편견과 차별에 동기를 부여받은 사건, 이른바 증오 범죄가 잇따르고 있다.

2009년 배외주의와 자이니치 코리안에 대한 증오를 부추기는 재특회(자이니치의 특권을 허용하지 않는 시민모임)는 교토조선제일초급학교 앞에 모여 "북한 간첩양성기관", "조선학교를 일본에서 내보내라"는 등 격한 소리를 질러 수업을 방해하여 체포됐다. 2017년 자이니치 코리안을 고객으로 하는 나고야시내의 민족계 금융기관 '이오ィォ 신용조합'에 '애국자'를 자칭하는 남자가 침입, 방화 미수 사건을 일으켰다. 2018년 재일본조선인총연합회(조총련) 중앙본부(도쿄)가 극우 활동가들의 총격을 받았다. 본부 정문으로 총탄이 발사된 것이다. 이 활동가는 증오 시위의 단골 참가자이기도 했다. 사건 후에는 이 활동가의 지원자 등이 사건 현장 근처에서 가두 활동을 통해 총격을 '의거義擧'라고 칭찬. "이번에는 문 하나로 끝났지만, 계속해서 찾아올 거요" "화염병을 던져 불태우자" 등을 외치며 기세를 올렸다.

우토로 지구 방화범의 새로운 '범행 예고'

2021년에는 자이니치 코리안 거주 지역인 우토로 지구(교토 우지시)에 22살 남성이 불을 질러 7개 동이 모두 반쯤 타버렸다. 나는 이 사건의 재판을 모두 방청했는데, 범인이 주장한 것은 차별로 가득한 자이니치에 대한 적의뿐이었다. 뭔가 미덥지 못한 인상을 주는 그는 그러나 법정에서 분명하게 이렇게 말하고 있다. "한국에 대한 혐오 감정, 적대 감정이 있었다."

'혐오 감정'이 생겨난 계기를 묻자 남자는 다음과 같이 호소했다. "일본에서 현재 사용되고 있는 교과서에는 중국·한국과 같은 여러 나라의 검열권이라고 할까요, 여러 외국 조항이라는 것이 인정받게 되어 지금 현재 사회교육에서 행해지고 있는 것은 한국이나 중국의 주장에 근거해 왜곡되거나 부분적으로 일본의 주장을 말소하는 등의 일이 벌어지고 있다." 이 말만 가지고도 범인이 얼마나 엉터리 지식에 근거해서 범행을 저질렀는지 잘 알 수 있다.

남자가 말한 '여러 외국 조항'이란 일본의 고등학교 교과용 도서검정기준에 규정되어 있는 "인근 아시아 여러 나라와의 근현대 역사적인 일을 다루는 데 국제이해와 국제협조의 견지에서 필요한 배려가 되어 있을 것"이라는 규정에 관한 것일 것이다. 그는 멋대로 이를 한국 등에 의한 검열권이라고 하지만 전혀 틀린 말이다. 외국이 일본 교과서를 검열하는 구조 등 어디에도 존재하지 않는다. 즉, 인터넷에서 주입된 부정확하다기보다도 완전한 루머를 믿고 범행을 저지른 것이다.

범인은 최후 진술을 다음과 같은 발언으로 마무리했다. 조금 길지만 인용하고 싶다. "이번 일로 제가 피해를 끼친 분들에게 직접적인 죄는 없을지도 모릅니다. 하지만 저처럼 그런 분들에 대한 차별, 편견, 증오 같은 감정을 가지고 있는 사람이 국내뿐만 아니라 곳곳에 많이 있다는 현실은 인식해야 합니다. 만일 나를 극형에 처한다 해도 이 사건을 한 개인이 제멋대로 만든 차별에 의한 감정과 그에 따른 것으로 치부하고 그러한 부분만을 잘라내어 수습하려 한다면, 앞으로 더 흉악한 사건까지도 일어날 것이라고 상상할 수 있는 이야기입니다. 지금까지 이러한 사건이 발생하지 않았던 것은 일본이 전범국이라는 이유로 일본인의 감정을 억압하거나 표현을 억제하는 것이 가능했기 때문입니다. 앞으로 다시 일어날 유사한 혹은 그 이상의 사건이 무엇을 배경으로 하며 무엇이 문제인지를 여러분 한 사람 한 사람이 생각해 가지 않으면 안 됩니다. 더 많은 무고한 사람들이 정말 목숨을 잃게 될지도 모릅니다. 그런 점에서 이번 나의 방화에 대해서는 단순한 개인적인 감정에 근거하는 것이 아니라는 것을 다시 한번 여러분이 인식해 주었으면 합니다."

반성도 아무것도 없다. 여기에 드러난 것은 증오와 차별, 그리고 폭력의 긍정, 나아가 사건이 이것으로 끝나는 것이 아니라는 일종의 '범행 예고'이다.

미성년자를 향한 증오의 화살

이러한 증오 범죄는 아직도 계속된다. 2022년 4월, 오사카부 이바라키시의 인터내셔널 스쿨 「코리아 국제 학원」에 30세의 남자가 침입해 불을 질렀다. 이 사건 재판에서도 범인은 "인터넷 글을 보고 (자이니치 코리안에 대한) 증오를 품었다"며 불을 지른 목적을 '일본을 떠나도록' 하기 위해서라고 답했다. 같은 해, 재일본대한민국민단(민단)의 도쿠시마현 본부에는 총격을 암시하는 협박 편지가 발송됐다. 협박장에는 "반일 정책을 계속한다면, 다음에는 실탄에 의해 소거 정화한다"라고 쓰여 있었다. 범인은 증오 단체 '일본 제1당'의 전직 당원이었다. 이들 범행의 배경에 있는 것은 역사도, 외교도, 아무것도 아니다. 차별 감정에 온몸을 지배당한 사람이 세상을 떠들썩하게 할 목적으로 불을 질렀다. 총알을 쏘고 협박했다. 타자의 삶도 역사도 상상 못하는 자들이 그럴듯한 논리를 펴며 범죄를 정당화하려 했다. 하지만 악질적인 증오 범죄일 뿐이다.

가나가와현 가와사키시의 다문화 종합교육시설에서 관장을 맡고 있는 자이니치 코리안 여성은 최근 몇 년간 여러 번 살해를 시사하는 협박 편지를 받았다. 내가 잘 아는 분이다. 그녀는 자이니치 코리안 집주 지역인 가와사키시 남부에서 헤이트스피치에 반대하는 목소리를 계속 내왔다. 인터넷상에서의 중상모략도 끊이지 않고, 마침내는 생명까지 위협받게 되었다. 지금도 외출 시에는 방날 조끼를 입고 있다. 또한 가족에게도 증오 발언이 엄습했다.

2018년에 장남(당시 중학생)이 현지의 평화 이벤트에 참석한 일이 신문에 게재되자 '악성 외래 기생 생물종' '히토모도키[8]'라고 하는 말이 인터넷에 연달아 등장했다. 헤이트스피치에 상처받은 중학생은 어머니와 함께 지역 경찰서에 피해를 진정했다. 고통스러웠다. 말하는 내내 눈물이 멈추지 않았다고 그는 말했다. 돌아오는 길에 어머니가 문득 말씀하셨다. "내가 조선 사람이라 이런 일을 겪게 하네. 미안해." 왜 사과를 해. 아직 중학생이었던 그의 분노와 슬픔이 가슴속에서 소용돌이친다. 사과해야 할 것은 악질적인 증오심을 부려온 쪽이잖아. 이런 불합리한 일이 어디 있어? 거기서부터 그의 투쟁이 시작되었다. 인생에서 가장 다감한 계절을, 가장 빛나고 눈부신 시기를, 10대의 귀중한 시간을, 그는 재판을 위해 보냈다. 증오 댓글을 단 사람을 밝혀내어 명예훼손으로 고소한 것이다.

글의 주인은 오이타시에 사는 60대 남성이었다. 3년에 걸친 재판 결과, 법원은 모욕과 인격권 침해를 인정하여 남성에게 130만 엔을 지급하라고 명령했다. 피해자가 된 장남은 판결 후의 회견에서 다음과 같이 말했다. "제가 전면에 나서면 어머니를 향한 증오의 화살을 조금이라도 줄일 수 있지 않을까 생각했어요." 다시 말하지만, 그는 미성년자다. 이미 수없이 악의에 찬 '화살'을 맞고 있다. 지금 이 순간도. 그래도 그는 어머니를 지키려고 했다. 그의 말을 들으며 나는 속앓이와 분노로 가슴이 답답해졌다. 뭐야, 도대체 이게 뭐야. 나는, 우리 사회는, 피해 당사자가 '화살'을 맞을 때까지

---

8   조선 히토모도키朝鮮ヒトモドキ라는 말이 등장한 것은 2000년대 들어서라고 한다. '사람 같지만 사람 아닌 포유류'라는 의미를 담고 있는 명백한 차별용어이다.

증오범죄를 막을 수도 없는 것인가. 게다가 심각한 피해를 비웃기라도 하듯 이제는 사회적 영향력이 있는 사람들까지 증오의 앞잡이로 나선다. 정치인이, 기업경영인이, 교육자가, 언론인이, 연예인이 외국인에 대한 차별을 부추긴다. 그것도 ‘표현의 자유’라고 주장하는 사람도 있다. 그렇게 호소하는 사람들은 ‘차별받지 않을 자유’는 인정하려 하지 않는다. 지금, 가장 표현의 자유를 빼앗기고 있는 것이 마이너리티임은 알고 있는가? “나를 죽이지 않는 사람을 늘리기 위해” 그래서 동분서주해 온 신민자는 마이너리티에 속하는 한 여성으로서 이런 시대의 분위기에 계속 농락당해 왔다. 그녀는 말했다. “결국 어느 시대든 나는 ‘죽는 쪽에 있다’는 생각에서 벗어날 수 없는 거죠. 그건 뭐, 어릴 때부터 쭉.”

대규모 방재훈련과 ‘삼국인 발언’

그녀가 특히 강한 위기감을 품게 된 계기는 2000년 9월 3일에 행해진 도쿄도의 대규모 방재 훈련 「Big Rescue 도쿄 2000」이다. 도쿄 도심에서 규모 7.2, 진도 6강의 대규모 지진이 발생해 도쿄 전역에서 많은 피해가 발생했다는 전제하에 이뤄진 것이다. 긴자의 번화가 거리를 탱크가 달리는 광경에 당황한 사람도 적지 않을 것이다.

이시하라 신타로 지사의 전례 없는 규모의 방재 훈련이었다. 육해공 자위대원 7000명, 경시청 경찰관 3000명, 지역 소방단원과 자원봉사자 2만 5000명이 참가했으며 자위대 항공기 116대, 장갑차 1900대, 함선 등 선박 22척이 투입됐다. 총비용 3억 엔이라는 큰 규모의 것이다. 방재와 자위대라는 조합에서 신민자는 간토대지진 직후의 학살을 연상하지 않을 수 없었다. 아니, 그녀만이 아니었다. 자이니치 코리안, 그리고 나를 포함한 결코 적지 않은 사람들이 같은 풍경을 연상했다.

그해 4월 이시하라는 육상 자위대 네리마 주둔지에서 열린 ‘창대創隊 기념식’에서 다음과 같은 발언을 했다. “삼국인, 외국인이 매우 흉악한 범죄를 반복하고 있다. 큰 재해가 일어났을 때에는 소요사건도 예상된다. 경찰력으로는 한계가 있으니 여러분이 출동해 주시고 치안 유지도 수행해 달라.” 이른바 ‘삼국인三国人 발언’이다. 이에 공포를 느끼지 않을 자이니치 코리안이 있을까? 재난과 소요사건을 연결시키고, 게다가 조선인을 의식한 ‘삼국인’이라는 표현으로 위기를 부추겼다. 그런 이시하라가 자위대나 경찰을 대량 동원하여 대지진을 상정한 방재 훈련을 실시한 것이다. 평온할 리가 없다.

이시하라는 ‘삼국인 발언’ 후의 기자 회견에서도 다음과 같이 이야기했다. “도쿄에도 불법 입국한 사람들이 많이 있다. 그 사람들이 반드시 소요사건을 일으킬 것이라고 나는 생각하고, 그래서 그 사실을 염두에 두자고 말했을 뿐이다.”

“전후의 혼란 속에서 모처럼 만든 아오조라青空 직거래 시장에 이른바 삼국인들이 왔고. 그중에는 한국계 사람들, 조선계 사람들, 중국계 사람들, 미군들도 있어 불법적인 일을 일부러 하는, 실제로 해를 끼치는 외국인들을 당시 신문은 삼국인三国人이라고 썼다. 나도 그 생각으로 쓴 거야.” 이토록 편견에 찬 발언이, 더구나 현직 도쿄도지사 입으로부터 터져 나온 것이다. 게다가 약 5개월 후에 「육해공 3군을 사용한 재해 시의 합동 대 구제救済 연습」(월간지 『Voice』 1999년 8월호에서의 발언)을 실시한 것이다. 그 무렵 나는 종합주간지 『주간 보석』(2001년 휴간)의 기자였다. 자위대 관계자로부터 「Big Rescue 도쿄 2000」 관련 내부 문서를 입수했고, 나아가 군대 OB로부터 “치안 훈련도 방재 훈련도 하는 것은 같습니다. 저항이 적은 방재 훈련을 구실로 하면 자위대는 평소에는 할 수 없는 시가지 훈련을 당당하게 할 수 있지요”라는 발언도 끌어낸 다음 「Big Rescue 도쿄 2000」을 비판하는 기사를 썼다. 바로 방재 훈련을 ‘구실’로 한 치안출동 연습이나 다름없다고 나도 느꼈다. 출판사는 이시하라와 인연이 깊은 곳이었지만, 데스크도 편집장도 기사에 일체 관여하지 않았다(나중에 다른 기자가

「Big Rescue 도쿄 2000」을 지휘하는 이시하라에 대한 칭찬 르포를 썼다. 과도한 균형감각을 발휘하는 것도 이 잡지의 특징이었다).

그 무렵에 알게 된 것이 당시 인재육성 회사를 경영하고 있던 신숙옥(현재는 「노리코에 넷」 공동대표)이었다. 그녀는 이시하라의 '삼국인 발언'에 항의할 뿐만 아니라 지진 때의 계엄령을 연상시키는 자위대 출동의 대규모 방재 훈련에도 반대하고 있었다. 나도 동감이었다. 방재훈련에 반대하는 것은 아니다. '삼국인 발언'에 대한 사과도 하지 않는 도지사가 하필이면 지진 후 '소요사건'을 상정한 자위대의 치안출동 훈련과 관련된 것이 문제이다. 신숙옥을 비롯해 작가 미야자키 마나부, 평론가 사타카 마코토 등이 모여 여기에 대해 논의했다. 특히 그녀는 '살해당하는 쪽'의 위치에 있는 사람으로서 곳곳에서 「Big Rescue 도쿄 2000」의 위험성을 호소했다. 그래서일까, 그동안 '여성 사업가'로 인식되던 신 씨에게 금세 '반일反日'이라는 매도가 빗발치기 시작했다. 사무소에는 여기저기서 계속 장난전화가 걸려왔다. 팩스에는 '당신네 나라로 돌아가라' '조선인은 입 다물어'라고 적힌 종이가 쉴 새 없이 쏟아져 나왔다. 당시의 팩스는 감열 롤링 종이였는데 하루에 1롤이 소비되는 상황이었다. 나는 그때 처음으로 헤이트 스피치의 '현장'을 본 것이다. 지금 도심에 대혼란이 일어나는 지진이 발생하면, 틀림없이 신은 죽임을 당할 것이라고 생각했다. 너무 심하다고 분개하는 나에게 그녀는 "뭐, 이런 거지"라고 일부러 밝은 목소리로 대답했다. 눈은 웃고 있지 않았다. 간토대지진 때부터 변함없는 조선인 차별과 이를 부추기는 도지사에 나는 분노했다. 지금도 신숙옥은 증오 공격을 온몸에 받고 있다. 오키나와 반대 운동의 '흑막'이라는 사실무근의 유언비어가 텔레비전 지상파를 통해 유포되어 오랜 시간에 걸쳐 재판 투쟁도 했다. 일본 사회는 그녀를 철저히 몰아가고 있다. '죽임을 당하는' 공포는 결국 그녀에게서 사라지지 않는다. 그리고 그 단초가 된 것이 「Big Rescue 도쿄 2000」이었다.

시라히게바시 다리에서의 학살

「Big Rescue 도쿄 2000」이 많은 자이니치 코리안에게 비슷한 공포를 안겨준 또 하나의 이유는 도내 각지에 마련된 훈련장 중 하나가 시라히게바시 다리 근처의 스미다가와 강 하천부지(아라카와구)였다는 것이다. 시라히게바시 다리는 지금 '메이지도리' 거리의 일부이다. 스미다가와 강에서 가장 오래된 나룻배 '하시바노 와타시'가 있던 곳이다. 가교된 것은 1914년. 지금은 새하얀 아치교이다. 이곳 역시 학살 현장이었다. 앞서 나온 니시자키 마사오가 엮은 『간토대지진 조선인 학살의 기록』에는 시라히게바시 다리에서의 학살에 대해서도 많은 증언이 남아 있다. 당시 부근의 맥주 공장에 다니고 있던 곤도 산지로는 '선인에 대한 일반의 반감은 대단한 것'이었다는 전제 위에 다음과 같이 말하고 있다.

청년단 등은 급조한 죽창 등으로 다수의 선인을 찔러 죽이거나. 특히 무코지마의 시라히게바시 다리 등에는 다수의 선인이 쓰러져 있는 것을 봤습니다.

100년 전 이곳에서도 많은 조선인이 죽임을 당했다. 시라히게바시는 피로 물든 다리였다. 계속해서 같은 책으로부터 증언을 인용한다. 도쿄 혼조에서 재해를 당한 당시 여학교 2학년 이와모토 세쓰코는 도치기현을 목표로 걷고 있는 도중에 시라히게바시 다리를 지났다.

시라히게바시 다리를 다 건넜을 때쯤 하아 괴롭게 숨을 몰아쉬고 있는 사람을 둘러싼 죽창을 든 남자들의 한 무리를 보았다. 상황을 물으니 우물에 독을 넣거나 방화한 조선인을 죽이고 있다고 한다(그러나 독을 넣거나 방화했다는 것은 나중에 헛소문이었음을 알게 되었다).

이와모토는 그 광경에 떨었다. 죽창을 조선인의 몸에 꽂는 남자들을 '야

만'이라고 생각했다. 하지만 살기등등한 자들 앞에서 자신은 어떻게 할 수 없었다. 그 자리를 지났을 때 '만세バンザイ'라는 함성이 들렸다. 조선인을 강에 던져 넣을 때마다 사람들은 '만세'를 외쳤던 것이다.

암호에 능숙하게 대답하지 못한 사람은 모두 죽창에 맞아 죽었다는 광기의 비상시非常時. 구경꾼도 있었다. 그냥 지나쳐간 우리도 있었다. 미안하다고 지금도 생각하고 있습니다.

근처에 사는 사카마키 후치는 시라히게바시 다리 밑을 흐르는 스미다가와 강에서 '함석トタン이 겹쳐' 흘러가고 있는 것을 보았다. 왜 이렇게 함석이 많은가 하고 다가가서 보니 그것은 인간의 사체였다.

끈을 몸에 두르고 조선인이 강에 들어가 죽어 있는 것입니다. 그게 마치 조당을 풀어놓은 것 같더라고요. 빈틈도 없어요. 10명 정도의 조선인들이 모두 철사로 다리가 묶여 3명 정도씩 같이, 많은 경우는 10명 정도 하나에 다리를 조금 떼서 연결을 해, 그러니까 모두 연결되어 있는 것입니다. 그리고 살아있는 것을 내팽개쳤으니 물을 마셨겠지요, 그러니까 배가 불룩해져서 모두 아무것도 몸에 걸치지 않은 벌거숭이인 것입니다. 누워 있는 것도 있고, 엎드려 있는 것도 있어요. 그게 몇 쌍인지 모를 정도에요. 그걸 제 눈으로 확인했어요. 얼마나 안쓰러운지 눈물을 흘리며 걸었습니다.

사카마키가 말한 '조당粗糖'이란 설탕을 만드는 가공 과정에서 만들어지는 설탕의 베이스가 되는 것이다. 사탕수수의 색이 남아 있어 사람의 피부색에 가까워 보인다. 강가에는 죽임을 당한 인간에 의해 여러 줄기의 맥이 떠 있었다. 덧붙여 앞서 나온 반준 사부로도 요쓰기바시의 참사로부터 도망치듯 시라히게바시 다리에 도착했다. 반준은 이곳에서도 이상한 체험을

하게 된다. 시라히게바시 다리를 건너려는데 "어이, 어디 가냐"고 등 뒤에서 말을 건넸다. 뒤돌아보니 그곳에 칼을 든 남자들이 서 있었다. 자경단원들이었다. 이름과 주소를 묻는 그들에게 반준은 '꾸역꾸역' 어떻게든 대답했다. 동북 사투리가 빠지지 않았던 반준을 자경단원들은 조선인으로 의심했다. 칼이 목 앞에 들이닥쳤다. "이로하イロハ를 말해봐." 반준은 시키는 대로 '이로하'를 말했지만 긴장 탓인지 혀가 돌지 않는다. 게다가 표준어를 의식하면 의식할수록 떨리고 악센트가 수상해진다. "에로하니호헤도イロハニホヘド, 쓰루누루오와카ツルヌルオワカ……" 자경단원들은 갈수록 살기 어린 표정을 지었다.

> 하마터면 조선 사람과 헷갈릴 뻔했다. 큰 소리로 군가를 부르거나, 어머니와 여동생이 구마가야熊谷에 있는 것을 이야기하거나 해서 내가 틀림없는 일본인임을 필사적으로 증명하고 목숨을 건졌지만, 그때 잘못 되었다면 지금쯤 나는 없었을 것이다. (앞서 나온 책 『반준의 아자파— 인생』

구사일생으로 살아난 반준이기는 하나, 그 역시 다리 위에서 '조당처럼' 흐르는 여러 시체를 보았을 것이다. 그런 곳에서 '삼국인 소요'를 아무렇지도 않게 말하는 도지사에 의해 민·관 총출동 방재훈련 「Big Rescue 도쿄 2000」이 행해진 것이다. 당시 나도 취재를 나갔었다—이 일대는 재개발 지역으로 지정되어 있어 일부 오래된 가옥이 남을 뿐 아무도 살지 않았다—실제로 빈집을 허물고 그 밑에서 사람으로 가정한 인형을 구출하는 훈련 등이 실시되었다. 상공에는 헬리콥터가 선회하고 있었다. 그 자체는 물론 '학살'을 목적으로 한 것은 아니다. 하지만, 예전의 학살 현장에서 이시하라가 말하는 '군軍' 주도에 의한 치안 연습이 행해지고 있는 모습에서 예전의 살육을 떠올리는 사람도 있었을 것이다. 그 한 사람이 신민자였다.

"이시하라 지사는 '삼국인' 즉 대만인, 중국인, 조선인이 폭동을 일으키는 것을 가정하고 자위대를 주력으로 하는 훈련을 실시한 거죠. 총이 겨눠진 나, 총이 겨눠진 중국인이나 대만인 친구의 모습을 상상할 수밖에 없었어요." 신민자도 또한 기누타가 그랬던 것처럼 증언을 모아 당시의 기록을 정밀 조사하고 추도식을 거행하며 동료들과 추도비를 건립했다. 안 죽으려고. 안 죽이게 하려고. 그래도 시대는 천천히 하강하는 것처럼 보이기도 한다.

"학살은 없었다는 주장이 일부에서 활개 치게 되었다. 심지어 조선인들의 폭주나 약탈은 사실이었다고 주장하는 자들까지 생겨났다. 자연재해가 일어날 때마다 우리 외국 국적자를 겨냥한 유언비어가 유포된다. 참을 수 없다는 생각이 들어요."

골똘히 생각하는 듯한 표정이 대화의 쉴 틈을 없애준다.

"하지만,"이라고 신은 이야기를 계속한다. "그만큼 동료도 늘어난 것 같아요. 그런 유언비어를, 차별을, 절대 용서할 수 없다고 느끼는 사람도 덩달아 늘었다. 같이 싸워줄 사람이 있어. 그건 역시 고맙지."

그런가? "고맙다"는 말을 들어도 기쁘지 않네. 차별과 편견이 날뛰게 만드는 현 상황을 참을 수 없을 뿐이니까. "다만 제 삶의 터전은 일본밖에 없어요. 여기서 살아갈 수밖에 없어. 그래서 죽이지 않는 사람들이 많아지는 건 역시 좋은 거예요." 응, 아마 나는 죽이지 않을 거야. 그리고 죽지 않는다. 하지만, 자이니치인 신민자는 '죽임을 당하는' 것을 항상 의식하고 있다. 그녀와의 커피 타임을 마치고 나는 혼자 아라카와 강둑에 섰다. 평화로운 풍경이 펼쳐진다. 둑 위에 걸터앉아 이야기하는 커플이 있었다. 산책로를 자전거가 스쳐간다. 강변에서 캐치볼 하는 아이가 있다. 아무 일도 없었던 것처럼 경치는 흐른다. 강도 마을도 모습을 바꾼다. 시간은 앞을 재촉한다. 그건 그거대로 좋다. 하지만 잊어서는 안 되는, 그리고 왜곡해서는 안 되는 기억도 있다.

'일본인과 조선인이 싸운 날'

이 둑에서 가까운 곳에 도쿄조선 제5초중급 학교(스미다구 야히로)가 있다. 나의 지인, 양대륭은 이 학교를 다녔다. 1983년 9월 1일, 간토대지진으로부터 60년이 되는 해에 그는 '잊을 수 없는 작은 경험'을 가슴에 각인하게 되었다. 열 살 때, 자택에서 학교로 향하는 도중이었다. 같은 나이대로 생각되는 일본인 초등학생 집단이 엇갈리면서 그에게 말을 걸었다. "오늘 무슨 날인지 알아?"

그는 물론 알고 있었다. "간토대지진의 날."

초등학생들은 고개를 저었다. 그리고는 이렇게 말한 것이다.

"일본인과 조선인이 싸운 날이야." 그리고 이렇게 계속했다.

"일본인이 이긴 거야."

주고받은 대화는 이 정도다. 초등학생들의 의도는 불분명하지만(애초에 아무 의도가 없었는지도 모른다), 일부러 '싸움'을 걸려고 한 것은 아니었던 것 같고 노골적으로 적대적인 태도를 보인 것도 아니었다. 스쳐지나가다 우연히 조선학교 학생과 조우해 갓 배운 '지식'을 재미삼아 풀어본 것일 수도 있다. 하지만 목에 걸린 물고기 잔가시처럼 희미한 아픔을 동반한 채 그는 어른이 된 지금도 그 기억에 끌려간다.

'싸움'이란 무엇일까?

"그 무렵 나는 학살사건에 대한 지식은 거의 없었습니다. 다만 '싸운 날'이라는 말이 궁금해서 어쩔 수 없이 나중에 그것이 학살을 의미하는 것이라는 것을 알게 되었습니다. 마침 그 전해에 아라카와 강가에서 유골 채취를 위한 시굴이 행해진 적도 있어 지진 때 학살이 미디어에서 보도되는 일도 많았어요. 주민들 사이에서도 화제가 되었던 것 같습니다. 그렇다 치더라도 '싸움'이란 말이 의미하는 바는 무엇인가요? 아무리 많은 세월이 흘러도 내 안에서 답답한 기분이 맑아지는 일은 없습니다." 아마도 어른들이 그렇게 말했을 것이다. 일본인과 조선인이 '싸웠다'고. 그리고 '일본인이 이겼다'고.

역사가 일그러진다. 기억이 왜곡된다. 경험이 뒤틀린다. 일본 사회의 일부에 존재하는 이러한 인식이 학살을 없었던 것으로 한다. 일방적으로 죽였다는 사실을 피하기 위해, 그 사실로부터 눈을 돌리기 위해 일본인과 조선인 사이에 긴장된 대립관계가 있었다고 믿고 싶은 것인가. 아니면 정말 그렇게 믿고 있는 건가. 또는 지진 재해의 그날과 마찬가지로 조선인을 헐뜯기 위해 굳이 유언비어를 퍼뜨리고 있는 것인가.

"어쨌든 일본인이 이긴 싸움이라는 식으로 '실랑이'로 축소하고 싶은 사람이 있다는 것이죠. 즉 가해자도 피해자도 없는 것이 되고 맙니다."

양대륭 말에 나는 고개를 끄덕일 수밖에 없었다. 마음이 무거웠다. 이 얼마나 일방적이고 이기적인 '이야기'인가. 무기를 들고 국가권력과 일체화된 다수 집단이 '이기는' 것은 당연하고 '싸움'은 도저히 성립할 수 없다. 이 둑 근처에서 한쪽에만 편리한 '이야기'가 만들어져 있었다. 강물이 일그러져 보였다.

이정미에게 있어 아리랑

눈앞에 걸쳐진 철교 위를 게이세이京成 전철이 통과했다. 딱딱한 소리가 아라카와 강변에 울린다. 철교가 이를 가는 듯한 열차 통과음을 들으며 나는 이정미가 부르는 〈경성선〉을 떠올린다. 그녀의 대표곡이다.

무겁게 고여 있는 강물에/4량의 짧은 그림자를 드리우며/오늘도 달릴 거야 경성선

밝고 경쾌한 멜로디가 게이세이 전철의 약간 장난스러운, 그러나 어딘가 따뜻한 모습을 연상시킨다. 하지만, 다음에 이어지는 가사가 그 발밑에 무엇이 있는지를 전한다.

낮은 철교 그 밑에는/파묻힌 채로 슬픔 잠든다/에헤이요 에헤이요

초록빛 하천부지 밑에, 평화로운 풍경 뒤에, 고여 있는 강바닥에 묻혀 있는 것이다. 슬픔과 고통과 그리고 일본 사회의 죄가. 이정미의 〈경성선〉이 비추는 것은 학살의 풍경이기도 하다.

2022년 9월 3일 열린 추도식에서도 그녀는 이곳에서 〈경성선〉을 불렀다.

이정미는 자이니치 코리안 2세 싱어송라이터. 야히로와는 강 건너편 가츠시카구 다테이시에서 태어나 자랐다. 양대륭, 영화감독 오충공과 마찬가지로 야히로에 위치한 도쿄조선 제5초중급 학교 졸업생이다. 아라카와 강둑도 철교 위를 달리는 게이세이 전철도 그녀에게는 익숙한 풍경이다.

"〈경성선〉은 말이야, 나에게 있어서의 아리랑이야."

신코이와新小岩 한 찻집에서 그녀가 툭 내뱉은 말이다. 그녀에게 있어 〈경성선〉은 조선민요의 대표곡이자 민족의 혼이라 할 수 있는 아리랑에 버금가는 무게를 지니고 있었다. "자주 오해를 하는데." 그렇게 서두를 한 다음, 그녀는 말했다. "메시지송이 아니죠. 그리운 고향의 노래. 좋아했고 싫어했던 그런 가쓰시카의 주택가 경치를 노래한 것입니다. 하지만 거기에는 그곳에서 사는 사람의, 특히 자이니치의 애틋한 숨결도 울려 퍼지고 있다. 그것은 역시 자이니치를 향한 증오에 대한 저항으로서의 의미도 있지 않을까." 이정미에게 있어서의 아리랑. 서민가에서 삶을 영위한 자이니치의 노래.

'자이니치'가 사는 고향으로 돌아가기

나고 자란 다테이시는 금속 가공 등 영세 공장이 늘어서 있었다. 공기는 고여 있었고 골목에서는 금속을 때리는 소리가 하루 종일 울려 퍼졌다. 그런 공장가에서 이정미 생가는 폐품수거업을 하고 있었다. 주위에 부자는 없었다. 아버지는 기분이 언짢으면 가족에게 폭력을 행사했다.

모든 것이 싫었다. 도망치고 싶었다. 조선인이 아닌 누군가가 되고 싶었다. 도쿄의 변두리가 아닌 어딘가 다른 장소에 가고 싶었다. 폐품수거업자의 딸인 것으로부터도 도망가고 싶었다. 단지 음악만은 좋아했다. 조선고등학교 때는 민족음악부에 들어가 호궁解弓을 배웠다. 피아노도 잘 쳤다. 재능을 본 교사의 권유로 음대 진학을 결심했다. 음대는 그 무렵의 이정미에게는 '다른 세계'로 보였다. 조선학교는 졸업해도 일본 대학의 수험 자격을 얻을 수 없기 때문에 정시제定時制 고등학교[9]에 1년간 다녔다. 국립음대 성악과에 입학한 것은 1980년.

동경하던 음대. 선망하던 '다른 세계' 하지만…… "잘 안 들어왔어요. 이탈리아 오페라 등 서양음악을 배워도 내 안으로 쏙 들어오지 않는 느낌. 아, 이건 내 것이 아니구나 하는 생각이 들었어요." 그럼 무엇이 '자신의 것'인가. 그녀는 모색했다. 조선민요, 클래식, 서양의 록과 팝, 일본의 포크송. 다양한 장르의 음악을 접하면서 하나의 결론을 도출한다. "많은 음악 중에서 내가 원하는 에센스만 받아들이면 돼. 너무 뻗대지 않아도 돼. 내가 부르고 싶은 것, 연주하고 싶은 것, 그것이야말로 '내 것'이야."

이정미는 '자기 것'만 부른다. 그것은 자신이라는 존재를 찾기 위한 길이기도 했다.

대학 입학 해에는 한국에서 5.18 광주 사건이 일어났다. 군정에 저항하는 많은 민중이 죽임을 당했다. 도망치고 싶었던 '자이니치', 이겨내고 싶었던 '자이니치'가 아이러니하게도 무게를 더해간다. 조선 반도에 루트를 가진 나 자신을 싫어도 의식하게 된다. 졸업 후에는 도쿄의 정시제 고교에서 교사로 일하면서 라이브 활동도 계속했다. 결혼, 이혼, 싱글 맘으로서의 육아. 필사적으로 생활을 유지하냐고 라이브 활동을 중단한 시기도 있다. 그래도 좋아하는 음악을 잊지는 않았다. 일하던 정시제 고교에는 '자이니

9　전일제全日制 고등학교와 대비된다. 주로 야간에 수업이 이루어진다.

치’ 학생도 적지 않았다. 장애가 있거나 전일제全日制 고등학교를 그만둔 학생도 있었다. 그러한 학생들과 접하는 가운데 ‘나 자신의 위치는 무엇인가라는 문제와 부딪혔다.’

정신을 차리고 보니 의식은 벗어나고 싶었던 도쿄의 변두리로 ‘자이니치’라는 존재로 되돌아가고 있었다. 쉰내 나는 동네가, 골목이 뒤엉킨 낡은 주택가가, 마을 공장의 소음이, 그리고 아라카와를 건너는 경성선이, 그 모든 것을 껴안은 풍경이야말로 비로소 ‘자신의 것’이라고 생각할 수 있게 되었다. 1997년에 노래 「경성선」을 만들었다. 가사 속 “낮은 철교 그 밑에는/파묻힌 채로 슬픔 잠든다”는 물론 그곳에서 죽임을 당한 동포들을 형상화한 것이다.

“만약 100년 전 내가 그 자리에 있었다면 어떤 입장에서 무엇을 했을지 상상해도 결론이 나지 않아요. 살해당했을지도 모르지만, 어쩌면 가족을 지키기 위해서 혹은 진심으로 ‘일본’을 믿고 동포들을 죽이는 쪽으로 돌아섰을지도 모른다. 결국 운과 타이밍의 문제일지도 몰라요. 그러니까 원망이나 증오를 부른 게 아니에요. 증오에 대한 저항은 호소하고 있지만 거기에 있는 것은 역시 억울함과 슬픔입니다.”

그리고 노래의 마지막 구절.

얼굴도 모르는 할머니, 할아버지/몇 개의 아리랑 고개를 넘어/도착한 이 동네
경성선을 타고 돌아가자/이 동네 또한 고향

그렇다. 이것이야말로 그가 가장 강조하고 싶은 부분이기도 했다. 이정미는 노래 속에서 ‘고향으로 돌아가기’를 실천했다. 일본도 조선도 아닌 ‘자이니치’가 사는 도쿄 변두리로. 학살이 있었어도 차별이 있어도 그곳이 그녀의 ‘고향’이었다. 이정미의 노래는 신민자의 “여기서 살아갈 수밖에 없어”라는 말과 겹친다. 식민지 조선 땅에서 사람들은 살기 위해 일본으로 건

너갔다. 혹은 건너가도록 명령받았다. 그리고 일부는 죽임을 당하고 묻혔다. 그래도 살아남은 자는, 그 자손은 이곳에서 살아갈 수밖에 없다. 아무리 피범벅이 된 기억이 박혀 있어도 이곳은 '고향'인 것이다.

매년 열리는 추도식에서는 하천변에서 사람들이 풍물놀이를 해 왔다. 강변에 장구와 꽹과리 소리가 울려 퍼진다. 그날도 신은 펄쩍 뛰고 있었다. 평소에는 "허리가 아프다. 다리가 아프다" 하다가도 장구가 울리면 춤을 춘다. 어린애처럼 껑충껑충 뛴다. 황혼으로 물든 둑 위에서 나는 그런 기억이 났다. 스카이트리가 불을 밝혔다. 옅은 빛이 서민 주택가를 비춘다. 안 죽는다. 안 죽인다. 신민자의 말을 몇 번이고 나는 반복한다. 그것을 나의 외침으로 삼아야 한다고 생각했다. 나는 죽이지 않을 거야. 안 죽는다. 안 죽인다. 지금을 사는 자의 책임이다.

아라카와 강가에서 행해지는 추도식에 내가 처음으로 걸음을 옮긴 것은 2017년 9월 2일이었다. 그리 오래된 얘기는 아니다. 나 또한 크게 관심을 갖고 있지 않았던 것 같다. 그날도 풍물놀이 고리가 생겼다. 징이 울린다. 장구 리듬이 퍼진다. 사람들이 뛰어오른다. 그 모습을 자이니치 코리안 2세 영화감독 오충공이 뚫어지게 바라보고 있었다. 그동안 학살의 진상을 쫓아 취재를 계속해 왔다. 목격자들의 증언도 많이 카메라에 담았다. 그의 표정은 무거웠다.

"올해는 희생자도 편치 않을 거야."

말을 거는 나에게 오충공은 혼잣말처럼 말했다. 그리고는 이렇게 계속했다.

"두 번 죽임을 당한 것과 같다."

나는 고개를 끄덕일 수밖에 없었다. 그날 내가 아라카와 강둑으로 발길을 옮긴 이유도 거기에 있다. 간토대지진 직후 조선인들은 죽임을 당했다. 그게 첫 번째. 그리고 지금, 도지사와 거기에 동조하는 자들에 의해 두 번째 학살이 일어나고 있다. 도대체, 왜, 그렇게 된 것일까. 무대는 스미다구에 위치한 도립 요코아미초 공원으로 옮겨간다.

제2장

학살을 묻으려는 사람들
: 도쿄 요코아미초 공원, 신주쿠

도립 요코아미초 공원에서 열린 조선인 희생자 추도식. 학살을 의문시하는 정치단체와 시민단체가 서로를 노려본다 (2023.9.1. 편집부 촬영)

1. 도립 요코아미초 공원에서의 충돌

처참하기 그지없는 육군 피복창 터

스모로 유명한 료고쿠 국기관에서 혼조 방면으로 걸어가면 푸른 나무들로 둘러싸인 공원에 도착한다. 그것이 도립 요코아미초 공원이다. JR 소부선 료고쿠 역에서 걸어서 약 10분 거리이다. 공원이 있는 곳은 에도시대까지는 막부의 '창고'로 사용되었고, 넓은 부지 내에는 재목과 대나무 등의 자재가 쌓여 있었다고 한다. 마을 이름의 유래는 분명하지 않지만, 근처의 스미다 강가에는 어업을 하는 사람도 많아서 그런 명칭이 된 것은 아닐까 하는 설도 있다.

메이지 시대에 들어서는 육군 피복창이 놓였다. 이름에서 알 수 있듯이 군복, 군모 등 군 관련 물품을 제조, 보관하기 위한 군 직할기관이다. 1919년 피복창은 아카바네로 이전했다. 그 자리에 생겨난 것이 2만 평(약 6만 6000㎡)이나 되는 광활한 공터다. 도쿄시(당시)는 북쪽의 약 6,000평을 시 관리 공원으로 하고, 나머지를 학교 등 공적기관의 용지로 이용하는 계획을 추진하고 있었다.

그때, 간토대지진이 발생한다. 도내 각처에서 불길이 치솟았다. 화염은 큰 파도처럼 마을을 집어삼키고, 요코아미초 남쪽의 료고쿠, 북쪽의 혼조, 또 스미다가와 강을 사이에 둔 구라마에蔵前를 다 태워 버렸다. 사람들은 불길을 피해 피복창 터로 모여들었다. 그 광활한 공터에는 당시 나무 한 그루도 없었다. 피난 장소로서, 그곳이 적합하다고 많은 사람이 생각한 것도 당연하다. 큰 짐수레에 가재도구를 실은 가족들도 많았다고 한다. 공터는 금세 사람들로 채워졌다. 4만 명 이상이 그곳에 모였다고 한다. 입추의 여지도 없었다. 하지만 공터는 결코 안전한 장소가 아니었다. 처음 모인 사람들은 안도의 표정을 짓고 있었다. 그곳은 광대한 공터이다. 성공적으로 도망쳤다고 누구나 생각했을 것이다. 그런데 뜻밖의 사태가 벌어졌다. 주위 가옥을 불태운 불길이 광활한 공터에도 덮친 것이다. '화재 선풍'이다. 말 그대로 불꽃을 동반한 토네이도이다. 하늘 높이 치솟은 불길이 넓은 범위를 한꺼번에 태워 버리는 현상이다.

강풍에 부추겨진 불길은 거대한 회오리바람이 되어 피난민의 의복이나 반입한 가재도구로 옮겨붙었다. 사방에서 불어닥친 불길과 연기가 사람들을 삼켰다. 모두가 피난 장소라고 믿었던 공터는 금세 아비규환의 모습을 나타냈다. 이곳에서 약 3만 8,000명(여러 설이 있음) 사람들이 목숨을 잃었다고 한다. 당시의 신문은 그 참상을 다음과 같이 보도하고 있다.

이번 대화재에서 처참하기 그지없는 애통함은 무엇보다도 혼조의 피복창 터에 피난한 3만 5천 명의 소사燒死이다. 당국에서도 손댈 수 없어 6일이나 지났는데도 그대로이고, 이취異臭가 사방으로 퍼져 비참이라든가 참담이라든가 하는 형용사로는 도저히 형언할 수 없을 정도이다. 피복창 터는 약 1만 5, 6천 평쯤 될까, 그것이 전부 시체로 덮이고 특히 이시하라초石原町 정류장 앞에 해당하는 곳은 10중 20중으로 겹친 채 불에 타 죽었다. 도로를 따라 난 작은 도랑은 시체로 가득 메워져 불타죽은 남녀노소는 구별조차 되지 않고, 자세히 보면 어린아이를 품에 꼭 안은 채 죽은 여자도 있다. 특히 앞문 쪽은 불기운이 맹렬했던 듯 수백 명의 시체가 전부 골편이 되어 바람에 날려 뼛가루가 먼지처럼 흩날린다. (《오사카 아사히신문》 1923년 9월 9일)

"뼛가루가 먼지처럼 흩날린다"는 표현에서 피해의 정도를 엿볼 수 있다. 이러한 일이 있어 전후에 도립 요코아미초 공원으로 정비된 이 장소는 위령의 땅이 되었다. 돌아가신 이재민의 넋을 공양하기 위한 위령당이 만들어져 매년 간토대지진이 발생한 9월 1일에는 같은 곳에서 도쿄도 위령협회 주최로 대법회가 열리고 있다.

센다 코레야의 기억

1973년 이 공원 한구석에 조선인 학살 피해자를 추모하기 위한 추도비가 건립되었다. 지진 50년을 기념하여 조선인 학살의 기억을 계승하고 오류를 반복하지 않겠다는 결의 아래 각 방면에서 참여한 실행위원회가 만든 것이다.

비석 정면에는 '추도追悼'라고 새겨져 있고, 그 아래에는 "이 역사/영원히 잊지 않고/재일조선인과 굳게 손잡고 한일친선 아시아 평화를 이룩한다"고 쓰여 있다. 실행위원회 멤버였던 작가 후지모리 세이키치의 헌시이다. 부기副碑에는 다음과 같은 설명이 더해진다.

1923년 9월 발생한 간토대지진의 혼란 속에서 잘못된 책동과 유언비어 때문에 6천여 명에 이르는 조선인들이 소중한 생명을 빼앗겼습니다. 우리는 지진 재해 50주년을 맞아 조선인 희생자를 진심으로 추모합니다. 이 사건의 진실을 아는 것은 불행한 역사를 반복하지 않고 민족차별을 없애며 인권을 존중하고 선린우호와 평화의 대도를 개척하는 초석이 된다고 믿습니다. 사상과 신조의 차이를 넘어 이 비석의 건설에 참여한 일본인들의 정성과 헌신이 일본과 조선 두 민족의 영원한 친선의 힘이 되기를 기대합니다.

1973년 9월
간토대지진 조선인 희생자 추모행사 실행위원회

이 추도비를 도립공원 부지 내에 세울 수 있었던 데에는 당시의 도지사가 혁신계의 미노베 료키치였던 점도 크다. 실행위원회에는 보수·혁신을 막론하고 많은 단체와 개인이 참가했다. 도의회 자민당을 비롯한 보수계 간사장, 자민당 국회의원, 각 구 자민당 의원, 각 구청장도 이름을 올렸다. 그 무렵에는 아직 보수계 의원이라고 해도 조선인 학살을 부정하는 사람은 없었다. 정도의 차이는 있어도 일본에서 살아온 자로서의 죄과는 느끼

공원 한편에 세워진 조선인 학살 피해자 추도비

고 있었다.

실행위원회원 중에는 정치가, 역사학자, 종교인 등과 나란히 연출가 센다 코레야의 이름도 있다. 배우좌俳優座 창설자 중 한 명이자 수많은 무대 연출을 해 온 센다는 사실 조선인 학살에 강한 관심과 분노를 품어 온 한 사람이었다. 센다는 간토대지진 때 도쿄 센다가야에 살고 있었다. 아직 19살이었다. 조선인이 덮친다는 소문이 돌자, 센다는 자경단에 참가하기로 결심한다. 일본인으로서 고장을 지켜야 한다고 생각한 것이다. 센다는 집에 있던 지팡이(그것이 유일하게 무기로 보이는 물건이었다)를 들고 밖으로 뛰쳐나갔다. 그런데 자경단원들은 센다를 조선인으로 착각하고 쇠갈고리 등으로 덮쳐온 것이다. 그 무렵 센다는 연극의 길로 막 나아간 참이었다. 장발에다 루바슈카(러시아의 민족의상)라는 차림새였다. 당시로서는 이상한 모양새가 자경단의 의심을 불러 일으켰던 것이다. 우연히 지나가던 지인이 있어 센다는 운 좋게 그 자리를 벗어날 수 있었다.

그로부터 일주일도 지나지 않아 계엄사령부는 조선인 습격이 유언비어라고 발표했다. 더욱이 이후 조선인과 관련된 소문이 모두 허위였음을 알게 된다. 센다는 〈요미우리신문〉 1990년 8월 21일, 기자와의 인터뷰에서 다음과 같이 대답했다.

"그때 피해자가 아니라, 어쩌면 나 자신 가해자가 되어 있었을지도 모른다. 더구나 '불령조선인'에 대한 것은 모두 헛소문이었던 데다. 오스기 사카에와 히라사와 게시치(가쓰시카 노동극단)까지 참살 당했다는 사실을 알고 엄청 화가 났죠."

자신이 학살의 가해자였을지도 모른다는 생각이 그의 가슴에 각인됐다. 헛소문에 현혹된 자신을 부끄러워했다. 그것을 잊지 않기 위해 '센다가야의 코레안(Korean)'을 의미하는 센다 코레야를 자칭하게 된 것이다. 추도비 실행위원회에 센다가 참여한 것은 필연이기도 했다.

추도비 건립 이듬해인 1974년부터는 추도비 앞에서 「간토대지진 조선인 희생자 추도식」도 열리게 됐다. 제1회 추도식에는 미노베 도지사가 "51년 전의 끔찍한 행위는 지금도 우리의 양심을 날카롭게 찌릅니다"라는 추도의 메시지를 보냈다. 이후 매년 빠지지 않고 9월 1일에는 이곳에 조선인 희생자들을 애도하는 많은 사람들이 모이게 된다. 의외의 일이지만, 그때까지 도쿄 도내에 조선인 학살 피해자의 추도비는 하나도 없었다. 앞서 말한 것처럼, 아라카와 하천 부지 근처에 추도비가 완성된 것은 2009년의 일이다. 근대사에 새겨져야 할 대참사인데 희생자 위령물이 하나도 없었다는 사실이 더 이상하다. 사상이나 입장을 초월하여 많은 사람들이 그렇게 생각했을 것이다. 그렇기 때문에 자민당 등의 보수파도 포함해 추도비 건립에 찬동한 것이다. 그것은 '지진 재해 후'의 사회를 살아가는 사람들에게 있어서의 의무이기도 했다.

고이케 도지사 추도문 송부 중지

그런데 이변이 일어났다. 2017년의 일이다. 그 전년까지 역대 도지사들은 이 추도식에 지사 이름으로 추도문을 보내왔다. 사실 '삼국인 발언'이나 「Big Rescue 도쿄 2000」로 자이니치 코리안에게 분노와 공포를 안겨온 이시하라 신타로조차 도지사 시절 매년 추도문을 보내온 것이다. 관례로 이어져온 일이었겠지만, 그래도 송부를 멈추는 일은 없었다. 그런데 2016년 7월 도쿄도지사에 취임한 고이케 유리코小池百合子가 이듬해인 2017년 조선인 희생자 추도식에 대한 추도문 송부를 중지한 것이다. 정확히는 지사 취임 직후에는 관례대로 추도문을 보냈으나 이듬해부터 중단했다. 참고로 고이케가 단 1회 보낸 추도문은 다음과 같다.

추도사

오늘 여기에 간토대지진 93주년 조선인 희생자 추도식이 거행됨에 따라 삼가 애도의 뜻을 표합니다. 1923년 9월 1일 간토 지방은 대지진이 일어나 사망자, 행방불명자를 합해 10만 명이 넘는 거룩한 생명을 잃음과 동시에 엄청난 수의 가옥이 붕괴, 소실되는 막대한 피해가 발생했습니다. 이 극도의 혼란 속에서 많은 재일조선인 분들이 말할 수 없는 피해를 입고 희생된 사건은 우리나라의 역사에서 보기 드문 안타까운 일이었습니다. 올해도 이날을 맞아 희생자가 되신 분들의 억울함, 그리고 사랑하는 혈육을 잃은 유가족 여러분의 깊은 슬픔을 생각하니 애석한 마음이 듭니다. 우리는 이런 불행한 일을 두 번 다시 되풀이하지 않고 누구나 안전한 사회생활을 영위할 수 있도록 세대를 초월해 이야기를 이어가야 합니다. 오늘 여기에 추도식이 엄수됨에 따라 앞으로도 세계평화 실현에 힘쓰는 동시에 여러 가지 재해의 위협으로부터 도쿄를 지키고, 누구나 안심하고 살 수 있는 도쿄를 창조하기 위해 전력을 다하겠습니다. 고귀한 영혼의 평안한 명복을 진심으로 기원하는 동시에 유가족 여러분의 건강과 행복을 기원하며 추모의 말씀을 드립니다.

2016년 9월 1일
도쿄도지사 고이케 유리코

이 문장과 표현은 역대 도지사가 대대로 답습해 온 것이다. 학살이 있었음을 직접 언급하고 있지는 않지만 '말할 수 없는 피해'라고 말하고 있는 부분이야말로 가해의 역사를 의식한 것이라고 믿고 싶다. 미흡하지만 그래도 나름대로 역사의 '아픔'만은 전해왔다. 저 이시하라 신타로조차도. 하지만 고이케는 이듬해인 2017년에 송부를 중지한 이후 현재에 이르기까지 조선인 희생자 추도식을 무시하고 있다. 이 일 직후 2017년 8월 회견에서 송부 취소의 의미를 묻는 질문에 고이케는 다음과 같이 대답한다. "간토대지진으로 돌아가신 모든 분께 추모의 뜻을 전하고 싶다." 같은 날 열리는 '대 법요'에 메시지를 보내 '모든 분'을 추모한다는 논리이다. 회견장에서 이 말을 직접 들은 나는 강렬한 위화감을 느꼈다. 지진 재해의 피해자를 추도하는 것은 당연하다. 한편 학살의 피해자는 '지진 재해의 피해자'는 아니다. 지진 재해에서 목숨을 부지했음에도 불구하고, 사람의 손에 의해서 죽임을 당한 사람들이다. 사정이 다르다.

추도문 송부 중지의 배경

"인재를 천재 속에 가두려 한다." 나의 취재에 그렇게 답한 사람은 호세이대 사회학부 교수 신창우였다. 요쓰기바시 다리 근처에서 학살을 목격한 신창범의 증언을 인용했는데, 신창우는 그 친족이다. 창범은 창우 할아버지의 형에 해당하는 인물이다. 앞서 말한 대로 신창범은 무장한 자경단의 습격을 받아 죽창과 일본도로 칼에 찔렸다. 다행히 목숨은 건졌지만 수용된 경찰 유치장에 찾아온 조선총독부 관리로부터 이번 일은 "천재天災라고 생각하고 포기하라"는 말을 들었다고 한다.

신창우는 이어 말한다. "그건 바로 도지사의 말과 같았다. 천재로 인한 죽음과 똑같이 취급함으로써 결국 학살 사실을 보이지 않게 하고 있다."

고이케는 천재 속에 인재를 억지로 밀어 넣었다. 왜 고이케는 추도문 송부를 취소한 걸까? 문제의 발단이 된 것은 같은 해 3월 2일 도의회 정례회에 있어 자민당 도의회 의원의 질문이었다고 한다. 이날 질의한 코가 도시아키 도의원(자민당)은 추도비에 새겨져 있는 "6천여 명에 이르는 조선인이 고귀한 생명을 빼앗겼다"는 표현을 문제 삼아, 이를 근거가 희박하다며 "일본인에 대한 증오 연설", "조선인 희생자에 대한 우리나라의 사죄와 보상을 더 요구할 가능성이 있다"는 등의 발언을 했다. "추모사 송부를 재고해야 한다"라고 고이케를 압박한 것이다. 이에 대해 고이케는 "향후는 제 자신이 잘 훑어 본 다음에 적절히 판단을 하겠습니다."라고 답변했다. 이러한 질문을 한 코가는 2020년에 사망했는데 원래 '극우 도의회 의원'으로 알려져 있었다. 긴키 대학의 학생이었을 때는 민족파 학생 조직 일본학생동맹의 멤버였다. 일본학생동맹은 '학원 정상화'를 슬로건으로 각지에서 대학 내 좌익학생운동과 맞서고 있었다. 소설가 미시마 유키오의 사고

방식에 영향을 받은 사람이 많았고, 실제로 미시마도 그 운동을 지지하고 있었다(후에 학생운동의 우치게바[1]에 질려 스스로 「방패회」를 결성했다).

코가는 히노 시의회 의원을 거쳐 1993년에 도의회 의원에 처음으로 당선되었고 이후 7기를 연임했다. 젠더 프리에 반대하여 2003년에는 히노 시에 위치한 도립 칠생七生 양호학교의 성교육을 비판, 공격했다. 이는 학교 교육에 개입, 간섭하는 행위라며 교사 및 학부모 31명이 손해배상 등을 청구한 소송도 행해졌다(후에 코가 등의 패소가 확정). 결혼할 때까지 성관계를 삼간다는 '순결교육'의 제창자이기도 했다. 게다가 코가는 재특회 등 차별자 집단 운동에 대해서도 찬성하는 자세를 보였고, 조선인 배척을 호소하는 시위에 참가하는 등의 장면은 나도 목격한 바 있다. 나는 고이케 도지사에게 한 질문의 의도를 묻기 위해 코가에게 취재를 신청했지만 "의회에서의 내 질문 내용을 잘 훑어보았으면 한다"라고만 대답하고 취재를 거부했다.

나는 시킨 대로, 의회에서 했던 코가의 질의 내용을 몇 번이나 '훑어' 봤다. 코가는 "지진 재해의 혼란 속에서 불행한 사건으로 생긴 것이 조선인 희생자"라는 모두 발언을 하면서도 "지진을 틈타 흉악범죄가 일어났다", "불법행위를 한 조선독립운동가와 그들에게 선동당해 추종했기 때문에 살해된 것으로 보이는 조선인"이라는 말로 마치 조선인 측에 살해당할 이유가 있었던 것처럼 말하기도 했다. 그는 학살을 부정할 뿐만 아니라 조선인 쪽에 문제가 있었던 것처럼 발언한 것이다. 이게 자극이 되었는지, 또 다른 큰 힘이 작용했는지, 여하간 고이케는 '적절한 판단'이라는 형식으로 추도문 송부를 중지했다. 지금 생각하면 그것이야말로 고이케의 정치 신조이기도 했을 것이다. 나중에 고이케는 "학살이 있었는지 없었는지는 후세의 역사가가 밝힐 터이다"라고 발언하게 되었다. 이미 많은 역사가들이 '밝혀온'

1　內ゲバ 학생운동 진영 내부의 다른 계파 간 폭력 항쟁을 이른다.

사실을 정면으로 부정하는 듯한 언사를 지금도 되풀이하고 있는 것이다.

"당신 같은 반일은 이해할 수 없다"

그해 9월 1일. 요코아미초 공원의 조선인 학살 희생자 추도비 앞에서 열린 추도식에는 예년의 배 이상인 500여 명의 참가자가 다녀갔다. 고이케에 의한 '송부 중지'가 오히려 사람들의 관심을 깊게 했을 것이다. 아니나 다를까 추도문을 보내지 않은 고이케 지사에 대한 비판이 잇따랐다.

"어깨가 움츠러들기만 해"라고 말한 것은 도내에 사는 자이니치 코리안 2세 신정자(73세)였다. "학살부정론에 도지사가 보증수표를 준 것 같은 생각이 들었어요. 역사의 재검토라는 구호 속에서 자이니치의 존재조차 부정되는 것이 아닌가 하는 두려움마저 듭니다."

주최자의 한 사람, 일조日朝 협회 도쿄도 연합회 사무국장 아카이시 히데오에 따르면, 전년까지는 추도 서명이 200명이었던 것이 이 해는 두 배인 400명이나 했다고 한다. "학살은 없었던 일로 하는 듯한 고이케 지사의 판단에 대해서는 분노로 가득하지만, 동시에 이 문제에 대한 관심도 높아진 것 같기도 하다. 아마도 우파의 공격은 계속되겠지만, 역사를 직시하는 사람들과 함께 앞으로도 추도식을 지켜나가겠다."

이변은 또 하나 있었다. 고이케의 추도문 송부 '중지'와 보조를 맞추듯이, 조선인 학살 사실을 의심하는 단체에 의해 새로운 「위령제」가 행해지게 된 것이다. 간토대지진 조선인 희생자 추도식장에서 불과 30여 미터 떨어진 곳이다.

「산들바람」이라고 자칭하는 차별자 단체는 자이니치 코리안 배척 운동을 거듭해 온 재특회와도 함께 해 온 과거를 갖고, 참석자 중에는 나치의 하켄크로이츠 깃발을 들고 외국인 배척 데모에 참가한 멤버도 포함되어 있었다. 이 단체가 주최하는 위령제 진입로에는 마치 조선인 희생자 추도식을 겨냥한 듯 '6천명 학살이 정말인가! 일본인의 명예를 지키자!'라고 크게 쓴 간판이 내걸렸다.

같은 날, 같은 장소에서, 게다가 같은 시간대에, 용케도 도쿄도는 이러한 집회에 허가를 내준 것이다. 이것은 희생자에 대한 모독이 아닌가. 애시당초 참가자 대부분이 "조선인은 나가라" 등을 외치며 길거리 행진을 했던 사람들이다. 이러한 집회가 추도식과 부딪치게 되는 것을 왜 도쿄도는 인정했는가? 나는 도쿄도 건설국 공원녹지부에 취재했지만, 담당자는 "신청 시의 사용 목적이 '위령제'로 되어 있어 지장이 없다고 판단했다"라고 말할 뿐이었다. 나는 이날 「산들바람」 주최 '위령제'에 모인 한 남성에게 참가 이유를 물었다. 그는 이렇게 대답했다.

"조선인 측에 불법행위나 폭동이 있었음은 당시 보도에서도 분명하다."

그렇다고 학살을 긍정할 수 있을까. 애초에 '당시 보도'를 무조건 믿는 것인가. 내가 거듭 묻자 그는 "당신 같은 반일反日한테는 이해할 수 없는 일이니까"라는 말을 남기고 그 자리를 떠났다. 평소 '언론을 믿지 말라'고 주장하는 사람들도 이럴 때는 무조건 '당시 보도'를 받아들인다. 헛소문, 유언비어가 당시 신문에까지 미치고 있었음은 경찰은 물론이고 해당 언론사에서조차 인정하고 있음에도 말이다. 덧붙여 「산들바람」 주최 추도식은 「진실의 간토대지진 이시하라초 희생자 위령제」(이하 「위령제」)라는 명칭이 붙어 있다. '이시하라초'란 스미다구 이시하라초, 즉 행사장이 된 요코아미 공원 일대를 포함한 지역명이다. 지진 재해에 의해 심대한 피해를 입은 현지 이시하라초 주민을 위한 '위령제'라고는 하지만 명칭 첫머리에 '진실의'라는 문구에서 수상쩍은 냄새가 난다. 이 위령제 참석자들에게 중요한 것은 바로 그 부분일 것이다. 이 위령제도 2017년 이후 조선인 희생자 추도식과 거의 동일한 시각, 같은 장소에서 매년 계속되고 있다. 형식적으로 '이시하라초 희생자'에 대한 위령을 내세우지만 일관되게 '학살은 없었다'라는 대합창이다.

정치단체 「산들바람」에 의해 내걸린 학살 부정의 간판. "6천명 학살의 누명을 벗자"라고 쓰여 있다.

도쿄도가 헤이트 행위로 인정한 「위령제」

도쿄도가 그대로 방치할 수 없는 상황도 있었다. 헤이트스피치라는 문제이다. 앞서 말한 것처럼 「산들바람」은 그동안 재특회 등 차별자 집단과 행동을 같이하는 일이 많았다. 그래서 위령제 참가자 중에는 헤이트 데모의 단골, 네오나치 조직의 멤버 등도 포함된다.

예를 들어 도쿄도가 후일 '헤이트 인정'한 2019년 위령제에서는 다음과 같은 발언이 튀어 나왔다. "학살은 거짓입니다. 전혀 근거가 없다. 불령 조선인들이 약탈, 강간 등을 했다."

"위안부 강제 연행이 있었나. 징용공도 그냥 돈벌이."

"학살 사실 같은 것은 없다. 이런 것을 수정하지 않았기 때문에 오늘날 일본과 한국의 분쟁이 일어나고 있다." (이상, 스미다구 구민 대표를 자칭하는 여성)

"(지진 직후) 확실히 공산주의자에 의한 폭동이 있었다. 테러도 있었다. 그에 대한 주민들의 자경 행동이 있었다. 학살이 아니다." (스즈키 노부유키 가쓰시카구 의원)

"거짓말을 하고 일본인을 모독하면 뭐가 재미있을까. 자기만족에 빠져 있을 뿐. 조선인 희생자 위령제는 학살이라는 것을 정치적으로 이용하고 있을 뿐이다." (참가자 남성)

"이 위령제는 재해 편승 테러를 억제하기 위한 중요한 이벤트" (영령의 명예를 지키고 현창하는 모임 회장)

"나는 재일조선인과의 전쟁이 한창인 가와사키川崎에서 왔다. 반드시 승리하겠다." (네오나치 활동가 세토 히로유키)

"(간토대지진에서는) 방화 등 비열한 범죄에 의해 10만 명 이상의 고귀한 생명을 잃었다. 그런데도 일본인들만 학살의 오명을 썼다." (위령제 실행위원회 대표)

쏟아지는 것은 차별과 편견으로 가득 찬 말과 증오심뿐이다. '불령 조선인'이라는 말도 난무했다. 이것의 어디가 '위령제'일까? 덧붙여 「산들바람」은 블로그에 "우리는 학살을 부정하고 있는 것이 아닙니다. (생략) 6,000명(이라는 숫자)에 의문을 나타내고 있는 것입니다."(2019년 9월 13일)라고 쓰고 있다. 하지만 당일 발언자의 말에서 그러한 견해는 거의 듣지 못했다. 그야말로 '학살이 없었다'는 것만 호소하는 '이벤트'였던 것은 아닐까.

참고로 이런 연설은 조선인 희생자 추도식 참석자들의 귀에도 들려왔다. 「위령제」 측은 스피커를 추도식이 행해지고 있는 방향을 향해 설치한 것이다. 괴롭힘으로 여겨져도 당연하다. 실제 '불령 조선인'이라는 말이 울려 퍼질 때마다 추도식에 참석한 자이니치 코리안들의 얼굴이 굳어지는 장면도 반복됐다.

도쿄도는 2018년 헤이트스피치를 규제하고 성소수자(LGBT) 차별 해소를 목표로 하는 인권 조례가 의회를 통과해 2019년 4월 시행됐다. 도쿄 올림픽 개최를 위해 만들어진 조례는 올림픽 헌장에 명시된 인권 존중 이념을 바탕으로 한 것으로, 헤이트스피치에 대해서는 공공시설의 이용을 제한할 수 있게 했다. 행사장이 된 요코아미초 공원은 도쿄도의 관리 하에 있다. 상식적으로 헤이트데모의 주최자 등으로 구성된 단체에 공원을 빌려주는 것 자체가 이상하다고 생각하지만, 그 이상으로 '불령 조선인'이라는 문구가 난무하는 상황을 공원 내에서 감시·경비를 담당하는 직원이 방치하고 있는 사태가 지극히 비정상이다.

나는 공원에서 경비를 서는 직원에게 그러한 뜻을 호소했다. 직원 중 한 명은 마지못해 하는 느낌으로 「위령제」 주최자 한 사람에게 스피커 역할 메가폰의 방향을 바꾸라고 했지만, 주최 측은 잠깐 메가폰의 위치를 바꿨을 뿐 직원이 떠나면 다시 원래대로 돌려 버렸다.

"죽은 자에 대한 모독 이외의 아무것도 아니잖아." 현장에 와 있던 논픽션 작가 가토 나오키는 그렇게 말했다. 가토는 저서 『9월, 도쿄의 길 위에서』 등에서 간토대지진 시의 조선인 학살이라는 문제를 오랫동안 쫓아 온 인물이다. 전적으로 동감이다. 학살 부정만을 강조하는 「위령제」에서는 추모도, 위령도, 느낄 수 없었다.

지역을 무시한 마을 명칭의 '정치적 이용'

게다가 아무래도 신경 쓰이는 일이 있었다. 일부러 「이시하라초 희생자 위령제」라는 이름을 쓰면서도 현지 이시하라초의 희생자에 관해서는 거의 언급이 없었던 것이다. 대체 무엇 때문에 '이시하라초'를 들고 나온 것인가? 이시하라초와 이 위령제는 애당초 어떠한 관계에 있는 것인가. 이시하라초 주민의 동의를 얻은 위령제인가. 나는 이시하라초에 존재하는 4개의 마을회 회장 모두에게 직접 「이시하라초 희생자 위령제」는 이시하라초 각 마을회의 동의를 얻은 후 행해지고 있는지, 주최 단체와는 어떠한 협력 관계에 있는지, 현지에서는 「위령제」를 어떻게 파악하고 있는지 등을 문의했다. 그러자 마을회 회장 전원이 「이시하라초 희생자 위령제」와 무관하다고 단언한 것이다.

"그 위령제는 전혀 모른다. 들어본 적도 없어. 마을회 모임에서 화제가 된 적도 없다." (이시하라 1번가 마을회)

"위령제가 거행되고 있는 것 자체를 모른다. 아무런 안내도 오지 않았다. 이시하라초의 이름을 멋대로 사용하지 않았으면 좋겠다." (이시하라 2번가 마을회)

"주최 단체명도 들어본 적이 없다. 도쿄도가 주최하는 위령제에는 화환 등을 보내고 있지만 그 이외의 관련 행사에 관여한 것은 없다." (이시하라 3번가 마을회)

"그 위령제에 대해서는 들어본 적이 없다. 행해지고 있는 것도 모른다." (이시하라 4번가 마을회)

이 중 한 분은 이웃 마을 요코아미초와의 연합 조직「요코아미·이시하라 연합 마을회」회장도 겸하고 있지만, 이 연합회 회의 등에서도 한 번도「위령제」건은 의제에 오른 적이 없다고 했다. 주최단체로부터의 협력 요청, 상담, 인사 등도 없었다고 각 마을회장은 입을 모았다. 무엇보다「이시하라초 희생자 위령제」가 행해지고 있는 것조차 몰랐다. 다시 말해「이시하라초 희생자 위령제」는 마을 이름을 사용하면서 현지 마을회의 의향을 확인도 하지 않았다는 것이 된다. 지역을 무시하고 지역 명칭만을 사용한 '정치적 이용' 그 자체가 아닌가. 물론 위령의 자유는 있다. 당사자가 아닌 사람이 애도해서는 안 된다는 규정이 있는 것도 아니다. 하지만 일부러 '이시하라초' 명칭을 내세우면서도 현지와 관련이 있는 것도 아니고 동의를 구한 것도 아니고 위령제라는 이름 아래 '학살 부정'만을 쏟아내는 것은 지진 재해 희생자를 그야말로 '모독'하는 것은 아닌가. 2017년 위령제에서는 명예 회복이야말로 "단 하나의 목적"이라고「산들바람」대표가 인사말로 말하고 있다. 지역 주민의 '위령'은 목적에 들어 있지 않은 것이다. '위령제'를 주최한 이들의 진정한 노림수는 아마도 조선인 희생자 추도비 철거와 학살 사실을 역사에서 지워버리는 것이다. 추도문 송부를 중지한 고이케 도지사의 '판단'은 거기에 동조한 것은 아닌가. 결국 도쿄도는 이 해의 위령제에서 튀어나온 '불령 조선인' 발언 등을「도쿄도 올림픽 헌장에 명시된 인권 존중 이념의 실현을 목표로 하는 조례」에 근거하여 '부당한 차별적 언동'(헤이트스피치)이라고 인정했다. 벌칙은 없다. 계속하면 행사장을 빌려주지 않겠다는 경고일 뿐이다. 이후「산들바람」은 스피커의 음량을 줄이고 발언에도 약간의 '배려'를 한 다음, 그러나, 학살 부정을 호소하기 위한 위령제를 지금도 계속하고 있다. 도쿄도도 그것을 묵인하고 있다. 학살의 희생자는 잠을 잘 수 없다. 100년이 지난 지금도 유언비어와 욕설이 평온한 시간을 빼앗는다. 그리고 몇 번이고 죽임을 당하는 것이다.

차별 행위를 용인하는 행정

2023년, 간토대지진으로부터 100년을 맞는 시점에서 행해진 추도식에서는 헤이트 집단 「산들바람」이 어처구니없게도 조선인 위령비 앞에서 독자적인 「위령제」를 열고자 했다. 하필이면 희생자들을 애도해야 할 그 장소에서, 관련 발언으로 인해 혐오 표현 인정까지 받은 단체들이 집회를 열겠다는 것이다. 도립공원 안에서 집회를 개최하려면 도의 허가가 필요하다. 결론적으로 도쿄도는 스스로가 헤이트로 인정한 단체에 집회 개최의 허가를 해 버린 것이다. 추도식을 앞두고 추도식을 주최하는 실행위원회, 지원자 등은 즉각 도에 항의했다. 당연하다. 추도비 앞에서의 증오단체 집회는 희생자에 대한 모독이나 다름없다.

인종 차별주의자 집단은 "조선인을 죽여라"를 외치며 거리를 누비던 자들로 구성된 것이다. 확신범이라 할 만한 헤이트스피커인 것이다. 하지만 도쿄도는 어떠한 항의도 받아들이지 않았다. "개별 사안의 상황은 답할 수 없다." (공원녹지부), "차별적 언동을 하지 않도록 지도하고 있다." (인권부) 이런 미적지근한 태도를 보인 끝에 집회 허가를 철회하지 않은 것이다. 그것이 도쿄도의 인권 감각이었다. 학살 피해자를 추모하는 장소에 학살 선동자를 불러들이기로 한 것이다. 하지만 이날, 그들의 계획은 빗나갔다. 오전에 시작된 조선인 희생자 추도식에는 예년의 배 이상 수백 명의 인파가 몰렸다. 이날을 위해 간사이나 규슈, 심지어 한국 등에서 달려온 사람도 적지 않았다. 예년과 마찬가지로 엄숙한 분위기 속에서 추도식은 차질 없이 진행됐다. 추도식이 끝나고도 사람들 대부분이 위령비 앞을 떠나지 않았다. 그 자리에 머문 것은 레이시스트 집단의 집회를 저지하기 위해서이다.

「산들바람」 집회는 오후 4시부터 예정되어 있었다. 시작 시간 가까이가 되자 위령비 앞은 사람들로 가득 찬다. 「산들바람」에 자리를 뺏기지 않으려고 주저앉는 사람들이 있다. 몇 번이고 헌화를 반복하는 사람이 있다. 추도비를 지키기 위해, 희생자의 존엄을 지키기 위해 수백 명이 그 자리에서 움직이지 않았다. 공원 내 한편에 모인 「산들바람」의 멤버 수십 명은 추도비에 접근하지 못했다. 일부는 돌파를 강행하려 했으나 공원 내 혼란을 두려워한 경찰이나 도쿄도 직원에 의해 제지당했다. 여기는 중요한 곳이므로 보충해 두고 싶다. 도쿄도도 경찰도 차별이나 혐오 발언을 멈추고 싶었던 것은 아니다. 단지 레이시스트 집단과 그에 반대하는 사람들이 부딪쳐 혼란이 발생하는 것을 피하고 싶었을 뿐이다. 실제로 도는 반대 목소리가 얼마나 나오든 집회 허가를 내줬다. 게다가 집회 직전까지 도는 경찰과 협력, 공원 진입로에 급조한 펜스를 둘러쳐 헤이트스피치를 멈추려고 모인 시민들을 막았다. 그런데도 결국 「산들바람」은 경찰의 설득(이라기보다는 해산명령)으로 그 자리에서 물러설 수밖에 없게 됐다. 이들은 돌아가는 길에 추도비 앞에 모인 사람들을 향해 고성을 질렀다. "조선인은 한반도로 돌아가라!", "또 폭동을 일으켰어!" 이것이 그들의 본심인 것이다. 그 시절과 아무것도 다르지 않다. 조선인을 적으로 간주하고 조선인이 폭동을 기도하고 있다고 선동한다.이봐, 학살의 불씨는 지금도 살아 있다고. 하지만, 이것 또한 강조해 두고 싶다. 인종 차별주의자 집단이 제멋대로 '날뛰고' 있는 것은 아니다. 차별행위에 보증수표를 주는 것은 행정이다. 그것을 분명히 나타내는 '사건'이 있었다.

2. 봉쇄된 표현: 〈In-Mates〉 상영중지사건

죽은 자가 되어 항의하기

간토대지진으로부터 100년을 맞은 해. 2023년 9월 1일. 요코아미초 공원의 소동이 겨우 진정되어 검푸른 밤하늘이 머리 위로 펼쳐진 시간대이다. 신주쿠 중앙공원에 약 200명이 모였다. 고층의 도청사가 눈앞에 우뚝서 있다. 거만하게 거리를 내려보는 듯한 그 거대한 요새의 발치에 모인 사람들은 땅바닥에 몸을 눕혔다. 다이인die-in—죽은 자가 된 항의 행동이다.

　나도 누워서 밤하늘을 올려다보았다. 별도 달도 보이지 않는다. 어둠 속에 내팽개쳐진 듯한 기분이 든다. 정적 속에 래퍼 FUNI와 현대미술작가 이야마 유키가 일본어와 한국어로 시를 읽어 내려갔다.

　나는 죽었다/땅이 흔들렸다. 집이 쓰러졌다/앞이 캄캄했다/불이 타올랐다/내가 밟은 것은 땅인지 사람인지, 권력자에 의한 거짓 선동이 나를 찔렀다/군과 경찰이 나를 죽였다/나를 학살한 사람들은 아무도 처벌받지 않았다. 학살에 동조한 사람들은/망각 속에서 나를 지워갔다

　취재로 돌아본 학살 현장, 수많은 증언이 머릿속에서 되살아난다. 등이 싸늘했다. 늦여름 특유의 축축하고 미지근한 바람이 이마를 어루만져 간다. 죽음을 생각하라. 뒤돌아보라. 역사를 직시하라. 잘못을 인정하라. 그리고 반복하지 마. 우리는 죽은 자가 되어 도쿄도에 항의하고 있었다. 하나는 앞서 말한 조선인 학살 희생자 추도식에 추도문을 보내지 않은 건에 대해. 그리고 또 하나가 '상영중지 사건'에 관한 것이다.

　도쿄도의 외곽 단체인 공익 사단법인 도쿄도 인권계발센터가 운영하는 「도쿄도 인권 프라자」에서 이야마 유키의 기획전 〈당신의 진짜 집을 찾으러 간다〉가 개최된 것은 2022년 8월부터 11월의 일이었다. 인권계발센터는 '정신 장애자의 인권, 가족, 역사에 대해 생각한다'라는 취지로 기획전을 의뢰. 이야마는 정신 장애가 있는 가족이 있어 가족과 공동 제작한 영상 작품이나 사진 등을 전시했다. 하지만 그것은 이야마가 원했던 형태로 행해진 것은 아니었다. 기획전 처음에는 작가가 재량권을 가진 부대사업으로 전전 도쿄도 내의 정신과 병원에 입원해 있던 조선인 환자 2명을 그린 영상 작품의 상영이 계획되어 있었다. 그런데 기획전 개최에 앞서 도가

이 작품의 상영중지를 결정해 버린 것이다. 도대체 무엇이 문제였는가? 상영중지된 것은 이야마가 2021년에 제작한 영상 작품 〈In-Mates〉(26분). 1930년부터 40년까지 도쿄도의 오지王子 뇌병원에 입원 후 '사망 퇴원'이 된 조선인 환자의 기록을 통해 환자가 놓인 처지와 고뇌뿐만 아니라 일본 사회에 숨어 있는 차별과 편견도 드러내는 내용이다.

간토대지진 때의 조선인의 학살도 언급하고 있다. 재일 외국인의 역사를 잘 아는 도쿄대 교수 도노무라 마사루外村大가 역사적 배경을 설명하고, 자이니치 코리안 시인이자 래퍼 FUNI도 출연. 당시 환자의 심정을 랩과 시로 대변하며 여전한 차별에 대한 분노와 갈등을 표현했다. 이야마는 이 작품을 "정신과 병원에서의 장기 입원, 또는 재일 외국인이 직면하는 어려움과 같은 현대적인 주제와도 통하는 것"이라고 설명한다.

도쿄도는 이 작품의 상영을 허락하지 않았다. 그 이유는 기획전의 책임 부서인 인권부에서 인권계발센터로 보낸 한 통의 메일에 적혀 있었다. 송부 일시는 2022년 5월 12일, 「기획전 제2부대사업의 사업계획서안 관련 우려에의 회답에 대해」라고 하는 제목의 메일은 "항상 신세 지고 있습니다"라는 인사에 이어 바로 본론으로 들어간다. 인권부 담당자는 이하 3개의 '우려'를 전한다.

① 간토대지진에서의 조선인 대학살에 대해 인터뷰 내에서 "일본인이 조선인을 죽인 것은 사실"이라고 말하고 있습니다. 도쿄도는 이러한 역사 인식에 대해 언급하지 않고 있습니다. 고이케 지사는 매년 9월 1일 열리는 조선인 대학살 추모제에 대해 도지사로서 추도문을 발표하지 않아 이에 대한 여론이 떠들썩합니다. 도지사가 이러한 입장을 취했음에도 불구하고 조선인 학살을 '사실'이라고 발언하는 동영상을 사용하는 것에 우려가 있습니다.

② FUNI 씨가 "조선인은 모두 말살한다" "조선인은 한 명도 빠짐없이 죽여버린다"고 합니다[저자 주·조선어로, 병원 입원환자인 조선인의 말로]. 이것은 보기에

따라서는 '헤이트스피치'라고 받아들여질 수 있습니다. 자신이 재일조선인이라는 것이나 동영상 전체를 시청하면 그렇지 않다는 것을 알 수 있습니다만, 참가자가 받아들이기에 따라서는 일본 외 출신자에 대한 차별을 '선동'하는 행위가 되지 않을까 생각합니다. 도쿄도가 헤이트스피치 대책을 세우고 있는 가운데, 상상의 '노래'였다고 해도 염려가 있습니다. '말 사냥言葉狩り'이 되지 않도록 신중하게 대응해야 합니다.

③ 동영상 전체를 시청한 소감입니다만 '재일조선인은 일본에서 살아가기 힘들다'는 면이 강조되어 있고, 그것이 역사관, 민족 문제, 일본의 문제 등을 연상시키는 부분이 있습니다. 참가자들이 이러한 점에 대해 혐오 감정을 갖지 않도록 하는 배려가 필요하다고 생각합니다.

이 메일을 보낸 지 얼마 지나지 않아 인권부는 상영을 불허하기로 공식 결정했다. 도는 검열 같은 개입을 한 것이다. 더구나 상영 중단 이유로 가장 먼저 거론되는 것이 고이케 도지사의 '추도문 불不송부'이다. 이 문제가 몰고 온 심각한 파장을 생각하지 않을 수 없다. "학살은 없었다"라는 레이시스트 집단을 기세등등하게 했을 뿐만 아니라, 학살을 언급한 영상 작품을 매장하는 것으로도 이어졌다. 아니, 도쿄도는 스스로 학살 부정의 언설 유포에 가담한 것이 된다.

상영중지로 몰아가기 위한 궤변

"도쿄도의 태도는 바로 차별선동. 그것도 인권을 존중해야 할, 아니 인권 존중을 호소해야 할 입장인 인권부가 앞장서 학살에 부정적인 견해를 보인 것에 충격을 받았다."

분노에 찬 표정으로 이렇게 말한 것은 바로 이야마이다. 이야마는 이 메일이 발송된 직후 센터 관계자로부터 글의 내용을 전달받은 것으로 알려졌다. "결국 조선인 학살에 대한 지사의 태도가 그대로 도 행정 전체에 반영된 셈이죠. 이렇게 해서 위로부터의 인종차별주의가 사회에 만연해 가는 메커니즘을 정말 무섭게 느껴요."

원래 해당 메일에 쓰여 있는 것은 이야마 작품을 상영중지로 몰아가기 위한 궤변에 지나지 않는다. 예를 들면 작품 중에서 이야마의 인터뷰에 응해 "일본인이 조선인을 죽인 것은 사실"이라고 해설하고 있는 것은 앞서 말한 도쿄대 교수 도노무라이다. 도대체 이 발언의 어디가 문제란 말인가. 인권부는 메일에서 "도쿄도는 이러한 역사 인식에 대해 언급하지 않고 있습니다"라고 했는데 정말 그럴까? 도쿄도가 1972년에 정리한 『도쿄 백년사 제4권』에서는 간토대지진 직후의 조선인 학살에 대해 다음과 같이 기술하고 있다.

선인 폭동이라는 유언비어와 그에 편승한 자경단의 포학暴虐은 다이쇼大正 시대 도쿄의 역사에서 씻을 수 없는 오점이다.

도쿄도 스스로 '오점'이라며 명백히 학살 사실을 인정한 것이다. 또한 다음과 같은 기술도 있다.

단지 얼굴이 선인 같다거나 말이 명료하지 않다는 것만으로 반半송장을 만들거나 그자리에서 죽이기도 했다. 그중에는 일본인이라도 선인으로 오인되어 살해된 사람도 있었다고 한다. 내무성 경보국의 조사에 의하면 살육된 조선인 231명, 중국인 3명, 일본인 59명인데, 이 숫자는 경찰서에 신고된 사람뿐으로 실제로 살해되어 어둠에 방치된 사람은 이 숫자의 십여 배에 이를 것이다. 『일본 역사』에서는 요시노 사쿠조가 조선이재동포위문반朝鮮罹災同胞慰問班이 10월 말까지 조사한 수를 전하며, 살해된 조선인은 2,316명에 이른다고 했다. 또한 중국공사관의 조사에 의하면, 중국인 행방불명자는 160~70명에 이르렀다고 한다.

반복한다. 이것은 도쿄도가 정리한 것이다. 과거의 이야기이지만, 충분히, 그리고 명확하게, 학살에 대해 '언급'하고 있지 않은가. 인권부는 과거 도의 견해를 언제, 어떤 이유로 뒤집기로 결정했는가? 또한 래퍼 FUNI가 한 말도 문제로 삼고 있지만, 이것은 메일 작성자 자신도 인정하고 있듯이, 레이시스트가 한 말을 인용한 것에 지나지 않는다. 자이니치 코리안 FUNI가 읽는 시 중에는 분명 "조선인은 모두 말살한다" "조선인은 한 명도 빠짐없이 죽여버린다"라는 문구가 나온다. '문맥'을 깊이 파헤치지 않더라도 누구라도 순식간에 이것이 레이시스트 비판인 것은 알 수 있을 것이다. 이것을 "'헤이트스피치'라고 받아들여질 수 있습니다"라고 하는 것 자체가 이상하다. 아니, 어떻게 하면 이것을 '헤이트스피치'라고 판단할 수 있는지를 모르겠다. 이러다간 혐오 피해를 호소하는 말조차 '혐오 연설'로 치부되는 셈이다. 게다가 '우려'의 세 번째. "재일조선인은 일본에서 살아가기 힘들다는 면이 강조되어 있다"는 지적은 '인권부'의 존재 의의 자체를 부정하는 것이 아닌가. 그야말로 혐오 발언이 곳곳에서 유포되고 차별의 현장이 뚜렷하게 가시화되고 있는 현 상황을 다름 아닌 인권을 지켜야 할 '인권부'는 어떻게 보고 있단 말인가. 살아가기 힘듦을 강조함으로써 혐오감이 생긴다? 이걸 차별받고 있는 사람들에게 대놓고 말할 수 있다고 하는 걸까. 세상에서 경시되기 쉬운 인권침해를 민감하게 받아들이고 그 피해 구제를 위해 움직이는 것이 행정, 특히 인권을 전문으로 다루는 부서의 사명일 것이다. 문제 메일의 문구를 굳이 의역하면 '너무 강조한다'라며 차별 피해를 왜소화하는 것이나 마찬가지이다. 무엇을 위한 인권부인가? '반反 인권부'로 명칭을 바꾸라는 비판이 제기된 것도 당연하다. 자신의 말에 '우려'라는 낙인이 찍힌 도노무라 교수는 "학살 부정은 고인에 대한 모독"이라고 이야기한다.

"조선인 학살은 많은 사람이 목격했다. 『도쿄 백년사』를 비롯해 문부과학성 검정을 통과한 중학교 역사 교과서 등 많은 기록이 이렇게 호소한다.

도쿄도 직원에게 요청서를 전달하는 이야마 유키, 래퍼 FUNI (2023년 3월 1일)

하지만 도 인권부는 이러한 역사적 사실 자체를 말하는 것을 문제 삼는 것 같기도 합니다."

"아무것도 드릴 말씀이 없습니다"

도가 상영중지를 결정한 직후, 도노무라와 이야마는 도청을 찾아 인권부 담당자에게 직접 그 일을 따졌다. "역사적 사실을 말하면 안 되느냐"고 묻는 도노무라에 대해 인권부 담당자는 아무 말도 없었다고 한다.

"저는 이 또한 큰 문제라고 생각합니다. 인권이라는 이름이 붙은 부서의 사람들이 사회적으로 취약한 처지에 있던 사람들의 피해에 대해서는 아무 말도 하지 않는다. 이는 인권을 침해받는 사람들의 편이 아니라고 스스로 밝힌 것과 같습니다."

이야마, 도노무라, FUNI 등이 미술 평론가 오다와라 노도카와 함께 상영중지 전말을 기자회견에서 밝힌 2022년 10월, 나도 도쿄도 인권부에 취재했다. 답변은 인권부 인권 시책 추진 과장.

"상영중지를 결정한 이유는 무엇인가?"

"의뢰한 주제와 큰 차이가 있었기 때문이다."

"뭐가 달랐는가?"

"어디까지나 본 기획전의 테마는 '장애인과 인권'으로 이야마 씨의 작품은 그 취지에 맞지 않는다."

인권부가 송부한 메일에는 그러한 것이 적혀 있지 않았다. 간토대지진 직후의 학살을 이야기하는 것 자체를 문제 삼고 있다.

"담당 직원이 보낸 메일은 치졸한 표현이었다고 생각한다. 도의 인식이 아니다. 상영중지 판단은 그 일과는 무관하다. 어디까지나 기획 취지와의 차이가 이유이다."

이처럼 인권부는 '취지와의 차이'를 여러 차례 반복했다. 물론 관계자 누구도 그 말에 수긍하지 않는다. 아니, 할 리가 없다. 이야마는 "메일에 쓰여 있던 것이야말로 도의 본심이 아닐까”라는 의심을 버릴 수 없다. 도는 기획전은 계속 개최했지만, 문제가 된 영상 작품의 상영뿐만 아니라 이야마의 토크 이벤트도 중지했다. 이야마가 ‘말할’ 기회를 빼앗은 것이다.

이뿐만이 아니다. 기획전을 마치고 나서도 이야마 및 관계자는 몇 번이나 도청을 방문해 인권부와의 대화를 요구했지만, 그것이 실현되는 일은 없었다. 상영중지에 대한 정확한 설명을 서면으로 요구해도 일체 반응이 없다. 인권부는 설명도 면회도 회신도 계속 거부했다. 예를 들어 2022년 8월 10일. 간토대지진으로부터 100년을 목전에 두고, 이야마, FUNI, 나아가 지지자들이 인권부를 방문해 마찬가지로 서면질의에 대한 회답과 책임자와의 면회를 요구했다. 이때 본 광경을 나는 잊지 않는다. 도청 제1본청사 13층의 인권부 플로어. 지지자나 기자도 포함해 십수 명이 방문해, 대표해 이야마가 입구 근처에 있던 직원에게 방문한 뜻을 전했다.

이야마: 회답을 받으러 왔습니다.
직원: 아무것도 드릴 말씀이 없습니다.
이야마: 아무것도 할 말이 없다고요. 그럴 수는 없다고 생각합니다만…… (그리고 서면을 읽는다)
직원: 죄송합니다. 더 드릴 말씀은 없습니다.
지지자: 왜? 왜 할 말이 없어요?
직원: 할 얘기가 없어서 그럼 저는 이만…… (하며 떠난다)

한동안 이야마와 사람들은 말도 없이 멍하니 그 자리에 서 있을 수밖에 없었다. 인권부 층을 둘러본다. 아무도 이야마를 보고 있지 않다. 눈앞에 있는 PC를 만지거나 서로 담소하거나 어쨌든 면회를 요구하는 십수 명의 존재는 완전히 무시되었다. 진입로에 서 있는 집단은 ‘그 자리에 없는’ 것이 되고 일상 업무가 담담하게 계속된다. 아무 일도 일어나지 않은 것처럼 시간이 흐른다. 적어도 이 자리에서 이야마는 '이물질'이었다. 그리고 인권부 직원들은 '이물질'을 무시함으로써 일상의 풍경을 유지하려고 애썼다. 동료와 담소하고 서류를 읽고 PC 화면을 마주해 전력으로 평온을 연출하고 있었다. 누구도 이야마와 사람들에게 눈을 돌리는 사람은 없다.

이 얼마나 역겨운 풍경인가. 그 철저한 존재 무시의 대응은 마치 공포 영화의 한 장면을 보는 것 같기도 했다. 나는 분노보다 공포로 떨었다. 인간은 이렇게까지 다른 사람의 존재를 지울 수 있는가. '배제'라기보다는 '말소'이다. 담소를 나누는 것으로, 업무에 몰두하는 것으로, 비통한 호소를 없던 일로 한다. 더구나 이곳은 '인권부'이다. 그런데도 인권은커녕 인격도, 인간의 존재도, 깨끗하게 지워져 버린다. 분노한 이야마가 층 전체를 향해 호소한다.

"인권부가 보낸 메일로 인해 이번 사태가 벌어졌는데…….", "이 문제는 인권부 전체의 문제예요."

역시 반응은 없다. 들려오는 것은 직원들끼리 담소하는 소리와 키보드를 두드리는 듯한 소리뿐이었다. 그것이 역사도 비통한 호소도 '없던 일로 하는' 아니, '없던 일로 할 수 있다는' 도쿄도의 인권 감각이 가져온 풍경이었다.

'진짜 집 찾아가기'

1988년생인 이야마는 어린 시절 애니메이션과 영화 등 서브컬처 분야에 친숙해졌다. 그림 재능을 높이 평가받는 일이 많아 '장래에는 미술 선생님이 될 수 있으면'이라고 막연하게 생각했다. 고등학교 때 작은 여동생이 조현병을 앓게 되었다. 그 일이 이야마에게도 어두운 그림자를 드리운다. "동생 생각만 하면 마음이 가라앉더라고요. 저 약한 사람이거든요" 무엇을 하고 있어도 마음이 편치 않다. 여동생을 보고 있으면 마음이 무겁다. "아마 동생의 병을 인정하고 싶지 않았을 거예요. 그러니까 증상이 나와 막 날뛰는 게 정말 싫었어. 동생을 창피하게 여기기도 했어요." 좋아했던 미술에도 힘이 들어가지 않는다. 학교에 가는 것도 힘들어졌다. 아침에 일어날 수 없게 되어 지각이 늘어났다. 그러다 자신도 우울증이라는 진단을 받았다. 다니던 고등학교 교사는 그런 이야마를 향해 이렇게 말했다. "모두에게 폐가 되니 학교를 그만두지 않겠는가?" 이야마는 그것을 받아들였다. 고등학교를 2학년에 중퇴했다. 그때는 그럴 수밖에 없다고 생각했다. 불안정한 자신을 고교생활에 적응시키는 것이 애초에 무리였다. 이후 고졸 인증시험을 거쳐 여자미술대학에 진학했다.

"거기에서 풍경이 반전했다"라고 이야마는 말한다. 젠더 아트Gender Art 등의 강의를 통해 반복적으로 그림을 그리는 것만이 아닌 또 다른 미술의 세계가 있다는 것을 알게 됐다. 억압된 타인과의 관계성을 의식하면서 창작하는, 이른바 '이야기' 구축에 눈을 떴다. 차별이나 부정의에 대한 시각이 다듬어졌다. 여자미술대학에는 그런 분위기가 있었다. 권위로부터 멀리 떨어진 곳임을 느꼈다. "내가 여자인 것. 가족에게 정신장애가 있는 사람이 있다는 것. 그래서 얻을 수 있었던 시간이 있다는 것을 배울 수 있었습니다."

이후 이야마는 인물이나 사건을 깊이 파헤치며 얻은 에피소드에 자신의 시점을 섞어 영상 작품을 조립하는 독자적인 스타일을 만들어 간다. 예를 들어 문제가 된 기획전의 타이틀이 된 영상 작품 〈당신의 진짜 집을 찾으러 간다〉. 〈In-Mates〉 상영중지 사건의 여파로 이 메인 작품에 대한 주목도가 약해져 버린 감이 있지만, 이 또한 이야마의 세계관이 훌륭하게 반영된 작품이었다. 어느 날 여동생이 "진짜 집을 찾으러 간다"고 중얼거리며 집을 뛰쳐나갔다. 이야마는 그 문구에 끌렸다. 함께 동네를 떠돌며 '진짜 집 찾기'에 나섰다. 이를 계기로 작품이 만들어져간다. 훗날 여동생 시점에 카메라를 맞춰 함께 걷는다. 그렇게 함으로써 여동생만이 볼 수 있는 환각과 환청의 경치를 공유하는 것이다. 그것은 여동생이라는 존재로부터 계속 도망친 이야마가 겨우 도달한 지평을 나타낸 것이었다.

조선인의 신세타령

문제가 된(이라기보다 문제로 삼은) 〈In-Mates〉이다. 이는 앞서 언급했듯이 전쟁 전 도쿄에 있던 정신과 병원인 오지 뇌병원에 입원해 있던 조선인 환자의 진료기록카드를 바탕으로 래퍼 FUNI가 시와 랩으로 표현한 것이다. 나아가 시대 배경으로서 조선인 학살을 도노무라가 설명하는 내용이다. 2021년 제작한 작품이다.

'주연' FUNI와는 그 몇 년 전에 알게 되었다. 그 무렵 이야마는 자이니치 코리안 무無연금 장애인을 테마로 한 영상 작품 「OLD LONG STAY」를 제작 중이었다. 이것은 2000년에 교토 거주 자이니치 코리안 청각 장애인이 무연금 차별을 바로잡기 위해 낸 소송 기록을 기초로 하여 이야마가 소송 원고 측에 대한 취재를 통해 '장애'나 '민족'의 의미를 생각해 간 것이다. 이야마는 교토에서 고령 또는 장애가 있는 자이니치 코리안을 지원하는 NPO 법인 「교토 코리안 생활 센터 엘파エルファ」를 촬영 거점으로 취재를 계속하고 있었다. 여기서 간단히 자이니치 코리안의 '무연금 문제'에 대해 언급하고 싶다. 연금 지급에 관해 일본에서는 1982년부터 '국적 조항'이 폐지됐다. 일본에서 오래 생활해 온, 게다가 일본의 식민지주의가 초래한 자이니치 코리안에 대해 애당초 국적을 이유로 연금 자격을 인정해 오지 않았던 것이 이상한 일인데, 국적 조항 폐지 후에도 자격을 인정받지 못하는 사람들이 있었다. 그것이 바로 장애인과 고령자이다.

정부는 1986년 4월 1일 시점에서 60세를 넘은 재일외국인 고령자를 노령복지연금 지급대상으로 삼지 않고, 또한 1982년 1월 1일 시점에서 20세를 넘은 재일외국인 장애인을 장애기초연금 지급 대상으로 삼지 않고 연금 자격에서 제외했다. 이 때문에 연금 자격에서 배제된 자이니치 코리안 장애인과 고령자가 각각 재판을 일으키지만 모두 패소하게 된다.

이야마는 당사자들과 가까이에 있었다. 어느 날 자이니치 코리안 한 사람에게 앞서 언급한 '오지 뇌병원' 조선인 환자의 일을 이야기했다. 진료기록카드에는 조선인 환자가 '노래를 불렀다'는 기술이 있었다. 그 노래가 무엇인지는 모른다고 말하는 이야마에게 "그것은 신세타령이 아닌가"라는 대답이 돌아왔다. 신세타령은 '처지나 형편을 푸념함'을 뜻하는 조선말이다. 자신의 슬픈 삶을 1인극 형태로 표현할 때도 쓰인다. "아, 그렇구나, 그럴 수도 있겠다는 생각이 들었어요. 정신과 병원이라는 닫힌 공간에서, 게다가 지진 학살의 기억이 짙게 남아 있는 시간 속에서 조선인 환자들은 '한탄'으로서 신세타령을 불렀을지도 모른다고 느꼈어요."

그런 생각을 하면서 교토의 자이니치 코리안 집주 지역인 히가시쿠조를 걷고 있을 때였다. 주택가 한편 공터가 되어 있는 장소에서 고등학생으로 생각되는 소년들이 랩Rap 연습하는 모습이 눈에 들어왔다. 이야마는 그 광경을 응시했다. 랩은 자신의 주장이나 생각을 lyrics(가사)에 실어 호소하는 표현방법 중 하나이다.

이야마 안에서 신세타령과 랩이 겹쳐졌다. 문득 만난 적도 없는 FUNI의 이름이 떠올랐다. 교토와 마찬가지로 자이니치 코리안 집주 지역인 가나가와현 가와사키를 거점으로 활동을 계속하는 자이니치 래퍼 FUNI.

"조선인 환자의 마음을 표현할 수 있다면 이 사람밖에 없지 않을까 하는 생각이 들더라고요."

그 후 이야마는 FUNI에게 연락을 취해 출연을 승낙받았다. 〈In-Mates〉에서 FUNI의 존재감은 압도적이다. 가와사키 공장지대 안에 있는 해저터널에서 FUNI는 '자이니치'로서의 자신을, 차별이 소용돌이치는 사회를, 그리고 자신에게 옮겨온 조선인 환자의 고통과 절망을 호소한다. 그것은 바로 신세타령의 세계이다. 도쿄도가 '헤이트스피치'라고 쓸데없는 '우려'를 나타낸 시 또한 이 장소에서 표현된 것이다.

터널 속에서 어둠을 보다

작품 속에서 특히 인상에 남는 것은 마지막에 가까운 부분, FUNI가 니나 시몬의 노래에 맞춰 도발적으로 외치는 장면이다. "나한테만 맡기지 마!"

"화면을 넘어와, 넘어와, 뛰어넘어 간다 나도!"

출구가 보이지 않는 어두운 터널 안에서 FUNI의 외침은 자신의 정체성을 적나라하게 말해주는 동시에 어둠에 갇혀 있는 마이너리티의 격정을 일깨우는 것이었다. 그것은 학살이라는 역사를 잊으려는 일본인, 일본 사회를 향한 날카로운 메시지이기도 하다. 이야마에게 그런 소감을 전하자 '네' 하고 가볍게 고개를 끄덕이면서도 이어서 이런 말이 흘러나왔다. "저에 대한 분노의 감정이었을 수도 있거든요."

촬영은 순조롭게 진행되지 않았다고 한다. 몇 번이나 충돌이 반복되었다. 작품의 방향성도 호소해야 할 내용도 FUNI와는 일치했다. '연기자'는 FUNI이다. 자이니치 코리안인이기 때문에 설득력도 높아진다. 그래서 이야마는 FUNI를 기용했다. 하지만 FUNI 입장에서는 '시킴을 당하고 있다'라고 느낀 것은 사실일 것이다.

"FUNI 씨에게만 부담을 강요하고 있다는 생각은 있었습니다. 하지만, 나에게는 없는 언어감각과 신체성이 FUNI 씨에게는 있었다. 그래서 결과적으로 '나에게 기대기만 하는 건가'라고 FUNI 씨가 느낀 것은 틀림없다고 생각해요. 그래서 촬영 중 험악한 분위기가 되기도 했습니다."

이야마와 FUNI 양측의 불안과 불만이 부딪히며 스파크를 일으켜 촬영장에 긴장감이 생긴다. 그 날카로움은 결과적으로 작품에 잘 '살아있는 것은 아닐까'라고 나는 느낀다. 영상에서 풍기는 팽팽한 긴장감이 보는 이들의 내장 깊은 데까지도 울려 퍼지는 것이다. 묵직한 펀치를 맞은 것 같은 고통 속에서 우리는 터널 속에서 어둠을 본다. 거기에서 잔혹한 역사를 발견하는 사람도 있고, 가해성을 들켜 낭패를 보는 사람도 있을 것이다. 아마도 상영중지를 결정한 도는 그 후자였을 것이다. 당황하고 부정하고 자신의 정당성을 지키기 위해 '우려'를 표시하고, 그리고 '지금' 안심하기 위해 작품을 매장한 것은 아닐까. 다시 말해 그만큼의 '자력磁力'을 이 작품은 갖고 있다. 끌어당기는 힘이 있고 반발시키는 힘도 있다.

"나는 존재 자체가 금기"

그 '자력'의 세기 때문에 떨어져 나간 것은 도쿄도만이 아니다. 〈In-Mates〉는 원래 국제교류기금이 주최하는 온라인 전람회에 출품하기 위해 만들어진 것이었다. 그런데 전람회 개최 직전 2021년 3월, 기금 측이 갑자기 상영 불가를 결정했다. 이유는 '폭력적인 발언'과 '역사 인식을 둘러싸고 비생산적인 논란을 불러일으킬 수 있다'는 것이었다. 그때의 이야마는 고립무원의 상태에 놓여 있었다. 큐레이터는 기금 편에 섰다. 주변의 가까운 사람들도 "앞으로를 위해 지금은 관계를 악화시키지 않는 편이 좋겠다"고 조언했다. 혼자서 싸워나갈 자신은 없었다. 그러나 이번에는 달랐다. "싸우기 위한 조건이 갖춰졌어요." 촬영 현장에서는 격렬하게 충돌을 반복했던 FUNI가 이야마 이상으로 도쿄도에 대한 분노를 표명해 주었다. 작품 속에서 조선인 학살에 대해 해설해 준 도노무라의 존재도 크다. 앞서 나온 오다와라 노도카처럼 사회적인 발신을 계속하는 미술가도 아군이 되어 주었다. 그리고 그동안 작품을 만드는 과정에서 알게 된, 사람들이 함께 분노해줬다. 이번만은 혼자가 아니었다. 그래서 아직도 설명책임과 상영중지 철회를 요구하는 이야마의 싸움은 계속되고 있다. "반응이 약한 것은 오히려 미술계입니다. 나쁜 의미로 민감하다. 회견을 열거나 항의행동을 하는 것만으로 '활동가' 취급하는 거죠. 나는 표현행위를 하고 있을 뿐인데. 진짜 '활동가'에게 실례라는 생각도 들어요."

그리고는 다음과 같이 계속한다. "단순한 상영중지 문제가 아니라 가장 입지가 약한 사람들의 목소리를 없애려는 사회구조의 문제이기도 한 것 같아요. 자이니치 코리안 지인이 그러더라고요. 이야마씨는 작품이 금기라고 여겨졌지만 나는 존재 자체가 금기이니까라고. 맞는 말인 것 같아요. 그렇기에 물러설 수 없고, 물러설 이유도 찾을 수 없어요."

도지사의 추도문 불송부 사건 그리고 일본 사회에 내포된 자이니치 코리안 차별과 학살에 대한 무관심이 한 미술가에게 강한 각오를 심어준 것이다.

가와사키 한인타운의 시작

사랑의 도시바, 아사노의 갱, 돈과 목숨의 교환(강관)[2] 회사. 한때 그런 장난 섞인 노래가 있었다. 게이힌 공업지대의 중심도시인 가와사키의 임해부를 읊은 것이다. 가와사키는 노동자의 거리이다. 그중에서도 시의 남부, 타마가와강 하구로부터 도쿄만에 접한 일대는 자이니치 코리안의 집주 지역으로도 알려져 있다. 1910년대 이 지역에 대규모 공장이 유치되었다. 앞서 언급한 노래에도 등장하는 도시바, 아사노 시멘트, 일본강관을 비롯해 아지노모토, 일본축음기상회(현재의 일본콜롬비아), 나아가 이들 대기업의 하청공장이 진출했다. 일본의 식민지 지배하에 놓여 있던 한반도에서도 많은 노동자들이 이곳으로 건너갔다. 공장에서 일할 뿐만 아니라 타마가와강 자갈 채집에도 많은 조선인 노동자가 종사했다. 참고로 자갈 채집 노동자는 80%가 조선인이었다고 한다.

1923년 간토대지진 때 물론 이 땅에서도 조선인 학살 사건은 일어났다. 지금은 가와사키 경마장이 된 장소에는 일찍이 후지가스방적(현재의 후지보 홀딩스) 공장이 있었다. 그곳에서는 3명의 조선인이 자경단에게 죽임을 당했다. 희생된 조선인들은 공장 정문 근처에 있던 우물에 물을 푸러 갔을 뿐이었지만, 그 무렵 간토지방 전역에 유포된 '조선인이 우물에 독을 탄다'는 루머를 믿은 자경단원에 의해 살해되었다. 이 공장에서 2킬로 정도

---

2 교환과 강관의 일본어 발음이 같아 나온 말장난이다. 강관은 강철로 만든 관을 가리킨다.

떨어진 닛타 신사에서는 당시의 촌장(당시 이 일대는 타지마초라고 불리고 있었다)을 비롯한 이들이 목숨이 위험한 200여 명의 조선인을 숨겨줬다는 이야기도 남아 있다.

2023년 가나가와현 학살 사건의 조사를 실시하고 있는 「간토대지진 시 조선인 학살의 사실을 알고 추도하는 가나가와 실행위원회」(야마모토 스미코 대표)가 사건에 관계된 신자료를 공개했다. 「지진재해에 따른 조선인과 중국인에 관한 범죄 및 보호 상황, 기타 조사의 건」이라는 제목의 자료는 간토대지진 시 가나가와현 지사 야스코치 아사키치가 내무성 경보국장에게 보낸 보고서이다. 이 문서에는 일본강관에서 근무하던 차태숙이라는 34세 조선인 노동자가 조선인 폭동을 경계하는 자경단원에 의해 공장부지 내에서 살해됐다는 기술이 있었다. 가혹한 노동환경 때문에 '돈과 목숨의 교환회사'라고 불리었던 공장 안에서 일방적으로 죽임을 당한 것이다.

지진 후 임해부에서 해안 전기궤도 부설공사가 시작되었고, 1939년에는 일본강관이 현재의 이케가미초 일대 토지를 매입하여 신공장 건설에 착수했다. 이에 따라 이케가미초, 인접한 사쿠라모토에 조선인 노동자들의 마을이 생겼다. 한인타운의 시초이다. 이케가미초나 사쿠라모토는 지금은 일본인이나 다른 국적 주민들이 늘어나 예전과 같은 리틀 코리아의 분위기는 희미해져 가고 있지만, 아직도 손꼽히는 자이니치 집주 지역임에는 변함이 없다. 고깃집과 김치, 반찬가게가 즐비한 골목에는 역사가 만들어낸 '자이니치의 시간'이 잔잔하게 흐르고 있다. 그래서 인종 차별주의자 집단 등으로부터 공격의 화살을 맞는 경우도 적지 않다. 금세기 들어서도 "조선인을 몰아내라"고 레이시즘을 노골적으로 주장하는 시위대의 습격을 받거나 시의원 선거에 출마한 레이시스트가 굳이 이케가미초에서 선거 운동을 전개하는 등 그동안 수많은 괴롭힘을 당해왔다.

이 책을 쓰면서 「후쿠다무라 사건(간토대지진 직후, 카가와현 출신 행상이 지바현의 자경단원에게 학살당한 사건. 제4장에서 후술)」을 조사하기 위해 지바현 노다시에서 취재하고 있었을 때의 일이다. 현지에서 나 이상으로 열심히 취재하고 있는 주요 신문사의 젊은 기자를 알게 되었다. 같은 주제를 다루고 있다는 동료의식도 있어서 행동을 같이하고 허물없이 대화하는 과정에서 그가 가와사키 이케가미초 출신의 자이니치 코리안임을 알게 되었다. 가와사키에서 멀리 떨어진 지방지국의 젊은 기자로서 경찰이나 행정 취재만으로도 벅찰 것인데, 그는 차별 문제에 대한 관심에서 휴일을 반납하고 지진 학살 취재를 하고 있었다. 약간의 대화만으로도 그가 우수한 기자임을 알 수 있었다. 취재도 신중하고 취재 상대에 대한 배려도 완벽하다. 풋워크도 좋다. 외국인 노동자나 피차별 부락 등의 문제에도 취재에 열심히 임하고 있었다.

"잘 알고 있군요" 내가 이렇게 말했을 때, "이케가미초에서 태어나 자랐으니까"라는 그의 대답이 취재에 거는 열정을 나타내고 있는 것 같기도 했다.

지진 학살이란 단지 많은 사람이 불합리하게 살해되었다고만 하는 사건은 아니다. 그곳에는 일본 사회에서의 차별과 편견이 있고 일본인을 가해자로 이끈 역사가 깊이 관련되어 있다. 그렇기 때문에 자이니치 코리안으로서 그러한 문제에 철저히 전념해 가는 그의 기분은 이해할 수 있고, 그 때문에 계속 구애받지 않을 수 없는 그가 보낸 시간 혹은 '불편함'도 생각했다.

이케가미초는 차별과 피차별의 '최전선'이다. 아마 그는 일본인으로는 파악할 수 없는 다양한 경치를 시야에 담아왔을 것이다. 물론 나는 그것을 묻지 않았고, 그도 먼저 말을 꺼내는 일은 없었다. 하지만 불합리에 대한 강한 분노는 취재 현장을 누비는 그의 모습에서 충분히 감지할 수 있었다. 취재처로서의 학살 현장이 아니더라도 그는 그곳을 취재할 수밖에 없었다. "이케가미초에서 태어나 자랐으니까"라는 그의 말은 피할 수 없는 운명도 나타내고 있다.

그것은 〈In-Mates〉 상영 중단 사건에 항의하는 래퍼 FUNI의 말과도 겹
쳤다. 이 작품의 '주연'이라고도 할 수 있는 FUNI는 2023년 6월 27일, 이
야마, 오다와라 노도카 등과 함께 도쿄도청 앞에 섰다. 상영중지와 고이케
지사의 추도문 불송부에 항의하기 위해서이다. 오다와라로부터 마이크를
받아 든 FUNI는 리듬에 맞추어 격렬한 랩을 도청을 향해 쏟아냈다.

"상상해 보는 100년 전의 일과/교차시키는 나의 인생 (생략)/언제나 랩
을 만들 때 생각해/자유롭게 노래해 보고 싶다고/하지만, 언제나 묶여 있
어, 수백 년 전의 일에"

여기에도 지진 학살이라는 사실로부터 벗어날 수 없는, 한 사람의 자이
니치 코리안의 모습이 있었다. "랩. 말이 있으면 뭐든 할 수 있다고 말하지
만/정말로 살기 힘들어/딱히 자이니치 한국인이라든가 코리안이라든가 조
선인이라든가 에스닉 마이너리티라든가, 그러한 사람들만을 보호하고 싶
은 것은 아니야/이 태어나고 싶지 않아도 태어나버린 세상에서/뭔가 별난
것을 짊어지게 되어/귀찮다고 생각하며 살아가는데/게다가 "그런 일은 없
었다"라는 식으로 사실을 숨기는 것은 그만두어 줘."

점심 시간대였다. 드나드는 도청 직원은 적지 않았다. 하지만 발을 멈추
는 사람은 거의 없다. 그야말로 '없던 일로 하는' 풍경. 도청의 거대 고층
건물은 무관심과 무감동의 덩어리였다. 응시하고 있으니 조선인 학살에서
눈을 돌리는 도지사의 얼굴이 떠오른다. 그래도 FUNI는 계속 울부짖었다.
'묶여 있는' 자신의 몸을 드러내며 분노를 터뜨렸다.

'자이니치 2.5세' FUNI의 원풍경

그 FUNI도 1983년에 가와사키 사쿠라모토에서 태어났다. 할아버지는
한반도 출신 노동자로 가와사키에 건너온 자이니치 1세. 즉 FUNI는 자이

니치 3세이기도 하지만, 어머니가 뉴커머[3] 한국인이기도 해서 그는 자신을 '자이니치 2.5세'라고 얘기한다. 본명은 곽정훈.

내가 FUNI와 단둘이 마주한 것은 그의 아버지가 경영하는 가와사키의 동네 공장이었다. 공구 두드리는 소리, 기계 소리 그리고 기름 냄새. 그것이야말로 FUNI의 혈육이 된 환경이지만, 어릴 적은 "공장도, 그리고 이 거리도, 어쨌든 너무 싫었다"라고 그는 회상한다.

"경기가 좋았던 적도 있다지만, 내가 철이 들었을 때는 너무 힘들었고. 여기서 도망칠 생각만 했어요." '왠지'라고 FUNI는 계속한다. "자이니치란 게 방해가 된다고 생각했어요." 그런 FUNI도 어릴 적부터 동네 교회에는 자주 다녔다. 지역 자이니치 코리안의 근거지로서, 혹은 민족차별에 대한 투쟁의 거점으로서도 기능해 온 사쿠라모토의 가와사키 교회이다. 열성적인 크리스천이었던 것은 아니다. "교회에 간다고 하면 부모는 아무 말도 하지 않아서, 놀이터로는 최고였다."

교회 지붕 위에 올라가서 친구와 지냈다. 담배도 피웠어. 그리고 또 하나. 랩도.

"어쩌다 들은 랩이 엄청 멋있었다. BUDDHA BRAND의 〈인간 발전소〉. 이런 표현 방법도 있나 해서. 그러다가 랩에 빠졌어요." 친구들과 즉흥 가사를 쓰고 랩을 했다. 2002년에는 같은 자이니치 코리안 Liyoon(이육철)과 랩 듀오 KP를 결성하여 메이저 데뷔도 했다. 하지만 랩 업계도 언론도 이들을 래퍼가 아닌 '자이니치 대표'로 취급했다. "귀찮죠? 자이니치라는 게" FUNI는 웃으며 술회한다. "들어오는 일이라고 하면 NHK의 〈한글 강좌〉 고정이라든가, 자이니치 청년이 주인공인 무대 〈GO〉 출연이라든가, 뭐 그런 것들뿐이에요. 그러면서도 한반도의 남북통일을 주제로 한 노래를

---

3   1980년대 이후 일본에 건너와 장기체류하는 외국인을 가리킨다. 특히 이 시기 한국에서 온 사람들은 자발적 이주민으로 식민지기에 징용 등의 이유로 일본에 건너왔던 '자이니치'와 구분하여 이와 같이 부르기도 한다.

만들면 음반사로부터 '정치적'이라는 이유로 기각당하고요."

　FUNI는 '뭔가 짜증 나'라는 마음에서 헤어나지 못하고 어느새 랩에서 멀어졌다. 2010년 27세가 된 FUNI는 한 차례 음악의 길에서 완전히 벗어났다. 그가 선택한 것은 사업이었다. "친구들과 함께 IT 회사를 차렸어요. 그랬더니 이게 대박이 나버렸어요. 점점 자신의 정체성 같은 건 아무래도 좋았죠. 그 후 몇 년 동안은 어쨌든 버는 것만 생각했어요."

　IT 붐을 타고 돈이 흥청망청 흘러들었다. 들어본 적 없는 거금을 벌었다. 신주쿠의 타워 맨션 고층에 자리를 잡고 '하계下界'의 경치를 바라보며 살았다. 그 무렵은 마침 자이니치 코리안에 대한 인터넷에서 시작된 레이시즘이 가시화된 시기이기도 하다. 주말마다 자이니치 코리안 집주지역 등에서 레이시스트 집단의 증오 시위가 벌어지기 시작했다. 인터넷에서 '자이니치'를 검색하면 바로 '반일反日'이 따라오는 그런 시대였다. 하지만 FUNI는 그것을 무시했다. 아니, 못 본 걸로 했다. 더 정확하게 말하면 "무의식적으로 도망쳤다."

　"돈에 미쳐 있었으니까. 차별을 생각해 봤자 돈이 안 돼. 내 정체성 따위에 신경 쓸 시간도 없었다." 그러던 어느 날 갑자기 FUNI는 그런 자신도 싫어진다. 깨끗이 비즈니스의 길을 버렸다. 계기는 래퍼 시절부터 교제한 약혼녀의 말이었다. "너 랩할 때가 더 멋있었어." 그렇게 말하고 그녀는 떠났다. "처음에는, 어, 왜? 라고 의미를 몰랐다. IT 사장인 제가 래퍼보다 더 멋있다고 생각했어요."

　아무것도 생각할 수 없게 되었다. 일할 마음도 없어졌다. 돈에 대한 집착도 사라졌다. 무엇 때문에 살고 있는지 알 수 없게 되었다. 회사를 친구에게 물려주고 FUNI는 세계 방랑 여행을 떠난다. 자신의 자리를 파악하기 위한 여행이었다. 전 세계 슬럼과 다민족이 함께 사는 지역을 둘러봤다. 여행을 마치고 FUNI는 다시 래퍼로서의 길을 걷기 시작한다. 자신의 출신을 외치며 가와사키의 거리를 노래한다. 리얼한 '자이니치'의 모습을 호소한다. 가와사키의 다문화 공생 시설 「만남관」에서 다양한 루트를 가진 아이들을 상대로 랩 교실도 개최하고 있다. 그 과정에서 이야마로부터의 출연 섭외에 응했다가 〈In-Mates〉 상영 중단 사건 한가운데에 뛰어들게 된다.

100년 전과 무엇이 달라졌는가

이 작품의 촬영 중, 이야마와 FUNI가 격렬하게 충돌한 것은 앞에서도 말했다. 그 사실을 FUNI에게 말하자 "아니에요, 그건 저도 잘못했어요"라고 부끄러운 듯이 어깨를 으쓱했다. "그만큼 진지했어요. 나는 정신과 병원에서 죽은 조선인 환자가 되어 있었죠. 그러면서 버림받고 사회로부터 튕겨져 나온 조선인들의 슬픔과 절망을 표현하고 싶었고. 그 생각이 강해질수록 '작품'에 집착하는 이야마 씨가 방관자처럼 생각되어 "당신, 자이니치 코리안은 아니지"라는 폭언을 해 버렸어요. 심한 말을 해 버렸다고 후회하고 있습니다. 이야마 씨도 진지했어요. 게다가 나는 자이니치인 동시에 남성이기도 합니다. 그런 권력구도에서 무의식적으로 고함을 질러버린 거죠." 그래서 작품 중 "뛰어넘어 와!"는 대본에 있던 것이 아니라 이야마를 의식한 애들립이었던 것도 사실이라고 인정한다. 하지만 "지금 돌아보면"이라고 FUNI는 계속한다. "그때 느꼈던 초조함은 이 사회에서 계속 살아가야 하는 자신에 대한 불안이었을 것이다."

조선인이라는 이유만으로 학살의 대상이 된 시대로부터 과연 무엇이 달라졌을까? 그런 생각이 항상 머리에서 떠나지 않는다. 실제로 상영중지 문제가 미디어에서 거론되고 나서, 이에 항의하는 FUNI에 대해 인터넷상에서는 심한 중상모략과 헤이트스피치가 이어지고 있다. 예를 들어 FUNI가 도청 앞에서 자이니치 코리안의 '살기 힘듦'과 도지사에의 항의를 랩으로 호소한 직후 X(구·트위터)는 거칠어졌다. FUNI를 향한 헤이트스피치로 가득 찼다.

"응석부리지 마, 쓰레기.", "너네 나라로 돌아가.", "동네 여러분, 이미 친숙한 피해자입니다 ♪", "일본이 그렇게 싫으면 나가.", "귀국도 귀화도 하지 않고, 자기가 살기 힘든 것을 남과 정치에 떠넘기고 떠들며… 사람으로서 부끄럽지도 않은가.", "반일 민족."

이런 글들이 인터넷에 쏟아진 것이다. 왜 그가 험담의 대상이 되어야 하는가? 불합리하게도 작품의 상영중지를 일방적으로 결정하고 FUNI의 말을 '헤이트스피치' 취급해 그 존재마저 깎아내린 것은 도쿄도이다. 그 피해자를, 일본 사회 일부는 공격한다. '반일' '나가' 등 매도하는 말소리로 때린다. FUNI의 불안은 사라지지 않는다. 그래서 필사적으로 역사를 더듬는다. 안 죽으려고. 어딘가에서 희망을 찾기 위해서. 하지만 출구는 보이지 않는다. 그것은 작품 속에서 사용된 가와사키의 해저 터널처럼 깊고 긴 어둠을 연상시킨다.

학살 부정파를 일축한 스기나미 구청장

학살 100년을 맞이한 2023년, 뭔가 호전되지 않을까 하는 옅은 기대도 있었지만 그것마저도 배신당했다. 고이케 지사는 이 해에도 추도문을 보내지 않았고, 학살에 관해서도 "역사가가 생각할 것"이라며 내쳤다. 같은 해 12월 7일, 참의원 내각위원회에서 입헌민주당 이시가키 노리코 의원이 간토대지진 직후에 관동 각지에서 조선인 학살이 있었던 것에 대한 인식을 정부에 묻자, 마쓰노 히로카즈 관방장관은 "조사한 바로는 정부 내에 사실관계를 파악할 수 있는 기록이 눈에 띄지 않는다"라며 확실한 대답을 피했다. 도지사도, 정부도, 학살 사실로부터 도망치고 있는 것이다. 정치인의 역할 중 하나는 차별주의자를 침묵시키는 데 있지 않을까. 차별과 편견, 그리고 역사 부정과 책임 회피는 지역과 사회를 무너뜨려 간다. 물론 사람도 무너뜨린다. 그것을 막는 일이 정치가에게는 요구되고 있을 터이다. 즉, 학살은 두 번 다시 반복하지 않는다는 정부 담화야말로 행해졌어야 했다. 학살로부터 100년째 되는 해에. 하지만 도지사도 정부도 '무시'로 일관했다.

정치인의 무책임은 곳곳에 영향을 준다. 예를 들어 도쿄도 스기나미구. 2023년 9월 「간토대지진 100년 사업」으로서 구 시설 내에서 방재와 관련한 게시판 전시를 실시했다. 그런데 게시판 중 하나에 "지진 직후의 혼란 속에서 '조선인이 폭동을 일으킨다'는 근거 없는 소문이 떠돌았고, 조선이나 중국 사람들 또는 사회주의자가 죽임을 당하는 사건도 일어났습니다"라는 설명문이 있자 학살 부정파 보수 의원들이 소란을 피운다.

9월 14일의 스기나미구 의회 본회의. 와타나베 유키 의원(자민당·무소속 스기나미구 의원단)은 다음과 같이 발언했다. "(게시판 전시의 설명문에 대해) 스기나미구로서 이것이 공식적인 견해인가 하는 문제가 되면 이야기는 달라집니다. 이 건에 대해서는 얼마 전 일본 정부로서 마쓰노 관방장관이 관련 기록은 없다는 견해를 재차 제시했습니다. (중략) 정부 견해와 구의 본 전시는 견해를 달리하는 것이라고 생각합니다. 구 주최 이벤트에서 지금까지 이러한 전시는 없었던 것으로 기억하고 있습니다만, 이것이 구의 공식 견해를 표명한 것으로 이해해도 좋은 것인지, 기시모토 구청장에게 설명을 요구합니다. 아울러 구가 국가와 다른 견해를 이벤트에서 게시하는 것의 정당성을 기시모토 구청장께서 직접 설명해 주셨으면 합니다."

또한 같은 자민당·무소속 스기나미구 의원단의 요시다 아이 의원도 역시 기시모토 사토코 구청장에게 이렇게 질의했다. "구는 방재에 관한 이벤트를 개최했습니다. 그중에는 간토대지진 당시 조선인 등의 학살을 노래한 게시판도 전시되어 있었습니다. 그러나 정부 견해는 사실관계를 파악한 기록은 보이지 않는다는 것으로 마쓰노 관방장관도 재차 같은 견해를 제시했습니다."

"간토대지진으로 숨진 조선인들을 애도하는 식전에 고이케 유리코 도쿄 도지사는 7년 연속 추도문을 보내지 않았습니다. 이 사실은 알고 계십니까? 그 이유를 어떻게 생각하십니까?"

"도지사는 추도문을 보내지 않는 이유를 대지진으로 희생된 모든 분들에게 애도를 표하고 있어 개개의 행사에 대한 송부는 삼간다고 하고 있습니다. 과거 도의회 회의록을 읽으시면 도지사님께서는 '뭔가 명백한 사실에 대해서는 역사가가 풀어내는 것'이라며 학살에 대한 명확한 답변을 피하고 계십니다. 이는 정부의 '사실관계를 파악한 기록이 보이지 않는다'는 견해를 답습했기 때문이라고 생각합니다. 그런데도 구가 정부나 도지사의 견해를 무시하고 교과서 기술을 근거로 하고 있는 그 이유는 무엇인가요?"

"구는 이른바 조선인 등의 학살사건이 있었다는 식으로 판단하시는 건가요?" 두 의원은 '도지사나 관방장관의 견해를 어겨도 되느냐'며 구청장을 압박하고 있는 것이다. 게다가 요시다 의원의 경우는 학살 부정을 의회의 장에서 표명한 것이나 다름없다. 이것이 무책임의 결과이다. 다만 이에 대해 기시모토 구청장이 다음과 같이 의연한 답변을 한 것은 다행이었다.

"과거의 실수에서 배운다는 것, 그것이 우리, 현대를 사는 우리의 사명이라고 생각합니다. 관방장관의 견해라고 하셨는데, 내각부 산하 중앙방재회의가 2009년 3월에 발표한 재해 교훈의 계승에 관한 전문조사회보고서 간토대지진 제2편에는 살상사건 발생, 조선인 학살에 대한 자세한 내용이 실려 있습니다. 여기에는 간토대지진 때는 관헌과 이재민 주변 주민에 의한 살상 행위가 다수 발생했다는 보고서가 나와 있습니다. 이런 것도 똑바로 직시해야 한다고 생각하고 있습니다.그리고 국가의 견해가 시대에 따라 달라질 수 있지만, 애초에 지자체는 국가의 하부 조직이 아니기 때문에 지자체는 우리의 판단을 제대로 해 나가야 한다고 생각합니다."

학살 부정론을 일축한 것이다.

학살을 '없던 일'로 만드는 사회 속에서

덧붙여 답변 속에 나오는 「내각부 산하 중앙방재회의」 보고서란, 중앙방재회의의 「재해 교훈의 계승에 관한 전문조사회」가 과거의 재해 교훈을 정리한 보고서를 말한다. 여기에는 「살상사건 발생」이라는 조항이 마련돼

(제4장 제2절), "간토대지진 때는 관헌과 이재민 주변 주민에 의한 살상 행위가 다수 발생했다. 무기를 든 다수자가 비무장 소수자를 폭행한 끝에 살해한다는, 학살이라는 표현이 타당한 예가 많았다. 살상의 대상이 된 것은 조선인이 가장 많았지만 중국인, 내지인도 적지 않은 피해를 보았다"는 기술이 있다. 더욱이, "살상사건에 의한 희생자의 정확한 수는 알 수 없지만, 지진 재해에 의한 사망자수의 1~수 퍼센트에 해당하여 인적 손실의 원인으로서 경시할 수 없다."

"이 정도 규모로 인위적인 살상 행위를 유발한 예는 일본의 재해 역사상 달리 확인할 수 없으며, 대규모 재해 시에 발생한 최악의 사태로서 향후의 방재 활동에서도 염두에 둘 필요가 있다."

"과거의 반성과 민족차별 해소 노력이 필요하다는 것을 다시 한번 확인해 둔다"고도 적혀 있다. 중앙방재회의는 앞서 말한 대로 내각부의 직속 기관으로 회장은 수상이 맡는다. 이 보고서는 2009년 4월 21일, 아소 다로 당시 총리가 참석한 회의에서 내용이 결정되었다. 학살이 있었다는 것은 정부도 인정하고 있어 수상 참석 하에 '반성'과 '차별 해소'의 필요성도 언급하는 것이다. 즉 "구는 이른바 조선인 등의 학살사건이 있었다는 식으로 판단하시는 건가요?"라며 대답을 강요하는 구의원에 대해 기시모토 구청장은 "정부도 인정한 것"이라고 대답한 것이다. 그렇다면 "역사가에게 맡긴다"고 한 도지사나 "기록이 없다"고 능청을 떨던 관방장관이야말로 '정부의 견해를 무시한' 것이 아닌가. 애초에 정부기관의 보고서는 '기록'이 아닌가. 덧붙여 보고서에서는 학살 희생자 수에 대해 "지진 재해에 의한 사망자 수의 1~수 퍼센트"라고 하고 있다. 인원수에 관한 논쟁은 뒤에도 언급되지만, 이 정부 견해로는 지진 재해 희생자 약 10만 5천명의 '1~수 퍼센트', 요컨대 1000명 또는 수천 명의 피해자가 있었음을 보여주는 것이다.

학살 사실을 움직일 수는 없다. 그렇기 때문에 FUNI는 나의 취재에 이렇게 답하고 있다. "역사란 그렇게 바꿀 수 있는 게 아니잖아요. 수도꼭지를 틀면 흘러나오는 수돗물과 같이 당연하게 흐르고 있는 것이라고 생각해요. 그런데 이 나라에서는 위정자의 기분에 따라 어떻게든 바뀌어 버린다. 참을 수가 없어요."

그가 안고 있는 '불안'의 근원은 거기에 있다. 한번은 정부도 인정한 '최악의 사태(보고서 문구)'. 인간을 '무너뜨린다', 그 화살이 언제 그에게 향할지 모른다. 이 나라에 사는 마이너리티는 '나가'라는 소리를 견디면서 자신 속에서 학살의 공포와 싸우지 않을 수 없는 것이다. '없던 일'로 만드는 사회 속에서.

제3장

알려지지 않은 '군민공동' 학살
: 지바 후나바시, 나라시노, 야치요

지바 현립 교다 공원에 세워진 후나바시 무선탑 기념비

1. '영광의 역사'에서 지워진 기록

해군 무선전신소 후나바시 송신소

후나바시시 북서부에 위치한 지바 현립 교다 공원. 조선인 학살을 이야기하는 데 중요한 의미를 지닌 곳이기도 하다. 나는 도부노다선(TOBU URBAN PARK Line) 쓰카다 역에서 주택가를 가로지르는 길을 걸었다. 10분 정도 더 가면 초록빛도 눈에 선명한 공원이 나온다. 약 12헥타르 면적으로 시민들의 휴식 장소이다. 원내는 중앙 부분을 횡단하는 도로에 의해 동쪽 구역과 서쪽 구역으로 나뉘며 육교로 연결되어 있다. 잔디밭과 일본정원 등과 더불어 어린이를 위한 놀이기구도 풍부하다. 벚꽃, 철쭉, 금잔화, 원추리 등 100여 종의 식물이 방문객들의 눈을 즐겁게 한다. 참고로 이 공원이 위치한 교다 지구는 상공에서 볼 때 외주도로에 의해 멋진 원형을 그리고 있다. 원의 중심부에 있는 것이 교다 공원으로 주변에는 세무대학교나 초등학교 등의 교육 시설, 산뜻한 맨션이나 주택이 늘어서 있다.

과거 이 자리에 옛 해군의 무선기지가 있었던 흔적이다. 전쟁사 마니아에게는 필수 방문 장소이기도 하다. 태평양 전쟁이 시작된 하와이 진주만 공격 실행의 역사적 암호 전문電文「니이타카야마노보레ニイタカヤマノボレ 1208」[1]은 여기에 있던 무선기지에서 나왔다. 태평양 전쟁의 도화선에 불을 댕긴 것이 바로 이 땅이다. 정식 명칭은 「해군 무선전신소 후나바시 송신소」이다. 전전의 기억이 있는 현지 어르신들은 '교다의 무선탑'이라고 부른다. 송신소가 완성된 것은 1915년이다. 러일전쟁 이후 일본해군은 군비의 근대화를 도모하는 가운데 대규모 무선기지의 건설을 계획. 3개 후보지 중에서 당시 쓰카다무라 교다가 건설지로 선택되었다. 건설 당시 이 일대

---

1   1941년 12월 2일 기동부대에 내려진 암호 전문이다. "일본시간 12월 8일 오전 0시를 기해 전투 행동을 개시하라"는 내용으로 해석된다.

는 농지였다. 지금은 공원을 중심으로 한적한 주택가가 되었지만, 공원에 인접한 곳에 있는 현지 농협이 운영하는 야채 직매장 '후낫코 밭'에서 농업지대였던 흔적을 확인할 수 있다. 도심과 가까운 베드타운으로 알려진 후나바시이지만, 교외에는 소송채·무 밭, 배 과수원 등이 펼쳐진다. 도쿄 근교라는 입지 조건을 살려 수도권의 신선 식량 공급지로서 중요한 기능을 가지고 있는 것이 후나바시라는 토지인 것이다. 송신소가 계획된 시기, 예정지 내에는 11채의 농가가 있었음이 기록으로 남아 있다. 하지만 건설을 위해 퇴거를 강요당했다. 그때 군 관계자는 퇴거를 주저하는 주민에게 "벼락이 떨어진 것이라고 생각하라"라고 협박적인 '설득'을 했다고 한다.

종전 후에는 미군의 관리하에 놓였다가 1966년에 일본에 반환되었다. 그 후 지역의 상징이었던 무선탑(약 200m의 주탑 1기, 약 60m의 보조탑 18기)이 해체되고 도시 정비가 이루어진다. 1979년에 현이 관리하는 교다 공원이 개원했다. 과거를 떠올리게 하는 것은 원형의 외주도로와 공원 내에 설치된 송신소 기념비뿐이다. 내가 목표로 삼은 것은 바로 이 기념비이다. 공원 중심부, 동서 두 구역을 나누는 도로에 접해 그것은 있었다. 앞서 언급한 '후낫코 밭'과 인접한 곳이다. 기념비는 성벽과 같은 돌담으로 짜여 상부에는 무선탑을 본뜬 형상이 세워졌다. 그렇다. 이 돌담 위에 높이 200m의 주탑이 세워져 있었던 것이다. 돌담에 삽입된 설명판에는 다음과 같은 비문이 새겨져 있다.

여기 시모우사 대지 일각에 일찍이 무선탑이 있었다. 다이쇼 4년(1915년)에 후나바시 해군 무선전신소가 창설되었다. 다이쇼 5년에는 하와이 중계로 미국의 월슨 대통령과 일본의 다이쇼 천황의 전파 교신이 있었다. 널리 평화적으로도 이용되었기 때문에 후나바시라는 지명이 처음으로 세계 지도에 삽입되었다. 다이쇼 12년(1923년) 간토대지진 때에는 구원救援 전파를 내어 많은 사람을 도왔다.

쇼와 16년(1941년) 무렵에는 장·단파용 대 안테나 군이 완성되어 태평양 전쟁 개

막을 알린 「니이타카야마노보레 1208」 전파도 여기서 나왔다. 후나바시의 상징
으로 시민들에게 사랑받았으나 쇼와 46년(1971년) 5월 해체되어 영광의 역사를
마감했다.

기념비에 새겨지는 것은 '영광의 역사'이다. 미국 대통령과 다이쇼 천황
의 교신. 태평양 전쟁의 개막을 알린 「니이타카야마노보레」. 그리고 간토
대지진 때의 구원 전파. '영광'만이 그려진 기념비 문구를 눈으로 쫓으며
나는 한숨을 쉴 수밖에 없었다. 역시 불편한 이야기는 '기념'에서 제거되는
것이다. 여기서 중요한 것은 기록되지 않은 사실이다. 간토대지진 시에 송
신소로부터 발신된 것은 기념비에 기록된 구원 전파뿐만이 아니다. 조선인
폭동의 유언비어 정보도 발신했던 것이다. 다시 말해 이곳은 학살의 방아
쇠로서도 기능한 것이다.

지진 다음날에는 준비되어 있던 루머 전문

1923년 9월 3일 오전 8시 30분. 당시 치안총수인 내무성 경보국장 고
토 후미오는 후나바시 송신소에서 각 지방장관(지사)에게 다음과 같은 전
보문을 송신했다.

도쿄 부근의 지진 재해를 이용하여 조선인은 각지에 방화하고 불령의 목적을 수행
하려 하여 실제로 도쿄 시내에서 폭탄을 소지하고 석유를 부어 방화하는 자 있다.
이미 도쿄에는 일부 계엄령을 시행했으니 각지에서 충분하고 면밀한 시찰을 더해
선인鮮人의 행동에 대해서는 엄밀한 단속을 요한다.

방화, 폭탄, 석유라는 당시의 루머 정보에서는 친숙한 문구가 늘어선다.
폭동, 강탈 목적으로 조선인들이 도쿄에서 날뛰고 있다는 유언비어를 일
본 정부가 앞장서서 부추긴 것이다. 이러한 정부의 선전을으로 얼마나 많

은 사람이 희생되었는가. 이것만 해도 정부의 책임은 막중하다. "기록이 보이지 않는다"니 "역사가가 풀어낼 것"이니 말할 수 있는가. 송신 전문은 국립공문서관에 공개되어 있으며, 그 내용을 확인할 수 있다. 결코 무시할 수 없는 학살 선동의 증거이다. 당시 지진으로 도쿄 시내 통신시설은 괴멸 상태가 됐다. 얼마 남지 않은 시설이 후나바시 송신소였다. 정부가 도쿄 이외의 도시에 연락을 취할 경우, 일부러 후나바시에 전령을 보내 거기에서 지시명령을 송신하는 방법을 취할 수밖에 없었다.

위의 전보문을 도쿄에서 후나바시까지 운반한 것은 육군 포병 중사 쓰노다 겐지로 등 5명의 병사이다. 그들은 지진 다음 날인 9월 2일 오전 11시 반 육군성에 불려가 그 자리에서 해군성의 전령이 될 것을 명령받았다. 육지에서 바다로의 변신이다. 곧바로 해군성으로 간 쓰노다 등은 이곳에서 통신문을 건네받아 후나바시에서 송신하라는 명령을 받는 것이다. 이 사실로부터 판명되는 것은 9월 2일 오전 시점에서 이미 「루머 전보문」이 준비되어 있었다는 것이다. 덧붙여 쓰노다 등이 후나바시 송신소에 도착한 것은 후나바시 송신소장 오모리 료조 대위의 업무일지 기록(『현대사자료6 간토대지진과 조선인』 수록)에 의하면 같은 날 오후 8시이다. 이 기록에는 전보문을 보았을 때 오모리의 심경도 남아 있다.

도쿄에서의 선인 폭동을 알고 적개심 더욱 높아져

방화, 폭탄, 석유 등 문구에 오모리도 피가 역류했을 것이다. 그가 품은 '적개심' 아니 원래 갖고 있었을 차별의 감정은 이후에도 계속 커져 3일 오전 송신한 뒤 이번에는 송신소를 폭도로부터 지키기 위해 더욱 경계심을 높여간다.

오모리의 업무일지를 따라가 보자.

(3일 오전 9시 10분) 선인에 관한 여러 정보가 넘쳐나 실제 목격자의 이야기 등을 종합할 때는 더욱 경계를 엄히 할 필요가 있음. (생략) 선인 습격의 소문 높은 탓에 경계임무로 잠시 휴양도 얻지 못하고, 직원은 점점 피로한 기색을 보인다.

(같은 날 오후 4시) 본 송신소 정찰병 귀소하여 말하길 "방금 이치카와市川에 200명 선인 옴. 도하를 방지하기 위해 격투 체포했으나, 대부분은 나카야마中山[이치카와시 북부]로부터 호덴法典[후나바시시] 방면으로 도주" 더욱이 인나이印內[후나바시시] 청년단은 "나카야마에서 7명 체포 각각 폭탄소지"라는 보고를 한다.

(같은 날 오후 7시 30분) (정찰하던) 소대장의 이야기에 의하면
1. 오늘 오전 선인 20명이 본교(기병학교) 화약고를 습격했으나 재빨리 알린 보초 덕분에 무사할 수 있었다.
2. 선인, 도코로자와所沢 항공대 부근 모 촌락을 불태움, 이번 폭동의 발단

'선인 습격'을 믿고 각지에서 유포되는 루머를 쉽게 믿어버리는 오모리의 생각이 보인다. 두말할 것도 없지만 '폭탄 소지'로 조선인이 체포된 사건, 화약고의 '습격', 촌락의 '방화' 등은 훗날 모두 유언비어로 밝혀졌다. 다음날 오모리의 '적개심'은 더욱 강해졌다. 폭도가 드디어 송신소 습격을 실행할 것이라는 잇따른 루머 정보에 오모리는 더욱 초조해진다.

(4일 오전 7시) 본소[저자 주·후나바시 송신소] 사방의 촌락(비교적 먼 곳에서도)으로부터 소방대, 재향군인 등 (생략) 손마다 흉기를 들고 일제히 본소에 집합 "방금 선인이 일대 전신소를 습격하니 즉시 응원하러 가라는 명령이 있었습니다"라는 정보를 얻었다.
즉 습격 목표로서 본소의 이름이 나타나는 시작

아마 여기서부터 오모리는 '선인'과의 대결 자세를 굳혔을 것이다. 그는 낮이 지나자 "그들[조선인을 가리킴]에 대한 적개심이 극도에 이르며, 또한 선인의 조직적 폭동에 관해 방심할 수 없음을 안다"고 썼다.

유언비어에 놀아난 후나바시 송신소장

4일 저녁이 되자, 이번에는 휴가 중 도쿄에 다녀온 송신소원으로부터 '폭도' 목격담이 오모리에게 전해졌다. 고슈 가도의 세타가야구 가라스야마 부근에서 조선인들이 총을 난사하고 있었다는 것이다. 업무일지에서 일부를 인용한다.

> 화물자동차에 선인 16명, 각기 권총을 휴대하고 마치 쌀가마니를 가득 실은 것처럼 위장하여 양쪽에서 총구를 내어 달리면서 양민에게 난사하는 것을 청년단, 재향군인단이 체포하여 육군과 경관이 처치(이중 몇 명은 맞아죽었다)하는 것을 처음부터 끝까지 목격했다.

마치 갱단을 연상시키는 묘사이다. 사실 이 보고에 관해서는 약간의 진실이 포함된다. 9월 2일 밤 현재의 미나미 가라스야마(옛 지토세무라 가라스야마) 고슈 가도에서 짐칸에 조선인을 태운 트럭이 자경단에 포위됐다. 이 트럭은 도내 공사 회사가 소유한 것으로 운전수는 일본인이었다. 지진에 의해 붕괴한 게이오 전기궤도(현재의 게이오 전철) 사사즈카 차고 수리를 하러 가는 도중에 자경단에게 잡힌 것이었다. 짐칸에 타고 있던 것은 공사요원인 조선인 노동자들이었다. 자경단원은 그들을 폭도라고 하여 그 자리에서 10여 명을 살상한 것이다. 이른바 「가라스야마 사건烏山事件」으로 불리는 것이다. 물론 '총기 난사'가 완전 엉터리임은 재판에서도 명백히 드러났다. 결국 자경단원들은 구속되지만 재판비용도 차입물품도 모두 면사무소가 부담했다고 한다. 피고들은 모두 집행유예 판결을 받았다. 조선인의 생명은 정말 가벼운 것이었다. 이런 살상도 '총기난사 폭도' 같은 유언비어로 대체될 정도로 조선인에 대한 차별과 편견이 강했다고 할 수 있다. 물론 송신소장 오모리에게는 그런 것을 생각할 정도의 여유도 정확한 판단력도 그리고 가져야 할 '정의'도 없었다. 오모리가 인근 주민과 자경단에게 '선인 습격'이 다가오고 있음을 설파한 것이 이 지역 조선인 학살의 한 요인이 되었던 것이다. 훗날 조선인 살해죄로 자경단원들이 체포되었을 때, 오모리 또한 허위 사실을 단원들에게 전한 일(즉 유언비어를 선동)로 조사를 받았다. 이는 체포된 자경단원이 "오모리 소장이 조선인은 죽여도 된다고 해서 죽였다"고 증언했기 때문이다.

조사 조서에는 다음과 같은 오모리의 말이 남아 있다.

> 피난자 말에 의하면 조선인이 폭탄을 던져 경시청, 미쓰코시 백화점 등을 태우고 미야기[황거]도 습격당했다는 이야기였다.

> 조선 폭도가 습격하고 이치카와 철교를 파괴하려 해 격투 끝에 살해되었다는 이야기가 있어, 후나바시 송신소가 습격당해서는 안 된다고 생각하여 직원 일동 무장시켜 경계하도록 했다.

> 도쿄의 방화는 선인 학생이 폭탄을 던지고 67명의 노동자가 맥주병에 석유를 넣어 내던지고 다니는 것을 막을 수 없음을 듣고 점차 이쪽으로 오는 것이 확실하다고 생각되어 (중략) 송신소 근처에는 호쿠소 철도[현재의 도부노다선] 공사에 종사하고 있는 조선인이 수백 명 있다고 하며, 또 도쿄의 폭도와 호쿠소 철도에 있는 이들 선인과 연락한다는 것을 듣고 (중략) 나는 독립지휘관으로서 경찰이 이들 선인을 검속하도록 해야 한다고 생각했습니다.

헛소문에 놀아난 것은 인정한 것이다. 그러나 자경단원들을 '선동'한 것,

심지어 "죽여도 된다"고 발언한 것에 대해서는 일관되게 부인했다. 한 명의 군인으로서 혹은 지역 군 시설 책임자로서의 '인정'은 전혀 찾아볼 수 없다. 아니 그것이 '일본군인'이라고 하는 것이겠지. 태평양전쟁 말기 만주에 있던 일본 군인들이 여자와 아이를 두고 앞다퉈 귀국을 서둘렀던 사실을 역사는 잊지 않고 있다. 군은 주민을 지키기 위해 존재한 것이 아니라 '적'으로 인지한 자를 죽이기 위한 존재였다.

자경단원의 증언

이 지역에서의 학살 사건을 언급하기 전에 지진 시에 오모리 소장이 조선인 살해를 부추겼다고 기억하는 전 경방단(자경단)장의 증언을 적어두고 싶다. 지금은 고인이 된 전 경방단장 다카하시 사다고로의 증언은 지바현 내에서 학살 조사를 계속하고 있는 「지바현에서의 간토대지진과 조선인 희생자 추도·조사 실행위원회」 멤버들이 1980년대 초반에 기록한 것이다. 증언기록의 일부를 인용한다.

간토대지진 무렵은 딱 25, 6세 재향군인으로 소방을 맡고 있었습니다. 소방과 재향군인으로 자경단을 조직하여 경비를 맡은 것입니다. 그래서 무선[저자 주·송신소]에 간 거죠. 무선의 소장[저자 주·오모리를 가리킴]으로부터 부탁받아 쓰카다 지구의 자경단 사람들이 경비를 섰습니다. 무선의 해군 소장이 "우라야스, 교토쿠에 600명의 불령선인이 올 테니 오늘밤 경계를 부탁한다"며 총을 건네받았지요. 두 번 말을 걸어 대답을 하지 않으면 쏴도 된다는 거였어요. 옛날이라 라디오도 텔레비전도 없으니까 정말로 해버린 거죠.

조선인은 보면 죽이라는 거죠. 뭐 대단했어요. 도망갈 수 없죠. 거의 조선 사람들은 전멸이에요. 지금의 경마장[저자 주·나카야마 경마장] 주차장 (중략)에서 2명을 죽였습니다. 역시 젊은 조선인인데 손을 철사로 묶고는 마지막이니까 센베이 과자

하나씩 입에 물리고는 쏘아버렸거든요. (『이유 없이 죽임을 당한 사람들——간토
대지진과 조선인』)

다카하시가 말한 이 사건에 관해서는 당시 〈도쿄일일신문〉 1923년 10
월 21일자도 기사화하고 있다. 일부를 인용한다. 이곳에서는 16명의 조선
인이 살해됐다고 한다.

부근에 경계선을 치고 있던 마을사람 중에 "귀찮으니 해치워 버려"라고 외친 것이
있었으므로, 일동 즉시 부화뇌동하여 호송한 자경단원을 비롯해 각자 가진 무기로
한사람 남김없이 살해하고는 나중에 피난 온 3명도 기세를 몰아 찔러 죽였고, 그중
에는 일본도로 한칼에 목을 베었던 사람도 있어……

자경단원은 '증거 불충분'으로 불기소

나는 이 장소를 방문했다. 나카야마 경마장에 인접한 넓은 주차장이다.
경마 개최 일에는 사람이나 차로 붐비는 이곳도 평일 저녁에는 한산했다.
비교적 새 주택이 가지런히 들어서고 주위에는 논밭도 남아 있다. 학살의
흔적 같은 것은 역시 어디에도 남아있지 않다. 나는 광활한 주차장을 바라
보며, 자경단원이 내민 센베이 과자를 철사로 묶인 손을 떨며 입으로 옮겼
을 젊은 조선인 노동자의 모습을 생각했다. 그는 그것이 마지막 식사라는
것을 알고 있었을까? 배는 고팠을지, 맛은 느꼈을지. 혹은 '마지막'의 의미
를 모르고 친절한 일본인이구나 하고 지옥 앞에서 한순간 기뻐했을지도 모
른다. 센베이를 입안에 쑤셔 넣고 씹는 순간 그를 덮친 것은 총알이었다. 왜
살해당해야 했는지 생각할 여유도 없었을 것이다. 조선인이었다. 죽임을
당한 것은 그것이 이유이다. 그뿐이다. 그들은 더 풍요로운 생활을 원했고,
혹은 감언이설에 속아 일본으로 왔다. 그리고 목숨을 빼앗겼다.

자신이 묻힌 곳에서 주말마다 공영 도박이 열린다는 사실을 저승에서

이들은 어떤 심정으로 보고 있을까? 나도 젊은 시절 한때 나카야마 경마장에서 더비를 관전한 적도 있었다. 그곳이 이처럼 피로 얼룩진 곳인지 전혀 몰랐다. 조국을 떠난 조선인 노동자들은 한방 역전의 꿈도 허망하게 흩어진 채 죽음을 강요당했다. 식민주의와 차별의 악몽이 그들의 '완주'를 허락하지 않았다. 가해자 중 한 명인 다카하시는 훗날 체포되었으나 '증거 불충분'으로 기소를 면했다. 덧붙여 체포 시에 경찰에 불려간 다카하시는 '뭔가 포상을 받을 수 있다'라고 생각했다한다. 그것은 '소장의 지시로 죽였기' 때문이다. 다카하시에게 살육은 어디까지나 '소장의 지시'를 충실히 지킨 결과였다. 게다가 살해 실행범은 주모자가 소요살인죄로 실형판결이 내려진 외에 나머지는 집행유예, 불기소였다. 물론 오모리도 죄를 묻는 일 없이 '전근' 형태로 후나바시를 떠났다. 권력자의 무책임 체질은 계속 변하지 않는다. 센베이를 물고 죽은 인간의 생명은 어디까지나 가볍다.

처참한 기억은 남는다

송신소 터에 만들어진 교다 공원을 방문했을 때, 길을 잃었다. 공원이 워낙 넓기 때문에 기념비 장소를 찾기가 쉽지 않았던 것이다. 공원의 '단골'로 보이는 가족들에게 물어도 너나 할 것 없이 "글쎄?"하고 고개만 갸우뚱했다. 모처럼 세운 기념비도 공원 이용자에게는 흥미가 없다. 걷다가 지쳐 바깥쪽 도로변에서 한숨을 돌리고 있을 때 허름한 상점이 눈에 들어왔다. 음료나 과자, 빵 등을 파는 옛날 그대로의 식료품점 분위기였다. 안에 들어서자 가게를 지키는 한 노인이 있었다.

"송신소 기념비를 찾고 있습니다만."

"아, 무선탑 말씀이시군요."

맞아요, 맞아요.

"드문 일인데, 관심이 있나요?"

"네, 조사하고 있습니다. 어떤 장소에 있었는지, 어떤 역할을 하고 있었는지."

"가끔 있어요, 그런 사람이. 당신처럼 길을 잃고 찾아오는 사람이 1년에 한 번쯤 있거든요."

사토 노부. 막 93세가 되었다고 한다. 이 지역에서 태어나 자라고 농업을 하고 있던 남성과 결혼, 전후는 계속 식료품점을 운영해 왔다고 한다.

사토는 익숙한 느낌으로 기념비로 가는 길을 설명하자 계산대 옆에 붙어 있던 A3 크기의 종이를 떼어내 내게 건넸다.

「무선탑의 흔적을 더듬다」라는 제목의 종이는 지역 중학생들이 여름방학 과제를 위해 만든 것이라고 한다. 3단 구성 신문과 같은 체재로 만든 지면에는 무선탑 역사와 송신소 조감도, 그리고 사토에 대한 인터뷰가 실려 있다. 모두 손 글씨이다.

인터뷰 부분이 흥미롭기에 인용한다.

「전시 중의 생활에 대해 사토 노부 씨에게 여쭤보았다」라는 소제목에 이어 곧바로 본 주제로 들어간다.

질문: 종전 때는 몇 살이었나요? 가족의 직업은 무엇이었습니까?

대답: 종전 때는 15세였네. 농가였기 때문에 먹는 건 문제 없었지.

질문: 집 근처에는 공습 같은 것은 없었습니까?

대답: 근처에는 없었어. 조금 떨어진 곳에 떨어졌다고 듣기는 했는데. 도쿄 대공습 때는 불똥이 튀었어.

질문: 공군 사람들과는 교류가 있었나요?

대답: 가끔 풀을 뜯으러 가기도 하고 1년에 몇 번은 영화를 보여주곤 했어. 그 외에는 주위에 군인들이 서 있어서 좀처럼 들어갈 수 없었어.

어린 학생들 인터뷰이긴 하지만, 덕분에 사토가 지내왔던 시절의 분위기가 왠지 모르게 전해져 왔다. 가져가도 되냐고 묻자, 사토는 "그럼요"라고 고개를 끄덕였다. 복사본이 여러 장 있다고 한다. 이를 계기로 잠시 사토 씨와 이야기를 나눌 시간을 얻었다. "그럼, 큰 철탑이었지"라고 사토는 그리운 듯이 송신소의 무선탑을 술회한다.

"옛날에는 높은 건물이 없었으니까. 후나바시 어디에 있든 무선탑이 보이더라구요."

어디에 있든 무선탑 아래에는 내 집이 있다는 안도감을 줬다고 한다.

태어난 것은 1930년이라 지진 당시의 일은 모른다. 하지만 부모로부터 들은 이야기가 있다고 한다. "이 근처에 공장도 많고 조선 사람들이 많이 살았어요. 내가 태어나기 전부터. 지진 때는 현장 합숙소도 많이 있어 거기에도 조선인이 많이 있었다고 아버지가 얘기했었어요."

당시 송신소 주변에서는 호쿠소선 부설 공사가 이루어지고 있었다. 때문에 후나바시에서 노다시에 걸쳐 공사 노동자들을 상대로 한 현장 숙소 식당이 드문드문 있었다. 말할 필요도 없이 노동자의 대부분은 조선인이었다. "아 그렇습니까?" 하고 맞장구를 치자, 사토는 "근데 있잖아"라고 이야기를 계속했다.

"많이 죽었다는 얘기예요. 지진 때. 봐요, 조선인이 방화했다는 이야기가 있었잖아요. 그 범인이 조선인이라는 거야. 나중에 방화가 아니라 그냥 화재라는 걸 알게 된 것 같은데, 다들 그렇게 생각해버린 거지."

먼저 언급해 두지만, 학살 얘기는 내가 먼저 한 것은 아니다. 물론 그 일에 대해서도 물어볼 생각은 있었지만, 그 전에 사토 쪽에서 꺼낸 것이었다. "이 근처에서도 많이 죽었대요. 시체는 후나바시역 쪽으로 옮긴 것 같아요. 아버지가 역 쪽, 지금의 북쪽 출구 부근에 갔더니 죽임을 당한 조선인 시체가 죽 진열되어 있었다고. 그런 걸 들은 기억이 있어요."

그 무렵 '후나바시역의 북쪽 출구 부근', 현재 쇼핑센터 이온이 있는 장소에는 화장터가 있었다고 한다. 후나바시 시청에 문의해보니 이 장소에 있던 것은 시 관할 외의 민간 화장장으로, 전전부터 2004년에 걸쳐서는 아사히 유리(현재의 AGC) 산하 공장이 세워졌다가 2012년에는 이온이 진출했다고 한다. "아버지 말로는 화장터로 옮기기 위해 조선인 시체를 쭉 늘어 놓았다는 그런 얘기인 것 같아요."

그렇게 말하면서 사토는 두 손을 얼굴 앞에 모았다. 송신소가 있던 장소 바로 근처에서 설마 학살에 관한 리얼한 증언을 듣게 될 줄은 몰랐다. 누가 어떻게 부정하든 처참한 기억은 남는다. 사토의 이야기를 들은 후에 송신소 기념비로 향한 나는, 그렇기 때문에, 지진 시에 "많은 사람을 도왔다"라는 문자를 새긴 설명판에 혐오에 가까운 감정을 품지 않을 수 없었던 것이다. 불편한 역사는 미담에 의해 지워지고 은폐된다. 덧붙여 사토가 부친으로부터 들었다는 이야기를 남겨진 자료나 문헌과 대조해 보면, 또 다른 광경이 보인다. "이 근처에서도 많이 죽임을 당했다"라는 것은 송신소 주변이라는 의미에 있어서는 조금 달라서, 정확하게 표현하면 '이 근처'에서는 '죽임을 당했다'가 아니라 구속된 것이다.

자경단원 사이에서의 '논쟁'

현재의 쓰카다역(도부노다선, 교다 공원에서 가장 가까운 역) 근처에 현장 숙소 2군데가 있었다. 각각에 20여 명의 조선인 노동자가 있었다고 한다. 앞서 나온 「지바현에서의 간토대지진과 조선인 희생자 추도·조사 실행위원회」(이하 실행위원회)의 조사에서는 9월 3일 아침 자경단이 두 현장 숙소의 조선인 노동자 수십 명을 철사로 묶어 후나바시 경찰서까지 데려갔다고 지역에 사는 어르신이 증언하고 있다. '불령선인'은 물을 것도 없이 붙잡아 경찰에 넘겨야 한다고 생각한 것이다. 다음은 실행위원회가 정리한 기록서 『이유 없이 죽임을 당한 사람들』에 수록된 전 자경단원의 증언이다.

(조선인을) 철사로 묶어 경찰에 끌고 갔다. 경찰 앞에 줄을 세워둔 차에 도쿄의 피

난민이 "그런 놈들 때려죽여 버려"라고 해서 그 기세로 죽창으로 찌르고 쇠갈고
리 막대로 때렸다.

이곳에서는 한 사람이 살해당했다고 한다. 하지만, 다음날에는 또 다른
학살이 일어난다. 현재의 가마가야시 구리노에도 호쿠소 철도 부설공사에
종사하는 조선인 노동자들의 현장 숙소가 있었다. 이곳 자경단은 다른 곳
의 경우와 마찬가지로 조선인들을 구속했다. 처음에는 후나바시 송신소에
인수하려고 했지만 송신소측이 인수를 거부해 급히 후나바시 경찰서에 연
행하게 되었다. 조선인들은 철사에 묶인 채 공사 중이던 호쿠소 철도 궤도
를 따라 걸었다고 한다. 자경단과 조선인들이 경찰서로 가는 길에 후나바
시 역 근처에 다다랐을 때 학살이 일어났다. 마침 지금의 '아마누마 벤텐이
케 공원' 등이 위치하는 장소이다. 이 공원은 현재는 중앙에 분수를 배치한
힐링 명소지만 예전에는 '벤텐연못'이라는 늪지이기도 했다. 1960년대 중
반 매립되어 공원으로 정비되었다. 여름철이면 물놀이를 즐기는 부모와 아
이들로 붐빈다. 역 근처여서 평소 산책하는 동네 분들이 많다. 그 벤텐연못
바로 근처에 '피避병원'이 있었다. 전염병 환자 등의 격리 치료를 목적으로
만들어진 병원이다. 이 병원 앞의 노상이 주된 학살 현장이 되었다. 아래는
실행위원회가 인터뷰해 『이유 없이 죽임을 당한 사람들』에도 수록된 지역
어르신 고마쓰 시치로의 증언이다.

이 사람들은 한 사람 한 사람 뒷짐 진 채로 철사로 묶여 염주처럼 늘어서 있었습니다.

자경단 주력은 소방단으로 각자 쇠갈고리를 지녔고 죽창, 일본도 등을 든 구경꾼
도 꽤 섞여 있었습니다.

앞쪽 자경단 내에 이상한 살기가 감도는 동시에 조선인들이 뒤로 묶인 채 울음소리

하나 내지 않고 일제히 땅바닥에 엎드려 쓰러지는 모습이 제 눈에 들어왔습니다. 쇠갈고리를 든 자경단원과 칼을 뽑아든 청년이 아우성과 함께 조선인의 뒤통수와 어깨, 엉덩이, 가랑이 등을 마구 때리고 칼로 찔렀습니다. 쇠갈고리를 맞은 곳에서 핏방울이 확 튀었다고 생각한 찰나, 살은 솟아올라 보라색으로 변하고 다음 순간 강한 탄력으로 쇠갈고리를 튕겨냅니다.

고마쓰의 증언에 따르면 학살이 시작되기 직전, 자경단원 내에서도 '논쟁'이 일어났다고 한다. "여기서 죽여버려"라는 분위기가 강해지는 가운데, 살인에 저항하는 자경단원도 있었다. 그들은 "이대로 후나바시 경찰서로 보내야 한다"고 주장한 것이다. 하지만 이를 반박하는 목소리가 더 컸다. 왜냐하면 함께 하던 기병대 군인들이 '적당히 해치워도 좋다'라고 말하면서 어딘가로 사라져 버렸기 때문이다. 다시 말해 그것은 이 자리에서 죽이라는 명령이라고 과격파는 주장한 것이었다.

결국 일방적인 소문, 선전을 믿고 조선인을 증오하는 일념에 사로잡힌 사람들의 목소리에 압도되어 경찰 인도를 주장한 소방 소두 모씨는 격앙된 '해치워 조'에게 쇠갈고리로 공격당하는 소동까지 있었고, 그것이 더욱 불에 기름을 붓는 형태가 되어 이 잔학행위를 일으키고 말았습니다.

이 고마쓰의 증언에 사람들을 학살로 몰아넣은 모든 이유가 담겨 있는 것 같기도 하다. 기병대, 즉 군을 비롯한 권력, 권력 장치에 의한 폭력 선동, 유언비어, 그리고 사람들 속에 스며든 차별과 편견. 그것들이 하나가 되어 '조선인을 증오하는 일념'을 만들어냈다. 학살의 하수인은 국가이자 민중이다. 요컨대 일본 사회 전체가 '해치워 조'가 되어 조선인들을 공격한 것이다.

조선인의 '무고'를 확신했던 경찰관

아무튼 이 상세한 기록을 정리한 실행위원회의 '취재력'은 놀랍다. 『이유 없이 죽임을 당한 사람들』 간행은 1983년이지만, 실행위원회 멤버는 1970년대부터 지역을 돌아 아직 생존하고 있던 목격자를 찾아내 증언을 확실히 기록으로 남겼다. 1970년대라고 하면 간토대지진으로부터 50년은 경과했지만 아직 간신히 증언자가 살아 있던 시대이기도 했다.

이 책에는 전직 경찰관의 증언도 기재돼 있었다. 실행위원회 멤버가 인터뷰한 것은 지진 당시 후나바시 경찰서에 근무하고 있던 와타나베 요시오이다. 와타나베는 지진 때 경찰서 내에서 전화 대기를 하고 있었는데 각 방면에서 날아드는 허위 정보에 정신이 없었다. 예를 들어 와타나베가 들은 것은 도쿄 방면에서 온 조선인 무리가 이치카와의 포병대와 에도가와 강을 사이에 두고 교전 중 · 조선인 약 2000여 명이 우라야스에 상륙, 자전거대를 조직해 후나바시 송신소 습격에 나서고 있다. · 나카야마에서 조선인과 경찰이 충돌해 다수의 부상자가 발생했다.

와타나베는 경찰서를 뛰쳐나와 각지를 확인하기 위해 돌아다니거나 무선으로 확인했지만 이 정보들은 모두 밑도 끝도 없는 유언비어였다. 와타나베는 9월 4일, 학살이 행해진 후나바시 아마누마에도 갔었다. 군대에 잡힌 조선인 노동자들이 후나바시로 향하고 있다는 정보를 얻었기 때문이다. 이 정보를 들은 순간 와타나베는 조선인이 죽임을 당할 것을 깨달았다. 조선인 폭동 등의 정보가 유언비어임을 아는 몇 안 되는 입장에 있는 자로서 조선인의 '무고함'을 확신하고 있었다. 어떻게 해서든 학살을 막아야 했다.

와타나베가 동료 순경과 함께 아마누마 부근으로 달려가다 마침 기병대와 조선인 대열과 마주쳤다. 와타나베는 "경찰에 인계하라"고 요청했지만, 조선인을 인솔하던 군인(기병대)이 이를 거부했다. "인계해", "안 된다" 입씨름을 반복한다. 그렇게 하는 동안 살기 어린 군중이 현장으로 몰려온 것이다. 아래는 이 책에 담긴 와타나베의 증언이다.

경종을 난타하자 약 500명 되는 사람들이 손에 죽창이나 쇠갈고리 등을 들고 몰려왔다. 나는 다른 사람들에게 보호를 부탁하고 군중을 헤치며 후나바시 경찰서로 날아갔다.

당시 후나바시 경찰서는 후나바시역을 사이에 둔 건너편, 현재는 역전 상점가를 바다 쪽으로 나아간 오피스 빌딩이 늘어선 근처로 상공회의소가 된 장소에 있었다. 나는 '피병원' 터에 세워진 교회에서 상공회의소까지 달려봤다. 도부 백화점을 빠져나와 역 구내를 횡단해 남쪽 출구의 번잡한 번화가를 지나 오가는 사람들을 피하며 상공회의소 빌딩에 도착하기까지 약 10분. 나는 빌딩 앞에서 숨이 끊어질 듯 주저앉았다. 평소의 운동 부족을 뉘우쳤다. 왕복할 엄두가 나지 않았다.

와타나베도 같은 거리를 달려 서장에게 증원을 의뢰한다. 하지만 서장은 "일손이 부족하다"라며 증원을 거부, 와타나베는 어쩔 수 없이 다시 현장에 돌아온다. 와타나베에게는 체력도 그리고 사명감도 있었다. 단순 계산하면 뛰어서 왕복하는 데만 20분. 서장과 나눈 시간도 고려하면 와타나베가 현장을 떠나 있던 것은 적어도 30분은 될 것이다. 그 추정 30분간이 학살이 행해지던 시간이었다. 와타나베가 현장에 돌아왔을 때 모든 것은 끝나 있었다.

내가 되돌아가는데 도중에 "만세!" "만세!" 소리가 나서 이제 안 되겠다 싶었다. 현장에 가보니 지옥의 모습이었다. 보호에 임하고 있던 경찰관의 말로는 "정말 손쓸 방법이 없었다"는 것이었다. 조사해 보니 여자 셋을 포함하여 53명이 살해되어 산더미처럼 쌓여 있었다. 인간이 죽임을 당할 때는 한곳에 모이는 것이라는 생각이 들어 눈물이 나와 어쩔 수 없었다.

또한 이때 소방단원 한 명이 조선인 자녀 2명을 안고 구해내어 경찰서까지 가서 보호를 요청했다고 한다. "조금은 사람의 정이 남아 있었다"라고 와타나베는 말하고 있다. 이는 앞서 말한 고마쓰 시치로의 증언에도 등장하는 '소방 소두 모씨'를 연상케 한다. 이 '모' 씨는 '해치워 조'의 폭주에 이의를 제기해 쇠갈고리로 '공격을 당한' 일도 있는 것이다. 아마도 원래 학살 반대파였던 '모' 씨는 쇠갈고리로 상처를 입고도 아이의 목숨만은 지키려고 처참하기 짝이 없는 살육 현장에서 필사적으로 작은 몸을 구해냈을 것이다.

'모' 씨 또한 달렸던 것이다. 내가 숨을 헐떡이며 미덥지 않은 발걸음으로 나아간 길을 아이 둘을 안고 달렸다. 그날 그 길을 '달린' 두 인물이야말로 작은 '사람의 정'이었다. 이후 조선인의 시신은 인근에 있던 화장터까지 옮겨졌다. 교다 공원 근처에서 상점을 운영하는 사토 노부의 이야기에 나오는 "아버지가 역 쪽, 지금의 북쪽 출구 부근에 갔더니 죽임을 당한 조선인 시체가 죽 진열되어 있었다고" 하는 것은 이 때를 말하는 것일 것이다.

간토대지진 이듬해 화장장 근처에 후나바시 불교회숲가 「법계 무연탑」을 건립하여 공양했다. 끔찍한 사건을 그대로 둘 수 없다는 양심도 사회 속에 그나마 남아있었다. 1963년 시가지 재개발에 따라 무연탑은 시 외곽의 시영 마고메 공원묘지로 옮겨졌다. 옮겨진 곳에서 특히 눈길을 끄는 것은 「간토대지진 희생동포 위령비」라고 새겨진 큰 비석(대좌 포함 높이 약 4m)이다. 무연탑은 그 옆에 놓여 있다.

천추불멸의 '원한'

2023년 9월 3일 예년과 같이 마고메 공원묘지 위령탑 앞에서 조선인 희생자 추도식이 열렸다. 추도식에는 200명이 참석해 희생자를 애도하고 묵도했다. 100년째이기도 하여 예년 이상으로 보도진의 모습도 많았다. 추도식에서는 주최단체의 하나인 조선총련 지바현 서부지부의 오학성 위원장이 위령비 뒷면에 적힌 문구를 인용하면서 "두 번 다시 이런 일을 일으켜서는 안 된다. 비문의 정신을 다음 세대로 이어가겠다"고 말했다. 추도비 뒷면에는 한글과 한자로 비문이 새겨져 있다. '학살', '선동교주'라는 한자만을 주워 읽어도, 그것이 지진 직후의 학살 사건을 나타낸 것임은 이해할 수 있다. 조금 길지만 일본어 번역을 아래에 둔다.

서기 1923년 9월 일본 간토지방 대지진 때 군벌관료는 혼란 속에서 재난에 괴로워하는 인민대중의 폭동화를 우려하여 자기계급에 대한 증오감정을 진보적 인민해방 지도자와 소수 이민족에게 전가시키고 이를 억압, 말살함으로써 군부독재를 확립하고자 음모했다. 당시 야마모토 군벌내각은 계엄령을 시행하면서 사회주의자와 조선인이 공모하여 폭동을 계획 중이라는 근거 없는 말로 재향군인과 우민을 선동, 교주하여 사회주의자와 우리 동포를 학살하도록 했다. 재류동포 중에서 이 흉변만행으로 인한 피살자는 6,300여 명을 헤아리고 부상자 수만 명에 이른 희생동포의 원한은 실로 천추불멸일 것이다. 그러나 해방된 우리는 세계의 민주세력과 손잡고 국내, 해외의 국수적 군국주의 반동 잔재세력을 척결하고 진정한 민주조선을 건설하여 세계평화를 유지함으로써 숙원을 설욕하도록 투쟁할 것을 맹세하고 희생제령들을 위로하기 위해 이곳에 작은 비석을 건립한다.

재일본 조선인연맹 중앙총본부 위원장 윤근(1947년 3·1 혁명기념일 준공)

조선인연맹이란 종전 직후 결성된 자이니치 조선인에 의한 민족단체이다. 다소 난해한 정치 해석에 따른 문구가 이어지긴 하나 "희생동포의 원한은 실로 천추불멸일 것이다"라는 말에 학살당한 조선인과 남겨진 자들의 격정이 표현되어 있는 것 같기도 하다. 센베이 과자를 받아들고 처형된 자, 철사에 묶인 채 쇠갈고리가 머리 위로 내리쳐진 자, 일본도에 베인 자, 영문도 모른 채 죽임을 당한 많은 조선인들의 '천추불멸'의 '원한'은 아직도 진정되지 않고 헤매고 있을지 모른다. 학살을 직시하지 않는 일본의 하늘 위에서.

화장터 가까이 묻혔던 조선인 유골은 이후 한반도에서 일본을 방문한 조사단을 속이기 위해 인근에 버려졌다고 한다. 그래서인지 화장터 가까이에 세워진 '법계 무연탑'을 이전할 때, 당시 조총련이 탑 아래 땅을 파도 유골이 나오지 않았던 것이다. 그래서 어르신 등의 증언을 바탕으로 인근 밭 터 등을 파헤쳤더니 수십 구로 추정되는 인간 뼈가 나왔다. 현재 이들은 마고메 공원묘지 위령비 아래에 잠들어 있다. 이러한 경위로부터 재차 알게 된 것이 있다. 죽은 뒤에도 소홀히 대한다. 그것이 조선인이라는 존재였다. 뼈마저 '없던 일'로 해버리는 것이다.

2. 중학생이 쏜 특종: 군에 의한 '조선인 불하' 사실

자경단으로부터 조선인을 지킨 현지 주민

히라카타 지에코가 후나바시시 교외 마루야마 지구에서 살기 시작한 것은 교사생활 8년째를 맞이한 1972년 봄의 일이었다. 터를 잡은 것은 신흥 주택지이다. 둥글게 물오른 숲이 있고 조금만 걸으면 배 밭과 목장도 있었다. 언덕길이 많아 힘들었지만 아직 젊었다. "지역 내에는 보육원 등 시설도 잘 갖춰져 있었고 아이 키우기에 편한 환경이었습니다. 좋은 곳이었어요."

이사 온 지 얼마 되지 않았을 무렵을 히라카타는 그렇게 술회한다. 만약 히라카타가 마루야마 지구에 살지 않았다면 지진 학살 조사로 바쁠 일도 없었을 것이고 시민단체「지바현에서의 간토대지진과 조선인 희생자 추도·조사 실행위원회」사무국장을 맡는 일도 없었을 것이다.

자신이 살고 있는 지역의 역사를 조사하면 어떨까? 선배 중학교 교사에게 그렇게 권유받은 것이 마루야마에 살게 된 후 2년째, 1974년의 일이었다. 히라카타는 당시 현지 사립고에서 역사를 가르치고 있었다. 동시에 역사 관련 교원 등으로 조직된 역사교육자협의회(역교협)의 일원이기도 했다. "역사를 가르치는 교사로서 우리가 살고 있는 지역의 역사를 확실히 파헤쳐야 한다고 생각했어요."

지역의 오래된 집을 찾아다녔다. 그러다 조선인 학살에 관련된 이야기를 들었다. 정확히 말하자면 학살한 이야기가 아니라 학살당할 뻔한 조선인을 도왔다는 일화이다. 지역 어르신이 말해 준 것은 다음과 같은 내용이었다.

마루야마 지구에도 호쿠소 철도 건설공사에 종사하는 조선인 노동자 2명이 허술한 현장 숙소에 살고 있었다. 타 지역과는 달리 지역 주민들과도 교류가 있어 두 사람은 동떨어진 존재가 아니었다. 지진 직후 어느 날 인근 마을에서 40여 명의 자경단이 몰려와 조선인 두 명을 인도하라고 다그쳤다. 마루야마 사람들은 이를 거부했다. 넘겨주면 죽임을 당할 것을 깨달은 것이다. "내놔" 그렇게 다그치는 자경단에 대해 주민들은 "너희들에게 넘길 수는 없다" "조선인을 죽일 테면 나도 죽여"라며 몸으로 저항했다. 서로 낫 등 무기를 들고 위협하는 등 일촉즉발의 상태였다. 자경단은 일단 그 자리는 물러났지만 아직 안심은 할 수 없다. 그날 저녁 주민들은 조선인 숙소를 철야로 지켜보며 자경단의 습격에 대비했다. 다음날 아침 경찰에 조선인 보호를 호소해 겨우 두 사람의 목숨을 건질 수 있었다.

잠시 후 조선인들이 마루야마로 돌아왔다. 이들은 집집마다 돌며 도와준 데 대한 감사의 뜻을 전했다고 한다. 그때 한 주민이 "경사인데 조선 춤이라도 좀 추시지 않겠느냐"고 하자 조선 사람 둘은 민요 〈아리랑〉을 부르며 춤을 췄다고 한다. 히라카타는 이 이야기에 감동했다. 동시에 이러한 아름다운 이야기의 배경에 있는 학살 사실을 알았다. 자신이 살고 있는 지역을 달리는 도부노다선이 조선인 노동자에 의해 부설된 것도 알게 되었다. 이것을 계기로 '지역 학살 사건의 새로운 발굴'을 진행하게 되었다.

군에 의해 불하된 조선인

같은 무렵, 지바현 내 다른 장소에서는 또 다른 학살의 '발굴'이 행해지고 있었다. 동분서주하고 있던 것은 중학생이다. 나라시노 시립 제4중학교의 「향토사연구회」 멤버와 고문 교사이다. 이 연구회는 1972년 무렵부터 동아리 활동의 일환으로 지역에서의 취재, 인터뷰를 계속해 학살 사실을 알았다. 1976년 7월, 연구회 소속 학생들은 교사 오타케 요네코와 함께 방문한 취재처에서 충격적인 사실을 '발굴'했다. 증언해 준 것은 60대 여성이다. 그녀는 지진 직후 야치요시 오와다신덴 지구에서 마승으로 묶인 3명의 조선인을 봤다. 우선은 오타케가 60대 여성의 증언을 손으로 옮겨 쓴 리포트부터 인용한다.

손은 뒤로 발은 겨우 걸을 수 있을 정도로 1미터 정도 떨어뜨려 묶여 있었다. (중략) 제일 나이 든 사람이 42~3살. 36~7살. 27~8살 정도. 세 명이 왔어, 3시쯤인가 4시쯤인가, 도로변에 앉은 채. 우리가 보고 있으면, 보는 거 아니야 그러면서 엄마들이 집 안으로 내쫓았어. 하지만 인간은 더러운 것과 무서운 것을 보고 싶어 하는 게 있으니까.

모여든 마을 사람들은 '불령선인에 의한 악행'이라는 유언비어를 믿고 있었다.

"너희들 뭔 그렇게 나쁜 짓을 한 거야?" "도쿄에서 팡팡 했지"라고 말하면 "안 했어, 안 했어"라는 거야.

여기서 말하는 '팡팡'이란 총소리다. 즉 도쿄에서 총을 마구 쏘아 폭동을 일으킨 것으로 믿어버린 것이다.

여자들은 모두 가엾다고 여기고 있었다. (중략) 김이 나는 주먹밥을 10개 정도, 이 거 먹어, 라고 가지고 왔다. "안 먹어. 안 먹어"라고 이렇게 (고개를 흔들며) 말해. 눈에 띄었어. 셋이 끝내 하나도 먹지 않았어.

그리고 잡혀 있던 세 명의 조선인은 일본도에 찔려 죽었다.

한 칼로 베었으면 고생 안 하고 죽었을지도 모르지만, 서투른 칼로 섣불리 했기 때 문에 바로 죽지 않아 괴로워했다는 이야기는 들었다. 죽인 자리에서 그대로 구멍을 파고, 뭐 묻을 때는 동네 아저씨들도 모래는 뿌려줬을 텐데. 상자는커녕 아무 데도 넣지 않고 그냥 묻었다는 이야기이다.

학생들은 여성에게 "루머를 믿었느냐?"고 질문했다.
여성은 이렇게 대답했다.

진짜인 줄 알았어. 반드시 도쿄, 후나바시에서 누군가가 정보를 흘린다. 그 말을 들 으면 바로 믿어 버린다. 그 당시 상식이 얕았다고나 할까.

이것만으로도 충분히 끔찍한 이야기이다. 무저항 조선인을, 한 마디로 처형한 것이다. 학생들은 동요하면서 이야기를 듣고 있었다. 하지만 동요 한 것은 살해 사실을 안 것만이 이유는 아니다. 살해에 이르게 된 경위 또 한 이 여성이 밝혀준 것이다. 놀랍게도 죽임을 당한 조선인은 군에 의해 '불하된' 사람들이었다. 마을 사람들은 조선인 살해를 군으로부터 부탁받 았다는 것이다. 고문인 오타케도 이 이야기는 금시초문이었다. 유언비어 를 믿은 자경단 등이 조선인을 죽인 것은 알고 있다. 하지만, 군이 일부러 마을 사람들에게 조선인을 인도해 죽이게 했다는 것이다. 그녀는 이렇게 이야기한다.

(군의 사람으로부터) 오오와다신덴에 3명의 조선인이 오니까 받으러 오라는 말이 돌았어. 이 근처는 모두 3명. 조선 사람을 이 근처에 배급해 준 거야. 여기는 오오와다신덴, 오오와다. 가야타, 어디든 모두 3명씩, 많은 곳은 4명 정도 되었을까. 받으러 간 장소는 하필이면 나라시노하라까지 갔던가.

그렇다. 군에 의한 살아있는 인간의 '배급'이다. 덧붙여 '나라시노하라'라는 것은 육군 나라시노 연습장이 있던 지역을 말한다. 그곳에 나라시노 포로수용소가 있었다. 수용소는 러일전쟁 때는 1만 명이 넘는 러시아군 포로를, 제1차 세계대전 때는 독일군 포로 1,000여 명을 수용한 것으로 알려졌다. 독일군 일부는 여기에서 오케스트라를 조직해 그 활동은 '은혜와 원한을 넘은' 미담으로서 지금도 지역에서 이야기되는 일이 많다. 하지만 지진 직후의 수용소에는 베토벤의 선율과는 거리가 먼 뒤숭숭한 공기가 흐르고 있었다. 수용소는 「육군 나라시노 중국·조선인 수용소」로 명명되었고 보호라는 명목으로 끌려온 중국인, 조선인이 수용되었다. 그 수는 3,000명을 훌쩍 넘었다고 한다. 이 수용소가 이른바 '배급'원이었다. 여성의 말에 의하면 각 지구에 "3명씩, 많은 곳은 4명 정도"를 '배급'해 죽이게 했다는 것이다.

매우 엄한 명령이라 무섭다기보다도 하지 않아도 된다면 그 편이 낫다는 기분은 농가 아저씨들은 가지고 있었던 것 같아.

군의 명령이다. 거스를 수도 없고, 어쩔 수 없이 죽인 것 같다고, 여성은 증언한 것이다.

같은 해 9월 향토사연구회 학생들은 학교 문화제에서 「오와다의 조선인 학살 사실을 알아본다!」는 제목의 보고회를 열었다. 여성의 증언을 토대로 여기서 처음으로 '불하' '배급'을 통한 조선인 학살 사실을 밝혀낸 것이다.

중학생들에 의한 특종이다.

어르신의 증언을 파헤치다

지금 내 수중에 엽서 사이즈보다 약간 큰 판지(총 24매)로 만들어진 손으로 쓴 소책자가 있다. 「제5회 문화제 발표 정리: 오와다의 조선인 학살 사실을 파헤치다!」(주·정확히는 오와다신덴)라는 제목이 붙어있는 이 책자는 향토사연구회가 문화제 후에 정리한 것이다. 여기에는 중학생다운 솔직한 감수성과 정의감에 근거한 필치로 연구 동기부터 조사 활동의 감상까지가 그려져 있다. 학생들은 「연구 동기」 항목에서 "처음에는 형사물 추리를 하는 재미 반으로 하던 일이었지만, 점점 알아가면서 진지한 흥미가 생겨 더 사실을 밝힐 필요가 있다고 생각했다"고 쓴다. 또한 활동 기록과 학살 현장의 상세한 지도 등을 싣고 자신들의 추론도 적었다.

① 왜 헛소문과 죽이라는 명령이 나왔는가?

조선인을 부려먹던 사람들이나 군부가 대지진의 혼란 속에 이번에는 자신들이 당하지 않을까 하는 공포감에 겁을 먹었다.

② 왜 타국 등에 알려지지 않았나요?

(오와다신덴의 경우) 한꺼번에 다수를 죽이지 않도록 하고 소수씩 죽이게 했다. 사로잡은 조선 사람들을 셋씩 나누어 죽였으니 부락 사람들은 누구나 싫었기 때문에 이 사건을 입 밖에 내는 일이 없었다. 그렇다 치더라도 마을의 통일된 단결을 나쁜 쪽으로 이용한 군부는 흉악해서 우리에게는 도저히 피가 흐르는 인간으로 생각되지 않는 사람들입니다.

또한 소책자 「후기」에는 다음과 같이 적는다.

조선인은 일본인에게 억울하게 죽임을 당했다.
우리들은 같은 일본인이라도 용서할 수 없다는 생각이 듭니다.
이걸 쓰고 있을 때 절실히 그런 생각이 들었어요.

여기에 쓰여 있는 것은 모두 향토사연구회가 조사한 것입니다.
처음에는 잘 몰랐던 것을 점점 알게 되었습니다.
사람들의 감상과 의견도 알게 되었고 조선인 학살에 대해 더 조사하고 싶습니다.

요즘 같으면 중학생에게 반일교육을 하느냐고 호통을 치는 학부모도 있을 것이다. 고문 교사도 '좌익 편향'이라고 공격당할지 모른다. 교육위원회에 불려갈 것은 틀림없다. 하지만 이 시대는 학부모도 학교도 이러한 활동에 관대했다. 그러한 시대의 분위기도 있어 학생들은 "더 조사하고 싶습니다"라는 공약대로 추가 조사를 계속한다. 인터뷰 조사 결과, 이후에도 비슷한 증언을 잇달아 얻어냈다. 예를 들어 가야타 지구에 사시던 어르신은 '받아온' 조선인의 처형 현장을 상세하게 이야기해 주었다. 그 노인에 따르면 '받아온' 조선인은 "총으로 쏴 달라"고 간청했다고 한다. 괴로워하다가 죽기는 싫었을 것이다.

그 무렵 다른 마을에서는 산 채로 불을 질러 죽였다는 이야기가 전해지고 있었다. 본인이 원한다면 그렇게 할 수밖에 없다고 '총살'을 결정한 것은 좋았지만 아무도 쏘고 싶어 하지 않는다. "귀찮으니까 칼로 베자"는 의견도 있고 땅에 구멍을 파고 넘어지면 떨어지게 놔뒀다지만 역시 아무도 하길 싫어했다.

좀처럼 안 하려 하지. 너 해 그쪽이 해 하다 엽사였던 사람에게 부탁했는데, 사람을 쏘고 나면 이 총은 못 쓰게 된다고 해.

배경을 모르고 글자만 쫓으면 코믹한 장면으로도 읽히지만 살인을 서로 양보하는 장면이다. 목숨을 빼앗길 조선인들에게는 참으로 잔혹한 말의 교환이 전개되고 있었던 것이다. 결국 '허가 감찰을 받은 총 가진 자'가 쏴 조선인은 죽었다. 이런 이야기를 중학생들이 끌어 모은 것이다. 더 결정적인 것도 있었다.

이러한 중학생의 활동을 현지신문 〈지바일보〉가 「간토대지진 때의 조선인 학살 야치요에서도 있었다! 중학생 동아리가 조사, 현지 어르신으로부터 청취」라는 표제로 보도한 것이다. 그러자 이 기사를 읽은 사람으로부터 "중학생들의 연구에 도움이 되었으면 좋겠다"라며 지진 재해 당시의 일기가 전달되었다. 그 일부를 인용한다.

(9월 7일) 오후 4시경, 판잣집에서 선인을 줄 테니 받으러 오라는 소식이 있다고 하여 급히 집합시켜 주동자가 가서 받기로 했다. (중략) 밤중에 선인 15명을 받아 각 구에 배당하고 (중략) (9월 8일) 또 선인을 받으러 가는 9시경에 이르러 두 사람을 받아 온다 (약) 구멍을 파고 앉혀 목을 베기로 결정 (중략) 구멍 속에 넣어 메운다. (9월 9일) 선인 한사람 받아왔다고 소식이 있다. 이것은 바로 앞에 구멍이 파 있으므로 데리고 가서 등불 빛 아래 목을 쳤다.

생생한 기록이다. 중학생들의 활동은 이러한 기록을 불러일으켰고, 이전에는 알려지지 않았던 수용소에 의한 조선인들의 '불하' '배급', 그리고 마을 사람들에 의한 학살을 널리 세상에 알린 것이다. 그리고 여기에 히라카타의 조사활동도 겹쳐 양자의 만남이 있었고, 1978년 실행위원회 결성에 이르게 되었다.

후나바시 소학교 '폭탄 소동'

그렇다 치더라도 말이다. 지바현은 학살에 관련된 이야기가 지극히 많다. 간토대지진에 있어 지바현 내 피해는 진원지에 가까운 보소반도 남부에 현저하나 학살 사건은 도쿄에 인접한 후나바시 등 서부에 집중되어 있다. 하나는 도쿄 방면에서 많은 피난민이 유입되어 온 데 따른 것이다. 도쿄의 변두리는 화재 피해가 심각해 많은 사람들이 에도가와 강을 넘어 지바현 내로 대피했다. 불안과 공포 속에서 유언비어는 전파되기 쉽다. 또한 지바현 측에서 보면 이재민이라고는 해도 피난민은 '외지인'이다. 이 외지인에 섞였을지 모르는 '불령의 무리'에게 지역 커뮤니티와 사회질서가 문란해지는 것 아니냐는 위기감도 있었다. 당연히 피란민에게도 지역민에게도 조선인에 대한 차별과 편견이 있다. 학살로 이어지는 도화선은 약간의 불꽃으로도 착화할 수 있는 상태에 있었다.

9월 3일 후나바시 소학교에서 일어난 '폭탄 소동' 등은 그 전형일 것이다. 이 초등학교에서는 도쿄 방면에서 피난해 오는 사람들을 위해 교정에 취사장을 마련하고 체육관을 개방하는 등 임시 이재민 수용소를 개설했다. 소동은 같은 날 저녁에 일어난다. 실행위원회가 입수한 「학교 일지」에는 다음과 같은 기술이 있다.

저녁 무렵, 체조장에 수용중인 피난 선인 7명 중 폭탄을 소지한 자 있는 것을 발견, 즉시 경찰서에 인계했다.

이에 따라 후나바시 경찰서는 곧바로 후나바시 소학교로 출동했다. 이때 경찰관 선두에 서 있던 것이 앞서 나온 와타나베 요시오(피병원 앞에서 학살을 멈추려고 한 경찰관)이다. 와타나베는 생전 실행위원회 의뢰로 쓴 글 「간토대지진의 추억」에서 그때의 모습을 이렇게 적고 있다.

후나바시 소학교의 심부름꾼이 경찰서에 접수를 하러 와서 길이 10센티미터 정도의 포환 모양을 한 검은 불에 탄 것을 내밀며 "제가 피난민이 있는 우천 체조장을 청소하고 있는데 한 층 높은 곳에 있던 조선인의 자리에 이런 것이 떨어져 있었습니다. 아마 턱수염 난 사람의 가슴 품에서 떨어진 것 같아요."라고 말했다. 우리 경찰관들은 그런 지식이 부족했기 때문에 틀림없이 폭탄이라고 생각해 "위험하니까 가까이 오지 마라"라고 해서 소란이 되었다.

와타나베를 비롯한 경찰관이 소학교 체육관에 도착해 신체검사를 할 테니 모두 움직이지 말라고 지시를 내리지만 말이 잘 통하지 않았고, 심지어 소방대원까지 대동하여 두려움을 느꼈을 것이다. 조선인들은 일제히 도망쳤다. 와타나베는 '뭔가 있다'고 직감해 그중 한 사람 '턱수염'을 뒤쫓아 체포했다. 체포한 순간 자경단원들은 와타나베가 붙잡은 '턱수염'을 폭행했다.

자경단 사람이 죽창이나 쇠갈고리 등으로 부상을 입혀 우리 여름 흰 제복은 피에 물들어 진홍색이 되어 버렸다. 경찰서에 연행하여 치료받았으며 모두 생명은 구할 수 있었다.

덧붙여 소학교 '심부름꾼'이 증거로서 와타나베 등에게 건넨 '폭탄'은 이치카와 포병대에서 검사했는데 "포환 모형이 불탄 것으로 판명되어 웃음을 금치 않을 수 없었다."

완전히 억울한 죄였던 것이다. 그러나 누명을 썼더라도 주변에 유포된 것은 "조선인이 폭탄을 가지고 있다"는 유언비어 정보뿐이다(지금도 그렇지만 영향력을 갖는 것은 항상 자극적인 정보이며, 그 후 정정은 거의 의미를 갖지 않는다). "이 폭탄소동 또한 후나바시 주변에서 학살을 빈발하게 만든 이유 중 하나라고 생각합니다."

오랜 기간에 걸쳐 조사를 계속해 온 히라카타는 이렇게 말했다. 더 계속한다. "게다가 루머 선동의 발신원이 된 후나바시 송신소가 있고 나라시노에는 포로수용소가 있었다. 이런 것들이 학살을 불러온 큰 요인이 된 것 같아요."

나라시노 기병연대 출동

나라시노 수용소에는 앞서 말한 대로 약 3,000명의 조선인, 중국인이 수용되어 있었다. 전전 나라시노는 수용소뿐 아니라 훈련장, 기병연대 등 수많은 군 관련 시설이 있어 '군향'으로도 불렸다. 그 역사를 이야기할 때에 반드시 나오는 것이 전술한 '독일병 포로의 오케스트라'나 '현지 주민과의 훈훈한 교류', 혹은 시바 료타로의 소설 『언덕 위의 구름』에서 그려지는 기병연대의 활약이다. 하지만 대지진 때의 나라시노는 피 범벅된 기억으로 가득 차 있다.

각 마을에 조선인을 '배급' '불하'한 것만이 아니다. 이곳 기병연대는 지진 직후 조선인 제압을 위해 각지에 파견돼 자신의 손을 피로 물들이고 있다. 학살의 하수인으로서 날뛴 것이다.

엣추야 리이치라는 인물이 있다. 그는 니혼대 재학 중 일본사회주의동맹에 참여한 이른바 '주의자'로 1920년대 초에는 무산파 문예연맹에도 가입했다. 엣추야는 체포 경력도 있는 좌익 문사였지만, 지진 시는 나라시노 기병 연대에 소속된 병사이기도 했다. 엣추야 저작집에 「간토대지진의 추억」이라고 제목을 붙인 작품이 수록되어 있다. 거기에 이런 기술이 있었다.

내가 있던 나라시노 기병연대가 출동한 것은 9월 2일의 시각으로 정오 조금 전쯤이었을까. 아무튼 무섭고 급했다. 사람과 말 전시무장을 갖추고 정문에 정렬하기까지 소요시간이 불과 30분. 이틀 치 양식 및 말 식량, 예비 편자까지 휴대하며 실탄은 60발. 장교는 자택에서 가져온 진검으로 지휘호령을 했으니 마치 전쟁 기분!

엣추야가 파견된 것은 도쿄의 변두리이다.

> 도착한 것이 오후 2시경 (중략) 장교는 검을 휘두르며 열차 안팎을 조사했다. (중략) 그 안에 섞여있는 조선인들은 모두 끌어내렸다. 그리고 곧바로 시퍼런 칼날과 총검 하에 차례차례 쓰러졌다. 일본인 피난민 속에서 회오리처럼 솟아오르는 만세 환호 소리.
> 국적国賊! 조선인은 몰살해! (중략) 그날 저녁부터 밤까지 본격적인 조선인 사냥을 시작했다.

참고로 이는 '열차 개조'로 불린 군 임무 중 하나를 묘사한 것이다. '열차 개조'는 말 그대로 열차 안에서 조선인을 찾아내는 작업을 말한다. 엣추야의 글에서 느낄 수 있는 것은 조선인을 사정없이 베어버리는 군인의 무도와 쓰러지는 조선인을 보며 '만세!'라고 환희하는 민중의 광기이다. 그것이야말로 학살의 본질을 드러내는 광경이기도 했다.

엣추야가 소속되어 있던 기병연대는 1899년에 설립된 기병 제1여단에 속한다. 러일전쟁에서는 러시아의 코사크 부대와 격전을 벌여 승리했다. 그것을 계기로 '나라시노'라는 이름이 전국에 울려 퍼진다. '군향'의 탄생이었다. 또한 기병 제1여단을 이끌었던 아키야마 요시후루는 이후 '일본 기병의 아버지'로 칭해졌다. 부지 일부는 도호대학 나라시노 캠퍼스 등 교육시설이 들어섰지만 '군향 나라시노'는 현재도 그 성격이 계승되어 연습장이었던 장소 일부에는 자위대 최강의 '엘리트 집단'이라고 불리는 제1 공정단이 위치한다.

조선인이 등장하지 않는 '군향' 이야기

나는 여단 사령부 자리에 만들어진 하치만 공원을 방문했다. 공원 내에는 나라시노시 교육위원회가 만든 설명 표지판이 세워져 있었다. 「기병 연대·여단 사령부 터」라는 설명문에는 창설부터 러일전쟁, 만주사변, 중일전쟁 파견 그리고 전후까지의 행보까지 기록되어 있다. 놀이기구와 모래밭만 배치된 특징 없는 공원이지만 입구에서 방문객을 맞아들이는 두 개의 벽돌기둥은 연대 시절의 문주門柱를 그대로 사용한 것이라고 한다. '군향'을 떠올리게 하는 것은 그뿐만이 아니다. 전사한 말을 공양하기 위해 세운 「마두관세음馬頭觀世音」「군마충혼탑軍馬忠魂塔」「군마지비軍馬之碑」 등 3기가 공원 내에 자리한다.

하지만 지진 때 '피의 기억'을 계승하는 것은 아무것도 없다. 교육위원회의 설명 표지판에서도 전혀 언급되지 않았다. 여기서도 마찬가지로 살아 있는 인간이 '배급'된 역사는 은폐되고 있는 것이다. 아니 기병연대는 살아 있는 인간을 '불하'한 것만이 아니다. 이 부대는 앞서 언급한 바와 같이 파견된 각지에서 조선인을 살상했을 뿐만 아니라 여기에서도 조선인을 죽였던 것이다.

그 사실은 실행위원회의 조사로 밝혀졌다. 실행위원회의 인터뷰에 응한 것은 지진 당시에 기병연대 서기를 맡고 있던 아이자와 야스시이다. 아이자와는 9월 1일부터 2주가량 도쿄 샤쿠지이에서 구호활동에 종사한 뒤 나라시노로 돌아갔다. 각지에서의 학살이 끝나 있던 시기이지만, 수용소에서는 불온한 공기가 계속 남아 있었다. 아이자와는 실행위원회 조사에 이렇게 대답했다. (『이유 없이 죽임을 당한 사람들』)

조선인이 폭동을 일으킬 것 같다고 해서, 조선인을 끌어내라고 해서, 끌어냈어요.

'수상하다'고 생각되는 조선인을 골라내 '끌어냈다.' 아이자와가 속한 연대에서는 16명의 조선인을 영창에 넣었다고 한다.

그리고는 수상한 사람을…… 거 뭐라 하잖아요. …… 베어버렸어요.

군인들이 스스로 '처형'한 것이었다. 참수자 중에는 "일본인인지 조선인인지 모르는 사람도 있었다"고 한다. 지진 재해의 혼란 중에 수용소 내에는 소수였지만 일본인 피난민도 섞여 있었다. "조선인이 어느 것이고 일본인이 어느 것인지 모르니"까 "조선인처럼 생긴 것은 모두 일본인도 당했다"고 한다.

'처형장'이 된 곳은 연대에서 조금 떨어진 무덤이었다. 그곳은 현재 나라시노시의 시설 「Platz 나라시노(옛 나라시노 중앙 공민관)」가 있는 장소이다. 게이세이 오쿠보역 남쪽에 위치하며, 연대 본부와는 선로를 사이에 둔 반대쪽에 위치한다. 도서관이나 홀 시설이 함께 있는 「Platz 나라시노」는 벽면에 큰 유리창을 배치한 근대적인 마을회관 시설이다. 부지 내에는 야구장, 파크골프장, 심지어는 바비큐 광장도 있어 '군향' 중심부에는 '어울리지 않는' 개방적인 공간이 펼쳐진다. 이 장소에서 죽인 것이다. 아이자와는 '처형'에는 가담하지 않았다고 한다. 하지만 다른 연대에서 끌려온 사람도 포함해 30명은 살해되었다고 증언했다.

「Platz 나라시노」는 일찍이 연대 본부가 놓여 있던 하치만 공원으로부터는 직선거리로 약 1.5 킬로미터. 걸어서 15분 정도가 걸렸다. 당시 군대라는 존재가 음습하고 비겁하다고 생각하는 것은 장소가 떨어진 곳에서 죽이거나 혹은 민간인에게 살해를 맡기고 있기 때문이다. 아마도 조선인 학살의 불합리함을 전혀 자각하지 못했음이 아니라 살해의 의미를 알고 있었기 때문에 자신의 영역에서 벗어난 곳을 그 현장으로 삼았을 것이다.

실행위원회 사무국장 히라카타 지에코는 "군은 만일 책임을 추궁 당했을 경우, 민간의 자경단에 그 책임을 전가할 생각이 있었던 것은 아닐까"라고 추측한다. 권력기관의 책임 전가는 예나 지금이나 상투적인 수단이다. 말할 것도 없이 「Platz 나라시노」 부지 내에도, 그 주위에도, 학살을 나타내는 것은 아무것도 남아 있지 않다. 사람들은 이곳에서 책을 읽고, 음악을 듣고, 야구와 골프를 즐기고, 고기를 굽는다.

나라시노시 하치만공원 내에 세워진 군마충혼탑 (중앙)

마을회관 명칭에 쓰인 'Platz'란 독일어로 '광장'을 뜻한다. 나라시노 수용소에 있어 독일인과의 교류라는 미담을 가지는 나라시노시다운 명명이다. 실제로 문화면에서는 지금도 독일과의 연결고리가 깊다. 문화 홀에서는 매년 말 독일 작곡가 베토벤의 제9연주회가 열리고 시내 학교에서는 취주악이 한창이다. 고교야구 강호로 알려진 나라시노고의 취주악부는 전국에서 손꼽히는 실력을 자랑한다. 이 또한 독일인 포로로 조직된 오케스트라와의 교류가 큰 영향을 주고 있는 것이다. 또한 시는 '일본의 소시지 제조법 전승의 땅'임을 어필하고 있다. 포로수용소에서 독일인들에 의해 만들어졌던 소시지는 이 땅에서 전국으로 전해졌다는 것이다. 2016년에는 「나라시노 소시지」로고가 상표로 등록됐다. 일반적인 소시지는 양의 창자를 사용해 만들어지지만 나라시노 소시지가 사용하는 것은 돼지의 창자이다. 나도 시내 카페에서 먹어봤는데 확실히 쫄깃쫄깃하고 고소하고 맛있었다. 이렇게 독일인 포로의 기억은 언제까지나 시내에 남겨진다. 이야기가 이어진다. 명물이 되고 마을을 방문하는 재료가 된다. 사람들은 드높여 베토벤의 환희를 노래한다. 하지만 같은 수용소에 갇혔던 조선인의 존재는 여기서도 '없던 일'로 여겨진다. 피의 기억은 지워진다. '군향' 이야기에 조선인은 등장하지 않는다.

수용소에서 조금씩 조선인들이 사라져간다

앞의 아이자와가 남긴 증언에는 '수상하다'고 생각되는 조선인을 '끌어냈다'고 되어 있다. 또 이렇게 말했다.

(살해에 이르기까지) 다짜고짜가 아니라 (연대 안에서) 어느 정도 조사해. 뭐 했었는지 어디에 있었는지를.

'수상한' 조선인을 '어느 정도 조사'하고 살해했다는 것이다. 이를 뒷받침하는 자료가 2003년에 발견되었다. 도쿄 헌병대 고지마치 분대에서 헌병 상사曹長였던 남성의 유족이 보관하고 있던 문서로 지진 발생 직후부터 계엄령 해제까지의 간토 일대 상황이나 헌병대의 활동 내용이 상세하게 기록되어 있다. 이 문서「행동의 대요(경비 및 구원)」항목에는 나라시노 수용소 동정에 대해 다음과 같이 기록되어 있다.

> 조선어에 능통한 상병 3명을 사복 차림으로 수용소 내에 파견, 선인의 동정을 자세히 파악하도록 하여 유력한 자료를 얻었다.

즉 조선어를 이해하는 상병을 스파이로서 수용소 안에 들여보냈다는 것이다. 아이자와의 증언에 의한 "어느 정도 조사해. 뭐 했었는지 어디에 있었는지를"이라는 것은 바로 이 스파이 활동을 가리킬 것이다. 여기서 나온 정보를 바탕으로 처형되는 자, 불하되는 자라는 형태로 죽임을 당할 조선인이 선정되었다. 아이자와는 이러한 광경을 보고 이렇게도 말하고 있다.

> 실제로는 (처형된) 조선인들은 아무것도 하지 않은 것 같습니다. (중략) 지금 생각하면 말이죠, 정말 어처구니없는 짓을 한 거예요.

> 우리는 군대에 있으면서, 그런 게 영창에서 끌려나오면 죽는 거구나, 하고 불쌍하게 생각했어요.

아무것도 알지 못한 채 선택된 조선인들은 수용소를 나와 각자의 사지死地로 끌려갔던 것이다. 이렇게 수용소에서는 연일 조선인들이 조금씩 사라져간다. 앞서 나온 전 경찰관 와타나베도 인터뷰 조사에서 다음과 같이 이야기한다.

나는 통계 일을 했기 때문에 매일 몇 시 현재 조선인 몇 명이라는 일보를 냈다. 현지 주재 순경이 현장에 가서 수용소 사람이 셌던 것을 나에게 보고하러 온다. 그것을 내가 현청에 보고한다.

그런데 하루에 두세 명 정도씩 부족해진다. (중략) "사람 수가 부족해진다는 건 큰일이야"라고 순경을 추궁했더니, 순경은 수용소 사람이 말하길 "오오와다라든가 근처 자경단으로부터 2명 정도 받고 싶습니다만, 오늘은 어떨까요, 라고 받으러 온다. 그래서 상처가 많거나 귀찮은 놈, 말을 거스르고 시비를 거는 놈은 없는 게 좋을 것 같아서 두 명 정도씩 자경단에 넘겼다"고 했다 한다.

와타나베가 "그 사람은 어떻게 되었는가?"라고 묻자 이런 말이 순경으로부터 돌아왔다. "아무래도 산속으로 데리고 들어가 죽이고 파묻는 것 같습니다." 이 증언에서는 자경단이 오히려 적극적으로 조선인을 탐내는 것처럼 보이기도 한다. 아이자와도 자경단의 잔혹성에 대한 증언을 남기고 있다. "젊은 사람은 재미있어 한 것 아닐까요"라고 전제한 뒤에 아이자와는 수용소 근처에 살던 인물의 이름을 들었다.

그때는 혈기왕성해서, 이제…… 베어보고 싶어 어쩔 수가 없다. 누구든 베라고 해서 베는 것은 싫어하니까요…… 좋아하는 사람이 아니면 할 수 없어요.

아이자와는 또 다른 인물도 언급한다. 수용소 근처에서 잡화점을 하던 남성이었다.

유도를 좋아하니까…… 유도로 끝낼 수 있다고 먼저 말하기 시작하고…… 그런 것이 자경단에 있었으니까요. 이건 자경단이 잘못한 거예요. 정말로 말하면, 심심풀이로 공연히 한 것이 아닙니까?

군이 '조선인을 떠넘겼다'는 말이 있고, 자경단이 '받으러 왔다'는 말이 있다. 어쩔 수 없이 '베었다'는 말이 있고, '베어보고 싶어 어쩔 수가 없었다'는 말도 있다. 100년이 지나 증언자가 모두 세상을 떠난 지금 '자른' 쪽의 마음까지는 알 수 없다. 기록으로 남은 것은 '잘린' 자의 존재이다. 그리고 국가권력의 한 기관인 군이 이를 용인, 묵인, 아니 적극적으로 자신의 손을 피로 더럽힌 것이다.

수용소에서 뽑힌 조선인들이 연일 둘, 셋씩 사라진다. 도착한 그 장소에서 일본도와 쇠갈고리가 내리쳐졌다. 그들의 짧은 삶은 거기서 끝났다. 아니, 강제로 끊어진 것이다. 살아있는 인간임을 무시당하고 물건처럼 취급당하고 넘겨지고 농락당하고 피의 바다에 가라앉았다.

3. 지진 78년 후 발굴된 유골

은밀히 진행되어 온 시아귀 공양

그곳은 '나기노하라なぎの原'로 불린다. 야치요시 교외 나라시노 수용소가 있던 장소에서 그다지 떨어져 있지 않다. 주택가 안에 그곳만 떡 입을 벌린 듯한 공간이 펼쳐져 있었다. 모르고 지나가면 잡초만 무성한 공터이다. 분명 사악한 기운邪気도 요사스러운 기운妖気도 느낄 일은 없다.

"큰 소리 내지 마세요."

히라카타 지에코가 평온한 목소리로 전한다. 2023년 8월. 나는 이곳에서 벌어진 학살의 발자취를 따라가는 필드워크에 참여했다. 오랫동안 지역에서 인터뷰를 계속해 온 히라카타가 안내 역할을 맡았다. 약 200평의 공터, 이곳에 학살당한 조선인들이 묻혀 있었다. 우리 참가자들은 지뢰밭에라도 들어간 것처럼 조심조심 땅 속으로 발걸음을 옮겼다. 한적한 농촌 풍경이 펼쳐지던 일대도 지금은 주택지이다. 주민 대부분은 그곳에 조선 사람들이 묻혀있다는 사실을 모르고 있다. 오래 전부터 거주하는 주민 중에는 그 사실을 아는 사람도 있지만, 외부 사람이 이 일을 파고드는 데에 저항감을 나타내는 사람도 있다. 이곳이 학살의 메모리얼로 기억되는 것은 주민으로서 기쁜 일이 아님 또한 분명할 것이다. 적어도 명예로운 일은 아니다. 그래서 히라카타는 지역을 자극하지 않도록 되도록 정숙을 유지해 달라고 참가자들에게 당부했다.

공터의 가장 후미진 곳에서 히라카타는 지면을 가리켰다.

"여기입니다."

모두의 시선이 집중된다.

"여기 묻혀 있었군요."

우리는 말도 없이 그저 잡초가 난 땅을 향해 손을 모았다.

나라시노 수용소가 조선인들을 현지인들에게 '불하', 이들이 자경단에 의해 살해된 사실은 앞서 말한 대로 중학생들의 조사활동을 통해 밝혀졌다. 그것이 현지 신문에 보도되고 학살 사실을 아는 노인으로부터 당시의 일기가 도착한 것도 전술했다. 이런 흐름 속에서 1978년 히라카타 등 지역 교사를 중심으로 실행위원회가 결성됐다.

중학생의 '특종'에 의해 판명된 군민 공동의 학살 사건으로 의문은 그 사체를 어디에 묻었는지가 관건이었다. 다양한 증언을 발굴하는 과정에서 실행위원회는 지역의 무연불등을 발견해 나간다. 그러한 가운데 옛 오와다초(현재의 야치요시) 다카즈 지구 내에서 당시를 아는 일부 주민에 의해 몰래 공양이 행해지고 있다는 소문을 듣게 된다. 이른바 시아귀 공양(희망하는 개인에 의해 행해지는 공양)이다. "하지만 마을 분들은 어디서 공양을 하는지, 어디에 희생자가 묻혀 있는지는 좀처럼 알려주지 않았습니다."

조사에 분주하던 히라카타는 그렇게 술회한다. 군대는 책임을 회피했고, 전후에도 국가는 학살에 관해 함구해 왔다. 그런 가운데 주민들이 함부로 학살 사실을 드러낼 수는 없었다. 하지만 주민 일부는 가해자로서의 자책

감이 있었을 것이다. 외부인에게는 일절 누설하지 않고 자기들끼리 조용히 시아귀 공양을 해 온 것이다.

장소가 밝혀진 것은 실행위원회가 결성된 이듬해 1979년의 일이었다. 지역 초등학교에 근무하는 교사가 가정 방문 중에 공양이 진행되는 장소를 알아낼 수 있었던 것이다. 그것이 히라카타 등에게 전해지고 곧바로 실행위원회 멤버는 현지를 방문했다. 그 장소가 바로 '나기노하라'이다. 당시 '나기노하라' 일대는 덤불로 변해 있었다. 그 가운데 산 모양의 탑이 사람 눈을 피하듯이 세워져 있었다. 탑에는 「제3국인 순난자」라고 적혀 있었다고 한다.

실행위원회와 다카즈 구는 1982년 9월 23일 '나기노하라' 인근 관음사에서 희생자 공양을 했다. 현지에서 정식으로 행해진 첫 공양이었다. 여기에는 히라카타 등 실행위원회 멤버도 참가했다. 이때 관음사 주지는 다음과 같은 인사말을 했다.

"겨우 때가 무르익어…… 전에 구청장님으로부터 얘기가 있었습니다만, 지진 재해 사건으로부터 60년이 됩니다. 당시의 일이지만 이곳에서 조선인이 죽임을 당했고, 여기에 우리 조상들이 연루된 것은 사실입니다. 오늘은 구민 일동의 공양으로 희생자들의 명복을 빕니다." 사실 은밀히 치러져 온 시아귀 공양에는 관음사도 관계하고 있었다. 선대 주지가 탑 등을 마련했던 것이다. 이날을 계기로 새로운 탑이 '나기노하라'에 세워졌다. 거기에는 이렇게 기록되었다.

我昔所造諸惡業皆由無始貪瞋痴
從身口意之所生一切我今皆懺悔

이는 조동종의 참회문으로 불리는 것이다. 과거의 잘못은 먼 과거로부터 쌓아온 탐욕, 분노, 어리석음에 의한 것으로 앞으로 뉘우치며 살아가겠다는 뜻이다. 그 무렵은 아직 살아있던 '체험자'들의 생각을 대변했을 것이다. 이듬해인 1983년에는 실행위원회도 조직으로서 공양에 참가해 대규모 위령제가 행해졌다. 이것이 지금도 관음사에서 계속되고 있다. 1985년에는 현지를 방문해 사실史實을 알게 된 한국의 연극, 문학인들이 성금을 모아 관음사에 종루(한국식 종)를 기증했다.

15년이 걸린 유해 발굴 설득

다음 문제는 유해 발굴이다. 이에 관해서는 난항을 겪었다. 주민들의 반발이 있었던 것이다.

'나기노하라'는 일찍이 국유지였지만 전후에는 옛 주민들의 공동소유지가 되었다. 그래서 파헤치기 위해서는 이들 주민의 합의가 필요했다. 그래서 실행위원회는 여러 차례 주민들과 대화의 자리를 가졌지만 합의에는 이르지 못했다. 주민 특히 학살에 연루된 당사자나 친지 입장에서 보면 학살 60년이 지나 자신의 죄가 파헤쳐지는 것에 대한 저항이 있었을 것이다. 그때마다 히라카타 등 실행위원회는 "발굴은 가해자를 탓하기 위한 것이 아니다. 학살은 권력에 의해 일어난 것이고, 자경단은 살인을 청부받은 피해자로서의 측면도 있다. 중요한 것은 묻힌 희생자를 발굴해 공양하는 것이다."라고 설득을 계속했다.

그 설득에 무려 15년의 세월이 걸렸던 것이다. 실행위원회가 현지 주민을 규탄하는 일은 결코 없었다. 실행위 사람들은 여러 차례 현지를 방문해 잡담을 나누며 발굴의 필요성을 설파했지만 서두르지 않았다. 그런 성실한 태도에 현지 주민들도 조금씩 마음이 움직여 갔던 것이다. 그래도 15년의 시간이 필요했다. "학살에 얽힌 기억은 그만큼 생생하고 언제까지나 남아 있었을지도 모른다."

히라카타는 '설득에 소요된 시간'을 그렇게 되돌아본다. "어느 날 주민 중 한 명이 '손자 대까지 내버려 둘 수 없다'고 말해 주었습니다. 모두, 발

지바현 야치요시의 '나기노하라'

굴 자체를 싫어했던 것은 아니라고 생각합니다. 기억에 매듭을 짓기 위한 시간이 필요했던 거죠."

가해자에게는 가해자의 역사가 있었다. 어쨌든 피로 얼룩진 기억을 지울 수는 없다. 많은 사람들이 기꺼이 살해에 참여한 것은 아닐 것이다. 학살 사실은 사라지지 않는 상처 딱지처럼 저마다의 몸에 각인됐다. 하지만 가해자의 고통보다 희생자의 잃어버린 시간이야말로 묵직한 의미를 지닌다. 죽임을 당한 조선인은 기억을 떨쳐버리고 살 만한 시간조차 갖지 못했다. 그 억울함을, 분노를, 비분을 우리는 무시해서도 안 되고, 잊어서도 안 된다. 시간을 되돌릴 수 없다면 최소한 다시는 이런 참극을 벌이지 않겠다고 희생자에게 다짐하는 수밖에 없다. 그것이 책임이라는 것이다. 아니 가해자의 의무이기도 하다.

유골 6구 발굴

1998년 9월 5일에 관음사에서 행해진 위령제에서는 다카즈 지구 임원이 실행위원회와의 합의 보고를 겸해 인사했다. 사건이 잊혀져가고 있음을 언급하고 나서 이렇게 계속했다.

"군 명령이 절대적인 권위를 갖던 시대의 조류를 거스를 수 없어 불행한 사태에 연루된 잘못을 다시 일으키는 일이 없도록 저희 차세대들은 명심하고, 이유 없이 이 땅에서 생명을 잃은 제 정령들이 편안히 잠에 들 수 있도록 노력을 거듭해갈 것입니다. 좋든 싫든 가해 입장에 서서 고통스런 마음으로 고통을 겪어 온 현지인은 빠른 문제 해결을 바라면서도 유감스럽게도 역사의 중압에 의해 신속한 해결을 미루어 왔습니다. (생략)

참으로 늦었지만 오랜 세월 현안이었던 제 정령들의 망향의 뜻에 부응하기 위해 유골 청정을 말씀드리고, 여러분의 조국에서 기증한 종루의 종소리가 울려 퍼지는 관음사에 안치하기 위한 합의에 도달하게 되었음을 보고 드립니다."

약 2주 후, 마침내 '나기노하라'에서 발굴이 행해졌다. 주위에 차단막이 쳐지고 소형 굴착기가 땅을 파헤쳤다. 사실 이때의 사진, 기록은 남아 있지 않다. 관계자 이외의 출입은 금지되고 매스컴에도 알리지 않았다. 사진 촬영도 금지됐다. 그것이 발굴을 위한 '합의'의 조건이기도 했다. 실은 터파기를 담당한 건설업자 사장은 우연히도 실행위원회 대표 요시카와 기요시의 친구였다. 작업에 종사한 것은 대부분이 30대 전후의 젊은이였는데, 공사 전에 실행위원회가 1983년에 간행한 서적 『이유 없이 죽임을 당한 사람들』을 읽었다고 한다. 역사를 알고 그 의미를 생각한다. 이 건설업자는 그러한 성실성을 가지고 있었다.

작업이 시작된 지 몇 시간 만에 표면의 토사를 조심스럽게 깎아내던 인부가 첫 번째 유골을 발견했다. 이후 조금씩 떨어진 형태로 차례차례 뼈가 출토됐다. 대퇴골 수로 그곳에는 6구의 유골이 있었던 것으로 확인됐다. 그것은 앞에서 말한 어르신의 일기에 쓰여 있던 내용과도 일치했다. 그 후 경찰에 가서 뼈가 발굴된 것을 보고했다. 당초 "뼈가 나왔다"고 경찰관에게 말했더니 무슨 사건으로 착각해 약간의 소동이 벌어졌다고 한다. 결국 감찰의가 뼈를 확인해, 지진 직후의 것임을 인정받았다. 유골은 관음사 경내에 거두어져 이듬해인 1999년에 「간토대지진 조선인 희생자 위령비」가 건립되었다. 위령비 뒷면에는 관음사 주지, 실행위원회 요시카와, 다카즈 지구 주민 일동, 그리고 주민 대표자의 이름도 새겨져 있다. 매년 9월 이곳에서 위령제가 열린다. 나도 지금까지 몇 번인가 위령제에 참가했다. 위령제에는 실행위원회를 비롯해 지역의 자이니치 코리안, 학살사건에 깊은 관심을 가진 지역 외 인사, 그리고 사건에 복잡한 감정을 품고 있을 다카즈 지역 주민들도 대거 참석한다.

"오늘날의 일본과 일본인을 탓하고 싶지는 않다"

학살 100년을 맞이하여 열린 위령제에서는 90세가 된 실행위원회 대표

요시카와도 고령을 무릅쓰고 참석하여 "일본 정부는 아직도 학살의 진상을 밝히지 않고 있다"며 정부의 대응을 비판한 뒤 "앞으로도 진상규명을 꾸준히 이어갈 것"이라고 덧붙였다.

위령제에서는 종소리가 울린다. 종루는 앞서 언급한 대로 1985년 한국에서 기증받은 것이다. 그 경위에 대해 간단히 살펴보자. 1983년 한국의 극단 「현대극장」 대표 김의경이 학살 사건을 주제로 한 희곡을 쓰기 위해 일본을 찾아 '나기노하라'를 방문했다. 그 무렵은 아직 위령비도 없고 공터에 탑이 서 있을 뿐이었다. 일본에도, 그리고 한국에도 알려지지 않은, 이 땅에서의 학살 사건을 역사에 새기는 것이 필요하다고 생각한 그는 귀국 후 연극 동료들과 함께 「위령의 종을 보내는 모임」(훗날 건립위원회)을 결성, 모금 활동을 시작했다. 자금은 순식간에 모였고, 이것으로 종 및 누각을 한국에서 건조. 이를 배로 일본으로 운반하여 관음사에 설치했다. 종루 내에는 한국 건립위원회의 「건립문」이 안내판에 기록되어 있다.

1923년 9월 간토대지진 때 무참히 죽어간 한국인의 넋을 위로하기 위해 이곳 다카즈 관음사 경내에 보화종루를 세우고 이 위령의 종을 봉헌했다. 한국 13개 시·도의 흙을 모아 한국의 기와와 목재, 그리고 한국식 단청으로 공들여 지은 종루는 현해탄을 넘어 지금 이 자리에 서 있다. 끔찍하고 어두운 역사는 그날의 비명과 함께 묻혀버리고 영혼은 그대로 헤매어 왔다. 그러나 이곳 관음사 주지가 2대에 걸쳐 위령의 탑을 세우고, 또 많은 시민 그룹이 자국의 치부를 파헤치는 작업을 함으로써 잃어버린 역사는 다시 한번 드러난 것이다. 이른바 '조선인 습격' 소문의 허구성도 기록하기를 꺼려온 광기의 진상도 반세기가 지나 이제 다시 세상에 모습을 드러냈다. 하지만 현대의 한국인은 그 어두운 역사를 미워하기는 해도 오늘날의 일본과 일본인을 탓하고 싶지는 않다. 오히려 역사를 직시하고 그 역사 앞에 겸허한 일본의 친구들에게 고맙기까지 하다.

그리고 마지막은 "많은 희생자들의 아픔도 함께 나누고 오늘날의 한일 상호 이해와 상호 존중을 함께 다짐하자"는 말로 맺는다. 나는 이 「건립문」을 봤을 때 뭔가 불편함을 느꼈고 그 자리를 떠나고 싶은 마음이 들었다. 죽임을 당하고 빼앗긴 민족이 모금활동까지 하며 종을 제작하여 기증한 사실은 물론이고, 내 가슴을 찌른 것은 그 글귀이다.

"어두운 역사를 미워하기는 해도 오늘날의 일본과 일본인을 탓하고 싶지는 않다"며 "오히려 역사를 직시하고 그 역사 앞에 겸허한 일본의 친구들에게 고맙기까지 하다"고 감사의 마음까지 나타낸 것이다. 필사적으로 사실규명에 애쓴 실행위원회나 옛 상처를 도려내듯 협력한 지역민들이 감사받는 것은 당연하다고 해도 지금의 '일본과 일본인'에 대해서도 '탓하고 싶지는 않다'라고 하필이면 학살의 땅에 기록한 것이다. 울고 싶을 정도로 부끄러웠다. 나도 모르게 눈을 돌리고 싶어졌다. "기록이 없다"라고 거짓말하는 정부, "학살이 있었는지 없었는지는 후세의 역사가가 밝힐 터"라고 내뱉은 도지사, 지진 때의 학살을 "없던 일"이라고 우기는 우파 세력, 그리고 지진 때와 마찬가지로 조선인을 "죽여"라고 외치는 인종 차별주의자. 그런 얼굴들이, 말들이, 차례차례로 머리에 떠오른다. 이를 방치한 채, 아니 앞장서서 주장하는 '일본과 일본인'이 '희생자들의 아픔을 함께 나눌' 수 있을까? 나도 많이 참고로 한 『지역에서 배우는 간토대지진』 등의 저자이자 오랜 기간에 걸쳐 실행위원회 활동을 지지하고 기록해 온 다나카 마사타카 센슈대 교수는 관계자의 노력에 경의를 표한 다음 이렇게 말했다.

"아직도 묻혀 있는 희생자의 이름은 모릅니다. 이렇게 죽은 사람들은 아마 행방불명으로 취급되었고 유족들에게는 유골도 돌아오지 않았습니다. 희생자의 유족이나 동포에게 있어 이 문제는 아무것도 해결되지 않은 것입니다. 공적인 조사가 제대로 이뤄지지 않은 것 자체가 비정상으로밖에 생각되지 않습니다."

맞다. '일본과 일본인'은 계속 이 사실을 숨겨 왔으니까.

학살범 재판이 열린 요릿집

출판사나 돈 많은 지인이 사준다면야 기쁘겠지만 내 돈으로 장어를 먹으러 가는 일은 거의 없다. 하지만 그 가게만은 꼭 들어가 보고 싶었다. 후나바시역에서 걸어서 5분 정도의 오피스가 한가운데에 자리한 요리점 「이나리야」이다. 큰맘 먹고 4,000엔 장어덮밥을 주문했다. 이 가게의 명물이다. 나는 맛을 평가할 만한 경험도 혀도 없다. 하지만 어쨌든 맛있었다. 고소함이 코를 스치고 입안에서 장어가 조용히 녹아내린다. 매콤달콤한 양념은 적당한 양으로 흰쌀밥에 간이 맞춰져 있어 젓가락을 쉴 틈도 없이 단숨에 먹어 치웠다. 모처럼의 비 일상이다. 더 음미하면서 먹었어야 했다는 후회가 든다.

「이나리야」는 1865년에 이 자리에서 창업한 노포이다. 홈페이지에는 "에도 그 옛날 후나바시가 나리타 가도의 역참 마을이었던 무렵부터 고장의 삼방제 에도마에 생선과 보소 해산물 요리가 여러분에게 사랑받아 오늘에 이르고 있습니다. 자부심을 계승하는 10명의 조리사와 고객을 소중히 하는 점원들의 요리와 접대를 즐겨주세요."라고 되어 있다. 점포 구조도 중후한 느낌으로 기업 접대나 지역의원 회합 장소로 즐겨 찾는다는 것도 납득이 간다. 후나바시의 영빈관이라 할 만한 분위기다. 매립될 때까지는 해안도 가까워 도쿄 만에서 어획된 어패류, 그중에서도 장어가 평판이 좋아 전전부터 가게의 간판 메뉴가 되었다. 식사를 마치고 나서 5대째 사장을 맡고 있는 이시이 히로시(73세)에게 "장어를 만끽할 수 있었다"라고 전했다.

장인다운 완고한 분위기를 풍기지만 보기와는 달리 온화한 성격의 소유자 같았다. 싱글벙글하며 "다행이다. 다행이다"라고 웃음을 지었다.

"오래된 역사 있는 가게네요."

"그래, 나로 5대째. 지금은 6대째 아들이 가게를 운영하고 있어요. 창업 때부터 에도마에 생선을 내놓는 것으로 알려져 있었던 것 같습니다만, 에도마에라는 것은 옛날에는 장어의 대명사이기도 했습니다. 그래서 명물은 지금도 장어입니다."

"이 근처도 옛날과는 분위기가 바뀌었습니까?"

"전후 바로 해안가 매립이 시작된 것 같은데, 그래도 제가 어렸을 때는 아직 후나바시 해변도 그리 멀지 않았어요."

"100년 전 대지진. 그때 이야기를 들어보신 적이 있습니까?"

"이 앞 지금의 국도 14호선 너머에 해변과 염전이 있었다고 하는데, 거기에 도쿄에서 도망쳐 온 피난민이 모였다. 요즘으로 말하면 캠프 같은 상태였다고 아버지한테 들었어요."

이시이의 아버지는 1920년생. 지진 때는 3세였으니까 그 당시의 이야기는 모두 할아버지로부터 들은 것이라고 한다. 실은 「이나리야」, 지진 직후의 학살 사건과도 관계가 있다. 이 가게는 학살범을 재판하기 위한 법원 역할을 한 것이다. 학살사건은 문제가 되어 경찰도 하수인 체포에 나섰다. 종종 인용해온 전직 경찰관 와타나베 요시오의 수기 「간토대지진의 추억」(『이유 없이 죽임을 당한 사람들』 수록)을 보자.

9월 20일경부터 자경단, 그밖에 살인범의 검거가 개시되었다. 우리는 중대한 문제가 발생하나라고 걱정하면서 우라야스마치나 교토쿠마치 방면으로 이른 아침 출장을 가서 범인 다수를 연행해 왔다.

도쿄에 인접한 우라야스나 교토쿠(현재의 이치카와시)에서도 학살 사건은 많이 발생했다. 와타나베 등 경찰관이 연행한 범인을 데려간 곳이 「이나리야」였다. 당시 이나리야와 후나바시 경찰서는 가까운 데에 위치해 있었다. 경찰서가 있던 자리에 지금은 상공회의소 빌딩이 세워진 것은 앞서 말했다. 그 무렵부터 「이나리야」는 지역 연회 등에 사용되는 유명한 가게였다. 방도 넓고 경찰서와 가깝다는 물리적인 이유도 있어 임시 법원 조사실로 임대되었던 것이다. 와타나베의 수기로부터 인용을 계속한다.

그때 후나바시마치의 이나리야라는 요릿집에 지바에서 재판관과 검사 및 서기가 와서 2층에 진을 치고 있었다.

현재는 빌딩건물인 「이나리야」이지만 당시는 2층 저택이었다.
요릿집 2층 방에서 검사의 조사가 행해졌는데 지극히 허술한 것이었다.

그들[저자 주·검사들]은 연행해 온 범인을 차례로 불러내 먼저 "너는 집행유예로 하겠다"고 검사가 말해주고는 조사를 시작했다. 그러자 범인은 순순히 범행을 시인한다. 옆에 있는 판사의 손에 건네자 판사는 "너 두 사람 죽였느냐? 그러면 징역 2년에 집행유예 3년에 처한다. 알았느냐?" "항소하느냐?" 판사가 범인에게 묻고, "항소하지 않겠습니다"라고 대답이 돌아오자, "그럼 돌아가도 좋다"와 같은 조치가 이루어졌으므로 우리는 이것을 일일一日재판이라고 불렀다.

이렇게 해서 형식적인 예심이 이루어지고 있었던 것이다. 와타나베는 이를 비꼬며 '일일재판'이라고 불렀는데 「이나리야」의 이시이는 '순회재판'이라고 말했다.

자경단원 대부분은 집행유예
"이 가게의 방에서 조사를 했던 일은 들은 적 있습니까?"
"조선인 학살에 관한 재판 이야기죠. 검찰에서 '순회재판을 하고 싶으니 가게 일부를 빌려 달라'는 요청이 있었던 것 같습니다."
"어떤 조사가 행해졌던 것일까요?"
"그것까지는 몰라요. 다만 부모님께 전해들은 얘기에 따르면 꽤 형식적인 것이었나 봐요."
와타나베의 증언과 같이 심의를 다한 것이 아니었던 것만은 확실한 것 같다. 앞서 나온 『현대사자료6 간토대지진과 조선인』에는 「지바현 살해사

건「千葉県下に於ける殺害事件」이라는 항목에서 살해 등 군인에 의한 8건의 조선인 살해 사례를 들며, 다음과 같은 지방검찰청장檢事正 보고를 남겨놓았다.

육군 당국이 조사한 바에 따르면 (중략) 그 사실을 인정할 수 없으며, 또는 살해 사실로 인정할 수 있는 것도 적법행위로 인정되는 것이며, 또한 제6의 사실[저자 주·후나바시 무선송신소장의 살인교사 사건]은 해군당국이 조사한 바에 따르면 살인교사를 한 사실은 인정할 수 없다고 한다.

군대는 전혀 책임이 없다는 결론이다. 그럼 군에 의해 '배급' '불하'된 조선인 살해는 누가 책임질 것인가? 법원은 이를 모두 민간 자경단에 떠넘긴 것이다. 〈도쿄일일신문〉 보소판은 지진 후 10월 24일, 다음과 같은 제목을 내걸고 학살을 보도했다.

유언비어에 놀라 130여명을 학살 범인 151명 검거 수감 자경단에 의한 큰 폭행

이어 16건의 사건과 151명의 이름 등을 게재했다. '가해자' 중 한 사람인 다카하시 사다고로는 "포상을 받을 수 있다"라고 생각해 많은 사람들이 '자수'했다고 수기에 남기고 있다. 하지만 희망과는 달리 그것이 통상적인 조사라고 알게 되자, 곧바로 "흉기는 어디론가 떨어뜨려 버렸다" 등이라고 시치미를 떼었고, 그래서 증거 불충분, 무죄 방면이 되어 버렸다고 한다. 그 결과 체포된 151명이라는 것은 어디까지나 자경단의 리더 격 사람이었다. 그 후 〈도쿄일일신문〉(11월 2일)은 구형을 앞둔 지방검찰청장의 코멘트를 게재하고 있다.

이번 사건은 아시다시피 도쿄, 요코하마 등의 지진 화재를 틈타 불령선인이 잔학행위를 하고, 마침내는 현 내에도 습격해 온다고 하므로 자경단을 조직해 경계 중

에 일어난 일로, 그간 하등 악의는 없기 때문에 무죄로 하고 싶지만, 그러나 법을 적용하지 않을 수는 없으므로 정상을 참작해 극히 가벼운 형을 요구할 방침이다.

아니나 다를까 자경단원 대부분은 집행유예가 되었고 극히 일부 사람만 징역 2~4년의 판결을 받았다. 그것도 지진으로부터 3년 후에 다이쇼 천황이 죽고 시대는 쇼와로 바뀌었다. 그에 따른 사면이 이루어져 아직 형을 살고 있던 사람이 모두 석방된 것이다.

가해자만 일상을 되찾았고 피해자의 시간은 바늘을 멈췄다.

제4장

복합차별이 부른 '후쿠다무라 사건'의 비극
: 지바 노다

후쿠다무라 사건의 무대가 된 가토리 신사의 도리이

사건 해명의 단초가 된 한 통의 전화

히라카타 지에코의 집 전화가 울렸다. 1979년 9월의 일이다. 수화기 저편에서 여자의 목소리가 울렸다. 당시 「지바현 간토대지진과 조선인 희생자 추모조사 실행위원회」 사무국은 편의상 히라카타 자택에 두었다. 지금만큼 개인정보 관리가 엄격하지 않은 시대였다. 사무실이 없는 시민단체 상당수는 회원 중 자택 전화를 대외적으로 '연락처'로 했다. 실행위원회의 기관지, 자료집에도 당시는 히라카타의 자택 전화번호가 나와 있었다. 마침 바로 전에 실행위원회 활동이 전국지에 소개된 지 얼마 되지 않았다. 해당 신문기사 또한 마지막에 히라카타 집 전화번호를 실었다. 여성은 그 기사를 보고 히라카타에게 전화한 것이었다. 여성은 신문 기사에 게재되어 있던 실행위원회 자료집을 받아보고 싶다고 전했다. 히라카타는 곧바로 여성이 살고 있다고 한 간사이 주소로 자료집을 송부했다. 두 번째 전화는 그로부터 곧바로 이루어졌다. 여성은 "자료집이 도착했다"고 답례한 뒤 갑자기 뜻밖의 말을 내뱉었다.

"죽임을 당한 것은 조선인만이 아닙니다."

무슨… 이라고 되묻는 히라카타를 향해 여성은 계속한다.

"일본인도 살해당했습니다. 나의 삼촌, 숙모, 함께 있던 어린애까지 살해당했어요."

히라카타: 어디서 돌아가셨을까요?

여성: 지바현 도네가와 강가라는 것밖에 모릅니다.

히라카타: 어떻게 하면 좋을까요?

여성: 찾아주세요. 저도 그 장소를 방문하고 싶습니다. 금방이라도 상경하겠습니다.

두 사람은 일단 9월 19일 후나바시에서 만나기로 약속했다. 이 시점에서는 아직, 이 한 통의 전화가 후일 세상에 널리 알려지게 되는 '대사건' 해명의 시작점이 된다고는 히라카타도 전혀 생각하지 못했다. 다만 현장이 '도네가와 강가'라고 듣고 히라카타에게는 짐작이 가는 부분이 있었다. 지바현 내의 학살사건에 관해 닥치는 대로 자료문헌을 수집했기 때문에 대략적인 사건과 지명을 연결시키는 것은 그리 어려운 작업이 아니었다.

전화를 마치고 히라카타가 자택 서고로부터 꺼낸 것은 요시카와 미쓰사다의 『간토대지진 치안 회고』이다. 이 책자는 제목 그대로 대지진 학살사건 등을 '치안' 관점에서 정리한 것이다. 아무래도 조선인의 피해 상황은 상당히 낮게 추정하고 있지만, 그래도 주요 사건에 대해서는 과연 검사답게 중요한 지점을 정확한 필치로 쓰고 있다. 요시카와 미쓰사다는 전전에는 조르게 사건[1] 등을 담당한 사상 검사로 전후에는 공안조사청 장관을 역임했다. 1949년 중의원 법무위원회에서는 법무성 간부로서 요시카와의 적격성이 문제가 되었다. 도쿄대 학생 시절 신인회 멤버로 다나카 기요하루(비합법 시대의 공산당 위원장, 전후에는 흑막 역할)와 친한 사이였던 것, 공산당 당원으로서 활동했던 일 등이 이때 폭로되었다. 좌익 전향자에게 흔히 볼 수 있는 뼛속까지 반공주의자로 파괴활동방지법[2] 제정의 일등공신이기도 했다.

요시카와가 쓴 책 중에 「히가시가쓰시카군 후쿠다무라에서의 소요」라는 항목이 있었다. 여기에 사건 현장으로 '도네가와 강'이 나오는 것을 히라카타는 기억하고 있었던 것이다.

생소한 방언 때문에 조선인으로 의심

우선 이 책의 기술에 따라 사건 개요를 적어 본다. '사건'은 1923년 9월 6일 일어났다. 현장은 지바현 후쿠다무라(현재의 노다시), 도네가와 하천

1　독일인 저널리스트 조르게 등이 일본에서 소련의 스파이 활동을 한 혐의로 체포되어 처형된 사건

2　이른바 '폭력주의적 파괴활동'을 한 단체에 대한 규제와 형벌을 정한 법률이나, 주된 조사대상에 일본공산당이 있었다.

부지에 접한 미쓰보리 지구이다. 이날 오전 10시경, 그곳을 지나간 것은 가가와현으로부터 방문한 매약 행상 일행(여성 및 아이를 포함한 총 15명)이다. 행상은 다카마쓰시 제국병난구약원에 소속되어 전국을 돌며 약을 팔고 다녔다. 일행은 도네가와 강 건너편 이바라키현으로 향할 예정이었지만 나룻배 사공과 뱃삯 협상을 위해 우선 가토리 신사에서 짐을 내렸다. 일행 대표들이 사공과 교섭하는 동안 다른 사람들은 잠시 휴식을 취했다. 그런데 지진 직후 '조선인 습격'에 대비하던 마을 자경단은 일행을 '조선인 아니냐'며 소란을 피우기 시작한다. 가장 먼저 조선인임을 의심한 것은 협상 중인 사공이었다. 생소한 방언(사누키 사투리)으로 보아 일본인이 아니라고 판단한 것이다. 이하 이 책으로부터 인용한다.

> 시코쿠 사투리로 언어 불가해한 점 등이 있어 자경단원은 이들이 선인이라고 생각하여, 경종을 난타하여 급히 마을 안에 알리거나 이웃 마을[다나카무라=현재의 가시와시]에 응원을 요청하기에 이르렀다. 그 결과 수백 명의 마을 사람들은 금세 무기를 들고 신사 앞으로 쇄도하여 상기 매약 행상 일행을 포위하고 "조선인을 때려 죽여라"고 떠들었다.

경종이 울리는 가운데 가토리 신사 경내는 살기등등한 사람들로 가득 찬 것이다. "죽여라"는 소리가 난무하는 가운데 행상 일행은 자신들이 일본인이라고 호소한다. 하지만 자경단원을 비롯한 마을 사람들은 이에 귀를 기울이지 않았다.

> 선인에 대한 공포와 증오의 마음에 평정을 잃은 군중은 이미 변명에 귀 기울일 틈도 없이, 동아줄로 옭아매거나 또는 쇠갈고리, 곤봉을 흔들며 구타 폭행

완전한 집단 린치다. 경내에서 핏방울이 튀었다. 이어 "도네가와 강에 던져버려"라는 목소리에 힘입어 폭행으로 쓰러진 행상단원 9명을 나루터까지 끌고 가 도네가와 강에 가라앉혔다.

그중 8명을 익사시켰으나 1명이 헤엄쳐 도네가와 강을 가로질러 건너편으로 도망가려 하자, 군중 중에 나룻배로 추적하는 자가 나타나 강 건너에서 이를 목을 베어 죽임

이렇게 해서 9명이 학살되었다. 살해된 사람 중 가장 나이가 많은 사람은 29세의 남자이다. 최연소자는 2세 남아. 4세 여아와 6세 남아도 살해됐다. 자경단은 아이들에게도 가차 없었다. 또한 같은 희생을 당한 23세 여성은 임신 중이었다. 다른 희생자들도 18세에서 20대 후반. 현대의 기준으로 말하면 젊은이들뿐이다. 살아난 사람은 6명이다. 이들은 포승줄에 묶여 바로 살해되기 직전에 달려온 경찰관의 도움을 받았다. 아슬아슬하게 위기를 벗어난 것이다. 이것이 후에 '후쿠다무라 사건'으로 알려지게 되는 학살사건의 개략이다. 히라카타가 여성으로부터 전화를 받은 1979년 단계에서는 아직 이 명칭이 정착되지 않았다. 그저 요시카와의 저서에 기록된 한 가지 학살 사례에 지나지 않았던 것이다.

행상단 고향에서만 구전되어 온 비극

전화로부터 약 2주 후인 9월 19일, 히라카타와 실행위원회 사람들은 후나바시역에서 여성과 만났다. 초면인 이들은 '서로 책을 드는' 것을 신호로 삼았다고 한다. 히라카타 등은 인사만 간단히 나누고 『간토대지진 치안회고』의 해당 페이지를 여성에게 보여 주었다. '도네가와' 관련 기술은 물론이고 기록되어 있던 향리의 지명 등도 일치했다. 틀림없다고 다 같이 확신했다. 그녀의 친족은 후쿠다무라 사건의 희생자였던 것이다. 그 후 현장

으로 향했다. 도네가와 강 나루터에 가서 모두가 강물을 바라보았다. 강가에 선 그녀는 "할머니, 어머니, 나, 3대에 걸친 한이라고 해야 하는 것일까요. 50여 년 세월이 흐른 후, 서로 모습도 본 적이 없는 제가 이 자리에 설 수 있다니"라고 말했다.

"얼마나 힘들었을까요?"

히라카타는 그렇게 답하는 것이 고작이었다. 이때 여성의 증언은 『이유 없이 죽임을 당한 사람들』에 담겨 있다.

> 9월 1일 〈아사히신문〉 제목을 보고 깜짝 놀랐습니다. 안절부절 못하고 아침 일찍부터 전화를 했습니다. 죽임을 당한 것은 조선인만이 아닙니다. 나의 삼촌과 숙모와 어린애까지 살해된 것입니다. 내가 아직 태어나지 않았을 때였지만, 삼촌과 숙모는 마을 사람들 열 네다섯 명과 도쿄에 간 채 돌아오지 않았습니다. (생략) 숙모는 배에 아이가 있었던 것으로 알고 있습니다. 저는 그 아저씨 여동생의 자식으로 조카에 해당합니다. 할머니와 어머니로부터 이 이야기는 많이 들었습니다.

사건이 밝혀진 것은 대지진으로부터 반년 정도가 경과한 시기였다고 한다. "도쿄는 대지진으로 전멸"이라는 소문을 들어 일행도 지진 피해로 그렇게 된 거라고 포기하고 있던 중, 그중 한 사람이 돌연 귀향했다.

> 오른 팔, 왼쪽 다리가 잘린 끔찍한 모습으로 돌아와 도네가와 강변에서 조선인과 착각하여 살해당했다고 전해 주었다. 이 사람은 고향에 돌아가서 보고해야겠다는 일념으로 반년 걸려 돌아왔다.

여성의 할머니는 전전 혼자 도네가와 강을 찾아 당신 자식이 죽은 곳을 알아내려 했지만 끝내 찾지 못했다. 아마도 생존자로부터 대략적인 현장은 듣고 갔겠지만, 당시에는 마을 사람들이 침묵했을 것이다. 어디가 현장인지도 모르고 사온 꽃을 도네가와 강에 던졌다. 이 할머니는 전쟁 중 "조선인을 그렇게 학살하고는 군속으로 끌고 나가 몹쓸 짓을 한다"는 식의 발언을 했다가 헌병에게 끌려간 적도 있었다고 한다.

> (헌병이) "시말서를 써"라고 하는데 쓰지 않고 "내 자식과 똑같이 죽여줘"라고 덤볐다고 합니다.

문헌으로만 알 수 있었던 사건이 살아 있는 인간의 리얼한 말로 히라카타의 가슴에 다가왔다. "무거운 짐을 맡은 것 같은 기분이 들었다"라고 히라가타는 말한다.

지바현 내 각지의 학살사건을 조사하고는 있었지만 그때는 아직 '후쿠다무라 사건'은 손도 대지 못했었다. 문헌을 통해 '알고 있었을' 뿐이다. 여성의 증언은 고향에서만 구전되어 온 비극이 희생자의 친족에 의해 처음으로 외부에 전해진 것이었다. 후쿠다무라 사건이 문헌의 테두리 밖으로 뛰쳐나온 순간이다. "그녀는 계속 골몰히 생각하는 듯한 표정을 잃지 않았어요. 여성의 말처럼 현장을 특정해 공양하는 것은 할머니 대부터 이어진 가족의 소원이었을 것입니다."

히라카타 등은 노다에 오는 길에 산 국화꽃을 나루터에 대고 향을 곁들였다. 강에서 부는 바람에 흔들리는 국화꽃을 보며 함께 기도했다. 여성은 사람들과 공양을 하고도 굳은 표정 그대로였다.

"사실은 마을 사람들에게 따지고 싶었다." 돌아오는 길에 그녀는 히라카타에게 그렇게 말했다고 한다. 지바로 떠날 때, 고향 카가와 사람들이 "그곳 마을 사람들에게 원망하는 것은 그만둬"라고 간청했다고 한다. 수십 년 전의 일로 여성이 트러블에 휘말릴 것을 염려했을 것이다.

그래서 여성은 '마을 사람'을 만나도 말을 주고받지 않았다. 끝까지 자신을 억제했다. 그러나 가슴 속에는 분노와 슬픔이 가득했다. 그 생각은 『이

유 없이 죽임을 당한 사람들』 증언 안에도 나타나 있다. 그 직설적인 감정
은 사건이 무엇을 초래했는지, 어떤 영향을 유족에게 주었는지를 여실히
보여준다.

> 원망 하나까지 말하고 싶었다. 이 죄는 용서할 수 없다고 생각한다. 재판은 용서해
> 도 법은 용서해도 설령 정부의 명령이라도 용서할 수 없다고 생각한다. 입을 다물
> 고 반성하고 있다고 해도 용서할 수 없다.

> 사람의 원념은 그렇게 가볍지 않다. 어느 나라 사람이든 인간은 인간이다.

> 왜 조선인을 죽였는지, 누가 유언비어를 퍼뜨렸는지는 누구든 알 수 있잖아요, 루
> 머를 타고 경찰과 군대가 출동했으니 자신들이 한 일이니까 묵인해버린 거죠. 그렇
> 게도 미운 조선인을 전쟁에서는 군대에 동원했어요.

이 여성의 증언에서 전해지는 것은 단지 희생자 친족으로서의 감정에 그
치는 것이 아니다. 조선 사람이 살해당했다는 사실에서 그녀 나름의 언어
로 추악한 '차별'의 존재를 날카롭게 파헤치고 호소하고 있었다. 죽일 만큼
미워한 조선인을 "전쟁에서는 군대에 동원했다"는 말도 식민주의의 본질
을 알아맞힌 것이다. 여성에게는 학살의 구조가 보였다.

새로운 증언자

실행위원회는 여성과의 만남을 계기로 추가 조사를 진행했다. 내가 정말
로 머리가 숙여지는 것은 여성의 실행력과 열정이다. 국가도 지방행정도
이런 조사를 전혀 하지 않았다. 모두 민간에 맡기고, 아니 실제로는 맡기
지도 않았다. 이후 언급되는 사이타마, 군마, 가나가와 등도 그렇고 학살의
실제를 밝혀 나가는 것은 모두 이러한 민간인인 것이다. 언론조차 진심으

로 임하지 않았다. 나라시노 수용소에 의한 '불하' 사건도 중학생들과 교사에 의한 특종이 아닌가? 신문과 TV를 비롯한 우리 언론인들은 이런 사람들의 조사 결과에 기대고 있을 뿐이다. 즉 이러한 사람들이 없었다면 일본 사회는 학살의 상세한 내용을 알 수도 없었다. 역사 속에 묻혀 있었을 것이다.

사건을 다룬 영화가 히트하는 등 지금은 많은 사람에게 알려지게 된 후쿠다무라 사건이지만, 이 여성이 나타남으로써 그리고 히라카타 같은 분이 여성을 현장에 안내함으로써 사건으로부터 56년 만에 처음으로 다시 주목받게 된 것이다. 희생자 유족으로부터 후쿠다무라 사건의 증언을 들은 실행위원회는 다시 현장을 찾았고 마침내 새로운 증언자를 찾을 수 있었다.

실행위원회의 인터뷰에 응해 준 것은 그때도 옛 후쿠다무라에 살고 있던 사이토 기요(당시 76세)이다. 『이유 없이 죽임을 당한 사람들』에 담긴 사이토의 이야기는 다음과 같다.

대지진 직후 후쿠다무라에도 조선인들이 도쿄 거리에 방화를 저질렀다는 소문이 돌았다. 지진 며칠 뒤 짐수레 두 개를 밀고 행상 일행이 마을에 나타났다. 모두가 유카타 차림이었다. "좋아, 좋아"라고 하는 남자들의 구호가 사이토의 귀에는 남아 있다. 짐수레에는 아이의 모습도 있었다. 하지만 금세 자경단에 붙잡혔다. 말투 차이로 "조선인이지"라고 다그치는 마을 사람들에 대해 행상 일행은 "아니다"고 부인했다.

"우리는 조선인이 아니다", "죽이지 말라" 행상인들은 울면서 항변했다. 그러나 마을 사람들은 가차 없었다. 총, 칼, 쇠갈고리 등을 들고 행상 일행을 덮쳤다. 한번 쓰러지고 그래도 어떻게든 기어오르려는 자도 장대 등으로 찔렸다. 사이토는 살아남은 사람들이 울면서 현장에서 끌려 나가는 모습을 봤다.

여자도 남자도 울고 있고, 수레도 짐도 없고, 아이도 없었다.

행상 일행은 모든 것을 잃은 것이다. 짐도 수레도, 그리고 어른의 생명도, 어린 아이의 생명도. 이때 일본 사회도 소중한 것을 잃었다. 인간의 생명. 인간으로서의 존엄. 그리고 상식과 양심. 일본은 스스로를 파괴하고 있었다.

피해자는 항상 방치된 채

이 사건으로 죄를 추궁 받은 것은 8명의 자경단원이다. 종소리를 듣고 달려가 행상 일행을 에워싼 후쿠다무라, 다나카무라 사람들은 1,000명이 넘었다고 하니 수가 너무 적다. 역시나 여기서도 체포된 것은 리더 격인 사람뿐이었다. 신문기사 등에서 확인하면, 지바 지방재판소에서 자경단원을 피고로 한 첫 공판은 11월 28일에 행해졌다. 신문보도를 토대로 법정을 재현해 본다(피고인은 익명 처리했다. 현장 근처에서 살고 있는 친족도 적지 않아 개인 프라이버시를 배려했다.).

우선 오전 신문에서는 범행 정황이 드러났다. 자경단에 쫓겨 몇몇 피해자는 도네가와 강으로 도망쳤다. 그중 한 여성은 아이를 안은 채 가슴까지 물이 차는 곳까지 몰리며 "도와 달라"고 소리치고 있었다. 이에 피고들은 엽총, 죽창, 일본도 등을 들고 배에 올라타 필사적으로 도망치려는 행상 일행을 덮쳤다. 피고들은 사실을 추궁당하면 각각 "그렇습니다. 맞습니다"라고 시인. 28세의 피고는 "저는 총을 메고 갔는데요, 모두가 이쪽에 와서 쏘라고 말해서 한번 발포했습니다"라고 증언했다. 또 다른 피고인(25세)은 "일본도를 들고 나갔는데 군중 속에서 네놈은 구경하러 왔느냐고 호통을 치니까 저지른 것 같습니다"라고 남의 일처럼 말한 뒤 이렇게 계속했다. "저는 실제 상대를 베었는데도 예심에서 세 번이나 부인한 것은 감옥에 갇혔기 때문입니다. 불령선인 때문에 국가는 어떻게 되는 걸까 걱정이 되었고요."

〈도쿄일일신문〉 보소판 1월 29일 신문기사에서는 이 남성의 증언을 '연설 말투'였다고 빈정거리며 보도하고 있다. 그러나 문제는 '말투'가 아니라 '불령선인 때문에 국가는 어떻게 되는 걸까'라는 대목일 것이다. 조선인을 '불령'으로 몰아붙이는 이 사고야말로 사람을 학살로 이끈 것이다.

오후가 돼서야 검사들의 논고가 이뤄졌다. "피해자는 여자와 아이를 데리고 짐을 잔뜩 지고 도망치려는 것을 강물 속으로 빠뜨려 죽인 것은 참혹하기 그지없는 일로 정상참작의 여지가 없다." 그렇게 말한 뒤 3명에게 징역 15년, 4명에게 징역 10년, 1명에게 징역 7년을 구형했다. 이어진 판결에서도 구형대로 실형이 선고됐다. 지바현 내에서 발생, 재판에까지 이른 사건 중에서는 가장 무거운 형이다. 확실히 유아를 포함한 아이 3명도 희생되었다. 더할 나위 없이 악질이다. 정상참작 여지없이 중형이 부과되는 것은 당연하다. 하지만, 한편으로 희생자가 일본인이었기 때문에 중형이 아니었을까 하는 의심도 든다.

학살은 모두 '참혹하기 그지없는 일'이다. 어느 현장이든 도망을 가도 목숨을 구걸해도, 총에 맞고 칼에 찔리고 맞고 차이고 죽은 것이다. 거기에 '참혹'의 경중은 없다. 그런 터일 텐데, 피해자가 일본인이라 이른바 '시세대로'의 판결이 된 것이다. 문제는 조선인 살해 공판에서 형벌의 가벼움일 것이다. 앞에서 말한 것처럼 아무리 '참혹하기 그지없는 일'을 해도 2년에서 4년 판결이다. 아니, 집행유예가 되거나 애초에 재판조차 하지 않은 사례도 여럿 있지 않은가? 목숨이 인종에 따라 무게가 달랐던 것이다. 덧붙여 1심 판결을 받은 후쿠다무라 사건의 피고들은 전원이 항소해, 다음 해 항소심에서 새로운 판결이 내려졌다.

1심에서 징역 15년이었던 사람이 10년이 된 것을 시작으로 전원이 2~3년 감형되어 형은 확정되었다. 이것도 조선인 살해 사건보다는 무겁지만, 결국 가해성이 과소평가되어 이러한 결판이 나는 것이었다. 그리고 앞서 언급했듯이 다이쇼 천황 사망에 따른 사면으로 전원이 석방되는 것이다. 바람에 날린 것처럼 죄도 사라진다. 또한 사건의 피해자 유족도 힘들게 살아남은 피해자도 이 재판에 불리는 일은 없었고 판결의 내용을 알리지도 않았다. 설령 일본인이라고 해도 학살 피해자는 항상 방치되는 것이다. 가해자 측만이 일상을 되찾는다.

지역 전체가 범인 가족을 지원

재판에 관해 또 하나 적어두고 싶은 것이 있다. 재판 비용 말이다. 『가시와 시사 근대편』(가시와시 교육위원회)에는 다음과 같은 기술이 보인다.

> 이 사건에 연루되어 다나카무라 4명, 후쿠다무라 4명, 총 8명이 체포되었다. 다나카무라는 같은 해 10월 2일에 지역의회 의원·각 구청장·각 단체장을 소집해 대처 방침을 협의한다. 회의에서는 변호사비를 낼 수는 없지만 "동사무소에서 또는 공공단체 단장으로부터 명령 하에 행동은 어쩔 수 없는 것이므로"라고 고가네마치 경우를 참고했다. 4명에 대해 350엔의 위문금을 호수 할당으로 징수하여 지급하기로 했다.

동정 받은 것은 피해자들이 아니라 흉악한 짓에 손을 댔던 자들이었고 지역에서 재판비용이 지원된 것이었다. 더욱이 형이 확정된 뒤에도 지역 전체의 지원은 계속 된다. 후쿠다무라, 다나카무라 두 마을에서 범인 가족에게 위문금을 보내거나 농번기의 도움을 준 것은 현지 신문의 보도에서도 밝혀졌다. 죄를 추궁 받은 것은 모두 자경단의 리더 격이었음은 앞에서도 언급했다. 다시 말해 그것은 마을의 유력자였음을 의미한다. 실제로 그 중 한 명은 출소 후 다나카무라 촌장 선거에 출마해 당당히 당선됐다. 마을이 가시와시에 합병된 후에도 시의원을 맡았다. 학살의 리더는 역시 마을의 대표가 되는 것이다. 사건 자체가 그야말로 '지역 전체 관련'이었음이 드러난다. 따라서 지역은 오랫동안 사건을 숨겨 왔다. 일체의 기록, 자료를 남기지 않았다.

1999년에는 지역 향토사 연구 그룹이 『후쿠다의 발자취』라는 책을 펴냈지만 거기서도 학살사건은 일절 언급되지 않았다. 후쿠다무라에 관한 '가장 애처로운 사건'으로 이 책이 꼽는 것은 1926년에 일어난 나룻배 전복사고이다. 날씨가 급변하면서 강풍이 몰아쳐 배에 타고 있던 6명이 숨졌다. 마을 사람들은 공양비를 세우고 "가련한 여섯 영령은 반도타로(도네가와의 별칭)의 이슬로 사라지다"라고 비문을 새겼다. '애처로운 사건'임에 틀림없다. 그렇다면 임산부와 유아를 포함한 9명의 죽음은 어떨까? 적어도 이때까지는 사건 자체가 '이슬로 사라지다'였다.

13살이었던 생존자는 가족에게도 사건에 대해 말하지 않았다

2023년 8월, 나는 가가와현 간온지시에 방문했다. 오랜 세월에 걸쳐 그 고장에서 교사생활을 한 구보 미치오(77세)를 만나기 위해서이다. 구보는 후쿠다무라 사건 피해자로부터 직접 이야기를 들은 경험을 갖고 있다. 그때 일을 묻고 싶었다. 우선은 구보가 조사에 참여하게 된 경위부터 말해보고 싶다. 지바에서 학살사건 조사를 진행한 히라카타 등 실행위원회는 후쿠다무라 사건을 '피해자의' 시점에서 조사할 필요성을 느끼고 있었다. 사실 멀리 떨어진 가가와 현에서의 조사는 쉽지 않다. 지역에 대한 감도 없다. 그래서 의지한 것이 가가와현에 사는 이시이 요다이(2022년 사망)라는 인물이었다. 이시이는 가가와현에 거주하는 고등학교 교사이며, 히라가타와 마찬가지로 역사교육자협의회(역교협) 회원이기도 했다. 그 활동을 통해 히라카타와는 친분이 있었다.

1983년 역사교육자협의회 대회 후, 히라가타는 서면으로 이시이에게 '피해자 측의 조사'를 의뢰한다. 이시이와 함께 조사에 나선 것이 역시 역교협 회원이자 이시이의 후배 교사이기도 한 구보였던 것이다. 이시이와 구보는 현 내를 뛰어다녔다. 증언자를 찾았다. 그 무렵은 사건으로부터 정확히 60년이 경과한 시기였다. 후쿠다무라에서 살해된 사람은 모두 20대이하의 젊은이나 어린이였기 때문에 어딘가에 아직 살아남은 사람이 있을지도 모른다였다. 그러다 생존자를 찾아다니다가 3년 뒤에야 증언을 얻었다. 사건 당시 13세 소년은 이시이와 구보가 만났을 때는 이미 73세가 되어 있었다. 겨우 목숨을 건져 고향으로 돌아온 이 인물은 그 후 가가와현 부락해방동맹 간부가 되었다. 여기서 사건을 파악하는 데 있어 중요한 점을 말해 두고 싶다. 후쿠다무라 사건의 피해자는 모두 가가와현의 피차별부락 출신이었다. 사건은 부락 차별[3]과도 관련이 있는 것 아닌가? 그런 주장도 적지 않다. "적어도 사건에 이르는 배경에 부락 차별도 관련돼 있다." 구보는 그렇게 말한다.

가가와현은 지형상 경작에 적합한 토지가 적다. 그래서 행상을 생활 수단으로 삼는 가구가 적지 않았다. 보따리상은 '부락 산업' 중 하나였다. 그래서 전국 각지를 떠돌아다니는 행상 일행은 일본 사회의 일부로부터 자신의 영역에 갑자기 나타나는 외부자라는 부정적인 이미지를 받고 있었다. 즉 수상한 집단이라고 하여 편견을 가졌던 사람도 당시 일본에는 적지 않았다. 피해자들이 피차별부락 출신이 아니었다면 보따리 장사로 멀리 떨어진 후쿠다무라까지 갈 일도 없었을 것이다. 구보가 말하는 '배경'에는 그러한 의미도 있다. 차별이라는 존재 없이는 이 사건을 얘기할 수 없다. 그런데 이시이와 구보가 겨우 찾아낸 남성은 처음에는 청취를 거부했다.

"남성은 가족에게도 사건에 대해 말하지 않았어요. 누구에게도 말하지 않고 사건 이후의 삶을 살았더군요."

그건 도대체 왜 그런 걸까? 내 물음에 구보는 이렇게 대답했다.

"그게 부락 차별이에요. 세상의 불합리를 계속 봐왔으니 아무 말도 못했던 것 같아요."

---

3 전근대 일본의 신분제에서 최하층에 위치했던 천민 거주 지역과 출신자인 부락과 부락민에 대한 차별 문제. 근대 사민평등 이후에도 계속된 차별로 1922년 수평사水平社 설립을 비롯한 부락해방운동이 현재까지도 전개되고 있다. '부락 차별'은 '동화同和 문제'라는 용어로 대체되었다.

부락 출신이라는 이유만으로 온갖 차별을 받아왔다. 그 어느 때보다 심각한 차별의 시대를 살아온 것이다. 아무도 편을 들어주지 않는다는 생각도 있었을 것이다. 무엇보다 그는 잘못한 것이 하나도 없는데도 인간이 살해당하는 장면을 가까이서 본 것이다. 그 불합리를 어떻게 설명하면 좋을까? 동화同和 교육에도 종사해 온 구보에게 그것은 충분히 이해할 수 있었다.

그래도 이시이와 구보는 끈질기게 설득을 계속했다. "남성의 가족으로부터 '적당히 해 달라'라고 비난을 받은 적이 있습니다. 당연한 일이죠. 아무것도 모르는 가족이 보기에는 침묵하는 사람에게 강요하고 있을 뿐인 것처럼 보였을 수도 있어요."

결과적으로 남성은 인터뷰에 응했다. 이시이와 구보의 성실함과 피차별부락에 대한 이해의 깊이가 남성의 마음을 움직였을지도 모른다.

60년 이상 지나 말해진 것

그때의 증언은 2001년에 간행된 『역사의 어둠에 지금 빛이 비치는 후쿠다무라 사건의 진상』(지바 후쿠다무라 사건 진상조사회)에 담겨 있다. 이 책에 따르면 남성은 심상소학교를 졸업하고 행상단의 일원으로 전국을 돌고 있었다. 후쿠다무라에 들어서기 전에는 군마현 마에바시에 한 달 정도 머물렀다고 한다. 후쿠다무라에서는 여인숙을 거점으로 정로환 등의 위장약이나 감기약, 입욕제 유노하나 등을 팔며 슬슬 이바라키 방면으로 옮겨갈까 하고 다 같이 의논하고 있던 차에 대지진이 일어났다. 지진 후 사건이 일어날 때까지 가는 곳마다 조선인이 아닌가 하는 의심을 받았다고 한다.

(지진 직후) 우리가 각 호를 방문하면 소방단이든 경비원 등이 계속 따라붙고, 집에 들어가면 세 사람쯤 장대를 들고 "너 어디서 왔느냐"고 물어서 감찰[저자 주·행상 허가증]을 보여주어 안심시킨 뒤에 안쪽에서 이야기를 했습니다.

이처럼 편견이 늘 그들을 따라다녔다. 사건 당시 행상 일행은 이바라키를 향해 출발했다. 짐을 큰 수레에 싣고 도네가와 나루터 근처, 가토리 신사 앞 근처까지 도착했을 때의 일이다.

어쩌다 나룻배 사공과 행상단의 지배인이 말다툼을 벌이게 되었다. 지배인은 짐 통째로 배에 실어 달라고 사공에게 부탁했으나 거부당하고 말았다. 사공은 짐과 사람을 나누라고 요구했다. 하지만 몇 번이나 왕복하면 시간도 돈도 많이 든다. 지배인은 "어떻게든 해 달라"며 짐과 함께 건너고 싶다고 호소했다.

그때 뱃사공이 "아무래도 너희들 말하는 게 일본인이 아닌 것 같은데 조선인 아냐"고 말하기 시작했다.

사공은 갑자기 근처에 있던 경종을 치고 울렸다. 비상시의 긴급방송과 같은 것이다.

그러자 경비하던 모두가 구름처럼 몰려들었습니다. 각기 일본도, 죽창, 엽총을 들고는 모여들었습니다. 살아난 우리 여섯 명은 신사의 도리이 받침돌에 (다른) 아홉 명이 마루턱 있는 데에 있었습니다.

이때의 위치가 생사를 갈랐다. 결과적으로 도리이 받침돌에 있던 6명은 살았고 마루턱에 있던 9명은 죽었다. 받침돌과 마루턱 사이는 약 80m 떨어져 있었다.

사람들은 행상 일행을 조선인으로 의심했다. 남성은 일본인임을 증명하기 위해 "기미가요를 불러보라"는 요구를 받고 시키는 대로 노래해 보였다. 일본어 가나 47자도 거침없이 대답했다. 하지만, 모여 있던 자경단 등 마을 사람들은 그래도 믿어 주지 않았다. "일본에 3년 있으면 기미가요나 일본어 47자 정도는 외우는 거야. 속으면 안 돼.” 그런 트집이 난무했다. 게다가 “역시 조선인이다. 죽여 버려”라며 살해를 재촉하는 소리도 있었다. 그곳에 마을 순경이 모습을 보였다. 경종 소리를 듣고 달려갔을 것이다. 순경은 행상 일행의 감찰 등을 확인한 후 “본인은 일행을 일본인으로 간주한다”라고 모여 있던 마을 사람들에게 고했다. 그 자리에 있던 청년단 단장도 그에 동의했다. 그런데 반론의 목소리가 터져 나왔다. “노다 경찰서의 판단을 구한 다음에 모두가 납득해야 한다.” 다시 말해 경찰서의 판단을 구해오라는 것이다. 순경은 그에 따라 오토바이로 노다 경찰서로 되돌아가고 말았다. 그런데 오토바이가 도중에 고장나버려 근처 민가에서 말을 빌려 경찰서로 향했던 것이다. 이렇게 순경은 현장에 돌아오는 것이 늦어버린 것이다.

그러고 있는 동안에 우리는 굵은 철사로 목이 감기고 양손이 묶였어요.

학살은 마루턱에 앉아 있던 사람이 담뱃불을 빌리기 위해 일어나 인근 농가로 걷기 시작한 것이 계기가 되었다.

그게 “도망간다!”가 되어버렸고, 놓치면 귀찮은 일이 된다고 해서 여럿이 “죽여 버려!”가 되었습니다.

자경단은 먼저 일어선 남성의 머리에 쇠갈고리를 박았다.

핏 기둥이 확 솟아올랐습니다.

이어 소나무 숲 속으로 도망친 한 사람이 붙잡혀 때리고 차고 심지어 죽창 등으로 찔려 죽었다. 일본도로 어깨가 잘린 데다 살해된 사람도 있었다. 혹자는 한 팔이 칼로 잘린 채로 강물 속으로 달아났다고 한다. 마루턱에 있던 사람들은 모조리 쓰러져 갔다. 일본도와 쇠갈고리가 휘둘리고 엽총이 총구에서 불을 뿜었다.

> 한 사람한테 15명, 20명이나 덤볐어요. 그래서 같은 편끼리 서로 치고받는 것 같았어요. 들고 있던 흉기가 서로 부딪쳐서 '깡깡' '짤그랑' 소리를 내고 있었습니다. 개미가 뭉친 듯이 모여 있었어요.

남성은 철사에 묶여 꼼짝 못한 채 살육의 풍경을 보고 있을 수밖에 없었다. 옆에 묶여 있던 남성은 계속 불경을 외우고 있었다. 손도 발도 묶인 채로 '핏 기둥'을 눈에 새겨 넣었다. 방금 전까지 함께 걷던 일행의 목숨이 사라진다.

세상의 눈총에 '당하다'

남성이 60년 동안이나 침묵을 유지한 이유도 나는 왠지 알 수 있다. 가볍게 말할 일이 아니다. 구보도 말한다. "살육이라는 기억의 무게를 견디는 것이 고작이었을 것이다. 입을 닫을 수밖에 없었겠죠."

참고로 구보는 다른 생존자도 이시이와 함께 만난 적이 있다. 그는 당시 20대 남성(고인)으로 누나, 남동생, 매형, 그리고 남자조카, 여자조카를 눈앞에서 살해당했다. 그 역시 인터뷰 때 이렇게 말했다고 한다. "언젠가 누군가 사건을 밝혀줄 것으로 기대했지만 아무도 상대해주지 않았다. 우리는 부락의 인간이니까 어쩔 수 없나." 남성의 표정에는 고충과 체념이 뒤섞여 있었다고 한다.

구보는 행상 일행이 살던 피차별부락에서도 어르신들에게 이야기를 들었다. 어떤 사람이 다음 일을 구보에게 전했다. "후쿠다무라 사건 이후 생존자들이 상처투성이가 되어 돌아왔다. 살육 이야기를 듣고 부락 전체가 분노로 타올랐다. 남자들은 '지바까지 가서 복수한다'라며 실제로 준비도 했던 것 같아요. 그런데 결국은 안 갔어요. 부락 여성들이 '어차피 당하는 건 당신들이니까'라며 말렸어요."

복수를 말해도 그것을 완수할 수 없다는 것은 혈기 왕성한 남자들도 알고 있었다. "어차피 당한다"는 여성들의 말에는 싸움에서 진다는 의미보다 세상의 눈총을 받고 "당한다"는 의미가 있었다.

구보는 같은 말을 반복한다.

"그것이 부락 차별이라는 것입니다."

차별은 대등한 싸움조차 허용하지 않는다. 차별에 대한 분노도 사회 전체가 차별을 실행함으로써 무효화되고 만다. 그 억울함을 이해할 수 있는가?

차별을 부추겨온 국가에 대한 분노

나는 취재 후 구보에게 행상 일행이 태어나고 자란 지역을 안내받았다. 조용한 마을이었다. 빈집도 눈에 띈다. 전형적인 인구감소지역의 풍경이 펼쳐져 있었다. 젊은 사람들은 점점 이 마을을 떠났다. 진학이나 취업을 위해서 그리고 차별에서 벗어나기 위해서.

마을 한 편에 작은 묘지가 있었다. 「선조대대지묘」라고 새겨진 묘석 중 하나는 후쿠다무라에서 목숨을 잃은 사람의 것이었다. 이름과 함께 '1923년 음력 7월'이라고 기일이 적혀 있다. 그 날의 기억만이 새겨진다. 유골은 여기에 없다. 멀리 떨어진 도네가와 강바닥에 잠겨 있을 것이다.

최근 이 마을을 찾는 유튜버가 있다고 한다. 영화 〈후쿠다무라 사건〉(모리 다쓰야 감독)이 히트하여 사건이 널리 알려진 것은 좋았지만, 도대체 이들 유튜버들은 영화로부터 무엇을 느꼈다는 것인지 구경삼아 마을을 방문해 거리낌 없이 스마트폰으로 동영상을 찍고 있다는 것이다. 유튜버들은 폐옥을 비추고 묘지에 발을 들여놓으며 "딥한 장소입니다"라고 '해설'한다. 대체 어디가 '딥deep'이란 말인가? 얼마 되지 않아도 지금도 사람이 살고 있고 생활이 있고 거기서 일상의 시간이 만들어지고 있다. '딥'도 아무 것도 아닌, 거기에는 사람의 영위가 있을 뿐이다. 그것을 재미 삼아 동영상으로 용돈을 벌 권리 따위는 없다. 있을 리가 없다. 덧붙여 영화 〈후쿠다무라 사건〉에는 부락 명칭이 자막으로 나온다. 그러다 보니 이를 '아웃팅 Outing'이라고 지적하는 사람도 적지 않다. 실제로 현지인들은 반발하는 사람이 더 많다. "어떤 마음으로 그동안 살았나. 어떤 차별을 받아왔는가. 그리고 지금도 차별에 겁먹고 살아가는 사람이 있다는 것을 알고 있는가. 영화 제작자들에게 그렇게 묻고 싶어요."

가가와의 피차별 부락에 사는 이는 나에게 그렇게 말했다. 다시 말하지만 영화로 인해 비참한 역사가 전해지는 것은 나쁜 일이 아니다. 하지만 "겁먹고" 살아가는 사람들에게 또 다른 위협이라 느껴지는 반응을 불러일으켜도 되는 것인가? 같은 표현자로서 나도 흔들린다. 흔들리면서 역시 차별받는 쪽의 심정을 무시할 수 없는 것이다. 현실에 차별이 존재하는 이상, 마주할 수밖에 없는 풍경과 말이 있다. 조용한 마을을 함께 걸으며 구보는 나에게 이렇게 전했다. "차별을 부추긴 것은 역시 나라죠. 국가의 책임은 어떻게 되는가? 그에 대한 재판은 아직 이루어지지 않았어요."

나는 헤어질 때 구보에게 물었다. "거절당해도 쫓겨나도 구보 씨는 이시이 씨와 함께 청취 조사를 계속한 것이지요. 구보 씨를 움직이게 한 것은 어떤 열정일까요?" 구보는 즉답했다. "차별을 부추겨 온 국가에 대한 분노입니다." 줄곧 온화한 어조로 이야기해 온 구보는 이때만은 강한 어조로 대답했다.

덧씌워진 '불령' 이미지

살육 현장이 된 도네가와 강가 주변을 걸었다. 옛 후쿠다무라 지역은 노다 시가지에서는 벗어나 잔잔한 농촌 풍경 속에 있다. 도네가와 천변에 여러 개의 하천부지 골프장이 있는 것 외에 특별히 외부인을 불러들일 만한

후쿠다무라 사건 현장이 된 도네가와 강가

볼거리는 없으며, 그래서 언제 찾아도 차분한 모습을 보인다.

40여 년 전만 해도 인접한 세토 지구에 '오토네 온천'이 존재했다. 1950년대 천연가스 채굴공사 중 온천욕이 샘솟자 대형부동산 그룹이 이를 이용해 레저시설 운영에 나섰다. 한때는 당일치기 손님으로 붐볐던 적도 있다고 하는데, 1980년대에 온천이 고갈되어 시설도 폐쇄됐다. 그 자리에는 현재 골프 손님과 기업 연수용 호텔이 들어서 있다.

후쿠다무라는 1889년 지역의 작은 마을들이 합병하여 만들어졌으며, 1957년 노다시로 편입될 때까지 존재했다. 사건 당시의 인구는 약 5,000명이다. 그 무렵 노다는 여기에 본사가 있는 노다 간장(현재의 깃코만)을 무대로 격렬한 노사 분쟁의 한가운데에 있었다. 이른바 '노다 간장 쟁의'이다. 지진 한해 전인 1922년, 회사 내에 일본노동총동맹 간토양조노동조합 노다지부가 발족하고 노조가 대우개선을 요구하며 동맹파업이 반복되었다. 사측도 우익단체를 투입해 노조를 탄압하는 등 노사 간 치열한 공방전이 벌어져 거리는 어수선했다. 사실 노다 간장에도 조선인 노동자가 일하고 있었다. 지진 시, 회사측은 폭동 루머의 영향도 있어 조선인 노동자를 두려워했을 것이다. 이들을 '보호' 명목으로 내쫓았다. 조선인 노동자들이 끌려간 곳은 이 책에서 여러 차례 언급한 나라시노 수용소였다고 한다. 노다 중심부에서 떨어진 후쿠다무라는 그런 가운데서도 한적한 농촌 마을이었다. 지진 재해로 일부 가옥은 손상되고 지면이 갈라지는 등의 피해는 있었지만 모두 경미한 것이었다.

지진 이상으로 사람들을 동요시킨 것은 유언비어였다. 원래 일본 사회에 뿌리내렸던 조선인 차별에 덧씌워진 형태로 '불령' 이미지가 더해졌다. 그런 때에 가가와에서 온 행상 일행이 지구 내에 모습을 나타낸 것이다.

자경단이 시체를 끌고 간 길

내가 먼저 향한 곳은 살육이 일어났던 가토리 신사이다. 경내에는 인기

척이 없었고 일대는 정적에 휩싸여 있었다. 도리이 받침돌에 앉아 한숨을 돌렸다. 신사 부지 내에는 참혹한 현장을 말해주는 사적은 아무것도 없었다. 단지 230년 전부터 그 자리에 서 있다고 하는 도리이만이 그곳이 사지死地 입구인 것처럼 대담한 자세를 보이고 있었다. 도리이는 학살을 보고 있었다. 베이고 맞고 몰아세워지는 사람들을 내려다보고 있었다. 도리이에서 조금 떨어진 곳에 마루턱이 있었다고 한다. 그 시절 그 앞에는 얼음과자를 파는 찻집이 있었다. 지금은 무너져 내릴 것 같은 창고가 되어 있다. 죽임을 당한 9명은 거기에 있었다. 그리고 군중에 둘러싸였다. 조선인임을 부인하는 행상 일행은 기미가요를 불렀고 교육칙어와 일본어 기본음을 외우고 '15엔 50전' 발음을 체크 당했다. 하지만, 그래도 군중은 의심을 버리지 않았다. 냄비 안에서 부글부글 끓어오르는 물처럼 광기는 '15엔 50전'의 발음 정도로는 가라앉지 않는다. 증오의 불길은 더 타올라 그것은 살의로 바뀌었다. 쇠갈고리가 신음소리를 내며 행상 일행의 머리 위에 내리쳐졌다.

구보와 이시이의 청취 조사에 응한 남성은 "2,000명은 모인 게 아닌가"라고 증언했다. 다른 기록이나 경내의 넓이 등을 생각하면 아마 거기까지는 모이지 않았을 거라고 생각한다. 그만한 수가 모이면 꼼짝 못 한다. 하지만 당시 남성은 13세 소년이었다. 아이들 입장에서는 험악한 표정의 어른 남자들 무리는(심지어 손마다 무기를 들고 있었다) 수만의 군중과도 같이 느껴졌을 것이다. 무서웠을 것이다. 자신이 따르던 어른과 동생마냥 귀여워하던 어린 아이가 낯선 동네에서 모르는 어른들에게 눈앞에서 죽임을 당한다. 절망을 상상하고 도리이 밑에서 떨었다. 겁이 많은 나라면 분명 눈을 돌려 폭풍이 잠잠해지기를 기다리거나 울면서 목숨을 구걸했을 것이다. 그리고 살아남았더라도 기억을 지우는 데에만 남은 생을 허비했을지도 모른다. 잊음으로써 자아를 유지한다. 그런 삶의 방식도 분명히 있다.

나는 거기서 도네가와 강을 향해 걸었다. 신사 옆 언덕길을 내려가면 강을 향해 왼쪽으로는 골프장이 펼쳐진다. 기복이 전혀 없는 골프장은 회원권 없이도 이용할 수 있는 이른바 공영公營 골프장이다. 플레이 요금도 저렴하고 도쿄에서 가깝기도 해서 예약하기 어려운 인기 코스라고 한다.

그대로 포장하지 않은 오솔길을 곧장 걸어가면 광활한 하천 부지가 나온다. 잡초가 말끔히 정리되어 마치 골프장 같다 했더니 사실이 그랬다. 인근 사람들이 잡초만 무성한 하천 부지를 정기적으로 정비해 마음대로 골프장으로 쓰고 있다는 것이다. 이 '골프장' 옆길을 나는 나아간다. 이것은 가토리 신사에서 부상당한 행상 사람이 도네가와 강으로 도망치기 위해 지나간 길이다. 또는 자경단이 죽인 인간을 도네가와에 가라앉히기 위해 시체를 끌고 간 길이기도 하다. 아마 그때는 땅에 핏자국이 계속 이어졌을 것이다. 상처에서 피를 뿜으며 간신히 달아나는 자가 있었고, 그것을 뒤쫓는 자가 있었다. 시체를 끄는 자가 있었고, 말없이 마치 죽은 사슴처럼 다리가 늘어진 채 끌려가는 시체가 있었다. 예전에는 이 오솔길을 나아가면 바로 나루터가 있었다. 지금 그 자리에는 작은 사당이 서 있다. 전후 홍수대책으로 하천정비(매립공사)가 행해져 하천 부지는 넓어지고 강기슭은 더 앞으로 멀어졌다.

덤불을 헤치고 강가 길을 하나 더 넘으면 더 작은 짐승 길이 있고, 그곳을 내려가면 비로소 강둑에 닿는다. 거기에는 낚시에 사용할 만한 작은 보트가 한 척 떠 있었다. 과거 강둑에는 여인숙과 찻집, 뱃사공 가옥 등이 늘어서 있었다고 하는데 지금은 덤불이 무성할 뿐이다.

도네가와 강은 느긋하게 흐른다. 유역 면적 일본 제일의 1급 하천이다. 강에서 부는 바람이 다 자란 잡초를 흔든다. 건너편은 이바라키현 모리야 시이다. 행상 일행이 향했던 곳이다.

지금 강 건너에 펼쳐진 것은 인근에 산재한 목장용 채초지(가축의 먹이가 되는 풀을 채집하는 곳)이다. 전후 얼마간은 도네가와에서 목욕하는 젖소의 모습도 볼 수 있었다고 한다. 나는 다른 기회에 강 건너에도 가본 적

도네가와로 가는 도중의 사당 (편집부 촬영)

이 있는데, 넓은 채초지에는 군데군데 목장에서 운반되어 온 소똥 더미가 있을 뿐이었다. 사실 그 일대는 종전 직후 식량증산 및 비군사적 전쟁피해자, 귀환자, 퇴역군인 등의 취업 확보를 목적으로 한 개간지였다. 주로 만주로부터의 귀환자가 집단으로 이주해 목장 경영이 시작되었다고 한다.

옛 후쿠다무라 건너편에는 또 다른 의미에서 식민주의의 흔적이 있었다. 과거 이 근처는 나룻배로 생계를 이어가는 사람도 적지 않았다. 메이지 시대에는 여객선을 만들어 그것으로 인바누마 담수호까지 사람을 나르는 수운업자도 있었다. 이용자 대부분은 인바누마에서 기차로 나리타로 향해 나리타산을 참배했다. 배 안에서 도박이 열리는 경우도 많아 이를 노린 손님으로 붐볐던 적도 있다고 한다. 도네가와 나룻배는 육로와 다리가 정비되는 1950년대까지 일상에 존재했다. 참고로 나룻배라고 해도 큰 것은 쌀가마니 200섬은 쌓을 수 있었다고 한다. 그렇기에 행상 일행은 큰 수레와 함께 승선하기를 원했던 것인데 사공이 이를 거부하며 살육의 계기가 되는 대립이 생겨났다.

후쿠다무라 출신 인사의 첫 사죄

도네가와 강의 흐르는 물결을 보고 나는 왔던 길을 되돌아가 가토리 신사에 인접해 있는 원복사의 묘지를 방문했다. 이 절은 1586년 개산한 진언종 부잔파 사찰이다. 묘지 한편에 그것은 있었다. 「간토대지진 후쿠다무라 사건 희생자 추도위령비」이다. 높이 1.8미터, 두께 15센티. 검은 화강암으로 만든 당당한 비석이다. 이 위령비가 건립된 것은 2003년 9월의 일이다. 거기까지 가는 길은 결코 평탄하지 않았다. 피해자, 가해자 쌍방이 침묵을 지키는 가운데 히라카타 지에코에게 온 한 통의 전화를 계기로 조사가 시작되어 가가와현 내의 관계자에 의해 생존자의 증언을 얻어내기까지 사건으로부터 60년이 경과하고 있었다. 이로써 비로소 미디어가 후쿠다무라 사건을 다루게 된다.

2000년 가가와, 지바 두 현에서 각각 「지바 후쿠다무라 사건 진상조사회」와 「후쿠다무라 사건을 마음에 새기는 모임」이 설립됐다. 지바 측의 「새기는 모임」의 설립 총회가 노다시에서 열린 것은 같은 해 7월 2일이다. 모임은 현 내의 매스컴 각사에 안내를 보냈지만 취재하러 오는 곳은 없었다. 사건이 기사화되기는 해도, 그것은 종전 시의 '8월 저널리즘'과 마찬가지로 일상적인 관심은 적었다. 하지만 이 총회에서는 주목할 만한 일이 있었다. 의견교환 시간이 되자 맨 앞줄에 앉아 있던 노인이 손을 들었다. 일찍이 후쿠다무라 촌장을 맡았고, 나중에 노다시 시장, 중의원 의원도 역임하게 될 신무라 가쓰오였다. 신무라는 '개인으로서'라고 전제한 다음 이렇게 발언했다. "피해를 당한 가가와 분들에게 진심으로 사죄의 말씀을 드립니다. 사건의 진상 규명은 지금을 사는 우리의 몫입니다. 지역의 한 사람으로서 최대한의 노력을 하겠습니다."

공식석상에서 이루어진 후쿠다무라 출신 인사의 첫 사과였다. 신무라는 1918년 후쿠다무라에서 지주의 장남으로 태어났다. 사건 당시는 5살이었다. 전후 바로 사회당에 입당. 후쿠다무라 촌장이 되었고 1962년에는 노다시 시장이 되었다. 보수적인 지역에서 혁신계 수장으로서 주목받았다. 온화한 인품은 시민들로부터도 사랑받았다. 하지만, 그런 신무라조차도 그때까지 후쿠다무라 사건에 대해 공식적인 자리에서 사죄할 수는 없었다. 그런 분위기가 지역에는 있었다. 이 총회를 계기로 신무라는 「새기는 모임」 운동에 참여했지만 3년 만에 85세를 일기로 별세했다. 이러한 가운데, 지바에서는 「새기는 모임」을 중심으로 위령비 건립을 위한 운동이 행해졌다. 중심이 된 것은 모임의 사무국장을 맡고 있던 이치카와 마사히로(79세)이다. 당시 이치카와는 노다시 직원이었다. 젊었을 때 동화대책과에 배속된 경험이 있어 부락차별에 대한 관심이 높았다. 이치카와는 후쿠다무라 사건의 상세한 내용을 밝히는 것을 지역으로서 피할 수 없는, 아니 피해서는 안 되는 '인권문제'라고 생각하고 있었다.

이치카와는 분주히 움직였다. 지역을 돌며 위령비 건립에 필요한 장소를 찾았다. 모금도 호소했다. "고생의 연속이었지"라고 이치카와는 회상한다. 지역 주민 다수는 후쿠다무라 사건의 발굴에 저항했다. 무리도 아니지. 그것은 지역으로서 '가해'를 짊어지게 될 수도 있기 때문이다. 이치카와는 그렇게 생각하는 사람들을 설득하고 다녔다. "단죄하는 것이 목적이 아니다. 차별이 사람의 목숨을 앗아가는 것임을 후세에 전하고 싶다. 그러기 위해서는 우선 피해자를 지역이 위령하는 것이 필요하다."

전술한 바와 같이, 사건 직후 후쿠다무라는 체포된 자들에게 위문금을 모아 지원. 주모자 한 명은 사면으로 출소 후 촌장까지 된 것이다. 이런 분위기는 사실 아직도 일부 남아 있다.

현지 취재 중 우연히 들어간 상점에서 내가 후쿠다무라 사건에 대해 물었을 때도 그때까지 밝게 응대해 주던 점주의 표정이 일변했다. 갑자기 말이 적어지고 "그 얘기는 별로 하고 싶지 않다"하고 대화는 끊겼다. 이치카와도 위령비 자리를 찾는 가운데 "뭐 하러 온 거야"라고 차갑게 대하는 일이 적지 않았다. 그래도 겨우 현장 근처에 위치한 원복사가 위령비를 두는 것에 동의, 각 방면으로부터의 모금도 모여 2003년에는 제막식에 이르렀다. 이후 매년 9월에는 위령비 앞에서 추도식이 열리게 됐다. 위령비 뒷면에는 "이 비를 위령의 장으로 하고 유혼의 묘를 겸 한다"라는 문구가 새겨져 희생자의 법명도 기록되었다. 그중에는 살해된 임신부의 뱃속에 있던 태아도 포함된다. 즉 위령비에 새겨진 희생자는 10명이다. 실은 가가와 측의 유족 관계자 등으로부터는 사건의 자세한 설명과 "두 번 다시 잘못을 반복하지 않겠다"라는 맹세의 말을 비면에 넣어 주었으면 한다는 요망도 있었지만, 지역에의 배려로 그것은 이루어지지 않았다. 그래도 비석 뒷면에는 새로운 문구를 추가할 수 있도록 공간이 마련되어 있다. 언젠가 여기에 차별과 편견을 사회에 심고 사람들을 학살로 몰아넣은 국가의 책임이 새겨질지도 모른다.

'복합차별'의 결과

사건으로부터 100년이 경과한 2023년 9월 6일. 100년째이기도 해서 행상단의 출신지인 가가와에서 찾아온 사람도 눈에 띄어 예년 이상으로 많은 사람이 모였다. 「새기는 모임」의 활동을 계승해 현재는 「후쿠다무라 사건 추도위령비 보존회」 대표가 된 이치카와는 주최자를 대표해 "피해자의 아픔을 마음에 새겨 올바르게 남기는 것이 중요. 앞으로도 이 사건을 똑바로 마주하고 미래 아이들에게 사람 생명의 소중함과 사람으로서의 존엄을 지키는 중요함을 호소해 가야 한다"라고 인사. 참가자들은 위령비에 헌화했다.

이치카와는 위령비 건립 후에도 정력적으로 활동하고 있다. 많은 사람에게 후쿠다무라 사건을 알리기 위해 요청이 있으면 현지에서의 필드워크나 학습회를 개최. 지금까지 약 3,000여 명을 안내했다. 나도 몇 번인가 필드워크에 참가했다. 그때마다 이치카와가 강조하는 것은 차별에의 분노, 그리고 "행상 일행은 사누키 사투리가 원인이 되어 조선인으로 오인되어 죽임을 당했다"는 정설定說의 부정이다. 왜 '오인설'을 부정하는 것인가? 이치카와는 그 이유를 이렇게 말한다. "확실히 처음에는 조선인으로 의심받았던 것 같은데, 행상 일행은 일본인임을 자경단에 몇 번이나 호소했고 가가와현이 발행한 약품판매업 감찰까지 보여줬다. 자경단 측은 일본인임을 알고 있었을 것이다."

나중의 재판에서도 자경단 측은 "조선인인 줄 알았다"라고 진술했다. "그건 가해자로서의 변명이다. 조선인이라고 주장함으로써 살해를 정당화하려 했다. 그들 입장에서는 정부의 방침에 따랐을 뿐이라고 말하고 싶었던 것이겠죠. 그렇게 함으로써 죄의 경감을 꾀했다." 그러하기에 후쿠다무라 사건이란 조선인에 대한 '민족 차별'은 물론 배타적인 '외지인 차별' 심지어는 피해자들이 행상에 종사할 수밖에 없었던 원인인 '부락 차별'이 교차된 '복합 차별'의 결과였다고 주장한다.

이치카와는 사건 당시 현 내에서 나돌고 있던 방범 포스터 사진을 나에게 보여 주었다. 지바 현경이 만든 그 포스터에는 '주의해야 피해 없음'이라 크게 쓰고 그 아래에 '주의'해야 할 대상자가 일러스트로 그려져 있다. 강매. 부랑인. 부정 행상인. 그려진 자들은 저마다 자못 신원이 의심스러운 얼굴을 하고 있다. "다시 말해 행상이라는 존재 자체가 지역에서는 범죄자처럼 파악되고 있었다. 그런 편견이 분명히 있었다. 흔히 말하는 '조선인 오인설'은 조선인이면 죽여도 된다는 식의 변명을 정당화할 수 있습니다."

나아가 부락 차별의 문제도 언급한다. "희생자들은 고장에서의 차별로 인해 행상을 할 수밖에 없었다. 즉 부락 차별이 없었으면 간토 지방까지 가서 죽임을 당할 일도 없었어요."

앞에서도 말했지만 가가와현은 경지 면적이 적어 당시부터 농업에 종사하는 부락 출신자도 적었다. 심각한 차별도 있어 부락 출신은 안정된 직업을 가질 수 없었다. 그래서 그러한 사람들이 선택한 것이 행상이다. 1931년 중앙융화사업협회 조사에 따르면 전국에서 행상이 가장 많았던 곳이 가가와현이었다. 부락에 따라서는 주민의 70% 이상이 행상에 종사했다고 한다.

부락 차별의 존재는 사람들이 살기 위한 선택지를 좁혔다. 그것이 "학살의 먼 원인이기도 하다"라고 이치카와는 설명한다. 희생된 행상 일행의 출신 부락에서는 1916년 엄청난 차별 사건도 발생했다. 지금도 지역에서 구전되고 있는 '스모 대회 차별 사건'이다. 이웃 마을에서 스모 대회가 개최되었을 때, 부락 청년이 당일 참가를 희망했다. 그러자 "너희가 나설 자리가 아니다"라며 거부당했을 뿐 아니라 뭇매를 맞고 말았다. 다음 날 부락 아동 40여 명은 이에 항의해 동맹 휴교했다. 이러한 차별 속에서 부락 출신들은 행상으로 길을 개척해 나갈 수밖에 없었던 것이다. 그리고 루머가 사회에 가득했던 지진 직후. 피차별자인 행상 일행이 배타적인 마을에 모습을 드러냈다. 여러 가지 차별이 뒤엉켜 참극으로 발전했다. 이치카와는 '

복합 차별'의 무서움을 추도식에서 참가자에게 호소했다. 추도식이 끝나고 근처 공민관에서 가가와·지바 양현 참가자에 의한 교류회가 이루어졌다.

참가자 중 현지(옛 후쿠다무라 지구)에 살고 있다는 남성은 "대체 이 지역에서 무슨 일이 일어났는지 알고 싶었다"라고 나에게 털어놓았다. 그는 사건에 대해 최근까지도 알지 못했다. 현지 출신 부모님도 아무 말이 없었다. "아마 알고는 있어도 말하고 싶지는 않았던 것 같습니다. 지역의 수치라고 생각하는 것인가, 애초에 전해지는 것 자체를 두려워하는 것인가." 추도식에는 현지 참가자도 증가했지만, 한편으로는 이러한 분위기를 꺼리는 주민도 적지 않다.

금기이니 더욱

나중에 나는 현 내에 거주하는 논픽션 작가 쓰지노 야요이(82세)에게 얘기를 들었다. 쓰지노는 사건에 관심을 가지고 정력적으로 현지 취재를 거듭해 2013년에 현지 출판사 론서방에서 『후쿠다무라 사건: 간토대지진·감춰진 비극』을 간행. 학살 100년째를 맞이한 2023년에는 대폭 가필한 후, 폐업한 원래 출판사 대신 도쿄의 오월서방신사五月書房新社에서 같은 제목으로 개정판을 냈다. 사건 관계자 코멘트뿐만이 아니라 당시의 사회정세 등도 진중한 필치로 그려낸 이 책은 후쿠다무라 사건을 아는 데에 있어 귀중한 한 권이다. 쓰지노 또한 사건을 널리 세상에 알린 공로자 중 한 사람이다. 쓰지노는 1999년경부터 취재를 시작했지만, 처음에는 '누구나 아주 냉담한 대응이었다'라고 회상했다. "지역 사람에게 이야기를 듣기 위해 우선은 전화로 취재 신청을 했는데요. '너, 무슨 말을 하는 거야!'라고 호통을 치거나 갑자기 전화를 끊어 버리거나. 그런 일은 자주 있었어요. 어떻게 해서 취재 약속을 잡아도 직전에 거절당하거나, 집에 없는 척한다거나, 혹은 갑자기 소식이 끊긴다든가, 그런 일의 반복."

지역에서 시의 역사 편찬 일을 하는 사람을 방문했을 때는 "기록 따위는 아무것도 없으니까"라고 보기 좋게 쫓겨나기도 했다. "금기가 되어 있다는 걸 지겹도록 이해했어요."

그런데도 취재를 포기하지 않은 것은 "금기로 되어 있으니 더욱 알고 싶다고 생각했기 때문"이라고 이야기한다. "기록을 남기지 않으면 '없던 일'이 되고 만다. 그것만은 피하고 싶었다. 그런 일은 없어야 한다고 생각했다."

그러한 쓰지노의 강한 신념이 그 후 증언자를 획득해 가는 것이다. 후쿠오카 출신인 쓰지노는 어릴 때부터 부락 사람들이 차별받는 현장을 지켜봤다. "차별은 안 돼"라고 말하던 어머니의 강한 영향을 받으며 컸다. 한편 전쟁에서 돌아온 아버지는 전쟁터에서의 트라우마에 시달리며 술에 빠져 있었다. 술에 취하면 "일본군은 심한 짓을 했어"라며 혼자서 울었다. 그런 아버지의 모습을 보면서 전쟁에 대한 혐오도 함께 품었다.

쓰지노는 결혼을 계기로 지바로 옮겨 살면서 나가레야마시 박물관 회보에 에세이 등을 기고하게 됐지만 본격적인 논픽션 작품은 『후쿠다무라 사건』이 처음이다. 이 책의 취재를 시작했을 때 이미 70세를 넘었다. 결코 체력이 좋은 것은 아니다. 어렸을 때는 병이 잦아 아버지가 리어카에 태워 학교까지 데려다주던 시기도 있었다고 한다. 그런 쓰지노가 욕설을 들어도 취재를 거부당해도 포기하는 일 없이 현장을 걸었다. 같은 일을 하는 사람으로서 나는 그저 고개만 숙여질 뿐이다. "현지인을 규탄하고 싶은 것은 아니"라고 쓰지노도 강조한다. "가해자가 특별히 잔인한 사람들이었던 것도 아닌 것 같아요. 만약 나라면, 이라는 것은 항상 생각합니다. 그 당시 마을에 살다가 죽창을 건네받으면 나도 무슨 일을 했는지 모른다. 살육의 고리에 가담했을지도 모릅니다. 그렇기 때문에 사건을 잊어서는 안 되고 그것을 전달해야만 합니다." 이런 생각만으로 쓰지노는 이 책을 써낸 것이었다.

요시다 형사와의 '재회'

나는 여기서 또 한 사람, 귀중한 체험을 말해준 인물과 만났다. 노다 시

230

내에 사는 요시다 류지(79세)이다. 사건 2년 후 52세의 나이로 숨진 그의 할아버지는 사건 당시 그 지역 마쓰도 경찰서 노다 지서의 형사였다. 사건으로부터 생환해 고향에 돌아온 피해 남성의 청취 조사에서는 실은 요시다의 조부에 대해서도 언급하고 있다. 해당 부분을 소개하겠다.

> 일주일 동안 경찰의 보호를 받은 기억이 남습니다만, 요시다 씨라는 형사 분이 일행 중 가장 어린 저에게 "우리 집에 비슷한 나이의 아들이 있으니 함께 갈까"라고 말해주었습니다. 이틀 밤 정도 그 형사님 댁에서 잤습니다. 그 아들이랑 놀았어요. "감사합니다. 하지만 고향으로 돌아갈게요"라고는 돌아왔습니다.

당시 13세였던 소년은 동료들이 살해되는 가운데 묶인 채 아무것도 할 수 없었다. 자신도 죽을 것을 각오했을 때 경찰관이 달려와 간신히 살아남을 수 있었다. 소년은 노다 경찰서에 보호되었다. 그때 소년의 사정 청취를 담당한 '요시다 씨라는 형사'가 바로 요시다 류지의 할아버지였다.

누구도 경험하지 못한 참극이 일어난 직후이다. 눈앞에서 동료를 살해당한 소년은 보호를 받고도 두려움과 절망에서 쉽게 벗어날 수 없었을 것이다. 형사는 그런 소년을 불쌍히 여겼을 것이다. 마침 같은 나잇대 자녀를 둔 그는 소년을 집까지 데려온 것이다. 따뜻한 식사가 제공되고 동세대 아이들과 놀았다. 피로 범벅된 후쿠다무라에서의 기억 속에서 유일하게 인간의 체온을 느끼게 해준 추억이었다. 그로부터 오랜 세월이 지나도 소년은, 아니 이 남성은 '요시다 씨라는 형사'를 잊지 않았다. 이시이와 구보의 청취조사를 마친 후에는 "요시다 씨에게 감사의 인사를 전하고 싶다"라고 몇 번이나 말했다고 한다.

남성은 1994년에 84세로 사망했다. 관계자들은 '요시다 씨라는 형사'를 찾아 나섰지만 좀처럼 단서를 얻지 못해 결국 남성의 소원을 들어주지 못했다. 약 10년 후 이윽고 형사의 이름이 판명되었다. 요시다 에이타로이다. 그 손자인 요시다 류지가 현재도 노다 시내에 살고 있는 것도 알았다. 2008년 요시다 가문 묘지가 있는 노다 시내에서 쌍방의 친족이 대면했다. 영정이 된 남성과 전직 형사가 드디어 이곳에서 '재회'를 한 것이다. 요시다는 할아버지의 얼굴을 모르지만 할머니를 비롯한 여러 명에게 "형사치고는 상냥한 사람이었다"라는 얘기를 들었다.

"사건 당시 노다는 노다간장의 노동쟁의가 한창이었어요. 사측은 폭력배 등을 동원해 노조 탄압을 했는데 할아버지는 노동자 편이었던 것 같아요. 경찰관으로서 목숨을 걸고 노동자를 지켰다고 합니다. 할아버지가 죽었을 때는 노조 사람들이 많이 와주었다고 합니다. 당시로서는 극히 드문 형사였던 것 같아요." 그러한 인품이었기 때문에 학살로부터 살아남은 소년을 자택에 초대해 환대했을 것이다. 지금 요시다 자신도 '반복해서는 안 되는 사건'이라고 호소한다. 그리고 형사로서 할아버지가 어떤 생각으로 소년을 집으로 초대해 함께 보냈는지, 나아가 무슨 생각을 하며 사건 후 수사를 맡았을지 요시다는 상상하고 있다.

덧붙여 노다시 스즈키 유 시장은 2023년 6월 열린 시의회 본회의에서 "피해를 입은 분들에 대해 삼가 애도의 마음을 전하고 싶습니다"라고 답변. 현직 시장으로서는 처음으로 피해자에 대한 조의를 표명했다. 더불어 사건의 교훈과 진상을 후세에 전하는 활동 및 시의 관여에 대해서는 "프라이버시나 뜬소리에 의한 피해 문제 또한 배려해야 한다"라고 현지 주민에 대한 배려도 나타냈다.

게미가와 사건의 전말

지바시의 게이세이 전철 게미가와 역을 내려 주택가를 빠져나간다. 시야에 들어오는 것은 풍경을 끊는 듯이 정체된 강물이다. 납빛 줄기는 조용히 물결을 일으키며 도쿄만을 향해 뻗어 있다. 정확히는 인바 방수로라고 한다. 상류에 위치한 인바누마 담수호의 배수를 목적으로 한 하천이지만, 지바 시내를 빠져나간 근처에서 하나미가와花見川 강이라는 명칭으로 바뀐다. 강둑 위의 사이클링 로드를 자전거가 오간다. 개 산책을 시키는 사람의 모습도 눈에 띈다. 한가로운 광경에 이 자리에서 벌어진 참혹한 사건을 덧입히기는 어렵다. 대지진 나흘 뒤였다. 여기에서 3명의 남성이 살해됐다.

1923년 10월 17일자 〈호치신문〉 석간은 「3명의 피난민을 청년단이 학살, 게미가와 참사」라는 제목으로 사건을 다음과 같이 보도하고 있다.

지난달 5일 오후 2시경 아키타현 요코테마치 후지이 긴조(26), 미에현 가와게군 마유미 지로(22), 오키나와현 나카가미군 기마 지로(22) 3명이 도쿄에서 피난하여 이 지역 해안을 통행할 때, 앞에서 말한 4명의 청년단원을 비롯한 30여명이 이들을 포위하고는 경찰서 신원증명까지 제시하며 애원 탄원해도 수긍하지 않고 곤봉과 일본도를 가지고 3명의 얼굴도 못 알아볼 정도로 엉망진창으로 마구 참살했다.

이 결과 청년단 핵심 멤버 4명이 살인 혐의로 검거됐다. 여기서 말하는 '청년단'은 지역 청년들로 구성된 급조된 자경단이다. 체포된 4명은 모두 20, 30대 남성이었다. 1923년 11월 3일자 〈법률신문〉도 이 사건을 「지바현하의 폭행 자경단」이라는 표제로 다음과 같이 보도했다.

(피해자) 3명을 불령선인으로 의심된다고 순경주재소에 동행, 부근에 거주하는 사람들은 수백 명이 쇠갈고리, 죽창, 일본도 등의 무기를 지니고 3명을 선인으로 오인 확신하여 주재소를 습격하고 창유리, 벽을 부수고 소요가 극에 달했을 때 3명을 철사로 묶어 죽인 것이다.

당시 기록에 의하면 희생당한 지방 출신자 3명은 모두 도쿄 도내에서 일하고 있었지만, 지진 재해로 집과 직장을 잃고 지바 방면으로 피난. 게미가와역 근처에 도착했을 때 지역 자경단에게 잡혔다. 분명히 토박이가 아니어서 검문을 당했고 사투리 섞인 말투 때문에 조선인으로 오인했다고 한다. '조선인 체포' 소식은 입소문으로 일대에 퍼졌다. 3명은 게미가와역 근처의 파출소로 연행되었는데 자경단을 비롯한 지역 주민이 속속 몰려들었다. 주민들은 대부분 무장하고 있었다. 아니, 물리적인 '무기' 이상으로 차별과 편견에 휩싸여 있던 것이 문제였다. 신문 보도대로라면 3명은 철사에 묶여 꼼짝 못하다가 몽둥이로 맞았다. 일본도로 베였다. 목숨을 구걸해도 가차 없었다. '얼굴도 못 알아볼 정도로 엉망진창'으로 만들어 3명의 사체를 근처 하나미가와 강에 던져버렸다고 한다. 이것이 '게미가와 사건'의 전말이다.

지바현 내에는 후쿠다무라 사건 이외에도 이런 조선인 이외의 '학살 사건'이 다른 곳에서도 여러 건 확인되고 있다. 이 '게미가와 사건'도 그중 하나이다. 당시 도쿄에 돈 벌러 와 있던 오키나와 출신자는 간토 지방에서는 생소한 억양 때문에 '일본인'임에 대해 의심받는 일이 많았다. 오키나와 출신의 개조사 편집자 히가 슌초는 자경단이 "말투가 다르다. 조선인이지"라고 윽박지르고 그대로 경찰서에 연행된 것을 저서 『오키나와의 세월: 자전적 회상으로부터』에서 말하고 있다. 나중에 오키나와의 교육자로 알려지게 되는 도요카와 젠요豊川善曄도 스미다가와 강다리 위에서 자경단에게 붙잡혀 "조선인이 아니면 기미가요를 불러보라"며 큰 소리로 노래할 것을 강요받았다. '일본어'는 오키나와에 있어 때때로 무거운 의미를 가진다.

"'일본인'이 아니기 때문에 죽임을 당했다"

지진 직후의 비극만이 아니다. 오키나와 방언을 말하면 '사투리 표찰' 벌을 받았던 기억이 있는 사람도 오키나와에는 적지 않다. 오키나와전 때는 역시 '일본어가 완전하지 않다'는 이유로 스파이 취급을 받은 지역민도 있었다.

2017년 8월 28일, 기지 건설이 추진되는 오키나와현 나고시 헤노코의 미군 캠프 슈와브 게이트 앞에서 항의활동을 하던 시민에게 방위국 직원이 "일본어를 아십니까"라고 발언한 것이 지역으로부터 비판을 초래했다. 방위국은 "퇴거 요청에 응하지 않았다"는 것이 발언의 취지라고 항변했지만, 오키나와 주민에 대한 멸시의 뉘앙스는 감출 길이 없다. 같은 달 30일, 참의원 외교방위위원회에서는 오키나와현 이하 요이치 의원이 "오키나와현에는 방언 차별로 괴로워해 온 역사가 있다. 많은 분이 모멸과 차별로 받아들이고 있다"라고 오노데라 이쓰노리 당시 방위상에게 '일본어' 발언을 문제 삼았다.

2016년에는 오사카부 경찰 기동대원에 의한 '토인' 발언도 문제가 되었다. 이때 정부는 "토인 발언은 차별이 아니다"라며 국무회의 결정까지 했다. 차별과 모멸로 얼룩진 '본토'와 오키나와의 거리감. 100년 전과 조금도 다르지 않다. 사투리만 써도 학살당하고 간첩 취급을 받았던 역사를 오키나와 노인들은 잊지 않고 있다. 역사연구자로 오키나와 역사평론지『오키나와의 궤적』을 발행하는 시마부쿠로 가즈유키(75세)는 "학살이 마치 없었던 일이 되려 한다"라고 우려했다. 시마부쿠로는 오키나와현 이에지마 출신으로 고등학교 졸업 후에 간사이 지방으로 건너가 일하면서 대학에서 공부했다. 이후 도쿄로 옮겨 1983년부터 이 잡지를 발간하고 있다. '게미가와 사건'에 대해서도 이미 30년 이상 진상을 찾아 쫓고 있다. "조선인도 오키나와인도 다른 지방 출신자도 '일본인'이 아니기 때문에 죽임을 당했어요. 그 사실을 직시하기는커녕 사실을 부인하는 듯한 움직임마저 있다. 견디기 어려워요."

시마부쿠로는 지금도 여전히 '게미가와 사건' 학살 희생자의 유족을 찾아다니고 있다. 무덤에 손을 모으고 억울함을 공유하며 비극을 세상에도 호소하고 싶다. "이대로라면 별로 전해지지 않은 '게미가와 사건' 자체가 암암리에 묻혀 버립니다."

사건 희생자 각각의 출신지를 방문했다. 미에현 출신자의 생가는 판명되었지만 집안의 그 후는 알지 못한다. 아키타현 출신자는 지역신문 등의 협조로 수소문해봤지만 아직 정보는 없다. 가장 곤란한 것은 오키나와현 출신자이다. 당시 신문 기사에 따르면 「나카가미군 구와이타무라 출신 기마지로」라고 되어 있지만 '구와이타무라'는 예나 지금이나 존재하지 않는다. 오키나와어로 '구에-'라고 표현되는 차탄초 구와에 지구가 아닐까하여 현지에도 방문했지만 유족과 연결될 만한 관계자를 발견할 수는 없었다. "당시는 오키나와 신문에서조차 조선인 폭동 등 유언비어를 그대로 담은 기사를 썼다. 다시는 그런 시대를 보고 싶지 않고 남기고 싶지도 않다. 그러기 위해서라도 사건의 전모를 밝혀내려고 노력하고 있습니다."

2023년 9월 5일 조촐한 추도식이 거행되었다. 주최자는 물론 시마부쿠로이다. 현장 근처의 큰 나무 아래에 술병이 늘어섰다. 오키나와의 아와모리, 아키타, 미에의 토속주이다. 희생자 모두를 애도하고 싶다는 시마부쿠로다운 '배려'였다. 2022년까지 시마부쿠로는 희생자의 기일이 되는 9월 5일이 되면 혼자 현장을 찾아 아와모리를 바치고 향을 밝혀 왔다. 혼자 외로웠는지 그 자리에서 아와모리를 다 마셔버려 술에 취해 나에게 "희생자가 불쌍하다"고 전화한 적도 있었다. 그러나 100년째인 9월 5일은 미디어 관계자를 포함해 10여 명이 모였다. 진상을 밝히고 유족을 찾아내겠다는 시마부쿠로에 대한 지원의 고리가 조금씩 넓어지고 있다.

"100년째 되는 해에 많은 분이 공양을 해주었다. 희생된 3명도 성불할 수 있지 않을까."

시마부쿠로는 이렇게 말하며 참가자들에게 감사하며 말한다. "사투리로 '일본인이 아니다'라고 오인한 것이 계기가 되어 3명이 살해되었다. 그것은 틀림이 없다. 하지만 학살의 원인은 사투리가 아니다. 차별이다. 일본인이 아닌 자들은 특히 조선인이나 오키나와인은 2등, 3등 국민으로 간주되었다. 차별이 사람을 죽인 거예요."

2023년 9월 5일 게미가와 사건 현장에서 손을 맞댄 시마부쿠로 가즈유키

　자료나 증언이 부족한 가운데 조사활동은 어렵다. 그런데도 포기하지 않는 이유는 무엇일까? 내 물음에 시마부쿠로는 이렇게 대답했다.

　"지금을 사는 인간의 책임이니까."

　여기에도 '차별'의 존재를 용납하지 않고, 그리고 국가가 거들떠보지도 않는 '책임'을 다하려는 인간이 있는 것이다.

제5장

폭주하는 집단 심리
: 사이타마 요리이, 오미야, 진보하라, 혼조, 군마 후지오카

지진 직후 자경단이 모인 민가의 우물. 사이타마시 미누마구

1. 군중에게 살해당한 엿장수 청년

조선 엿 의외의 유래

인터넷 쇼핑몰에서 '조선 엿'을 구입했다. 구마모토의 전통 있는 과자점의 상품이다. 꼭 먹어보고 싶었다. 학살사건 관련 문헌을 읽다 보면 가끔 '조선 엿장수'라는 문구가 눈에 들어온다. 지바 나라시노 수용소 부근 학살사건에 관해 조사하고 있을 때도 그랬다. 그 시절 조선옷을 입은 '조선 엿장수'의 모습은 어디서나 볼 수 있었다.

"찐득한 엿, 달콤합니다." 엿을 자르기 위한 가위를 달그락달그락 움직이는 엿장수 소리는 연일 나라시노의 온 동네에 울려 퍼지고 있었다. 말할 것도 없이 엿장수는 대부분 조선인이다. 엿은 아이들에게 인기가 많았다. 엿장수가 모습을 보이자 아이들은 부모가 준 한 푼짜리 동전을 움켜쥐고 달려들었다. 엿장수는 표면에 묻은 녹말가루를 싹 털어내고 가위로 한 입 크기로 잘라 건넨다. 당시 사람들에게는 익숙한 광경이었다. 그런데 대지진 며칠 전부터 나라시노 마을에서는 왠지 엿장수가 모습을 보이지 않게 됐다. 특별히 깊은 이유 따위는 캐물을 필요도 없을 것이다. 다른 동네로 옮겼는지 아니면 몸 상태가 안 좋아졌는지. 엿장수에게도 개인사정이라는 것이 있다. 하지만 이것이 지진 후 '조선인 폭동' 루머에 일정한 신빙성을 부여하고 만다.

"엿장수는 지진 후에 동포들이 폭동을 일으킬 것을 미리 알고 있었다. 그래서 지진이 일어나기 며칠 전부터 일제히 자취를 감췄다." 그런 이야기가 사람들 사이에 퍼졌다. 지금 생각하면 이 또한 어처구니없는 헛소문이다. 현재도 아무리 고성능의 지진예측장치가 있다고 해도 며칠 전에 미리 지진을 아는 것은 불가능하다. 하물며 100년 전에 보통 사람들이 지진 발생을 미리 알 수 있을 리 없다. 하지만 편견은 계속 부풀어 오르는 풍선처럼 팽창하고 증오에 의해 터진다. 그 기세가 살육으로 사람들을 향하게 한다. 조선 엿장수가 사라진 것이 조선인 폭동을 '진실성 있는 이유' 중 하나로 만들어 버린 것이다. 자, 여기서 '조선 엿'이다. 당시 엿은 어떤 맛이었을까? 인터넷 쇼핑몰을 통해 며칠 만에 집으로 배달된 '조선 엿'은 사탕이라고는 하지만 이른바 '캔디'가 아니라 탄력을 지닌 떡 과자 같았다. 녹말가루를 입힌 그것은 하나하나가 5×2cm 정도의 직사각형으로 마치 지우개 같은 형상이다. 녹말가루를 털어내어 입안에 넣고 씹는다. 부드러운 탄력을 느낀 후에 은은한 단맛이 퍼졌다. 소박하고 그리운 맛이 났다. 원재료는 물엿, 찹쌀, 설탕, 전분뿐이다. 꾸밈없는 맛은 강한 자극에 익숙해진 혀에는 어디까지나 부드러웠고 그런 소박함이 오히려 신선하게 느껴졌다. 과자 상자에는 「조선 엿의 유래」라고 적힌 설명서가 들어 있었다. 이에 따르면 조선 엿은 400여 년 전 규슈 구마모토에서 만들어진 것으로 처음에는 '장생 엿'으로 불리었고 당시 구마모토 성주 가토 기요마사가 좋아했다고 한다. 이것이 '조선 엿'으로 호칭이 바뀐 이유를 설명서에서는 다음과 같이 적고 있다.

가토 기요마사 공이 임진왜란, 정유재란 때 이 사탕을 조선에 휴대하여 기후풍토에도 맛이 변하지 않고 맛있게 장기적인 식량으로서 보존에 견디는 것에 깊은 감명을 받아 일본 제일의 보존식품으로서 상찬을 받은 이래 조선 정벌을 기념하여 조선 엿이라고 불리게 된 것으로 조선에서 제조법 전래 운운하는 설은 완전히 잘못된 것입니다.

나는 그 명칭에서 틀림없이 한반도에서 유래한 것이라고 믿고 있었기 때문에 그것이 하필 가토 기요마사에 의한 "조선 정벌을 기념"한 것임을 안 것은 또 하나의 수확이었다. 마치 러시아 정벌을 의미했던 '정로환征露丸(현재는 정로환正露丸)'과도 비슷한 네이밍이다. 설명서에 일부러 "조선에서 제조법 전래 운운하는 설은 완전히 잘못된 것입니다"라고 적는 대목에도 어딘지 모르게 내셔널한 향기가 풍긴다. 한편 일본 각지에는 예로부터 각각 비슷한 제법의 사탕도 존재하고 있었다. 모두가 쌀과 물엿 등을 원료로 하고 있는 것으로 보아 아마도 비슷한 맛과 식감이 아니었을까? 또한 에도시대에는 원조 '조선 엿'을 보고 흉내 내어 만드는 업자도 각지에 나타났다. 원조 '본가'는 시판을 금지하고 직접 막부 등에 납부했는데, 모방업자들은 상품을 시중에 유통시켜 서민들 사이에서도 이것이 널리 퍼졌다. 더 조사해 보니 한반도에서도 예로부터 수수가루에 맥아가루를 섞은 떡 과자가 '엿/사탕'이라 칭해지며 사람들이 좋아하던 역사가 있었다.

동아시아의 식문화는 어딘가에서 공명 공진共振하는 것이다. 또 하나 이 '엿'과 관련하여 일본과 한반도에 공통된 것이 있었다. '판매 방법'이다. 에도시대 일본의 엿장수들은 손님을 끌기 위해 굳이 넓은 챙을 가진 모자를 쓰고 때로는 날라리를 불면서 시중을 누비며 사탕을 팔았다. 그 스타일 때문에 '당인 엿장수'라고도 불렸다. 한반도에서도 엿장수들은 큼직한 가위를 능숙하게 다루어 '찰크락 찰크락'하고 경쾌한 리듬을 새기며 독특한 마디를 붙인 구호로 손님을 불렀다. 사탕이 담긴 상자는 도시락장수처럼 가슴에 매달고 있었다. 퍼포먼스를 섞은 무점포 직접 판매라는 점에서는 일본에도 한반도에도 같은 '엿장수'가 존재했던 것이다. 이러한 판매 방법은 근대에 들어서도 계속되었다. 이시카와 다쿠보쿠는 대표작『한줌의 모래』중에 '엿장수의 날라리 소리 들으면 잃어버린 어릴 적 마음을 다시 주운 것 같아'라고 읊었다. 이즈음까지 일본에서는 이방인 의상을 한 일본인이 엿장수의 주체였다.

동네에서 인기 많던 엿장수 청년 구학영

1910년 한일강제병합 이후가 되면 일본에서는 '진짜' 조선인 엿장수가 거리에서 눈에 띄게 된다. 이들 중 상당수는 원래 노동자나 그 가족으로 일본에 와 생활을 위해 '조선 엿장수'가 됐다. 일본어가 능숙하지 않아도 특별한 기술이 없어도 혹은 별 밑천이 없어도 할 수 있는 장사여서 많은 조선인들이 엿장수 시장에 뛰어든 것이다. 일부에서는 일본인 우두머리가 여러 조선인을 고용하여 엿장수를 시키는 등의 예도 있었다. 어쨌든 지진 때 '조선 엿장수'라고 하면 판매자 대부분은 문자 그대로 조선인이었던 것이다. 그런 엿장수 중에 구학영이라는 젊은이가 있었다. 현재의 한국 남동부 울산 출신, 지진 시에 28세. 사이타마현 북부 요리이를 거점으로 엿장수를 하며 생계를 유지했다. 당시의 '조선 엿장수'가 누구나 그랬던 것처럼 그도 사탕이 든 상자를 목에 걸고 큰 가위로 리듬을 타며 '조선 엿'을 팔고 다녔다. 구학영은 요리이 마을에서 인기가 많아서 사람들과 친근하게 지냈다고 한다. 하지만 그런 그도 살해당했다. 죽창에 찔리고 쇠갈고리를 내리쳐 28세로 생을 마감한 것이다.

『요리이마치사 통사편』 간토대지진 항목에는 이런 기술이 있다.

자경단원들의 손에 의해 (중략) 조선인 엿장수 구학영 청년이 보호받던 요리이 경찰서 유치장에서 끌려나와 쇠갈고리 등으로 맞아 죽었다.

그는 지금 요리이역 근처 정토종 사찰인 정수원 경내에 있는 묘지에 잠들어 있다. 내가 방문했을 때는 부재중이던 주지를 대신해 주지 가족이 무덤까지 안내해 주었다. "가끔 이렇게 먼 곳에서 찾아오는 분들이 있어요. 요즘은 한국에서 오시는 분들도 있어요."

조용한 묘지에서 가끔 한국어의 절제된 대화 소리가 울려 퍼진다고 한다. 시간의 경과를 느끼게 하는 빛바랜 묘석 정면에는 「감천수우신사」라는 법명이 새겨져 있었다. 오른쪽 측면에는 「대정 12년 9월 6일 사망 조선 경남 울산군 상면 산전리 거 속명 구학영. 향년 28세」라고 있다. 이름은 물론 향리 장소와 법명까지 적힌 학살 희생자 무덤은 드물다. 애초에 많은 희생자는 무덤은커녕 유골조차 찾지 못하는 것이다. 왜 그는 이렇게 정중하게 매장되었는가? 그 답은 무덤의 왼쪽 측면에 기록되어 있다. 「시주 미야자와 기쿠지로 외 유지가」시주로 여겨지는 미야자와 기쿠지로는 구학영의 친구이자 같은 숙소건물에서 '안마업'을 하고 있었다.

구학영과 가까운 사이였던 미야자와가 유골을 인수해 정수원에 매장한 것이다. 자세한 기록은 남아 있지 않지만, 당시부터 '안마업' 종사자 대부분이 시각장애자였던 것을 생각하면 미야자와 또한 눈이 불편했을 것이다. 조선인과 시각장애인이라는 일본 사회의 마이너리티끼리 친분을 맺고 그 우정이 다다른 곳이 바로 이 묘석이었다. 구학영이 살해된 것은 정수원 바로 옆에 있던 요리이 경찰서 안이다(현재 요리이 경찰서는 정수원에서 북쪽으로 2km 정도 떨어진 곳으로 이전했다). 죽임을 당한 장소 바로 근처에 그는 잠들어 있는 것이다.

루머 정보는 당국이 '보증'

사이타마현 내에서 일어난 학살 사건의 재판기록과 관계자 증언을 조사한 조선인 희생자 조사추모사업실행위원회(명예위원장 하타야와라 사이타마현 지사)의 보고서『숨겨져 있던 역사』(1974년)에는 '요리이 사건'을 아는 사람들의 증언이 정리되어 있다. 이 책의 기술을 참고하면서 사건을 따라가 보자.

구학영은 지진 5년 정도 전부터 요리이 옆 사쿠라자와무라에서 살고 있었다고 한다. 그때까지 어디서 무엇을 하고 있었는지는 분명치 않다. 그가 살고 있던 사쿠라자와는 현재 요리이마치에 편입되어 있다. 지치부철도 사쿠라자와역 근처 국도 254호선과 후카야 가도가 교차하는 야마자키라고 하는 마을에 일찍이 마시모야라는 여인숙이 있었다. 그곳이 구학영의 거처였다. 덧붙여 옆방에 살던 것이 미야자와이다. 지금 이 근처는 교통량이 많은 국도를 따라 주택가나 논밭이 펼쳐지는 '교외의 풍경' 밖에 확인할 수 없다. 옛날의 모습을 찾기는 어렵다.

구학영은 이 자리에 있었던 숙소 처마 끝에서 어디선가 들여온 찹쌀을 물

측면에 시주의 이름이 새겨진 구학영의 묘

엿과 섞어 빚어 나무상자에 넣은 뒤에 인근 마을로 팔려나가는 것이 일과였다. 같은 사쿠라자와무라에 살고 있던 한 사람은 "결코 그는 남에게 미움을 받거나 나쁜 짓을 할 사람이 아니었습니다"라고 이 책에 증언을 남기고 있다. 요리이 일대 각 마을에서 자경단이 조직된 것은 9월 3일경이다. 같은 시기 지바 후나바시 무선송신소로부터 내무성 경보국에 의한 루머가 전국에 타전된 것은 앞에서도 말했지만, 사이타마에서도 현 내무부로부터 9월 2일 밤 각 마을에 대해 다음과 같은 「통첩문」이 발송되었다.

> 도쿄에서의 지진 재해를 틈타 폭행을 일삼은 불령선인 다수가 가와구치 방면에서 혹은 본 현에 들어올지도 모르고, 또한 그사이 과격사상을 가진 무리에 합세하여 그들의 목적을 달성하려는 뜻으로 점차 독수毒手를 발휘하려는 점이 있다. 경찰력이 미약하므로 마을 당국자는 재향군인회, 소방수, 청년단 등과 일치 협력하여 그 경계에 임하고 만일 유사시에는 신속하게 적당한 방책을 강구하도록 시급히 상당 수배가 될 수 있도록 모두 그 방면의 내첩에 따라 이첩에 이르렀다.

도쿄로부터 '불령선인'이 사이타마현 내로 밀려들어온다. 따라서 각 지자체는 이에 대비하라는 것이다. 내무성에서 현, 그리고 현에서 지자체로. 루머를 포함한 '폭동에의 대비'는 이러한 '공식 루트'로 전해진 것이다. 몇 번이라도 반복하고 싶다. 유언비어는 자연 발생해 사회에 유포됐고 혼란 속에서 학살이 발생했다고 보는 것은 잘못이다. 학살을 부추긴 것은 국가이자 행정이다. 루머 정보는 당국의 '보증'으로 사회에 전달된 것이다. 이에 따라 사이타마현 내에서도 급거 자경단 결성이 지시됐다. 쇠갈고리와 일본도 등으로 무장한 자경단이 각지에 출현했다.

자경단은 '죽일' 생각으로 모여 있었다

요리이무라, 그리고 현재는 요리이마치에 편입된 요도무라, 오리하라무라, 하나조노무라, 구학영이 살던 사쿠라자와무라 마을에서도 소방조직과 재향군인회를 중심으로 자경단이 편성되었다. 이러한 상황을 구학영도 불안하게 느꼈을 것이다. 그는 9월 5일 오후 직접 요리이 경찰서에 나가 보호를 요청했다. 5일 오후 시점에는 경찰서가 있는 요리이무라는 그만큼 긴박한 상황은 아니었다. 그 또한 마음씨 좋은 사람이었다. 그는 "아무 일도 하지 않고 놀고 있어서는 미안하다"며 경찰서 부지 풀을 뜯으며 시간을 보내고 있었다. 경찰로서도 특별히 구속할 이유도 없어 그대로 둔 것이다. 하지만 인접한 요도무라 마을에서는 사정이 달랐다.

5일 오후 이 마을에서 '수상한 남자'가 붙잡혔다. 이에 따라 무기를 들고 요도무라 마을사무소로 모이라는 자경단의 지시가 내려졌던 것이다. 급기야 '불령선인'이 지역에 침투했다고 자경단은 격분했다. 흥분한 많은 사람들이 남자가 연행된 요도무라 마을사무소에 모였다. "불령선인을 죽여라!"라는 소리가 난무했다. '수상한 남자'는 머리부터 쌀가마 같은 것을 뒤집어쓰고 꼼짝 못하게 몸은 돗자리로 감겨 있었다. 이른바 '거적에 말은 스마키簀巻き' 상태이다. 하지만 조사 결과 '수상한 남자'의 정체는 놀랍게도 같은 사이타마현 혼조 경찰서 경위인 것이 판명된다. 이 경위는 트럭에 많은 조선인을 태우고 이동 중에 진보하라무라 마을에서 군중에게 습격당하고 만 것이다(진보하라 사건·후술). 조선인은 죽임을 당했고 경위는 도망쳤다. 도망칠 때 그는 경찰관 제복을 벗어던졌다. '불령선인을 감싸는 경찰관'으로서 자경단으로부터 눈엣가시로 여겨졌기 때문이다.

속옷 차림으로 간신히 요도무라까지 도착했는데 '선인의 밀정'으로 의심받아 붙잡히고 말았다. 하지만 '불령선인'이라고 생각한 남자의 정체가 경찰관이라는 것을 알게 돼도 군중의 흥분은 가라앉지 않는다. 그들은 '죽일' 생각으로 모여 있었던 것이다. 마을사무소 직원과 주재원이 해산을 명령해도 쉽게 열은 식지 않았다. 그것이 집단심리라는 것이었다.

이하, 요도무라 자경단원이었던 시미즈 조지로의 증언.

그제서야 실수임을 알게 되었는데 모인 사람들 중에 혼조에서 일어난 사건을 보고 온 사람이 있어 마을사무소 담에 뛰어올라 연설을 시작하여 요리이에도 조선인이 있다고 하여 그대로 요도를 주체로 하나조노, 이즈카 등을 섞어 100명 정도가 요리이로 밀어닥친 것입니다. 우리 임원들이 섣불리 멈추게 해서는 반대로 임원들 먼저 피 튀기는 신세가 될 수 있는 기세라 그냥 되는대로 내버려둘 수밖에 없었습니다.

여기에서 말하는 '혼조에서 일어난 사건'이란 자경단에 의한 조선인 학살사건을 말한다. 이때 "담에 뛰어올라 연설을 시작한" 사람은 시바사키 고노스케라는 재향군인이었다. 시바사키는 "혼조를 보라, 부디 용감하게 싸우라"고 선동한 후, 요리이 경찰서로 몰려가자고 모두를 부추겼다. 시바사키는 요리이 경찰서가 엿장수 조선인 구학영을 보호하고 있음을 알고 있었다. 군중은 얼빠진 경찰관을 대신해 새로운 적의 존재를 알게 된 것이다. 흥이 나지 않을 리가 없다. 열기에 휩쓸린 요도무라 자경단은 쇠갈고리와 죽창, 일본도를 들고 시바사키를 선두로 요리이로 향했다. 군중의 한 사람이었던 가네코 겐조는 자경단 간부로부터 "앞으로 요리이에 있는 조선인을 베러 갈 것이나 부디 동지 간에 칼부림은 해서는 안 된다. 목적 수행을 위해 힘내라"고 당부했다고 한다.

자경단과 경찰관의 대치

그들이 출발한 것은 밤이 되고서다. 그 무렵 요리이무라에서도 자경단이 각지에서 경계에 임하고 있었지만 요도무라 만큼의 긴장감은 없었다. 하지만 밤중이 지나 드디어 요도무라 자경단이 요리이 마을로 들어왔다. 요리이 자경단원이었던 후지노 초타로는 이렇게 이야기한다.

밤 대기소에서 자고 있는데 갑자기 죽창으로 쳐서 깼습니다. 요도무라 사람들이 사나운 얼굴로 "이 중요한 때에 요리이 놈들은 잠이나 잔다"라는 식이었습니다. 그래서 요도 사람들과는 별개로 뒤따라 경찰서로 갔습니다. 워낙 기세등등하고 험상 궂었기 때문에 마을에 불이라도 붙인다면 참을 수 없다는 생각이기도 했습니다.

기세가 오른 요도무라 자경단원들은 일제히 요리이 경찰서에 모여들었다. 사실 그곳으로 가는 길에 요리이 바로 앞 사쿠라자와 마을까지 왔을 때, 시미즈 조지로는 "내가 먼저 조선인이 경찰에 있는지 확인하고 오겠다"며 요리이 경찰서로 먼저 향했다고 한다. 도착해서 경찰관에게 사정을 설명하고 있는데 기다릴 수가 없었는지 기세가 너무 올랐는지 바로 자경단 일행이 따라잡고 말았다. 여기서부터는 경찰서 현관에서 자경단과 경찰관의 대치상태이다. 경찰서 내에는 호시야나기 조 서장 이하 3명의 경찰관 밖에 없었다. 조선인을 넘겨라, 안 된다는 식의 입씨름이 이어진다. 넘겨주면 살해당할 것을 알고 있기 때문에 경찰관으로서도 요구를 받아들일 수는 없었을 것이다. 하지만 자경단은 강경했다. 자경단은 죽창으로 경찰관의 발등을 찌르는 등 위협을 거듭했다. 그러는 중에 요리이 재향군인회 간부도 와서는 "여기서 보호하고 있는 엿장수 조선인은 선량한 사람이다"라고 한바탕 연설하지만, 이미 쇠갈고리 자루를 강하게 움켜쥐고 죽일 준비를 마친 패거리는 귀를 기울이지 않는다. 급기야 경찰관도 백기를 들었다. 말없이 물러가자 자경단은 일제히 경찰서 안으로 몰려들었다.

경찰 형사가 안에서 조선인을 데려와 군중 앞으로 끌어냈습니다. 군중은 살기를 띠고 있었기 때문에 '와악'하고 덤벼든다. 참다못한 조선인은 유치장 안으로 도망가려 한다. 그것을 죽창 따위로 마구 쑤셔대기도 하고 마지막에는 다시 마당 앞에 끌어다가 치명상을 입혀 죽여 버렸습니다. 어깨에 깊이 베인 상처가 치명상이었다고 합니다. (시미즈 조지로)

다른 증언도 있다.

처음에는 쇠갈고리로 걸어 밖으로 끌어내리려고 했습니다. 그러다가 상처를 입은 조선인이 바깥 복도 벽에 붙여 놓은 화재 포스터인지 뭔지를 달라고 한 것 같고, 밖에 있던 사람이 떼어주니 조선인은 뒷면 하얀 종이에 자신의 피로 '일본인, 무고함을 벌하다日本人罪なきを罰す'고 썼습니다. (중략) 물론 제대로 된 한자였습니다. 그 후 밖으로부터 죽창에 찔리고 넘어져 질질 끌려 나가 마당 앞에서 치명상을 입었습니다. (후지노 초타로)

실제로는 '벌 일본 죄무罰 日本 罪無'라는 3개의 단어를 나란히 썼다고 한다. 후지노는 그 의미를 "일본인, 무고함을 벌하다"라고 생각했던 것이다. 틀림없이 그 해석이 맞단 생각이 든다. 구학영의 억울함이 전해지는 문구이다. 이후 소식을 듣고 오리하라 마을의 의사가 찾아왔다. 이 의사는 명석을 씌운 구의 시신을 조사했다. "여하간 여러 차례 찔린 것처럼 보이는 심한 상처였어요. 상처는 합계 62곳이었습니다"라고 이야기하고 있다. 상세한 경위는 기록에 남아 있지 않지만, 이 사체를 인수한 것이 같은 여인숙에 살고 있던 '안마업' 미야자와였다.

미야자와는 경찰서 옆에 있는 정수원에 무덤을 만들어 정성스레 매장한 것이다. 묘석에 '조선 경남 울산군 상면 산전리'라고 정확한 주소를 새길 수 있었던 것도 그만큼 두 사람이 친했음을 의미하는 것이다. 그 후 요도무라 자경단원 등 13명이 검거돼 3명에게 실형이 선고됐다(앞에서 언급한 것처럼 이들 학살 가해자는 예외 없이 사면됐다).

군중을 선동한 남자의 기막힌 변명

그런데 요도무라 마을사무소에서 "혼조를 보라, 부디 용감하게 싸우라"며 군중을 선동하고 앞장서서 경찰서로 돌입한 재향군인회 시바사키인데, 그의 증언도 『숨겨져 있던 역사』에 기록되어 있다. 이에 따르면 시바사키는 실제로 '혼조' 사건을 본 것이 아니라, 모인 군중 중 한 명으로부터 "조선인이 여러 곳에서 나쁜 짓을 하고 있다. 혼조에서는 힘들었다"는 말만 들었다고 한다. 다음은 시바사키의 증언이다.

'쓸데없는 말을 하면 화를 당할 수 있다'라는 속담은 아니지만, 저도 들뜬 기분에 조금 말이 헛나갔습니다. (중략) 저는 선두가 아니었지만, 선두였던 것이 되어 버려서, 제가 지휘관이었던 것으로 되어 버렸습니다. 어쩌면 혈기에 치우쳐서는 좋을 것이 없다고 생각했습니다.

요리이 경찰서에 도착했을 때는 이미 사람이 가득 모여 있었다고 한다.

그 사이 경찰은 도망쳐 버리고 유치장 열쇠를 열어 보호 중인 조선인을 끄집어냈습니다.
저는 경찰에서는 "힘내라, 힘내라" 하는 쪽이었어요……

시바사키는 '응원단'에 불과했다고 변명하는 것이다.
지금 재판이 있다면 모두 뒤집을 수 있다고 호언장담하는 시바사키는 이렇게 계속한다.

어차피 누군가가 나와서 희생하지 않으면 끝나지 않는다고 하니 우리 셋이 그 희생을 짊어진 것과 같습니다.

또한 살해된 구학영에 대해서도 이렇게 말한다.

일본에 엿장수를 하러 와서 돈을 벌어서는 고향의 부모님께라도 보냈을 텐데, 만약 일본인이 외국에 있었다면 역시 같은 일을 했을 텐데, 생각해 보면 불쌍하다고 생각해요.

도대체 이 시바사키의 주장은 뭔가. 학살 선동을 '말이 헛나갔을' 뿐이라 하고, 경찰에서도 응원했을 뿐이라고 발뺌하며 "스스로 희생을 짊어진" 것이라고 피해자인 척한다. 애당초 "생각해 보면 불쌍하다"라는 것은 어처구니없는 말이 아닌가? '불쌍하다'고 해서 될 얘기가 아니라 이래서는 구학영의 혼도 성불할 수 없다. 시바사키의 이야기는 변명일 뿐 어디에도 반성은 없다. 스스로의 광기, 유언비어에 대한 맹신, 그리고 민족차별과 진지하게 마주한 말은 끝까지 나오지 않는다. 재판 기록에 따르면 그는 요도무라 사무소 앞에서 선동했을 때 이렇게도 이야기하고 있다. "선인은 우리 동포의 원수다.", "사쿠라자와 마을의 여인숙에도 선인이 있는데, 언제 어느 때 불령의 소행에 나설지 모른다. 미리 이를 습격 살해해야 한다."

이것은 "말이 헛나간" 수준의 얘기일까? 조선인을 '원수'로 규정하고 게다가 사람을 특정해 명확하게 '살해'해야 한다고 호소한 것이다. 그런 그도 불과 1년의 복역으로 출소(판결은 징역 3년)해 일상생활을 되찾을 수 있었다. 이 책을 비롯해 근현대사 관련 문헌자료 조사에 나름 시간을 들였다고 생각하는데, 거기에 그려지는 일본인의 모습이라는 것이 자주 이러한 것이다. 용맹무쌍함을 말하고 망설임을 나약하게 취급하며 '일본남아日本男児'니 '야마토혼大和魂'이니 큰 소리 치는 사람일수록 여차하면 책임전가에 바쁘다. 만주에서 여성과 아이를 버리고 재빨리 도망쳐온 구 일본 군인과 마찬가지로 과도하게 용감한 척 행동하는 사람 중에 끝까지 책임을 지는 일은 없다.

한국에서도 역사의 풍화는 진행된다

이 사건을 다룬 『엿장수 구학영』이라는 그림책이 2022년 일본에서 발행됐다. 2023년 이 책의 저자이자 한국인 목사인 김종수(59세)는 간토대지진 100년 추도식에 참석하기 위해 일본을 찾았다. 그는 2000년대 들어 대지진 직후의 학살 사건에 대해 관심을 가지게 되어 조사를 시작했다고 한다. 그런데 한국이든 일본이든 사건 관련 자료가 그리 많지 않다. 그러던 중 희생자의 이름이 명기된 몇 안 되는 무덤이 요리이에 있다는 사실을 알게 됐다. 그것이 책으로 이어졌다. 김종수는 나의 취재에 다음과 같이 대답했다.

"잔혹한 사건이지만 (안마업) 미야자와 씨 등 구학영의 주위에는 성실한 일본인이 있던 것도 알았다. 또한 이 사건들을 진지하게 쫓고 있는 일본인도 적지 않다는 사실을 알게 됐다. 제 책은 학살의 비극, 잔학성을 호소하고 있을 뿐만 아니라 성실한 일본인의 모습도 그리고 있습니다. 그 사실을 한국에서나 일본에서나 호소하고 싶습니다."

한편 한국에서도 역사의 풍화는 진행되어 학살에 관한 흥미와 관심은 희미해지고 있다. 그리고 일본에서는 기억이 희미해지기는커녕 '없던 일로 하는' 움직임이 활발하다. 역사 부정의 물결이 덮치고 있다. 그는 말한다. "역사를 직시하지 않고는 진정한 우호관계를 구축할 수 없을 것입니다." 그 말을 일본에 사는 사람이야말로 받아들여야 한다. 일본인은 틀림없는 학살의 가해자니까.

나는 조선 엿을 입 안에 집어넣는다. 부드러운 단맛이 서서히 퍼진다. 이웃이 흠모한 그의 인품을 생각한다. 스스로 경찰에 나가서는 '한가하니까'라고 풀을 뜯어주던 착한 구학영을 생각한다. 매일 여인숙 처마 밑에서 떡을 썰던 그의 모습을 상상한다. 가위를 철컹거리는 소리가 멀리 들린다. 같은 숙소에 살던 미야자와는 분명 그 리듬을 항상 듣고 있었을 것이다. 불편한 눈 대신 그는 귀로 구학영의 존재를 느끼고 있었다. 멍석 위에서 숨도 쉬지 않고 누운 상처투성이의 구학영을 미야자와는 어떤 마음으로 만진 것일까? 미야자와의 통곡까지도 울려 퍼지는 것 같다. 그 미야자와의 행방은 아무도 모른다. 사건 후 요리이 마을에서 홀연히 사라졌던 것이다.

2. 학살 선동의 정체

이 우물물로 쇠갈고리와 낫을 갈았다

사이타마시 교외이다. 그 집은 사이타마현 오미야역에서 버스로 20분 정도 가면 나오는 시 동부의 미누마구에 있었다. 전원지대에 걸맞은 옛집이었다. 고풍을 지켜낸 당당한 집 구조에서 에도시대부터 계속 되는 역사와 품격이 느껴진다. 잘 가꾸어진 넓은 마당에는 우물이 남아 있었다. 지하에서 솟아나는 물은 지금도 생활용수로 이용되고 있다.

마실 수 있습니까? 내가 묻자 이 집 10대째라는 다카하시 류스케(79세)는 흔쾌히 답하며 펌프로 물을 퍼 올렸다. 과거에는 두레박으로 통을 늘어뜨렸으나 현재는 펌프를 통해 호스 끝에서 힘차게 지하수가 뿜어져 나온다. 미네랄을 많이 함유한 지하수는 잡맛이 없는 부드러운 감촉을 입 안에 펼쳐 놓았다. '만든 것'이 아닌 진짜 천연수이다. "그때," 다카하시는 우물 가장자리를 손으로 통통 두드리면서 나에게 설명했다. "이 우물 주변에 사람들이 많이 모였대요. 모두 살기가 서려 있었던 것 같아요. 이 우물의 물로 각자가 가지고 온 쇠갈고리나 낫을 갈고 있었다고 합니다."

대지진 직후의 일이다. 이 근처는 기타아다치군 가타야나기무라 소메야 지구라고 불렸다. 논밭이 펼쳐진 완전한 농촌지대였다. 지진의 흔들림은 경미한 피해를 발생시켰지만 마을 안에 사상자는 없었다. 하지만 여기에서도 위협이 된 것은 '불령선인'이다. 앞서 말한 대로 사이타마 현에서는 9월 2일 밤에 '불령선인의 습격'에 대비하라며 각 지자체에 경계를 호소하고 있다. 이에 따라 가타야나기무라 마을도 곧바로 자경단 결성에 착수했다. 다음 날인 3일 소방조직, 재향군인회, 청년단 대표자를 모아 '적당한 조치를 취하기'로 했다고 당시 보고서에는 적혀 있다. 앞에 나온 책 『숨겨져 있던 역사』에는 고이즈미 사쿠지로라는 마을 사람이 다음과 같은 증언을 남기고 있다.

며칠쯤이었을까, "선인이 화재 장소에 기름을 붓고 불을 키우고 있다", "선인이 우물에 독을 넣고 있다"는 등의 이야기가 전해졌다. (중략) 화가 난 마을의 소방단원, 청년단원들이 자경단을 조직하여 죽창, 도끼, 권총, 칼 등을 들고 나와 암구호, 신호탄까지 생각하며 만일에 대비할 준비를 했다.

다카하시가 부지 안에 있는 우물에 모인 것은 여기서 말한 "화가 난 마을의 소방단원, 청년단원"들이었다. 게다가 오미야역 근처에 있던 사람으로부터 정보가 전해졌다. 도쿄 방면에서 도망쳐온 조선인 중 일부가 가타야나기무라 방면으로 향했다는 것이다. 자경단원들은 더욱 경계를 강화했다. 하필이면 이때 마을에 조선인 한 사람이 모습을 보이고 말았던 것이다. 9월 4일 새벽이었다. '불령선인 습격'을 알리는 신호탄이 탕하고 울렸다. 무기를 든 자경단원들은 일제히 권총 발사음이 난 방향으로 달려간다. 고이즈미의 증언은 계속된다.

(조선인은) 숲 속으로 숨으려고 했던 모양인데 곧 나와 온 힘을 다해 도망쳐 내 집으로 들어가려다 들어가지 않고, 집의 비스듬히 남동 방향 길로 전력을 다해 도망쳤다. 그러나 곧 T자로에 부딪혀 어느 쪽으로 도망갈까 하다가 원래 왔던 길을 뒤돌아봤을 때 한명의 자경단에게 왼쪽 가슴을 죽창으로 찔리고 말았다.

그래도 조선인은 도망쳤다. 가슴의 상처를 누르며 그는 아직 새벽이 먼 밤길을 달린다. 논두렁길을 벗어나 고구마 밭 속으로 들어간 것은 실패였다. 고구마 덩굴이 발에 엉겨 붙어 잘 걷지 못한다. 그는 균형이 무너져 도랑 안에 발이 잡혀 넘어졌다.

쓰러지는데 또 한 명의 자경단 칼에 허리 부분이 잘려 움직이지 못하게 되어버렸다.

살해 연루 자경단원 전원이 집행유예

2003년 7월 일본변호사연합회 인권옹호위원회는 각지의 학살사건을 조사한 「간토대지진 인권구제 신청사건 조사보고서」를 발표한 바 있다. 가타야나기무라 사건에 대해서는 우라와 지방법원의 판결서에 근거해 피해 양상을 다음과 같이 기술하고 있다.

창으로 흉부를 찌르고 넘어진 곳을 일본도로 왼쪽 어깨를 베고 머리를 창끝으로 때렸는데 피해자는 일어나 도망치려고 했기에, 더 나아가 일본도로 오른팔이나 신장을 베고 뒤통수를 창으로 찔러 그 결과 사망에 이르게 했다는 잔학하고 무참한 일

전신에 20군데 이상의 상처가 있었다고 한다. 한마디로 상처투성이, 피투성이 상태였을 것이다. 그야말로 '무참한 일'이었다. 하지만 고구마밭에서 쓰러진 조선인은 적어도 그 시점에는 아직 숨이 붙어있었다. 죽은 줄 알았던 조선인이 아직 살아 있었다는 사실에 자경단은 동요했는지, 아니면 갑자기 냉정을 되찾았는지 그들은 조선인을 문짝에 태우고 병원으로 향하는 것이다. 자경단원들은 오미야의 병원을 목표로 했다. 현장에서 약 4킬로미터 떨어진 현재는 오미야 가이세이 고등학교가 있는 장소까지 이르렀을 때, 문짝에 누운 조선인이 입을 연다.

다시 고이즈미 증언.

이 조선 사람은 일본어를 몰라 그저 '미즈mizu'라고 물을 구했다. 부상자에게 물을 먹이면 죽는다는 것을 알고 있었기 때문에 어떻게 할까 망설였지만, 죽을 것 같아 어차피 죽을 거라면 본인 희망대로 마시게 해주자는 생각이 들어 도중에 이시이石井라는 집에서 물을 받아 마시게 했다.

하지만 결국 그곳에서 조선인은 숨을 거뒀다. 이 사건으로는 5명이 검거

됐지만 재판에서는 전원에게 집행유예가 내려졌다. 다른 사건과 마찬가지로 이곳에서도 조선인 살해는 더 많은 사람들이 연루되었음에도 죄를 물은 것은 일부이고, 게다가 전원이 유죄 판결을 받았으면서도 형 집행이 유예되었고 후에는 사면되었다.

지역에 있어 목구멍에 박힌 가시

"끔찍한 사건이었던 것 같아요." 집 우물 앞에서 다카하시는 깊은 한숨을 내쉬었다. 그건 그렇고 왜 그날 사람들은 다카하시의 집 우물에 모였을까? 실은 다카하시의 조부 기치사부로는 당시 소메야 지구의 구장区長을 맡고 있었다. 소방조직과 청년단, 재향군인회 등을 모아 자경단을 조직한 것도 기치사부로이다.

"저는 할아버지로부터 사건에 대해 아무것도 듣지 못했어요. 다만 지진 당시 중학생이었던 아버지가 할아버지로부터 조선인 살해의 대강을 들었을 뿐만 아니라 실제로 자경단이 살기등등했던 것을 기억하고 있었습니다. 할아버지는 직접 살해에는 관여하지 않았던 것 같습니다만 '마을 사람들이 총출동하여 죽여 버렸다'고 한탄하듯이 말했다고 합니다. 아마 자경단 책임자였던 할아버지에게도 자책감은 있었을 겁니다."

다카하시 가문은 예로부터 이 지역에서는 명문가로 알려져 있었다. "증조할아버지 대에 직물업으로 재산을 모았고 이 근처에서는 상당한 지주이기도 했던 것 같습니다."

할아버지 기치사부로는 명문 우라와 중학(우라와고)을 졸업한 뒤 대학 진학을 희망했으나 아버지로부터 "너는 빨갱이가 되고 싶냐"는 말을 듣고 진학을 포기했다고 한다. 아마도 기치사부로 자신도 그러한 사상 경향에 있었을 것이다. 덧붙여서 다카하시 자신도 젊은 시절에 베트남 반전운동에 관여하여 일본공산당에 입당. 오랜 기간에 걸쳐 오미야 시의회 의원을 맡았다. 호화로운 저택을 만든 지주 증조부, 자경단을 조직한 할아버지, 그리고 공산당 시의원에 이르는 다카하시 가문의 계보가 흥미롭다. 다카하시는 "지역민에게도 이 사건은 목구멍에 박힌 가시 같은 것이었다"라고 이야기한다.

사건은 많은 집에서 전해지고 있었다. 하지만 그것을 드러내놓고 말하는 사람은 없었다. "역사를 없던 일로 만들어서는 안 된다." 다카하시는 계속 그렇게 느끼고 있었다. 시의원 시절부터 사건을 널리 전하기 위해 분주했다. 오미야시(사이타마시)에는 시의 역사에서 사건을 다루도록 하였다. 인근 학교를 돌며 아이들에게 사건을 전해 달라고 교사들에게도 부탁했다. 지역과 마찰을 빚고 싶지 않다고 지인 교사조차 이를 거부하는 일도 있었다.

할아버지 수첩에 기록되어 있던 일

집 근처 상천사에는 조선인의 무덤이 있다. 사건 직후 당시 마을 사람들이 책임을 느껴 건립한 것이다. 상천사는 16세기에 창건된 것으로 알려진 조동종 고찰이다. 주위는 잡목림으로 둘러싸여 있고 맑은 날은 햇빛을 반사하는 녹색이 눈부시다. 본당 정면에는 에도 무혈입성에 힘쓴 야마오카 뎃슈가 직접 쓴 산호액자가 장식되어 있다.

이 절에는 히로시마·나가사키 원폭의 불이 경내에 안치되어 있으며 원폭에 희생된 아이들의 공양과 평화로운 시대에의 염원을 담은 '히코지조ひこじぞう'라는 이름의 지장보살도 세워져 있다. 매년 여름이면 항구평화를 기원하는 모임이 열린다. 한편 경내 묘지에 있는 살해당한 조선인의 무덤에도 9월이면 위령하러 온 사람들의 모습이 끊이지 않는다.

세월이 흐른 묘석은 가까이 다가가야 비로소 거기에 쓰인 글자를 확인할 수 있다. 정면에 새겨진 것은 '조선인 강대흥 묘朝鮮人姜大興墓'라는 문자이다. 강대흥. 그것이 살해된 인물의 이름이다. 살해당했을 때 아직 24살이었다. 어떻게 이름이나 나이가 판명되었는지 자세한 자료는 없지만 "아마 소지품 등으로 알게 된 것은 아닐까"라고 다카하시는 추측한다. 무덤 측면에는 죽은 날짜 및 계명과 함께 '간토지방 대지진 때 여기에서 사망'이라고 있었다. 살해했다고는 쓸 수 없고 '사망'이라고 한 부분에 스스로의 손을 피로 더럽힌 자들의 '부채의식'이 느껴진다.

다카하시는 어릴 때부터 아버지한테 "추석이 되면 꼭 향을 올리라"는 말을 들었다. 가족이 꾸준히 공양을 해왔다. 2007년부터는 닛조협회 사이타마현 연합회와 함께 하는 추도식도 강대흥의 기일인 9월 4일에 이 절에서 열게 되었다. "지역의 책임으로서. 그리고 사건을 잊지 않기 위해서. 다시는 되풀이하지 않기 위해서"라고 다카하시는 말한다. 그런 다카하시의 집에 있던 낡은 책상 속에서 우연히 할아버지의 수첩이 발견된 것은 2015년이었다. 스마트폰 정도 크기의 수첩이다. 거무스름한 적색 가죽 표지를 넘기니 작은 글자가 페이지 가득 쓰여 있었다. 할아버지가 남긴 일기였다.

누가 읽으라고 쓴 것이 아니다. 그냥 비망록이어서 글씨가 읽기 어렵다. 판독이 안 되는 부분도 많다. 이 수첩이 큰 의미를 갖는 것은 거기에 강대흥 살해 기록이 적혀 있었기 때문이다. 지진이 난 날의 기록을 보면 그날 기치사부로는 도쿄 우에노에 있었음을 알 수 있다. 누군가와 회식할 예정이었던 것 같다. 물론 지진으로 회식은 중지, 열차도 멈추는 바람에 도보로 돌아가려 했다가 도중에 화물자동차를 얻어 타게 되어 밤에는 어떻게든 집에 도착했다. 돌아오는 길에 본 지진의 피해를 "놀랄 수밖에 없고 공포스럽다"라고 썼을 뿐 특별히 유언비어에 대한 언급은 없었다. 양상이 바뀌는 것은 9월 3일의 기록이다. 여기에 처음으로 '불령선인'이 등장한다.

> 오후 3시경 불령선인의 건 발생. 급보急報 사무소에 도착. 소방, 재향군인청년단 함께 불침번을 서기로 결정.

도대체 '불령선인의 건'이란 어떤 것이었을까? 아마도 앞의 고이즈미 증언에도 있었던 것과 같은 조선인들이 마을에 침입했다는 정보일 것이다. 구장이었던 기치사부로는 급히 자경단을 조직하여 '불침번' 즉 밤샘 경계 활동을 결정했던 것이다. 자경단 멤버가 속속 기치사부로의 집에 모였다.

> 각자 곤봉 일본도 창 단총 엽총 등을 지참하여 모임. 청년단은 우리 집 문 앞에 일단 모여 부서에 임함.

이때 다카하시 집 마당에 있는 우물에서 칼끝을 갈기도 했을 것이다. 나는 그때와 같은 장소에서 다카하시로부터 이야기를 듣고 있었다. 그런데 '급보'를 받고 마을은 긴박함이 더해간다. '선인 목격 정보'도 줄을 이었다. 다음도 기치사부로의 일기이다.

> (오전) 1시경이라고 생각되는 때 야마자키山崎 방면에서 경종이 울리고 화재와 같이 보임. 선인의 습격이라고 각자 놀람.

> 2시 반경 산 방면에서 경종난타 (중략) 와 하는 큰 소리

'와'는 함성 소리이다. '불령선인'과의 싸움이 시작됐다. 아니, 실제로는 싸움도 아무것도 아니다. 게다가 상대는 폭도도 아니었다. 어쩌다 마을에 들어온 무고한 조선인들에 대한 집단 린치이다. 폭도는 마을 사람 쪽이었다. 여기서부터는 앞에서 말한 고이즈미 증언과 같다. 다카하시 집 우물물로 갈은 칼이 미친 듯이 강대흥의 온몸을 내리쳤다. 마을 사람들의 싸움은 고구마 밭에서 넘어진 그를 마구잡이로 때리면서 순식간에 결론이 났다. 달빛 아래 마을 사람들은 뻗어 누운 강대흥을 내려다보았다. 피범벅이 된 그는 벌레 숨소리를 냈다. 거기서 비로소 사람들은 정신을 차릴 수 있었다. 평소 성실하게 일하는 젊은이, 자식을 귀여워하는 아버지, 마을을 위해 어

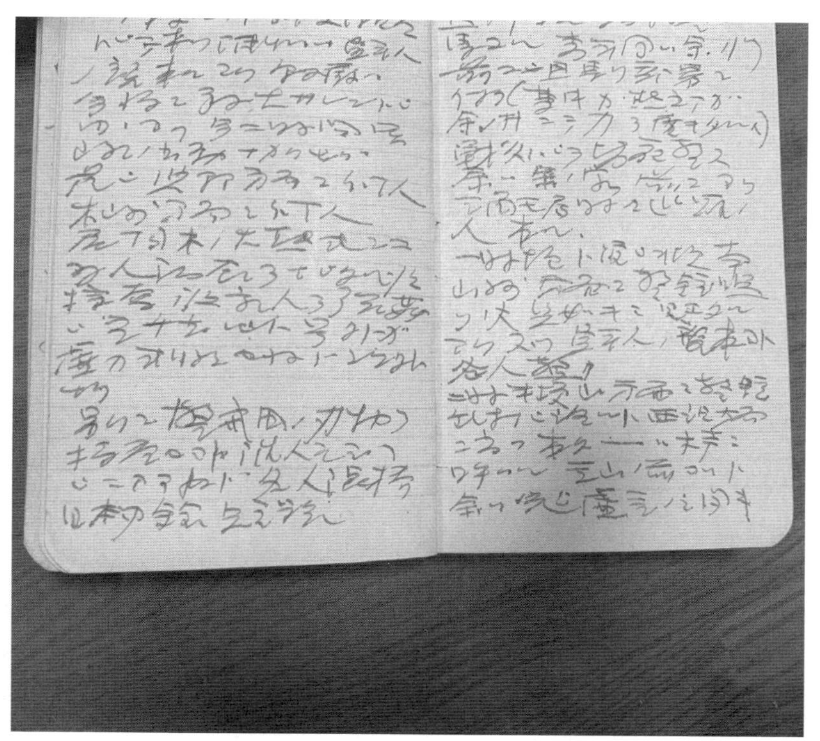

자택에 남아 있던 다카하시 기치사부로 일기

떤 수고도 아끼지 않는 장로, 그들이 눈 깜짝할 사이에 살인마로 변해버린 나 자신을 깨닫는다. 그러나 그들은 되돌릴 수 없었다.

판결은 살인죄가 아니라 상해치사죄

기치사부로의 수첩에 적힌 일기를 정밀하게 조사, 판독한 사람은 세키하라 마사히로(70세)이다. 고교 교사였던 세키하라는 1970년대부터 사이타마현 내의 학살 사건을 계속 조사해 왔다. 현재는 닛조협회 사이타마현 연합회 회장이다. 히토쓰바시대 대학원에서 박사 학위를 취득한 논문을 토대로 『간토대지진 조선인 학살의 진상: 지역에서 읽어내다』라는 저서가 있다.

강대흥 피살사건에 관해서도 현장이 된 미누마구(옛 가타야나기무라)를 자주 찾아다니며 진상규명에 애써왔다. 다카하시로부터 수첩을 받아 기록된 문구를 하나씩 다른 기록과 대조하며 사건의 실상을 밝혀 왔다. 세키하라가 일기에서 주목하는 점 중 하나는 역시 9월 3일에 '불령선인의 건 발생'이라는 '급보'를 받고 나서 살해에 이르는 경위이다. "이 '급보'란 단순한 유언비어가 아닙니다. 일기뿐만 아니라 여러 기록들과 대조해 보면 역시 거기에는 현의 통달通達이 큰 역할을 하고 있음을 알 수 있습니다."

이 통달은 앞에서도 언급했다. 9월 2일 밤에 현 내무부장이 '불령선인의 습격'에 대비하라며 각 지자체에 경계를 호소한 것이다. "요컨대 필요하면 싸우라고 지시하는 겁니다. 이 시점에서는 아직 조선인에 의한 폭동과 같은 유언비어는 사이타마현 전역에 전해지지 않았습니다. 그러나 현은 폭동을 사실로 인정하고는 자경단의 조직화를 촉구하고 있습니다."

여러 차례 말했듯이 내무성 또한 조선인이 방화, 폭탄을 소지하고 있다는 유언비어를 전국에 타전했다. 사이타마현 통달은 그에 따른 것이었다. 그리하여 현 내에서 200명이나 되는 조선인이 학살되었다고 한다. 이러한 것을 근거로 세키하라는 강한 어조로 호소한다.

"민중을 학살 행위에 몰아넣은 것은 틀림없이 국가와 현이었다. 그 책임이 매우 무겁다."

더욱이 국가와 현은 스스로가 학살을 부추겼다는 자각이 있기에 가해자의 죄를 경감한 것이라고도 지적한다. "판결에서는 살인죄가 아니라 상해치사죄가 적용되었습니다. 강대흥의 온몸에는 20군데 이상의 상처가 있었습니다. 모두 쇠갈고리나 죽창, 칼에 의한 것입니다. 말 그대로 초죽음을 만든 셈으로 분명한 살의가 있었던 것은 분명하지만 그래도 상해치사. 게다가 기소된 가해자 전원에게 집행유예가 붙었습니다."

국가가 범죄를 유발하고 그 사실을 매장

다카하시 집안에 보관되어 있던 자료 중에서 세키하라가 찾아낸 것 중 하나로 가타야나기 마을 이름이 인쇄된 한 통의 공용 봉투가 있었다. 이것은 구장인 기치사부로에게 보낸 것이다. 표면에는 '변호사료'라고 쓰여 있고, 뒷면에는 '의연금 자경단비 선인의 건'이라고 되어 있었다. 즉 재판에 있어 마을의 돈이 변호사비 등에 투입되었다는 증거이다. 이곳에서도 마을 전체의 지원이 있었을 것이다. "게다가 가해자들은 판결 다음 해에는 '사면'되었습니다. 국가로서는 학살 선동한 것은 충분히 자각하고 있으며, 그렇기 때문에 죄를 떠넘긴 자경단원들을 '특사'라는 형태로 만들었을 것입니다. 일단은 유죄로 판결했지만 사정을 감안해 앞으로 없던 일로 하자는 뜻인 것 같아요." 이를 뒷받침하는 문서가 존재한다. 세키하라가 지적하는 것은 1924년 1월 23일자 「각의 결정」이다. 야마모토 곤베내각 각료의 서명이 있는 결정서는 다음과 같이 기록되어 있다.

다이쇼 12년 9월 지진 당시 혼란 시에 조선인 범행 풍문을 믿고 그 결과 자위의 뜻을 가지고 잘못하여 살상행위를 한 자에 대해서는 범행의 경중에 따라 특사 또는 특별특사의 수속을 밟게 하여……

혼란 속에서 실수로 조선인을 죽였으니 그 사정을 고려해 용서합시다.
라는 뜻이다. 살인적 집단 린치는 이렇게 죄를 '없던 일'로 만든 것이다. 덧
붙여 일반적인 '사면'은 감형 등을 일률적으로 실시하는 것이지만, 여기서
말하는 '특사'란 특정인에 대해 형의 집행을 면제하는 것이다. 당시의 「사
면령」에 의한 '특사' 항에는 "특별한 사정이 있을 때는 장래 형 언도의 효
력을 무효로 할 수 있음"이라고 있다. 즉 전과 자체를 소멸시키는 것이다.
그것은 바로 세키하라가 말하는 것처럼 "학살 선동한 것은 충분히 자각하
고" 있었기 때문에 다름 아니다. 마을 전체 정도의 얘기가 아니다. 국가가
범죄를 유발하고 심지어 그 사실을 매장한 것이다.

자경단원들의 약간의 망설임과 당혹감

2023년 9월 4일 사건 현장 인근 상천사에서 강대흥 추도회가 열렸다. 역
시 100년을 맞이한 해이다. 현지 주민을 포함해 약 140여 명이 참석해 강
씨의 명복을 빌었다. 덧붙여 세키하라 등 추도회 실행위원회는 시미즈 하
야토 사이타마 시장에게 추도회 참석을 요청했는데, 시장은 "다른 공무가
있음"을 이유로 참가를 보류하고 "지진재해, 그리고 그 후 혼란 속에서 돌
아가신 분들의 영령에 충심으로 애도 합니다"라는 메시지만을 보냈다. 이
날 무덤 앞에는 학살사건의 개요를 전하는 설명 판이 새로 설치됐다. 설명
판에는 다음과 같은 문구가 새겨졌다.

당시 일본의 식민지 지배에 저항하는 조선인들은 '불령선인'이라 불렸고 정부는 엄
격하게 단속하고 있었습니다. 사이타마현 당국은 '불령선인'이 도쿄에서 폭동을 일
으키고 있으니 경계하라는 잘못된 통지를 내렸고 이것이 가타야나기 마을부터 소
메야染谷에도 도착했습니다.

현의 잘못된 통지의 책임은 중대하지만, 통지나 유언비어를 그대로 믿고 강 씨를 죽

상천사에 세워진 '조선인 강대흥' 묘

이고만 사람들의 조선인에 대한 차별과 편견도 반성해야 합니다.

물론 오랫동안 사건을 조사해 온 세키하라가 문안을 정리한 것이다. 세키하라는 무덤 정면에 새겨진 '조선인 강대흥 묘' 글자를 가리키며 말한다.

"학살된 조선인의 묘를 세운 사례는 있지만, 전체 이름과 더불어 '조선인'이라고 적은 예는 극히 드뭅니다. 보통은 모멸적인 말이기도 한 '선인'이라고 기록되는 경우가 많지요. 어쩌면 이런 차이에 마을 사람들의 반성의 마음이 담겨져 있는지도 모릅니다."

마구 죽일 작정으로 공격했지만 그래도 아직 숨이 있다는 것을 알게 되자 자경단원들은 황급히 강대흥을 병원으로 옮기려고 한 것이다. 그 삐걱거리는 행동에서 약간의 망설임과 당혹감을 파악할 수 있다. '선인'이 아니라 '조선인'으로 명기하고 전체 이름과 더불어 계명까지 붙여 무덤을 지은 것도 그런 마음의 망설임에 따른 것일 터이다.

추도식을 마치고 나는 강대흥이 마을 사람들로부터 난도당한 현장을 찾았다. 상천사와 다카하시의 집과도 가까운 곳이다. 지금은 증언에 나오는 고구마 밭은 없고 지역 커뮤니티센터와 온천목욕탕이 도로를 사이에 두고 늘어서 있다.

이미 해는 기울어져 있었다. 아무리 상상해도 머릿속에 '현장'을 재현할 수 없던 나는 강대흥 살해사건 취재 초기부터 신경이 쓰였던 온천목욕탕으로 도망쳤다. 강대흥에게는 미안했지만 목욕탕이나 온천을 너무 좋아해서 그것을 주제로 한 책까지 낸 나로서는 「봄 날씨」라는 이름의 온천목욕탕을 무시할 수 없었다. 정답이었다. 지하 1,530미터에서 용출해 염분을 대량으로 포함한 '나트륨-염화물 강염 온천' 물은 몸속까지 따뜻하게 했다. 달을 올려다보면서 즐기는 노천탕은 의외로 기분이 좋다. 팔다리를 쭉 뻗고 머리가 텅 비는 순간 비로소 사건의 풍경이 떠올랐다.

"왔다. 왔다!" 큰 소리가 울린다. 한가로이 목욕을 하고 있는 이곳을 강대흥은 필사적으로 도망간다. 그것을 살기등등한 자경단이 쫓는다. 베이고 찔린 그가 움직이지 않게 된다. 순간 냉정해진 단원들은 황급히 그를 문짝에 태우고 왔던 길을 되돌아간다. "물, 물." 강이 마지막으로 쥐어짜낸 목소리에 단원들은 황급히 물이 있는 곳을 찾는다. 나는 바위 목욕탕 안에서 뜨거운 물을 뿜으며 "이봐, 물"이라고 가슴속으로 말한다. 김서린 저편에 본적 없는 사람들의 얼굴이 떠오른다. 초조와 피로의 빛만 짙은 사람들. 그리고 왜 죽어야 하나 생각하며 천천히 죽음을 향해 작게 숨을 내쉬는 강대흥. 그가 흘린 피도 땅속을 깊이 더듬어 분출하는 온천수의 일부가 됐을까. 그런 생각을 하면서 나는 다시 뜨거운 물을 젓는 것이었다.

3. 군마로 가는 이송 길에

영화를 누렸던 제지회사의 잔재

세이부 이케부쿠로선 이루마시역에서 도보로 10분 정도의 장소이다. 아무런 특징이 없는 살풍경한 국도변에 있어 그곳만 딴 세상처럼 들떠 보였다. 그 건물은 「서양관」으로 현지에서는 불린다. 벽돌조 화장타일로 통일된 서양식 목조건축은 장엄함 그 자체로 주위를 압도하듯 웅장한 자태를 뽐내고 있다. 말 그대로 '서양' 냄새를 발산하고 있었다.

「구 이시카와구미 제사 서양관」이 정식 명칭이다. 이시카와구미 제사는 이 고장에서 태어난 이시카와 이쿠타로가 1893년에 창업한 제사회사이다. 당초에는 소규모의 좌식(수작업) 제사장이었지만 20세기에 들어선 무렵부터는 각지에서 공장을 전개, 해외와의 거래도 증가해 전국 유수의 제사 회사가 되었다. 「보세이」 상표가 붙은 생사는 미국에서 높은 평가를 받았다.

이루마 서양관이 본사 공장의 부지 내에 생긴 것은 회사 절정기인 1921년. 해외 무역상을 접대하기 위한 영빈관으로 지어졌다. 현재는 국가 등록

이루마시 「구 이시카와구미 제사 서양관」

유형문화재로 등록되어 내부를 자유롭게 둘러볼 수 있다. 「이루마시 박물관 기요」 제9호에 실린 회사의 역사에 관한 논문에 의하면, 창업자 이시카와 이쿠타로가 "우습게 여겨져서는 안 된다. 초일류 건물을 만들어 손님을 모시자"라고 강한 의지를 나타냈다고 한다. 확실히 양옥 내부는 아낌없이 멋을 낸 모양이 되어 있다. 궁전목수의 손이 닿은 천장 장식, 바닥 주위의 세공품이나 조명기구는 방마다 다양한 취향이 담겨져 있고, 일용품 대부분도 외국으로부터의 수입이라고 한다. 가히 "우습게 여겨져서는 안 된다"는 뜻이 세세한 데까지 깃들어 있는 것이다. 지금은 텔레비전 드라마나 영화, CM의 촬영지로 사용되는 경우도 많고, 코스튬 플레이어에 의한 무도회가 시 주최로 행해진 적도 있었다.

덧붙여 이시카와구미 제사는 간토대지진에 의한 경제적인 손실과 생사 시세 하락의 영향으로 경영이 어려워져 1937년에 도산했다. 영화를 뽐내던 이시카와 가문은 몰락했지만 서양관 건물만은 살아남았다. 제2차 세계대전 이후 한때 서양관은 진주군에 접수돼 고급장교 주택으로 사용된다. 그 후도 이시카와 집안이 관리하고 있었지만, 2003년에 이루마시에 기증되어 시의 '명소'로서 다시 태어났다.

자경단에 습격당한 T형 트럭

이시카와구미 제사에 있어 간토대지진은 경영 악화의 한 요인이 되었지만, 또 하나 알려지지 않은 지진 시의 이야기가 있다. 사이타마현 북부에서는 조선인 피난민을 실어 나른 트럭이 자경단에 습격당해 많은 피해자가 나왔다. 그 트럭의 일부는 이시카와구미 제사가 제공한 것이었다. 그 일을 나에게 가르쳐 준 것은 도내에 사는 하카마다 마사타케(79세)이다.

하카마다는 이시카와구미 제사 창업가 집안이다. 창업자인 이시카와 이쿠타로에게는 10명의 아이가 있었는데, 하카마다의 외할머니 소데가 그 장녀였다. 즉 이쿠타로는 하카마다의 증조부에 해당한다.

내가 하카마다와 만나기 전날에 간토 지방에서 가벼운 지진이 있었다. 도내 찻집에서 얼굴을 마주한 순간, 하카마다는 그것을 언급했다. "어젯밤 지진의 진동 속에서 할머니한테 들은 얘기가 다시 떠올랐어요. 오늘 이렇게 얘기하게 된 것도 뭔가 묘한 타이밍이구나라는 생각이 들었어요."

하카마다가 할머니로부터 들은 이야기, 그것이야말로 이시카와 가에 전해지는 또 다른 지진 재해 이야기의 단편이었다. 할머니는 하카마다에게 이런 말을 남기고 있다. "우리 트럭이, 조선 사람을 구하려고 했어." 지금도 그 울림은 하카마다의 귀 안쪽에 남아 있다고 한다. 지진 시에 이시카와구미 제사는 당국의 요청도 있어 사원이 운전하는 자사 트럭으로 조선인 피난민을 옮기려고 했다. 참고로 이 회사가 소유한 트럭은 미국 포드사의 'T형'으로 불리는 것으로 당시 일본에는 7대밖에 수입되지 않았다고 한다. 트럭은 군마현을 목표로 하고 있었다고 하카마다는 할머니로부터 들었다. 그런데 '조선인을 돕겠다'는 목적은 이루지 못했다. 도중에 자경단의 습격을 받아 경찰서로 달아났지만 태우고 있던 조선인들은 모두 학살당하고 만 것이다.

군마현 경계 근처 소나무 가로수로

"트럭 짐칸은 살해된 조선인의 피로 얼룩져 있었다고 합니다. 경찰에서 반납한 피투성이 트럭을 본 이쿠타로는 격분해 그대로 경찰에 돌려보낸 것으로 알고 있습니다." 당시 현재로 치면 개인용 제트기 수준의 가치가 있었던 트럭이었지만, 피칠갑이 된 트럭을 장사에 사용할 수는 없었을 것이다.

"실은 이런 것이 있다"라고 하카마다가 나에게 보여 준 것은 조모의 숙부 (이쿠타로 여동생의 아들) 이시카와 간노스케의 수기이다. 1989년에 85세의 나이로 사망했는데 돌아가시기 얼마 전에 남긴 것이었다.

이시카와 가문의 영고성쇠가 주된 이야기이긴 하나 그중에는 지진 시에 언급한 부분도 있었다. 수기를 인용하면서 일의 대강을 따라가 보고 싶다.

그 무렵 간노스케는 아직 19세 학생이었다. 지진이 일어난 9월 1일은 여름방학을 이용해 규슈에 체류 중이었다. 마침 이시카와구미가 규슈에서 누에고치 매입에 힘을 쏟고 있던 때라 가업을 도울 겸 매입 현장 시찰을 나갔던 것이다. 그런데 "도쿄가 불바다가 되었다"라는 정보가 전해지고 다음 날 급히 이루마로 돌아가게 되었다. 하카타를 출발해 열차는 나고야까지 왔으나 지진의 영향으로 그 앞의 도카이도선은 불통. 어쩔 수 없이 나가노 경유 신에쓰선을 이용했다. 도중에 기관차가 말썽을 일으켜 꼼짝 못하게 된다. 승객 일부는 패닉 상태가 되었다. 황급히 열차에서 뛰어내리는 사람도 있었다.

> 차량사고는 대수롭지 않게 여겼지만, 당시 조선인들의 폭동 습격 루머가 누구랄 것도 없이 유포되고 있었기 때문에 그 불안이 이런 일을 일으켰을 것입니다. (수기에서)

피해지역에서 멀리 떨어져 있어도 사람들이 조선인의 습격에 겁을 먹었음을 알 수 있다. 결국 열차는 사이타마현 구마가야역에서 정차한 후 움직이지 않게 되었고, 간노스케는 회사에 전화를 해서 T형 포드 트럭을 타고 겨우 귀가할 수 있었다. 그런데 이 트럭에는 이루마로 돌아온 후 또 다른 일이 기다리고 있었다. 간노스케의 수기에는 이렇게 적혀 있다.

> 이시카와구미에 있던 트럭이 운전기사와 함께 징용되어(당시 현 내에 자동차는 손에 꼽을 정도밖에 없었다) 유언비어 때문에 위험해진 조선인을 안전한 곳으로 보호하기 위해 도쿄에서 군마현으로 수송하는 지령이 내려져 그 사람들을 태우고 나카센도 길을 내려갔습니다.

간노스케는 그 길에 동행한 것은 아니었다. 여기부터는 그가 가족과 직원들로부터 들은 이야기로 구성되어 있다.

트럭 차량 행렬은 나카센도를 나아간다. 구마가야, 후카야, 혼조를 지나 조금 있으면 군마현으로 들어갈 참이었다.

군마현 경계에 가까운 진보하라의 소나무 가로수에 다다랐을 무렵, 언제 조선인이 습격해 올까 하고 기다리고 있던 부근의 자경단(주로 농민)이 문짝을 들고 나오더니 선두 차량을 세우자마자 마구잡이로 짐칸에 타고 있던 조선인을 향해 죽창과 가래, 써레 등으로 공격하여 비명을 지르는 와중에 사정없이 죽여 버린 것입니다. 아카기 오로시라는 겨울철 거센 북풍을 맞고 자란 혈기 왕성한 놈들이라 장난이 아닙니다. 연이어 죄 없는 선인 수백 명의 목숨이 한 명도 빠짐없이 없어져 버린 것이 아는 사람만 아는 혼조 선인 참살사건입니다.

여기서 '수백 명'이란 것은 아마도 단순한 오기일 것이다. 혹은 잘못 들은 것이다. 각종 기록에 따르면 확실히 진보하라에서는 많은 조선인들이 죽임을 당했다. 학살은 사실이다. 이송중인 트럭을 습격한 진보하라 사건에서는 결국 19명의 자경단원 등이 검거되어 재판의 피고석에 섰다. 하지만 기록에 따르면 살해된 사람은 42명의 조선인이다. 물론 다른 지역과 마찬가지로 희생자 수가 적게 잡히는 것은 생각하기 어렵지 않다. 그렇다기보다는 대체로 조선인이 피해자가 된 사건은 적당히 처리되는 것이 통례였다. 학살 사실이 있으면서 단 한 명의 검거자도 나오지 않은 사건 또한 결코 적지 않다. 하지만 '수백 명'은 역시 너무 많다.

간노스케의 수기에는 "트럭 십여 대가 줄지어" 군마로 향했다는 기술이 있다. 당시에는 현재와 같은 대형 트럭이 존재하지 않았다. 이시카와구미가 소유하고 있던 'T형 포드'도 짐칸에 태울 수 있는 것은 아무리 채워 넣어도 십여 명이 한계일 것이다. 그렇게 되면 차량 행렬 전체라도 '수백 명'이라는 것은 무리가 있다. 이곳은 '수십 명' 표기가 맞을 것이다. 하지만 어쨌든 진보하라에서 많은 조선인이 죽임을 당했다. 간노스케는 이를 "아는 사람만 아는 혼조 선인 참살사건"이라고 썼지만 지금은 '진보하라 사건'이라는 호칭이 일반적으로 사용되고 있다.

"조선인은 모두 죽임을 당했다"

그런데 수기에 의하면 이시카와구미가 준비한 트럭은 차량 행렬 후방에 있었기에 진보하라에서는 어떻게든 난을 피했던 것이다.

다행히 당사의 차는 후방에 붙어 있었기에 짐칸의 사람은 물론이고 신변의 위험을 느낀 사쿠라이 운전사는 급히 U턴하여 전속력으로 혼조 경찰서로 도망쳐 경찰서 2층에 몸을 숨겼다고 합니다. 당시 혼란 속에서는 경비도 무능해졌고 민중들의 살기를 어쩔 수 없었다고 합니다. 며칠 후 핏자국도 생생한 차가 되돌아왔습니다. 그리고 그 차를 다 함께 둘러싸고 앞에서 설명한 상황에 대한 이야기를 나눈 것이었습니다.

지진 학살에 대해 언급하고 있는 것은 여기까지이다. 짐칸의 조선인은 어떻게 되었는가? 그 일에 대한 기술은 없다. 하지만 하카마다는 할머니한테 분명히 이렇게 들었다고 한다.

"조선인은 모두 죽임을 당했다." 수기에서의 '핏자국도 생생한 차'라는 기술이 그것을 단적으로 보여준다. 또한 혼조 경찰에서의 학살사건도 '혼조 사건'으로 많은 기록이 남겨져 있다.

"정말 끔찍한 일을 저지른 거예요." 하카마다는 깊은 한숨을 쉬면서 혼잣말처럼 중얼거렸다. "이시카와 가문 사람들이 이런 조선인 학살을 정말 어떻게 느꼈는지 당시를 아는 사람들이 다 세상을 떠난 지금 저는 모릅니다. 다만 친족의 한 사람으로서 할머니가 나에게 했던 '도와주려고 했어'라는 말만은 믿고 싶어요."

하카마다는 몽상한다. T형 포드가 엔진음을 울리며 전속력으로 나카센도 길을 달린다. 쇠갈고리와 죽창을 든 자경단은 검은 철마 같은 트럭을 멍하니 바라볼 뿐 손도 못 댄다. 그리고 일본 유수의 생사 상인으로서의 자부심을 걸고 조선인 피난민들을 안전지대까지 이송한다. 그런 결말이었다면 하카마다 안에는 그런 아쉬움과 아픔이 있다.

트럭은 어디로 향하고 있었나

사이타마현에서는 오미야 이북, 구마가야, 혼조, 진보하라로부터 군마현에 걸친 북부지역이 학살의 다발 지대이다. 1973년 조선인희생자 조사추도사업 실행위원회가 현 내 전 지역 조사를 실시했다. 이에 따르면 사이타마현 내 조선인 희생자 수는 확인된 사람만 193명. 미확인자도 포함하면 223~240명에 이른다. 그중 구마가야시에서는 57명, 혼조시에서는 88명, 진보하라무라(현재의 가미사토마치上里町)에서는 42명의 희생자가 확인되었다. 희생자의 약 80%가 북부에 집중되어 있는 것이다. 더구나 이들 지역에서 공통되는 것은 희생자 대부분이 '이송 중'이었다는 점이다.

사이타마현에서는 9월 3일, 도쿄도에서 현 내로 피난해 오거나 현 남부에 거주하는 수백 명의 조선인을 '보호·수용'해 나카센도를 통해 군마현으로 이송하는 계획이 입안, 실행되었다. 도보나 철도를 사용하는 예도 있고, 트럭에 가득 채워진 채로 이동하는 경우도 있었다. 이시카와구미와 같은 민간 기업에 위탁한 이송뿐만이 아니라, 경찰이 현경 깃발을 세운 트럭으로 이송하는 케이스, 자경단이 이송을 담당하는 일도 있었다. 『사이타마현 기타아다치군 다이쇼 진재지』(사이타마현 기타아다치군청 편)에는 "9월 3일 밤 도쿄 방면에서 피난 온 조선인 180~90명이 나카센도 길을 마을에서 마을로 전체伝遞 호송되어 오미야마치를 통과"라는 기술도 있다. 이어달리기처럼 연행했다는 뜻이다.

『혼조시사 통사편 3』도 '조선인 사건'이라는 항목에서 9월 2일 낮부터 자경단에 의한 '선인 사냥'이 벌어지게 되었다면서 '이송'에 대해 다음과 같이 쓰고 있다.

> 현 경찰부에서는 이렇게 수용된 조선인을 현 밖으로 이송하고자 도쿄에서 가와구치, 와라비 방면으로 속속 피난 온 조선인을 최초의 대상으로 삼았다. 현 밖이 어딘지는 분명하지 않고, 군마현, 나가노현을 생각하고 있었는지 현 북쪽으로 계속 보냈다. 이 이송에 대해 "현 당국은 부랑자를 현 밖으로 추방하는 것 같은 방법으로 줄줄이 선인 피난민을 호송"이라고 후에 당시 혼조 경찰서장이 말하고 있다(신문 기사). 이송에 있어서는 제대로 된 계획과 주지 철저, 조직적인 체제를 취하는 일 없이 실시된 것 같다.

같은 일은 사이타마 현립 구마가야 도서관이 복사판을 소장하는 『아야카와 다케지 진술 사이타마현 자경단사건 경과 진상』이라는 사가판 책자에도 기록되어 있다. 표지에 '극비' '이용 후 소각'이라고 적힌 이 책자는 사이타마현 내 학살사건에 관해 나름대로 상세한 기록을 남기고 있다.

사이타마현 출신 아야카와 다케지는 도쿄제대를 나온 변호사로 변호사회 부회장을 지낸 인물이다. 전전에는 오카와 슈메이, 우에스기 신키치 등과 친교를 가진 내셔널리스트였으며, 유존사 등 우익 단체의 활동가이기도 했다. 이 문서는 조선인 학살에 대해 국가와 지방행정의 책임을 엄중히 추궁하고 있는데, 이는 우익활동가 입장에서 자경단을 변호하기 위한 것이기도 했다. 그런데 이 문서에서는 조선인 이송에 관해서도 언급하고 있지만 관계 각처를 조사한 아야카와는 분명하게 이렇게 결론을 내렸다.

무방침無方針 무정견無定見 선인鮮人 전체伝逓

요컨대 특정 행선지 등이 정해지지 않았음에도 불구하고 단지 군마 방면으로 향했다는 것이다. 현도 경찰도 목적지조차 정하지 않고 "애물단지" 취급을 했을 뿐이다. 애초에 현장에서는 이송의 목적조차 이해되어 있지 않았다. 그야말로 '무방침 무정견'이었던 것이다. 그런데 전술한 하카마다 는 조모로부터 "트럭은 군마 현의 안나카를 향하고 있었다"라고도 들었다.

안나카에는 이시카와 가문과 교류가 있던 안나카 교회가 있었다. 거기로 향하려고 했음이 틀림없다고 하카마다도 생각하고 있다. 실은 이시카와 이 쿠타로의 동생 가즈스케는 기독교인으로 일본 각지의 교회에서 목사를 맡 아 왔다. 1907년에는 도쿠토미 기스이(소호[1]의 아버지)와 쓰다 센(우메코[2] 의 아버지)의 협력을 얻어 가나가와현에서 가마쿠라 교회를 운영했다는 기 록도 있다. 그런 일로 이시카와구미 자체가 기독교적 경영으로 알려져 있 었고, 공장 내에는 유명 건축가 윌리엄 보리즈(야마노우에 호텔, 간사이학 원대학, 고베여학원 등을 설계)가 설계한 교회도 있었다. 이는 지금까지도 유지되어 일본기독교단 무사시 도요오카 교회로서 활동이 계속되고 있다. 당연히 군마의 안나카 교회와도 교류가 있었을 것이다.

당시 안나카 교회 목사는 가시와기 기엔이었다. 그는 아시오 광독 사건 이나 피차별 부락 문제에도 적극적으로 관여했던 인물로 상당히 적극적인 리버럴리스트였다. 조선인을 돕기 위해 의지한 상대로 더할 나위 없다. 안 나카 교회에 확인해 보았지만 목사 아사히 겐이치로는 "그 건은 금시초문" 이라며 이시카와구미로부터 조선인 수용을 의뢰받은 기록은 보이지 않는 다고 말했다. 하지만 "기록이 남아 있지 않을 뿐으로 의뢰받았을 가능성 을 부인하는 것도 아니다"고 덧붙였다. "당시 목사인 가시와기는 우치무 라 간조[3]에게 영향을 받은 휴머니스트였습니다. 이시카와구미가 가시와기

1　도쿠토미 소호(1863~1957). 메이지, 다이쇼, 쇼와에 걸쳐 활약한 언론인이다.

2　쓰다 우메코(1864~1929). 쓰다주쿠 대학津田塾大学 창립자이다.

3　우치무라 간조(1861~1930). 일본의 대표적인 기독교 사상가이다.

라면 받아줄지도 모른다고 생각해 별다른 연락도 없이 안나카로 향했을지도 모르겠습니다.”

나는 가시와기가 매일의 활동 등을 기록한 『가시와기 기엔 일기』를 훑어보았지만, 지진이 있던 9월 1일부터 같은 달 중순에 걸친 일기에 이시카와구미로부터의 의뢰에 대해서는 쓰여 있지 않았다. 그러나 놀란 것은 일기에서 조선인 학살에 대해 여러 번 언급하고 있을 뿐만 아니라, 그것에 분개하는 말도 적혀 있었다는 것이다. 가시와기는 각지의 조선인 희생자 수 등을 기록하고, 폭동 소문 등을 처음부터 ‘유언비어’라고 단정했다.

군마를 목표로 한 차량 대부분은 ‘무방침 무정견’인 채 막연히 군마의 군 시설로 향하고 있었는지도 모른다. 그래도 이시카와구미의 T형 포드만은 어쩌면 이시카와 집안 지시로 안나카를 향하고 있었다고도 생각하고 싶어진다.

‘조선인 가짜 순경’으로 의심받아

나는 이러한 이야기를 들은 후에 학살 현장이 된 사이타마현 북부를 돌았다. 처음 향한 곳은 이시카와구미 운전기사도 도망쳐 들어갔다고 하는 당시의 혼조 경찰서 터이다. 그렇다. ‘혼조 사건’ 현장이다. 혼조 경찰서는 다른 곳으로 이전했지만 옛 경찰서 건물은 현 지정 유형문화재로 지금도 남아 있다. 경찰서라고는 생각되지 않는 훌륭한 양옥이다. 1883년에 건축된 코린트식 서양 건축은 서양의 저택처럼 보이기도 한다. 2층 베란다에는 아칸서스 잎을 조각한 기둥이 줄지어 있으며 반원창이나 천장 등불걸이의 부조 등에서 상당히 공을 들인 건물임을 알 수 있다. 경찰서로 사용된 후에 소방단 본부, 간이 경찰서, 구 검찰청, 마을회관, 도서관으로 이용되었고, 1980년부터는 역사민속자료관이 되었다. 하지만 2020년에 폐관하여 현재는 이 유형문화재는 울타리 밖에서 둘러볼 수밖에 없다.

9월 4일 이곳에는 여러 대의 트럭과 자가용이 가로놓이고 이송된 조선인들이 경찰서 내에 맡겨졌다. 다른 차량은 이시카와구미 차량과 마찬가지로 진보하라에서의 '자경단 습격'으로부터 도망쳐 온 것이 대부분이었다. 사실 이들 차량 상당수는 간나가와 강을 건너 군마현으로 들어가려 했는데, 강 건너 군마 쪽에서는 초소를 마련해 경계를 서던 자경단이 조선인이 탄 차량이 들어오는 것을 단호히 거절했다. 현 내에 들어가면 생명의 보증은 없다고 할 정도의 기세였다. 차량 중에는 그 자리(강변)에서 조선인을 내리게 하여 짐칸을 비운 후 돌아가는 차도 있었다.

한편 이시카와구미 T형 포드와 같이 유턴한 차는 진보하라에서 자경단에게 습격당했다. 나아가 거기서 도망친 차가 혼조 경찰서로 달아났다는 얘기가 된다. 그때 이미 혼조 경찰서에는 동네에 살던 조선인, 역 등에서 보호된 조선인 피난민 수십 명이 수용되어 있었다. 게다가 다른 곳에서 난을 피한 차량들이 조선인들을 실어 나른 것이다. 현의 통달에 따라 '조선인 사냥'을 목적으로 한 현지 자경단은 이에 격분해 경찰서 주위를 에워싼다.

당시 혼조서 순경 아라이 겐지로는 스스로도 '조선인 가짜 순경'이라는 의심을 받아 몰려든 군중의 습격을 받을 뻔했다고 한다. 다음은 『숨겨져 있던 역사』에 수록된 증언이다.

> 모여든 군중 속에 아오키 몬쿠로라는 규타로(妓夫太郎, 유곽에서 일하는 조방꾼니)가 있었다. 그 몬쿠로가 "그놈은 조선 사람인 가짜 순경이다. 저놈부터 해치워"라고 선동했다. 그게 신호가 되어 일제히 군중이 덮쳐 그 참극이 시작된 것이다.

> 참극의 양상은 이루 말할 수 없다. 일본인의 잔혹함을 알게 된 것 같은 기분이 들었다. (중략) 이런 걸 볼 수밖에 없다면 차라리 죽고 싶다고 생각했을 정도이다.

경찰관이 '죽고 싶다'는 생각이 들 정도의 참극은 어떤 것이었을까? 증언에서는 그것이 세세하게 서술되지만 솔직히 나도 여기에 다시 싣는 데는

구 혼조 경찰서

주저하게 된다. 그야말로 아라이가 말한 대로 '일본인의 잔혹함을 알게 된' 기분이 되는 것이다. 아주 일부만을 여기에 제시한다.

아이들은 줄을 세워 부모가 보는 앞에서 목을 쳤고, 그 후 부모들은 십자가에 못 박았다. 살아있는 조선인 팔을 톱으로 썰고 있는 녀석도 있었다.

할머니와 딸이 와서 "내 아들은 도쿄에서 이놈들 때문에 죽었다"며 시체의 눈알을 식 칼로 도려내는 것도 보았다.

잔혹하기 짝이 없다. 게다가 유언비어에 선동된 자들에 의한 범행이다. 죽임을 당한 조선인에게는 아무런 죄가 없다.

단말마의 외침

자경단원의 증언도 남아 있다. '익명'을 희망한 남성은 다음과 같이 말했다.

우리는 다섯 명이서 경찰서에 갔는데 트럭 두 대와 덮개 달린 자동차가 있었어요. 트럭 두 대에는 조선인들이 가득했습니다. (중략) 우리는 죽이기에 바빴습니다. 저는 조선인들이 "아이고, 아이고"라는 것을 들었습니다만 그 의미는 몰랐습니다.

다른 자경단원(세키구치 마타사부로)의 증언.

저는 경찰서까지 보러 갔어요. 9시나 10시쯤이라고 생각합니다만 이미 조선인은 살해된 후였습니다. 도장 안에 있던 30명 정도가 거의 다 죽었는데 대여섯 명이 아직 살아있어 "물을 달라"고 했지만 군중은 "그래 물을 주겠어" 하고는 통나무로 때려죽이고 말았습니다.

1970년대 초 혼조 시장을 지낸 다카하시 후쿠마쓰는 당시 재향군인회 임원이었다. 그 역시 증언을 남겼다.

> 나는 경고하기 위해 경찰서에 갔습니다. (중략) 군중은 조선인을 죽이려고 살기등 등했고 그 수도 많아 어쩔 수 없어 상식적으로 판단할 수 없는 상황이었습니다. (중 략) 여하간 죽이는 게 영웅인 양 자랑하고 있었습니다. (중략) 제가 특히 귀에 남아 있는 것은 조선인들이 다락으로 도망쳐 숨죽이고 있는 것을 밑에서 노려보고 있다 가 천장이 조금이라도 움직이면 군중이 창과 몽둥이로 달려들어 끌어내려 죽였을 때의 "아이고, 아이고" 하고 도움을 청하는 소리였습니다. (중략) 제가 한 유일하게 좋은 일은 조선인이 경찰 속에서 죽임을 당하는 와중에 후카야 방면에서 조선인(약 30명 정도)이 탄 자동차가 도미자와 병원을 후진으로 들어오는 것을 "경찰서로 가 면 모두 죽임을 당한다"며 후카야 방면으로 돌려보낸 것입니다.

이들의 증언에서 알 수 있는 것은 경찰이 전혀 도움이 되지 않았다는 점 이다. 무력하다기보다 애초에 군중은 경찰조차 '적'이라고 믿고 있었다. 평 소의 한을 푸는 것 같기도 하다.

실제로 다음날인 5일에는 이미 조선인이 죽임을 당한 후임에도 불구하 고 또다시 군중이 혼조 경찰서에 집결하여 이번에는 "서장 나와라" "목을 베겠다"는 등 거친 숨을 씩씩댔던 것이다. 이것은 완전히 경찰에 대한 원 한이었다. 그렇다 치더라도 말이다. "아이고, 아이고"라는 단말마의 외침 은 많은 사람들이 듣고 있었다. 그 억울함을 생각하면 가슴이 막힌다. 아 이고—, 아이고—. 단말마의 외침이 울려 퍼진다. 인간의 슬픔에, 아픔에, 많은 일본인은 공감하지 못했다. 아무 거리낌 없이 무도한 길로 나아갔다. 이시카와구미의 T형 포드도 양관풍의 경찰서 바닥도 벽도 선혈로 붉게 물 들었다.

학살에 참여한 '보통 사람들'

혼조 사건에서는 9월 22일에야 33명이 검거됐다. 당시 자료에 따르면 체포된 이들의 직업은 "노점상, 비계공, 조방꾸니, 건구직, 페인트, 미장이, 고물상, 농업, 음식점, 인력거꾼, 전병가게, 운송업" 등으로 평균 연령은 33세였다. 지금 말하는 화이트칼라가 거의 없었던 지방도시의 환경을 생각하면, 요컨대 '보통 사람들'이 학살에 참가했다는 것이 된다.

잔혹하기 그지없는 그야말로 광기어린 사건인데도 재판에서 피고들이 한 말에서 죄의식을 느낄 수는 없다.

"남들 싸움을 봐도 그만 간섭하고 싶어져서요." (23세)

"소재 불명인 여동생이 생각나 원수를 갚는 기분으로 4, 5명 해치워 버렸습니다." (33세)

"불령 놈들이니 하나둘 흠씬 패줘야겠다고 생각했습니다." (36세)

"세 대의 자동차에서 굴러 떨어진 3명의 가슴을 찔렀습니다. 한잔 걸친 기분으로 나도 모르게 헤헤헤." (47세)

"나도 모르게 술 4병을 먹어서…… 술만 마시지 않았으면 그런 짓 하지 않았을 걸" (46세)

"당시 그런 일을 하는 것을 명예로 여겼습니다." (22세)

"술 한 잔 걸친 바람에 한 사람을 몽둥이로 때렸다." (24세)

이들은 모두 『숨겨져 있던 역사』 『혼조시사』에 실린 것인데, 말의 가벼움에 그저 아연해진다. 아마도 이 사람 또한 집에서 이웃에서 좋은 아버지이자 의지가 되는 아저씨일 것이다. 나는 그동안 "조선인을 죽여라"라고 외치는 레이시스트를 많이 취재해 왔지만 겉보기든 대화를 나누든 살인기계 같은 인물은 거의 없었다. 모두 '좋은 사람'인 것이다. 그렇기때문에 나는 언제든 힘주어 말한다. '좋은 사람'인지 아닌지 등 관계없는 것이라고. 그래 상관없다. 중요한 것은 '좋은 사람'이라도 아무렇지 않게 사람을 죽인다는 것이다. '좋은 사람'이라도 남의 목을 친다. '좋은 사람'이라도 살아 있는 인간의 팔을 톱으로 절단한다.

'좋은 사람'이 사람과 사회를 부수어 간다.

'죄는 술에 있고 사람에 있지 않다'는 궤변

『혼조시사』에는 이 사건 변호를 담당한 우라베 기타로 변호사의 변론 모습이 재록돼 있다. 지역 출신인 우라베는 그 무렵 도쿄 변호사회 회장을 맡고 있던 거물 변호사이며 중의원 의원 경험도 있었다. "잘도 그 정도의 자경단이 길을 막았다고 이상하게 생각했지만, 그건 결국 이것이었다."

우라베는 법정에서 목소리를 높여 종이 한 장을 높이 내걸었다. 앞서 여러 차례 언급한 현 내무부에 의한 「통첩문」이다. 그는 이것을 읽었다. "도쿄에서의 지진 재해를 틈타 폭행을 일삼은 불령선인 다수가 가와구치 방면에서 혹은 본 현에 들어올지도 모르고…… 만일 유사시에는 신속하게 적당한 방책을 강구하도록 시급히 상당 수배가 될 수 있도록 모두 그 방면의 내첩에 따라 이첩에 이르렀다." 이를 다 읽자 우라베는 '선인호송 미비 불철저'를 내세워 '죄지을 의사 없이 저지른' 것이라고 하소연했다. 피고는 죽이고 싶었기 때문에 죽인 것이 아니라, 국가나 현의 명령을 지켰을 뿐이라는 것이다. 게다가 술을 마셔 범행에 이르렀다고 말하는 피고들에 대해서도 "취기가 시킨 것과 같은 행위"에 지나지 않는다며 동정. 그는 이어 "죄는 술에 있고 사람에 있지 않다는 논의도 있다. 전부 무죄로 할 수는 없지만, 무죄는 무죄로 하고 감형할 것은 가벼이 하길 바란다"라고 말하고는 착석했다. 또한 다른 변호사들도 "당시는 사이타마현 140만 현민 중 조선인을 보고 죽이지 않으면 안 된다는 그 관념을 가지지 않았던 사람은 없을 것", "피고만이 오래도록 창피당하고 있는 것에 대해서는 살해당한 조선인에 대해서보다 피고에 대해 그 이상의 동정을 느낀다"라며 강변했다.

이 또한 기가 차서 말이 안 나온다. 당시의 가치관이 지금과 다른 것은 알고 있다. 하지만 이건 너무한 것 아닌가. 말할 필요조차 없지만, 술을 마셨으면 학살을 해도 용서받을 수 있는 건가? "죄는 술에 있고 사람에 있지 않다"는 것은 술꾼에게는 참으로 편리한 말이지만 술이 사람을 죽이는 것은 아니다. 무엇보다 "살해당한 조선인에 대해서보다 피고에 대해 그 이상의 동정을 느낀다"는 것은 무엇인가? 즉 조선인의 생명의 가치는 그 정도로만 인식되고 있었다는 것이다. 그렇기 때문에 죽이는 하수인조차 "한잔 걸친 기분으로 나도 모르게 헤헤헤" 하고 웃음도 새어나오는 것이다. 웃을 정도로 목숨은 가볍다. 조선 사람이니까. 하지만 모든 사람이 그렇게 생각한 것은 아니다.

위령비를 건립한 신문기자

JR 혼조역에서 걸어서 20분 정도의 장소에 나가미네 묘지라고 불리는 공원묘지가 있다. 그 후미진 곳에 서는 것이 조선인 희생자들의 위령비이다. 높이 2m가 넘는 위령비는 당당함이 느껴진다. 건립은 '1959년'이라고 비에 새겨져 있으나, 사실 원래의 비는 사건 이듬해에 세워졌다. 건립자는 신문기자이다.

〈군마신문〉(현재는 〈조모신문〉으로 통합) 혼조 지국장인 바바 안키치. 바바는 사건에 즈음해 혼조 경찰서에 가 살기등등한 군중을 향해 "유언비어에 속지 마라"라고 필사적으로 설득에 임한 인물이다. "진정하라, 조선인을 죽여선 안 된다"며 몰려든 자경단원들을 필사적으로 억누르려 했던 것이다. 사건 후 이러한 행동을 평가받아 사이타마현 지사로부터 금일봉(10엔)이 수여되었다. 바바는 이 돈으로 위령비를 세운 것이다.

신문은 학살의 가해자였다. 취재도 없이 낭설을 신문에 쓰고 퍼뜨려 민중들의 조선인에 대한 증오를 부추겼다. 학살로 향하게 했다. 그 죄는 무겁다. 하수인은 검거되었으나 신문기자 누구한테도 죄를 묻지 않았다. 아마도 여기에 스스로 부끄럽고 창피한 일이 있었던 것은 아닐까? 입헌정우회 당원이기도 했던 바바가 남다른 '정의'의 소유자였다고는 생각되지 않

혼조 사건 희생자 위령비

는다. 하지만 인간의 죽음을 "헤헤헤"라고 웃어넘길 수는 없었던 인물이었음은 분명하다.

바바는 이 추도비에 자신의 이름을 남기지 않았다. 건립자로 기록된 것은 '혼조신문 기자단'과 '다이헤이회사 연예부'이다. '기자단'이라 한 것은 현지 기자에게도 건립을 호소했기 때문이다. 또 다이헤이 회사란 혼조의 게이샤 포주집 조합을 말한다. 사건의 가해자 중에는 '조방꾸니'로 불리는 포주집 남성 종업원(호객꾼 등)이 적지 않았다. 이러한 점에서 바바의 부름에 응했을 것이다. 그런데 현재 나가미네 묘지에 세워진 위령비는 바바가 세운 것이 아니다. 사실 원래의 위령비 표면에는 '선인지비'라고 크게 새겨져 있었다. 1959년 조선인에 대한 멸칭을 사용한 것이 문제가 되어 이 차별적인 표기가 고쳐졌다. 위령비를 새로 단장하고 다시금 '위령비'라고 크게 적은 것이다.

매년 9월 이 비석 앞에서 추도식이 열린다. 2023년, 사건으로부터 100년째가 되는 추도식에는 100명 가까운 인파가 몰렸다. 평가하고 싶은 것은 여기에서 시장의 모습을 볼 수 있었다는 점이다. 요시다 신게 시장은 참석자를 앞에 두고 '통한의 마음'이라고 추도사를 말했다.

"천재로 촉발되는 인재는 피해야 한다. 과거의 비참한 사건을 교훈 삼아 사람과 사람이 서로 신뢰하는, 재해에 강한, 안전 안심 지역사회를 만들어 간다."

여기서는 확실히 '천재'와 '인재'를 나누고 있다. 이러한 자세는 "지진으로 숨진 모든 사람을 추모하고 있다"며 반복적으로 조선인 희생자에 대한 언급을 일관되게 거부하고 있는 고이케 유리코 도쿄도지사의 자세와는 다른 것이다. 또한 시 홈페이지에서도 「유언비어에 의한 인재의 무서움」이라는 제목의 시장 칼럼(2022년 9월 1일호)에서 "구 혼조마치에서는 지진 후 많은 조선인이 살해되는 안타까운 사건이 일어났습니다"라며 이어 다음과 같이 기록한다.

실행범들은 그 후 검거되었습니다. 무뢰한이 많았던 것 같습니다만, 재판 기록에 의하면 군중의 소리에 짓눌려 죽였다. 혹은 정의라고 생각해서 했다는 진술이 있습니다. 변명도 있을 것이고, 당시 이미 양심의 가책이 있었는지 그 후 정신을 잃은 사람도 있었습니다. 불확실한 유언비어에 의해 인간은 군중심리나 정의의 이름으로 어떤 끔찍한 일이라도 해버리는 경우가 있다. 그 무서움을 이 건은 말해주고 있습니다. 라디오조차 없는 정보량이 극단적으로 적은 시대의 일이지만, 반대로 정보가 범람하는 현대에도 불확실한 유언비어에 많은 사람이 현혹되어 잔혹한 행위에 이르는 사건이 국내외에서 일어나고 있습니다.

배경에 있는 조선인 차별을 언급한 것은 아니지만 그래도 사건을 직시하고 '잔혹한 행위'라는 표현을 사용한 것은 하나의 식견일 것이다. 그러나, 그런 같은 시에서도, 나로서는 납득할 수 없는 불가해한 '시책施策'도 존재한다.

사건 자료는 어디로 사라졌나

사건 현장이 된 구 혼조 경찰서 건물이 문화재로서 지금도 남아 있음은 전술했다. 변천을 거쳐 1980년부터 역사민속자료관으로 사용되다가 2020년에 폐관했다. 사실 자료관에는 '혼조 사건'에 관한 설명 게시판이나 재판 자료 등도 전시되어 있었다. 당연한 일일 것이다. 시장의 말처럼 지역의 역사를 되돌아보는 데에 뼈아픈 '통한의' 일이었던 것이다.

그럼 자료관이 문을 닫은 후 사건 사료는 어디로 갔을까? 시에 문의하니 2020년에 오픈한 「혼조 와세다의 숲 뮤지엄」으로 자료관의 전시물이 이전되었다고 한다. 이 박물관은 명칭 그대로 시와 와세다 대학이 공동으로 운영하는 것이다. 뮤지엄 홈페이지에는 다음과 같이 설립 취지가 적혀 있다.

시와 대학이 소장하는 풍부한 자료를 활용하여 지역의 역사를 글로벌한 시각으로 바라보는 전시를 진행하고 있습니다.

혼조시의 역사와 문화를 전하는 시설로는 구 혼조경찰서를 활용한 역사민속자료관이 오래도록 그 역할을 했습니다. 이번에 혼조시와 와세다 대학은 연계하여 지역의 역사와 문화 등을 미래 세대에 이어 가기 위해 새롭게 「혼조 와세다의 숲 뮤지엄」을 설치했습니다.
와세다 대학은 건학 이래 쌓아올려 온 역사와 전통을 통해 학술·문화 및 사회의 발전에 기여해 왔습니다. 그 축적이 이른바 '와세다 문화'가 되어 널리 와세다 대학 관계자의 긍지를 양성하고 있습니다. 교육·연구로부터 생성되는 '문화'의 힘을 발신하고 대학과 사회의 연결을 강하게 하여 사회의 풍요로움에 공헌하는 것이 와세다 대학에 있어서의 문화 추진의 진가라고 생각하고 있습니다.

'사회의 풍요로움에 공헌'하는 시설이 어떤 것인지 나는 이 뮤지엄을 찾았다. 조에쓰 신칸센 혼조 와세다 역 가까이 자연이 풍부한 숲으로 둘러싸인 이 박물관은 혼조의 새로운 관광 명소로 주목받고 있다. 연 면적 약 600평방미터의 광대한 시설은 벽면 대부분에 채광 유리창이 사용되는 등 장관을 이루는 디자인으로 주위 자연과도 조화를 이룬 분위기가 분명 박물관에 어울리는 모습을 보여준다. 입장료가 무료인 것도 기쁘다. 안에 발을 들이자 압도당한 것이 「하니와」 컬렉션이다. 사실 혼조는 '하니와 마을'로도 알려져 있다. 시내에는 600기 이상의 고분이 확인되었으며 그곳에서 많은 토용土俑이 출토되었다. 시 마스코트도 하니와를 본뜬 '하니퐁はにぽん'이다. 전시된 토용 열을 둘러보며 나름 즐거웠으나(이 시에만 있다는 웃음 띤 얼굴의 하니와는 반드시 볼 것), 나는 하니와를 보기 위해 이곳을 찾은 것은 아니다. 어디에도 지진 재해 관련 자료가 보이지 않는다. 나는 학예사에게 물었다. 나의 물음은 '네?'라고 의아한 표정을 지은 몇 명의 학예사를 거쳐 마지막에 책임자로 보이는 남성에게 도달했다. "여기는 없네요." 그게 답

이었다. "분명 역사민속자료관 자료는 이곳으로 옮겨졌지만 적어도 지금 당신이 찾고 있다는 조선인 학살에 대한 자료나 게시판은 확인할 수 없습니다.", "그렇습니까"하고 내가 실망한 얼굴을 보이자 친절한 그 남자는 퍼뜩 생각난 듯한 표정을 지으며 이렇게 말했다. "그 시대의 사료라면 벽돌창고에 수장되어 있을지도 모릅니다." 벽돌창고는 시 중심부에 있는 말 그대로 벽돌로 만든 자료관이다.

'엄숙한 반성'은 지역에 살아 있는가

나는 바로 벽돌창고로 향했다. 이곳은 혼조역과 가까운 상업지역 안에 있었다. 구 혼조 상업은행 건물을 이용한 벽돌창고는 복고풍 외관이 특징적이며 메이지 시대에 지어진 것이라고 한다. 그런데 왜 은행이 창고를 지었을까? 사실은 담보로 맡긴 고치를 보관하기 위해 필요했던 것이다. 혼조는 누에고치로 번창한 역사가 있고 고치 시장도 존재했다. 그런 점에서 관련 업체에 대출할 때 은행에게 있어 고치는 귀중한 담보물이었다. 그래서 보관용 담보창고가 세워진 것이다. 자료관으로도 기능하고 있는 관내는 확실히 고치 산업에 관한 전시물이 잘 갖추어져 있었다. 하지만 여기도 보이는 것은 누에고치나 생사에 관한 자료뿐으로 지진 재해 관련은 눈에 띄지 않는다. 담당자에게 물어도 고개만 갸우뚱할 뿐이었다. 재차 시에 문의하자 마찬가지로 몇 명의 담당자를 거친 후에 "시 창고에 수납되어 있다"라는 대답을 얻게 되었다. 당연하게도 일반에 공개되지는 않았고 향후의 공개 예정도 "현재로서는 없다"라고 한다.

뼈아픈 '통한의' 역사는 사람들의 눈에 닿아야 의미가 있다. 거기서부터 역사가 계승된다. 반성과 교훈이 생긴다. 하지만, 시는 그 역할을 완전히 하고 있지는 않다는 것도 알았다. 혼조시는 추도식에 시장이 참석하는 등 다른 도시에서는 거의 찾아볼 수 없는 자세를 유지하고 있음은 평가할 만하다. 하지만, 사건 현장인 옛 경찰서 건물에서 사건 자료를 전시하고 있던 때와 비교하면 조용히 후퇴하고 있는 것 같기도 하다. 지역으로서 잊지 말아야 할 것이 있고 지켜나가야 할 것도 있다. 지역이 자랑하는 하니와 또는 고치뿐만 아니라, 결코 가슴 펼 수 없는 부負의 유산 또한 계승되어야 하는 것이 아닌가? 나가미네 묘지 위령비 뒷면에는 다음과 같은 문구가 있다.

> 우리는 어두운 과거에 대한 엄숙한 반성과 밝은 미래에 대한 희망을 담아 이 비석을 건립하여 일조우호와 세계평화를 위해 헌신할 것을 지하에 잠든 희생자에게 맹세하는 것이다.

'엄숙한 반성'은 지금 지역에 '살아' 있을까? 나는 그 후 학살 희생자를 애도하는 진보하라의 안세이지 절, 구마가야시의 오하라 묘지, 도지쿠인 사원에 놓인 위령비를 돌았다. 이들은 지역 안에서 학살 사건을 조용히 전하고 있다. 진보하라에서는 앞서 말한 것처럼 군마로 '이송'되려던 조선인이 군중에 둘러싸여 숨졌다. 구마가야에서도 아라카와 강에 가까운 현재의 구게ㅅ下 부근에서 4~5명이 살해되고, 중심 시가에서도 16명이 목숨을 잃은 것으로 기록되어 있다. 또한 옛 메누마무라(현재는 병합)에서는 조선인으로 의심받던 도호쿠 출신 남성이 자경단에게 살해당했다.

참고로 오하라 묘지와 도지쿠인 위령비에는 조선인이 학살되었다는 말은 새겨져 있지 않다. 어느 쪽이든 지역 주민에 의해 건립된 것이기는 한데, 오하라 묘지에서는 '통신기관 두절 유언비어 백출'이라 하며 조선인 희생자를 '생령'이라 표현하고 있었다. 도지쿠인 사원에서도 학살 희생자를 '횡사자'라 하고 있다. '횡사'는 불의의 사고, 재난을 당해 죽는 것을 뜻하므로 틀린 말은 아니다. 하지만 이 비문들에서 읽혀지는 것은 주민의 진지한 생각도 학살을 직설적으로 표현하기에는 당황스러웠거나 망설여졌던 그런 시대의 분위기이다.

그 공기는 "지금도 아직 일본 사회 속에 계속 감돌고 있다. 더 농도를 늘리면서.

덧붙여 2023년 12월 14일 〈마이니치신문〉은 새로운 학살 관련 자료가 발견되었다고 보도했다. 이것은 구마가야 연대 구 사령부가 작성하여 육군성에 제출한 「간토지방 지진 관계 업무 상보」. 저널리스트 와타나베 엔지가 발견했다고 한다. 공개되어 있는 이 문서를 훑어보면 여기에는 현 내에서 일어난 조선인 '이송'에 수반된 사건을 '선인 학살' '불상사' '불법 행위'라고 표기. 당시의 군도 분명하게 실태를 파악하고 있었음을 알 수 있다. 또한 유포된 루머에 대해서도 "선인 습격은 끝내 한 명도 오지 않았다. 방화도 없었다. 우물에 독을 푼 적도 없다."며 이를 부인했다. 공적 문서가 명확하게 학살을 인정하고 있는 것이다.

"자료가 없다"(정부). "사실은 역사가가 생각할 것"(도쿄도 고이케 지사). 그리고 "학살은 없었다"라고 외치는 레이시스트들은 이러한 자료의 존재를 어떻게 보는가? 애당초 '애국자'들은 호언장담만 할 뿐 지역을 돌아보지 않는다. 고요히 서려 있는 빛바랜 위령비에 가만히 손을 마주하지도 않고 만지지도 않으며 지역 사람들의 고충과 자성에 기대지도 않고 큰 소리로 '일본인'을 말할 뿐이다.

4. 간나가와 강 건너 그곳에서

「군마의 숲」 조선인 노동자 추도비 철거

2024년 1월 28일 밤. 달은 예쁜 원을 그리고 있었다. 마그네슘을 연상시키는 창백한 빛이 별빛마저 희미하게 한다. 차갑고 둥글고 눈부신 그런 보름달을 본 것은 오랜만이었다. 달빛이 이렇게 밝은 거였구나. 이미 공원 출입문은 닫혀 있었다. 폐원 시간을 훨씬 지났다. 그래도 나는 공원 안에 앉아 달을 올려다보고 있었다. 어쩐지 그 자리를 떠나기가 싫었다. 추위에 떨며 달빛을 받은 추도비 옆에서 '마지막 시간'을 보내고 싶었다. 다음날이면 추도비는 파괴될 테니까. 아니, 부서지는 것은 기억과 역사였다. 중장비에 의해 분쇄되는 것이다.

군마현 다카사키시 현립 공원 「군마의 숲」에 시민단체가 설치한 조선인 노동자 추도비에 대해 현은 행정 대집행에 의한 철거 작업을 시작하려 하고 있었다. 이날 저녁 공원은 전면 폐쇄됐다. 중장비 진입에 필요한 수목 벌채는 이미 끝났다. 추도비는 처형대 앞에 침묵하고 있었다. 전시 중에 노무동원된 조선인 희생자를 애도할 목적으로 이 추도비가 설치된 것은 2004년. 시민단체의 청원을 현 의회가 만장일치로 채택한 결과였다. 그 무렵은 보수계 그룹도 포함해 설치에 반대하는 현 의원은 없었던 것이다. 추도비가 설치된 「군마의 숲」 공원은 일본 '다이너마이트의 발상지'로 알려져 있다. 과거에는 육군 화약 제조소가 있었고 관련 시설 잔존물은 지금도 공원 내에 산재한다. "그런 장소이기에 추도비를 설치하는 의미가 있었다"고 말하는 이는 비석을 관리하는 시민단체 「'기억 반성 그리고 우호'의 추도비를 지키는 모임」의 이시다 마사토(71세)이다. 현 내에서는 나카지마 비행기 지하공장을 비롯하여 철도, 댐 및 발전소 건설 현장 등에서 많은 조선인이 노무동원 되었다. 가혹한 노동현장에서 목숨을 잃은 사람도 적지 않다. 추도비는 말 그대로 '추모'의 마음을 표현할 뿐만 아니라 역사를 되돌아보는 동시에 피해자의 마음에 부응하고 함께 미래를 만들기 위해 설치됐다.

2004년 4월 24일 열린 추도비 제막식에서는 현 지사 대리가 추도사를 하고 인근 지자체장들이 헌화했다. 다시 한번 강조하고 싶다. 설치에 반대하는 수장, 현 의회 의원은 없었다.

건립 10년 만에 일어난 '이변'

추도비에는 '기억 반성 그리고 우호'라고 새겨진 플레이트가 박혀 있다. 원형 받침대 위에는 금색 탑(높이 4m)이 서 있다. 이것은 '합장'을 형상화한 디자인으로 중앙 부분에는 약간의 틈이 있다. 이시다에 따르면 "여기서 들여다보면 한반도 쪽을 향하게 된다. 산을 넘고 바다를 건너 그래도 연결돼 있다는 뜻이 담겨 있습니다."

추도비 뒷면에는 이런 문구가 새겨져 있다.

20세기 한때 우리나라는 조선을 식민지로 지배했다. 또 지난 세계대전 중 정부의 노무동원계획으로 많은 조선인들이 전국의 광산과 군수공장 등에 동원되었고, 이 군마 땅에서도 사고나 과로 등으로 고귀한 목숨을 잃은 사람도 적지 않았다. 과거를 잊지 않고 미래를 바라보며 새로운 상호 이해와 우호를 다지고자 하여 여기에 노무동원으로 인한 조선인 희생자를 진심으로 추모하기 위해 이 비를 건립한다.

이 위령비는 현립 공원이라는 공유지에 세워진 첫 사례이기도 해서, 전국 각지에서 견학이 끊이지 않았다. 그렇다고는 해도 26헥타르라는 광대한 부지 안의 구석 쪽에 놓여 있다. 공원에 놀러온 사람들의 눈에 띄는 일은 그리 많지 않았을 것이다.

'이변'이 일어난 것은 건립된 지 10년이 지난 2014년의 일이다. 추도비는 10년마다 사용허가가 갱신될 예정이었으나, 2014년 현은 돌연 갱신을 불허하고 추도비를 관리하는 시민단체에 철거를 요청한 것이다. 단체가 개최한 과거 추도식에서 참석자들이 '강제연행' 등의 말을 사용한 것이 정치적 행사를 하지 않겠다는 조건을 어겼다는 것이 이유이다. 물론 추도식전에서 참가자가 "강제연행 사실을 알려 올바른 역사 인식을 가질 수 있도록 하고 싶다" 등의 호소는 있었다.

그런데 그게 뭐가 문제란 말인가? 애당초 추도비 어디에도 '강제연행'이라는 말은 없다. 추도식 참가자의 발언 일부만 잘라내어 '정치집회' 등으로 몰아 철거를 재촉하는 것 등은 분명히 행정의 재량권을 넘어서는 일이다. 무엇보다 표현의 자유가 그렇게까지 제한을 받아야 하는가? 더욱 문제인 것은 이런 '철거방침'이 레이시스트 집단에 의해 이끌어진 것이라는 사실이다. 역사부정과 인종차별 활동을 전개해 온 레이시스트 집단은 갱신 불허 결정이 내려지기 전부터 추도비가 '반일적'이라는 등을 주장. 현 의회 보수계 그룹에 대한 로비와 동시에 현 담당 부서에 대한 항의, 시민 단체에 대한 공격을 반복해 왔다. 현의 갱신 불허 처분의 발단이 된 것은 평소 조선인 배척 데모 등을 거리에서 반복해 온 레이시스트 집단인 것이다. 사실 그중심이 된 것이 2장에서도 언급한 「산들바람」이라는 단체이다. 그렇다. 도쿄도 요코아미초 공원에서 "간토대지진 시에 조선인 학살은 없었다"라고 주장하면서 가짜 위령제를 개최하고 참가자가 '불령 조선인'이라고 발언하는 등 보수적인 도쿄도조차 인권존중조례에 근거해 헤이트스피치임을 인정하지 않을 수 없었던 확신범 레이시스트 집단이다.

역사부정운동, 인종차별운동과 연계

조선인 학살을 부정하는 「산들바람」 멤버를 포함한 레이시스트 집단은 자이니치 코리안 집주지역 등에서 "조선인을 죽여라", "쫓아내라", "가스실로 보내라" 등을 외치고, 헤이트 데모를 반복해 온 「재특회」 관계자 등을 동원하여 군마현에서도 역사 부정의 행동을 계속하고 있었던 것이다. 조선인 학살은 이처럼 각지에서 전개되는 역사부정운동, 인종차별운동과 연계되어 같은 행위자에 의해 자행되고 있는 것이다. 군마현 또한 이 운동에 끌려갔다. 일부 현의회도 이 추악한 운동을 탔다. 항의 전화에 마지못해 대응해 온 현 직원도, 어느새, 나쁜 것은 추도비를 세운 측이 아닌가 생각하기 시작했다. 시대의 물결에도 밀렸다. 아베 정권 하에서는 역사 부정이야말로 트렌드였다. 레이시스트 집단은 기세를 올렸고 추도비 주변에서 철거를 요구하며 소란을 피우는 자 등도 나타났다. 결국 추도비 철거라는 판단의 적법성을 다툰 재판이 행해졌지만, 2022년 6월 대법원에서 현의 승소가 확정되었다. 추도비를 "쉼터로서의 공원에 있어야 할 시설로 적합하지 않다"는 주장을 전면적으로 받아들인 것이었다. 사실 시민단체들은 지난 10년간 단 한 차례도 위령비 앞에서 추도식 등의 행사를 열지 않았다. 공원의 평온을 어지럽혀 온 것은 거리에서 선전차로 시끄럽게 해온 우익 세력 쪽이다. 즉, 법원은 '소란을 피운 자 승리'라는 판단을 내린 셈이 된다. 대법원 판결 확정 후에도 시민단체는 철거를 거부했다. 현은 대집행이라는 형태로 철거작업을 스스로 실시하기로 한 것이다.

내가 갔던 날. 추도비 철거를 아쉬워하는 사람들이 전국에서 모여 저마다 꽃을 바쳤다. 이날이 추도비를 볼 수 있는 마지막 날이었던 것이다. 그리고 이날도 방해꾼이 모습을 보였다. 지역 우익단체 사람들이다. 제복 차림으로 검은색으로 칠한 거리선전차를 끌고나와 모인 사람들을 위협했다. 하지만 아무리 떠들어대도 오히려 일반 시민 쪽에서 느껴지는 힘이 있었다. 여하간 추도비 파괴 전날인 것이다. 거만하고 강압적으로 으르렁거리는ォラオラ 우익이 어떻게 봐도 보통 시민일 뿐인 나이 든 여성에게 "시끄럽다"라고 혼나거나, 걷는 것도 벅찬 고령자로부터 "당신들이 돌아가"라고 일갈당하는 것과 같은, 무서운 얼굴을 한 우익으로서는 부끄러운 장면을 곳곳에서 볼 수 있었다. 나는 이러한 장면이 익숙한데, 결국 언제나 무서운 얼굴은 여성이나 고령자에게 소리를 치는 것뿐인 '거만하고 강압적인ォラ オラ 사기'일 뿐이다. 더구나 이날은 시민들로부터 계속해서 꾸중듣는 한심한 모습을 드러낼 뿐이었다.

'평온'을 어지럽히고 있는 것은 누구인가

나도 선글라스를 낀 우익을 향해 물었다.

"뭐 하러 오셨어요?"

"부수러 온 거야."

"뭘?"

"추도비야. 이 매국노가."

“위협하고 있는 것뿐이잖아요. 심지어 여기저기서 혼나고.”

“시끄러워.”

“다들 무서워할 줄 알았나요? 제복 착용하면 다들 쫄 줄 아나?”

“시끄러워.”

“몰려드는 이유를 모르겠어요.”

“유신이야!”

“쇼와 유신? 그거 때문에 온 거예요?”

“그렇지!”

여기서 우익이 말한 ‘쇼와 유신’이란 메이지 유신 정신의 부흥, 천황 친정을 요구하는 운동을 말한다. 전전에는 이 슬로건 아래, 5.15 사건[4], 2.26 사건[5] 등이 일어났다.

선글라스를 끼고 투박한 금반지를 낀 손을 흔들며 시민을 상대로 큰 소리로 위협하는 것이 그들의 ‘쇼와 유신’이라고 한다. 바보 같다. 이런 무리들이 부추겨 현은 철거를 결정한 것이다. 현은 시민단체와의 재판에 있어 추도비가 존재하는 것으로 “공원의 평온이 유지되지 않는다”라고도 주장했다. 하지만 ‘평온’을 어지럽히고 있는 것은 누구인가? 지금까지 ‘반일’이니 ‘날조’라고 떠들고, 현에 항의 전화나 메일을 보내 공원은 물론 지역의 ‘평온’을 어지럽혀 온 것은 우익 레이시스트 집단인 것이다. 이래서야 ‘소란을 피운 자 승리’가 되는 것 아닌가? 이러한 집단에게 성공 체험을 제공해 줄 뿐이다. 역사는 이렇게 부서져 가는 것이라고 생각했다.

마지막으로 온 사람들이 떠난 뒤에도 나는 공원에 남았다. 해가 지고 달빛이 맑아지는 추운 밤이 되어도 나는 그곳에 있었다. 20년 동안 추모했던 비석을 제대로 눈에 새겨두고 싶었다. 그리고 다음날 내가 떠난 뒤의 공원

4　1932년 5월 15일 해군 청년장교와 육군사관학교 생도 등이 일으킨 쿠데타 사건이다.

5　1936년 2월 26일 육군 황도파 청년장교가 중심이 되어 일으킨 쿠데타 사건이다.

에서 비석은 중장비에 의해 산산이 파괴되었다.

추도비 건립의 일등공신 이노우에 데루오

이노우에 데루오는 전전과 전중 현 내에서 가혹한 노동에 종사한 조선인의 기록을 모아 다른 어디보다도 먼저 보수왕국 군마에서 공유지에 추도비를 건립시키는 일을 성공시킨 사회운동가이다. 그 이노우에는 추도비의 마지막을 지켜볼 수 없었다. 2016년 87세의 나이로 세상을 떠났다.

철거 전날 "이노우에 씨에게 미안하다"라고 추도비 앞에서 머리를 숙이는 사람도 적지 않았다. 이노우에가 추도비 건립의 일등공신이었음을 인정하지 않는 사람은 없다. 이노우에는 현과 다툰 재판에서도 의견 진술에 나섰다.

> 추도비는 군마현과 「'기억 반성 그리고 우호'의 추도비를 지키는 모임」이 합의한 건립 목적에서도 당연히 존속되어야 하며, 한국·조선과 중국을 비롯한 아시아 민중 사이에 진정한 신뢰와 우정을 회복하고 아시아의 평화를 전진케 하고자 하는 비문에 담긴 마음은 널리 현민 여러분과 내외의 뜻있는 인사들이 공유하는 것입니다.

그것은 추도비를 세우기 위해 늘 앞장서서 뛰었던 이노우에의 심정이기도 하다. 그런데 이노우에는 추도비 건립 이외에도 다양한 운동의 발자취를 군마에 남기고 있는데, 그중에서도 특히 '큰 공적'으로 평가되는 것이 '후지오카 사건' 조사였다. 사이타마 현 내에서는 '이송'된 조선인들이 군마현 후지오카 직전에 쫓겨나 되돌아갔다가 군중의 습격을 받았다. 이 사실은 앞에서 기술한 바와 같다. 그렇다면 만약 이송 트럭이 후지오카에 들어갔다면 조선인들은 죽지 않았을까? 아마도 그런 보증은 없을 것이다. 실은 후지오카에서도 처참한 조선인 학살이 일어난 것이다. 이 '후지오카 사건'을 평생 뒤쫓고 있던 것이 이노우에였다. 언제부터 조사를 시작했는지 이노우에가 세상을 떠난 지금 정확한 일은 알 수 없다. 하지만 주위 사람들에 의하면 1980년대에 이미 여러 문헌을 조사하고 관계자에 대한 청취 조사 등도 진행하고 있었다고 한다. 1995년에는 『후지오카에서의 조선인 학살사건: 간토대지진』이라는 소책자를 자비 출판했다. 이 '작업'이 있었기에 '후지오카 사건'의 실상이 더 많은 사람들에게 전해지게 된 것이다.

2평짜리 오두막을 거점으로 기지반대투쟁

조선인 노동자 추도비를 마련하기 위해 동분서주하고, 나아가 후지오카 사건의 진상 규명에 힘쓴 이노우에는 어떤 인물이었을까? "아무튼 바쁜 사람이었어요. 항상 오토바이를 타고 현 내를 누비고 다녔어요." 그렇게 돌아보는 것은 이노우에의 딸 메구미(67세)이다. "국적이나 출신지를 이유로 한 차별이 존재하는 것을 용납할 수 없었던 것 같아요. 후지오카 학살사건도 국가권력에 의한 차별정책이 바탕에 깔려 있다고 계속 말했습니다."

이노우에는 1929년에 후쿠오카현 사사구리초에서 태어났다. 현재는 후쿠오카의 베드타운으로서 개발이 진행되는 사사구리이지만, 예전에는 지쿠호 지대에 인접하는 탄광촌이었다. "아버지가 어렸을 때는 지역에서 여러 개의 탄광이 조업을 했고 그곳에는 많은 조선인 노동자가 일했다고 합니다. 그 모습을 아버지는 보신 거죠. 아마도 차별받고 가혹한 노동을 강요받던 조선인 노동자의 모습에서 아버지는 생각하시는 바가 있었을 것입니다. 추도비와 학살 문제에 열심히 그야말로 뭔가에 홀린 듯 매달린 것도 어린 시절의 기억이 사라지지 않았기 때문이라고 생각합니다."

이노우에는 주오대학 진학을 기회로 상경. 대학에서는 강의도 제쳐두고 이시카와현 우치나다 미군기지 건설 반대운동 등에 참여했다. 졸업 후에는 출신지 후쿠오카에서 재판소 서기관 자리의 채용이 정해졌지만 '내키지 않는다'라는 이유로 이를 발로 차고는 당시 일본사회당 군사기지 대책위원회 사무국장을 맡고 있던 사촌형의 권유로 같은 당 직원이 되었다.

이노우에에게 첫 번째 임무는 군마현 묘기산에서의 기지반대 투쟁이었다. 1950년대 초 묘기산 기슭에서는 미군이 기지 건설을 계획, 이에 반대하는 현지 주민과의 사이에 격렬한 투쟁이 행해지고 있었다. 이노우에는 이를 지원하는 사회당 조직책이 된 것이다.

"전혀 모르는 군마 산속으로 배낭 하나 들고 달려갔대요."

산간의 취락, 강의 물소리가 가까이 들리는 장소에 2평쯤의 오두막을 혼자 짓고는 이를 거점으로 반대 투쟁에 참가했다고 한다. 묘기투쟁은 일본에서 처음으로 '반反 군사기지 투쟁'에서 거둔 승리였다. 이를 계기로 이노우에는 군마 땅에서 살기로 결심한다. 사회당 군마현 본부 전임서기가 되어 현 내 주민운동의 조직화 등을 도모하는 동시에 운동 수완이 좋아 오키나와에도 출장. 반反기지 투쟁에 참가했다. 더욱이 1960년 안보투쟁 등을 거쳐 완전히 '군마 사람'이 된다. 딸 메구미는 어릴 적 그런 아버지의 일을 도무지 이해할 수 없었다고 한다. "학교 선생님이 아버지 하시는 일은, 이라고 물어도 어떻게 대답해야 할지 몰랐어요. 어쩔 수 없이 '포스터 붙이는 사람'이라고 대답했어요."

전임서기에게는 선거 때의 포스터 부착이야말로 가장 중요한 임무이다. 하지만 그런 이노우에가 각종 투쟁이나 선거운동에 바쁜 가운데에도 착실하게 계속하고 있는 일이 있었다. 그것이 '후지오카 사건'의 조사였다. 사건을 아는 사람을 찾아가 이야기를 듣고 문헌을 찾았다. 그것을 몇 년이나 반복했다. 그 성과로서 『후지오카에서의 조선인 학살사건』을 썼다.

후지오카 사건: 지금도 마찬가지인 루머 확산의 메커니즘

여기서 책의 내용에 따라 후지오카 사건의 줄기를 따라가 보자. 9월 4일에 진보하라 및 혼조 등 사이타마현 북부에서 학살 사건이 잇달아 발생한 것은 앞에서도 말했다. 군마, 사이타마 현 경계 간나가와 강에서 군마 측 자경단이 조선인의 '이송' 즉 현 내로의 유입을 거부한 일로부터 사이타마에서의 학살 사건은 시작되고 있다. 군마 측이 '이송'을 거부한 것은 요컨대 조선인을 현 내에 들임으로써 치안이 혼란스러워진다고 판단했기 때문일 것이다. 조선인이라는 '위협'을 기피한 것이다. 이날 군마 지역신문인 〈조모신문〉은 「불령선인 진입」, 「불령선인이 한창 출몰」, 「선인 잠입 우물에 독 타기 목적」이라는 제목 아래 유언비어 기사를 연발하고 있다.

> 도쿄시의 대참사를 틈타 곳곳에 절도, 강도 횡행하여 더할 나위 없는 아수라장을 연출하고 있지만, 특히 선인의 불령한 무리들은 삼삼오오 대를 이루었다. 2일 아침부터 각지에 출몰하여 피난민을 거느리고 강도 절도를 행함은 물론 방화, 폭탄 투척 등으로 한층 더 어지럽히고 있다.

> 아시카가시에 3백여 명의 조선인이 하차하자 시민들은 발칵 뒤집혔고, 선인은 우물에 독을 타는 것이 목적인 듯 하나 상세한 것은 혼돈으로 불명확하다.

> 불령선인은 도쿄시내 불탄 뒤 거리에 석유를 산포하고 폭탄을 던지고 있어, 3일 오후 7시까지 포박된 선인은 200여 명에 이른다.

> 오후 4시 기차로 다가사키역에 조선인이 폭탄을 휴대하고 7명 하차했다. 때마침 경계중인 경관에게 검거되어 현재 조사 중, 더욱이 가와구치초에서는 선인 3명이 폭행으로 총살되었다.

잘도 이렇게까지 엉터리로 썼구나. 소문을 그대로 전달한 것에 지나지 않는다. 내가 과거 기자로 몸담았던 스캔들 주간지조차 증거와 근거를 취재하는 데에 상당한 시간과 수고를 들였다. 이러한 게으르고 멍청한 기사가 결과적으로 사람들에게 불안과 공포, 더 큰 증오와 편견을 초래하고 학살로 향하게 한 하나의 원인이 되었음은 몇 번이라도 강조해 두고 싶다.

두말할 것도 없지만 경찰도 행정도 나중에 조선인에 관한 루머를 명백히 부인하고 있다.

『군마현 경찰사』는 '폭동' '우물에 독' 같은 정보를 '유언비어'라고 단정한 뒤 "사람들은 극심한 불안에 휩싸였고 공포에 위협받았다"고 썼다. 또한 야마오카 구니토시 당시 군마현 지사도 실은 9월 3일 단계에서 "방화 또는 독 타기 등을 목적으로 잠입한 흔적에 대해 말하는데, 절대로 이를 부인하는데 거리낌이 없다"라고 담화를 발표했으며, 9월 5일 〈조모신문〉에 「불령선인 폭거와 잠입 전혀 근거 없음, 현민은 모름지기 유언비어에 속지 마라」라는 제목 하에 게재되어 있다.

신문은 전날인 4일에 "불령선인이 한창 출몰" 등의 유언비어를 퍼뜨렸다. 그것이 다음날에는 "현민은 모름지기 유언비어에 속지 마라"라는 정반대의 메시지를 전한다. 정보가 뒤얽히는 가운데 기자도 농락당한 것은 사실일 것이다. 하지만, 지사의 「유언비어 부정 담화」를 게재해 봤자 이미 늦은 일이었다.

쌓아 올린 마른 가지에 불을 지피듯 학살을 부추기는 불길은 기세를 멈추지 않았다. 그렇다기보다 이미 '사건'은 일어나고 있었다. 이는 현대에 있어 SNS상에서 이루어지는 루머 확산과도 유사하다. 유언비어를 퍼뜨리는 것은 쉽지만, 그것을 부정하려면 엄청난 노력을 필요로 한다. 왜일까? 황당무계한 루머일수록 자극적이고 '재미있기' 때문이다. 기세가 오른 말은 사람들의 관심을 끈다. 하지만 그것을 부정하는 말은 '재미가 없다.' 지루한 일상에 비꺄 일상이 뛰어드는 순간을 누구나 어딘가에서 고대하고 있다. 그것을 부정하는 말은 겨우 획득한 흥분에 찬물을 끼얹는 불필요한 것에 지나지 않는다. 그래서 루머는 무서운 것이다. 그리고 이 또한 강조해 두고 싶다. 마이너리티는 사람들을 즐겁게 만들기 위한 도구가 아니다. 비일상을 부여하기 위해 존재하는 것이 아니다.

마이너리티에게도 메이저리티에게도 마찬가지로 웃음거리가 되어선 안 되는 일상이 있다. 하지만 일본 사회는 지금이나 100년 전이나 마이너리티의 일상만을 일방적으로 파괴해 왔다. '차별'을 무기로 인간의 당연한 영위를 불태워 망가뜨려온 것이다. 어릴 때부터 그런 장면을 계속 봐 온 이노우에는 그것을 알고 있었다. 그렇기에 후지오카 사건의 진상 규명과 추도비 건립에 많은 시간을 할애했을 것이다.

경찰서에 들이닥친 폭도

사건 이야기로 되돌아 가보자. 현 내에는 이웃한 현 사이타마에 있어서의 혼조, 진보하라 등 학살 사건의 정보가 도착한다. 이들 처참한 사건은 '불령선인에 대한 지역주민의 승리체험'이라는 형식으로 전해져 온 것이다. 현 내 각지에서 결성된 자경단은 우선은 현 경계에서 조선인의 '이송'을 거부했지만, 다음으로 눈을 돌린 것은 현 내에 거주하는 조선인이었다. 자경단은 혈안이 되어 조선인을 찾아 나섰다. 그때의 분위기를 『군마현 다노군 지』(과거 다노군은 다카사키, 마에바시, 후지오카 등을 포함한 현 남서부를 포괄. 현재의 다노군과는 다르다.)는 누가 썼는지 모르는 능숙한 붓놀림으로 적고 있다.

한 사람이 엉터리로 말하기 시작하면 많은 사람들이 그 소리가 진짜인 줄 알고 일제히 떠들어댄다. 선인은 돕지 말라는 듯한 기분이 어디에든 가득 차 있었던 것이다.

만약 선인이라는 말을 들으면 그것이 선인인지 악인인지 묻지도 않고 분개하는 것이었다.

때로는 경찰을 가로막고 자기 일은 알아서 한다 하고는 마침내 손을 대기에 이르렀던 것이다. 일본도·창·곤봉 그것들은 어디서나 나온 것이다.

개 한 마리가 무슨 장단에 짖기 시작하면 많은 개들이 그 소리를 듣고 일제히 짖어댄다, 사회는 그런 기분으로 가득 차 있었다. 그런 가운데 자경단이 '발견'한 것은 후지오카 경찰서의 보호를 받던 17명의 조선인이었다. 대부분은 신마치(현재의 다카사키시)에서 가시마구미 산하 토목업을 하는 이와타 긴지로가 고용한 '자갈 채취 인부'였다. 엿장수 등 장사꾼도 있었다고 한다. 토목업자 이와타는 현 내의 심상치 않은 분위기를 감지하고 조선인 노동자들의 보호를 경찰에 요청한 것이다. 9월 5일의 일이다. 어떤 경위가 있었는지 몰라도 조선인이 경찰서에서 보호받고 있음을 알게 된다. 자경단을 비롯해 일반 주민, 나아가 평소부터 경찰에 반감을 갖고 있던 지금으로 말하자면 '한샤反社(반사회적 세력)'라 할 만한 패거리들도 가세해 경찰을 에워싼다. 같은 날 오후 7시 근무를 마치고 자택에 있던 히로키 소타로 순경은 비상사태 발생 연락을 받고 경찰서에 달려갔는데 현관 앞에는 이미 1000명 가까운 군중이 모여 있었다고 한다.

"경찰은 조선인을 은닉하고 있다."

"조선인을 인도하라."

"죽여 버려."

성난 소리가 난무하고 있었다.

군중 수는 시간이 지날수록 늘어간다. 오후 8시 경에는 2000명에 달했다.

그때 경찰서 내에 있던 경찰관은 불과 7명이었다. 다른 경찰관들은 '지진대응' 지원을 위해 도쿄 등으로 출장 중이었다. 히로키 순경은 현관 앞에서 군중과 대치했다. "조선인 내놔" 압력은 계속 상승하고 있었다. 그러던 중 흥분한 한 사람이 히로키에게 몸싸움을 걸었다. 그것을 신호로 군중이 우르르 경찰서 내로 몰려들었다. 다수에 7명의 경찰관으로는 대응이 어려웠다. 군중 대부분은 모두 쇠갈고리, 죽창, 일본도, 엽총 등을 손에 들고 있었다. 폭도란 바로 그들을 말한다. "해치워" "죽여 버려"라고 성내며 그들은 경찰관을 들이받고 판장을 밀어뜨려 순식간에 조선인들이 보호받던 유치장까지 다다랐다. 조선인은 체포되어 있던 것이 아니다. 범죄자가 아니니까 당연히 유치장은 잠겨 있지도 않았고 자유롭게 출입할 수 있었다. 유치장 안에 있던 조선인들은 소란을 눈치 챘지만 도망갈 곳은 없었다. 필사적인 목숨 구걸도 소용이 없었다. 군중은 사정없이 덤벼들었다. 쇠갈고리와 일본도가 내리쳐졌다. 그때마다 절규가 울렸다. 유치장 구석에 뭉쳐서 부둥켜안고 떨고 있는 사람들은 그대로 포개지듯 죽어갔다. 그중에는 천장 위로 도망친 사람도 있었는데 죽창이 아래에서 솟아올랐다. 천장에서는 비처럼 피가 흘렀다. 어떻게든 경찰서 밖으로 도망친 사람도 있었지만 도주극은 순식간에 끝났다. 경찰서 뒤편으로 도망친 사람은 일본도에 베이고 현관 옆에서는 엽총에 맞아 죽은 사람도 있었다. 이때 경찰서 근처에 살고 있던 아라이 우타로(사건 당시 21세)는 후일 이노우에의 취재에 이렇게 대답했다.

예전에 짚 세공 일을 한 적이 있는데 짚을 후려칠 때 나는 그런 소리였어요. 때리는 소리가요.

그리고 비명소리가, 싫었죠. 무섭더라고요. 지옥 소리를 듣는 것 같았어요.

잊으려 해도 그것만은 잊혀지지가 않아요.

다음날 6일 군중이 물러난 후에 경찰에 의한 현장 검증을 통해 경찰서 내부와 주변에서 합계 16구의 사체가 발견되었다. 보호받고 있던 것은 17명이므로 간신히 한 사람만은 도망치는 데 성공했을 것이다. 경찰서 안에는 피가 눌어붙은 죽창이나 쇠갈고리가 흩어진 채로 있고 마루에는 피 웅덩이가 여러 군데 있었다고 한다.

"남자의 자존심으로 물러설 수는 없고"

학살은 이것으로 끝난 것이 아니었다. 그날 히노무라(후지오카시) 소방수가 조선인 한 명을 후지오카 경찰서에 연행해 왔다. 이노우에의 표현으로는 "자갈길을 질질 끌듯이" 끌려 왔다고 한다. 이 소방수는 조선인을 잡았지만 혼자서는 어쩔 줄 몰라 일단 경찰서까지 끌고 온 것으로 보인다. 이때는 전날의 일도 있어 십여 명의 경찰관이 대기하고 있었다. 후지오카서는 곧바로 조선인을 인수해 조사했지만 특별히 수상한 점은 보이지 않았다. 그런데 이미 많은 군중이 다시 경찰서를 에워싸고 있었다. 한 경찰관은 현관 앞에서 "조사한 결과 불법적인 일은 한 게 없다. 모두 냉정해지라"고 말했다. 하지만 사람들은 냉정해지기는커녕 "또 다시 경찰이 조선인을 감싸고 있다"며 증오심을 뜨겁게 달궜다. "조선인을 내놔"라는 성난 소리가 날아간다. 그러는 중에 경찰서에 돌을 던지는 자도 나타났다. 망루에 올라 경종을 치는 사람도 있었다. 이렇게 되면 더 이상 포학무도한 폭풍을 억제할 수 없다. 군중은 전날에 이어 경찰서 내에 난입했다. 조사실에 있던 조선인들을 집단으로 폭행하여 죽여 버린 것이다. 나중에 이루어진 검시에서 두개골이 깨져 있었다고 한다. 뿐만 아니다. 군중은 책상을 뒤집고 전화선을 잡아 뜯고 유리창을 부수고 현관 앞에서 서류에 불을 질렀다. 이렇게 해서 합계 17명의 조선인의 목숨이 빼앗겼다. 덧붙여 '후지오카 사건'으로 검거된 것은 37명이다. 모두 살인죄, 소요죄를 물었다. 사건으로부터 2개월 후에 형사 공판이 시작되었는데 피고 대부분은 살해를 부인했다. 그때 상황을 다시 이노우에의 기록으로부터 일부 인용한다.

재판장: (피고 A에게) 일본도로 선인을 몇 명 죽였는가?

피고 A: 아니요, 제가 갔을 때는 이미 선인이 쓰러져 있었습니다. (중략) 저도 유치장 앞에서 선인 두 명의 등인지 어딘가에 열중하여 칼로 찔렀지만 죽일 생각은 없었습니다.

재판장: 왜 그런 짓을 했는가?

피고 A: 선인이 우물에 독을 넣거나 폭탄을 던지고 불을 지른다고 해서 경계 차원에서 한 것입니다.

재판장: (피고 B에게) 당신은 9월 5일 밤에 도주하려던 선인을 엽총으로 쏴 죽였다는데 그러한가?

피고 B: "봐, 선인이 움직여"라는 옆 사람 말에 놀라 무심코 총을 옆으로 눕혔을 때 발포된 것입니다. 방아쇠는 제가 당긴 게 아니에요.

재판장: 왜 총 같은 것을 가져갔을까?

피고 B: (생략) 선인이 우물에 독을 넣거나 나쁜 짓을 한다고 들었기 때문에 나라를 위해서라고 생각하고 경계를 위해 간 것입니다.

재판장: (피고 C에게) 9월 5일 밤 경찰서에 갔는가? 무엇 때문에 갔는가?

피고 C: 일본도를 가지고 갔습니다. (중략) 일본도를 가지고 가보니 유치장 부근에 선인이 맞아 쓰러져 있었습니다. 그때 어떤 사람이 "훌륭한 빛나는 칼을 들고 있는 것 같군, 잘라보라"는 말을 들었기 때문에, 남자의 자존심으로 물러설 수 없어 한 칼로 내리쳤습니다.

재판장: (피고 D에게) 당신은 조선인 세 명을 찔러죽였다던데 틀림없나?

피고 D: 아니요, 죽이지 않았습니다. 내가 봤을 때는 이미 많은 선인들이 살해당했고, 이미 죽은 자를 세 명 정도 손과 발을 일본도로 찔렀을 뿐입니다.

재판장: (피고 E에게) 당신은 예심 때 떡갈나무 몽둥이로 선인을 때려 죽였다고 진술했는데 틀림없나?

피고 E: (생략) 선인이 많이 살해당했고 옆 사람이 너도 때리라고 해서 목검으로 친 것입니다. 그때는 이미 죽어 있었어요. 저는 산 사람을 죽일 그런 용기는 없습니다.

어떠한가? 이것이 학살자들의 말이다. 전전 일본은 아름다웠다고 강변하는 사람들이 적지 않지만, 여기에서 보이는 것은 변명으로 일관하는 비겁한 자의 모습이다. '나라를 위해' '남자의 자존심'이라는 것은 아무런 도움이 되지 않는다. 오히려 무고한 사람을 죽이고 결국엔 책임을 전가하는 자기변호에 바쁠 뿐이다. 최종적으로 피고들은 징역 6개월부터 5년 형을 선고받았지만 절반 가까이는 집행유예가 붙었다.

"사건은 아직 해결되지 않았다"

이노우에는 스스로가 조사, 집필한 『후지오카에서의 조선인 학살』 중에 이 판결의 경중에 대해 "여러 의견이 있을 것이다"라고 한 후에 다음과 같이 논한다.

그러나 가장 근본적인 문제인 조선인에 대한 민족적 멸시나 차별이라는 기본적인 오류, '사람의 생명은 지구보다도 무겁다'라는 인권사상, 그러한 것을 피고들이나 널리 국민에게 일깨우는 역할을 법원이 했다면 과연 어땠을까.

후지오카 경찰서 주변에서는 아직도 사건에 대해 주민들의 입이 굳게 다물어져 있다. 관계자의 자손이 현재 거주하고 생활하고 있는 것으로 잊힌 사건을 새삼 파헤치는 것에 대한 의구심도 있을 것이다. 사건은 아직 해결되지 않았다고 생각할 수밖에 없습니다. 왜냐하면 사건에 대해 솔직하게 이야기할 수 있는 분위기가 안 되어있는 데 문제가 있다고 생각합니다. 일본인의 잘못된 과거에 대한 청산이 없기 때문입니다.

차별에 대해 판결이 언급하지 않은 것. 그리고 과거에 대한 청산이 되지 않은 것. 이노우에의 지적은 지금도 해결되지 않고 있다. 마에바시의 이노우에 가에서 딸 메구미에게 이야기를 듣고 있을 때, 그때까지 조용히 지켜보던 이노우에의 아내 다케코(95세)가 살짝 입을 뗐다. 권력에 속지 마라. 의심해라. 그게 그 사람의 입버릇이었거든요."

다케코도 젊었을 때는 구 일본전신전화공사 직원으로 조합 활동을 하는 가운데 이노우에와 알게 되어 결혼했다. "누군가를 위해 분주히 뛰어다니고 좋아하는 술을 마시고 했으니 그건 그것대로 행복한 삶이었는지도 모릅니다. 죽을 때 남긴 말은 '장례식 하지 마라, 계명은 필요 없다'였습니다. 뭐 그런 사람이었어요."

이노우에는 '후지오카 사건'을 철저하게 조사했다. 그리고 조선인 노동자들을 위한 추도비를 세우기 위해 동분서주했다. 그 추도비는 '권력'에 의해 헐렸다. 군마 숲 한구석 산산이 부서진 돌무더기를 보지 못해 다행이었던가? 장례식도 계명도 거부한 이노우에의 영혼은 지금도 평온을 찾지 못하고 분노의 불길을 계속 태우고 있는지도 모른다.

비석 뒷면에는 죽은 조선인의 이름이

'후지오카 사건'으로 죽은 17명의 유골은 후지오카 경찰서에 인접한 성도사에 모셔졌다. 사건 이듬해에는 위령비도 세워졌다. 발기인으로는 후지오카 경찰서장, 후지오카마치 지자체장, 재향군인회 분회장 등 지역 유력자들의 이름이 남아 있다. 17명이나 희생자를 낸 대사건이다. 비를 건립했을 뿐만 아니라 매년 9월 5일에는 위령식도 계속되어 왔다.

나도 2023년 여름 후지오카 시내 성도사를 방문했다. 후지오카역에서 걸어서 5분 남짓한 장소다. 옆자리에 있었다는 후지오카 경찰서는 다른 장소로 이전해 지금은 주차장이 되었다. 나를 여기에 안내해 준 것은 「후지오카 사건을 계승하는 시민 모임」 사무국장 아키야마 히로시(71세)이다. 아키야마는 2017년에 이 모임을 시작했을 때 창설 멤버 중 한 사람이다. 원래 지역상공회에서 일하고 있던 아키야마이지만 후지오카 사건을 자세히 알게 된 것은 정년 후의 일이었다. "어렸을 때는 아버지로부터 '후지오카에서 방화하거나 우물에 독을 던진 나쁜 조선인이 현지인에게 살해당했다'는 설명을 듣고 창피한 이야기라고 한동안 왠지 모르게 그런 인식을 계속 가지고 있었습니다."

후지오카 사건 희생자의 이름이 적힌 위령비

2015년 군마현 내에서 변호사로 일하고 있던 쓰노다 기이치(전 참의원 의원, 2024년 사망)가 북한 방문단을 이끌고 평양에서 친선투어를 갖게 되었고, 아키야마는 '흥미 본위'로 참가한다. 그때 쓰노다로부터 '후지오카 사건' 일을 듣고, 이후 사건을 조사해 왔다. 2017년 동료들과 「후지오카 사건을 계승하는 시민 모임」을 결성한 후에는 사건을 알고 싶어 하는 사람들을 위한 필드워크 등을 실시하고 있다. "이 비석 말입니다." 그러면서 아키야마는 성도사 경내 한구석에 세워진 2미터 높이의 비석을 가리켰다. "위령비가 생긴 것은 사건 이듬해인데, 사실 지금 이곳에 있는 위령비는 1957년에 재건된 거예요." 현지에서는 "비석이 낡아 금이 갔기 때문에"라는 이야기가 전해지고 있으나, 진상은 다르다. "저 자신도 그렇게 믿었던 시기가 있었는데 조사해 보니 다른 이유가 있었어요. 처음 세워진 비에는 크게 '선인의 비鮮人の碑'라고 새겨져 있었다고 해요. '선인'이라는 문구는 너무 차별적이고 모멸적인 표기이니 고쳐 쓰라는 사람도 많았습니다. 그래서 1957년에 비를 다시 만들었다는 거죠." 현재는 정면에 「위령비慰霊の碑」라고 새겨져 있고 뒷면에는 죽은 조선인의 이름이 적혀 있다. 죽은 사람들 모두의 성명을 알 수 있었던 것은 그들 대부분이 이와타 긴지로에게 고용된 노동자였기 때문이다. 이와타는 노동자 명단을 가지고 있었다. 그 덕분에 한 사람 한 사람의 이름이 판명된 것이다. 그에 따라 유족과 이어진 사례도 있다. 나는 '후지오카 사건'으로 죽임을 당한 남성규의 손자에 해당하는 권재익(66세)과 훗날 서울에서 만날 수 있었다. 그 일에 대해서는 제7장에서 다루겠다.

잠든 아이를 깨우지 말란 의견도

묘소 참배를 마친 나는 희생된 조선인 노동자들이 자갈 채취를 하고 있었다는 간나가와 강변을 찾았다. 간나가와 강은 군마와 사이타마의 현 경계를 흐르는 도네가와 강의 지류이다. 차가 안 다니는 산책로와 강변의 화초에 마음이 치유되는 산책은 기분이 좋았다. 다카사키 쪽의 간나가와바시 다리 끝에 기묘한 형태를 한 건물이 보였다. 흰색 원주가 늘어서 마치 고대 그리스 신전을 연상시키는 그것은 군마현이 자랑하는 과자 메이커 「가토 페스타 하라다」의 본사 공장이었다. 그 이름도 「샤토 뒤 에스푸아르」(희망의 관). 여기서 명물 러스크를 제조하고 있을 뿐만 아니라 옆에 자리한 점포에서는 '갓 만든' 러스크를 구입할 수 있다고 한다.

내가 그곳을 방문한 날은 우연히 휴일이기도 해서 광대한 주차장은 차로 가득 메워지고 대기 차량이 국도에 줄을 서기까지 하는 모습을 보이고 있었다. 이전의 나와 마찬가지로 신전의 러스크를 찾는 사람들은 대부분 코앞에 있는 강변에서 조선인 노동자가 일하고 그리고 살해당했다는 사실을 모를 것이다. 나도 마찬가지였고 그것을 탓할 자격 따위 없다. 하지만, 아니 그렇기 때문에, 그 일이 현지에서조차 알려져 있지 않다는 사실에 스스로 부끄럽고 창피한 느낌이 드는 것이다.

강변 산책로를 걸으며 아키야마가 말한다. "지역에서는 이 화제를 언급하고 싶지 않은 사람도 있을 것입니다. 우리도 어르신들로부터 '잠든 아이를 깨우는가' 같은 말을 들은 적도 있어요. 지금 우리는 사건 개요를 적은 게시판을 현장에 설치하는 계획을 세우고 있습니다만, 그걸 반대하는 사람이 있을 수 있다는 것도 알고 있습니다. 가해자의 친족도 아직 후지오카에 살고 있기 때문입니다. 다만 계승해야 하거든요. 부負의 기억이기 때문에야말로 그것을 반복해서는 안 된다. 모임 명칭에 있는 「계승하는語り継ぐ」이라는 표현은 그런 각오를 드러낸 것이기도 해요."

군마현 내에서는 다카사키, 마에바시 등의 지역에서 조선인이 학살되었다. 「재일본 간토지방 이재조선동포 위문반」이 〈독립신문〉에 발표한 최종 보고에서는 살해된 조선인은 34명. 지방 출신 일본인이 살해되는 사건도 여러 건 발생했다. 하지만 이는 지진 2개월 후 아직 혼란이 계속되는 가운데 발표된 것이다. 실제 희생자 수가 이를 넘어설 가능성은 높다.

하기와라 사쿠타로의 분노

다른 날 다카사키시 JR 구라가노역 근처 구품사를 방문했다. 참배길 좌측 담장을 따라 작은 석상이 고즈넉하게 서 있다. 이른바 '구라가노 사건'의 희생자를 애도하여 놓은 것이다.

1923년 12월 2일 〈조모신문〉에는 「일본도를 뽑고는/주재 순사 협박/보호 중인 선인을 약탈/뭇매를 때려 숨통을 끊다」라는 제목이 나돌고 있다. 후지오카서와 마찬가지로 구라가노 주재소에서도 한 명의 조선인이 보호받고 있었다. 하지만 자경단은 신변을 넘길 것을 요구하며 순사를 일본도로 위협해 조선인을 밖으로 끌어냈다. 노상에서 돌로 내리치는 등 폭행을 가한 후에 구품사까지 '연행'하고는 일본도로 베어 살해했다. 이에 따라 4명의 자경단위원自이 검거됐다. 석상은 사건 다음 해에 지역 사람들이 놓은 것이라고 한다. 사건을 알리는 문구는 어디에도 없다. 「다이쇼 12년 9월 4일 건립 구라가노 초민」이라고 새겨진 글자만이 거기서 학살이 있었음을 알린다. 석상 바로 옆에 놓인 공양탑간토대지진 조선인 학살이라고 기록되어 있다)이 없다면 아마도 누구나 그냥 지나칠 정도로 수수한 석상이다. 그래도 이렇게 조용히 지켜져 온 기억도 있다. 적어도 이런 형태로 남겨온 사람들이 있었다는 사실에서 작은 구원을 본다. 조용한 경내였다. 새소리밖에 울리지 않는다. 이국땅에서 억울하게 죽임을 당한 이름도 분명치 않은 인물의 숨 가쁜 풍경을 상상하며 나는 석상 앞에서 손을 모았다.

2024년 4월 9일 참의원 내각위원회에서 구라가노 사건을 둘러싼 질의응답이 있었다. 입헌 민주당 이시가키 노리코 의원이 질문했다. 이시가키는 마에바시 지검 다카사키 지부가 보유하고 있던 구라가노 사건 판결문 원본을 발굴해 "조선인을 학살한 일본인이 재판에서 판결을 받았다는 데 이론이 없느냐"고 정부 측에 확인을 요구했다. 지금까지 말해온 대로, 정부는 학살사건에 대해 "사실관계를 파악할 수 있는 기록이 보이지 않는다"는 답변을 거듭해 왔다. 이시가키는 굳이 법원 기록을 제시함으로써 학살에 대한 언급을 피해온 정부의 애매한 자세를 질타한 것이다. 그러나 답변에 나선 하야시 요시마사 관방장관은 '일반론'이라고 전제한 뒤 "정부 차원에서 법원이 인정한 사실에 대해 옳고 그른지 등의 평가를 가할 입장이 아니다"고 말하는 데에 그쳤다. 이시가키는 후일 이루어진 취재에서 "법원 판결이라는 '사실'을 들이대도 정부는 아무런 판단도 하지 않는다. 기가 막힌다"고 한숨 섞인 대답을 했다. 결국 언제나처럼 정부는 학살 사건으로부터 계속 도망칠 뿐이다. 부負의 역사를 모호하게 둔 채 세상이 잊기를 기다리고 있을 것이다. 구라가노 사건의 기억을 남기는 작은 석상을 보았을 때, 내 머릿속을 스친 것은 군마현 출신 시인 하기와라 사쿠타로가 쓴 삼행시이다.

조선인 또 죽임을 당해

그 피血 백 리里 사이에 이어져

나 분노로 찬다. 이 무슨 잔혹한 일이냐

이것은 지진 다음 해에 발표된 「근일소감」에 실린 것이다. 사쿠타로는 지진 당일 마에바시의 자택에 있다가 피해를 입은 친척을 위로하기 위해 기차와 짐수레를 갈아타고 도쿄로 향했다고 한다. 아마도 그 길에서 본 풍경을 읊은 것일 터이다. 사쿠타로가 조선인 학살을 다룬 시는 이 한 편밖에 없지만, 그의 고요하면서도 부글부글 끓어오르는 분노만은 날카롭게 다가온다. 하기와라 사쿠타로가 본 것은 후지오카 학살이었을까, 혼조였을까, 아니면 도쿄 변두리였을까. 어쨌든 사쿠타로는 '분노'로 찬 눈으로 본 것이다. "또 죽임을 당하고" 살아가는 조선인의 모습을. 도쿄 북부에서 군마로 이어진 중산 길은 그야말로 "그 피 백 리"로 이어졌다. 핏자국은 사라져도 사실을 지울 수는 없는 것이다.

제6장

항구도시에 숨겨진 학살의 기억
: 가나가와 요코하마

요코하마시 고지대에 있는 다카시마산 공원

잿더미로 변한 우아한 거리

요코하마는 '언덕의 거리'이다. '바다' 이미지가 앞서지만 누구나 아는 '항구도시 요코하마'의 세련된 거리를 벗어나면 힘든 언덕길이나 무심코 뒤돌아서고 싶어지는 돌계단과 조우한다. 시가지를 에워싸듯 이어진 구릉지가 벼랑 같은 선을 만들어 지세에 따라 다른 풍경을 비춘다.

기복이 만들어내는 다양한 표정 또한 요코하마라는 시가지의 특징일지도 모른다. 예를 들어 요코하마역 서쪽 출구를 나와 조금만 북쪽 방향으로 나아간다. 상가건물이 즐비한 일대를 빠져나간 근처가 아오키바시 교차로이다. 옆길을 따라가다 보면 사람들의 웅성거림도 차 소리도 멀어져 간다. 거기서부터 긴 언덕길이 시작된다. 왼쪽으로 삼보사 근처부터 발걸음이 무거워진다. 지금 바로 등고선을 넘고 있는 것이라는 감각을 발바닥으로 확인하면서 언덕 위를 목표로 한다. 비탈길을 다 올라가자 눈앞이 확 펼쳐졌다. 다카시마야마 공원이다. 눈 아래로 시가지가 펼쳐진다. 손이 닿을 정도로 하늘이 가깝다. 해방된 기분이다. 힘든 경사는 이 순간을 얻기 위해 있는 것이라는 생각이 든다. 무수히 언덕이 많은 마을은 그 수만큼 소소한 성취감이 준비되어 있다. 다카시마야마 공원은 그 명칭에서 나타나듯 '요코하마의 아버지'라고도 불리는 실업가 다카시마 가에몬의 별장이 있던 장소이다. 공원 한 편에 「망흔대 비」가 서 있다. 시 교육위원회에 의한 설명 판에는 이렇게 적혀 있었다.

망흔대 비는 요코하마 도시 형성기에 있어 은인 중 하나인 다카시마 가에몬을 현창하는 비(메이지 10년 건립)입니다. 가에몬은 다카시마 학교 등 양洋학교 창설과 경영, 가스 사업, 다카시마초 매립 등의 토목사업 외에 양옥 건축, 미나토좌港座(양식洋式극장) 경영 등 다방면으로 공헌했습니다. 항구의 번영과 사업의 공적을 희망하고 홀로 흔연欣然히 마음을 달랜 것으로부터 이 다카시마다이 고지대를 망흔대라 합니다.

다카시마 가에몬은 에도막부 말기부터 메이지기에 걸쳐 요코하마를 무대로 상술을 발휘하여 거액의 부를 쌓았다. '다카시마' 지명과 요코하마 시영 지하철 '다카시마초역', 미나토미라이선 '신 다카시마역'과 요코하마항에 있던 '다카시마 부두' 등도 모두 그의 이름을 딴 것이다. 또한 역학의 대가로도 알려져 점술로 유명한 '다카시마 역술'의 시조이기도 하다. 그러한 대 실업가의 이름을 걸고는 있지만 공원 자체는 소박한 광장에 지나지 않는다. 미끄럼틀과 그네가 놓인 것 외에 놀이기구는 없고 시가지를 한눈에 담을 수 있는 공간이 존재할 뿐이다. 그 심플한 모양새라 오히려 '망흔'에 걸맞다. 가에몬은 이 고지대에 서서 항구 매립이나 철도공사 지휘를 했다고 한다. 요코하마를 내려다볼 수 있는 장소라는 것이 가에몬에게 있어서는 중요했다. 지진 시에 가나가와 경비대 사령부가 여기에 놓인 것도 같은 이유에서이다. 다카시마야마 산에서는 요코하마의 피해를 확인할 수 있었다. 대지진은 요코하마 시가지를 거의 전멸시켰다.

"해안에서 바라보면 남아있는 가옥은 없다." 지진 직후 구호대로서 내무성에서 파견된 사무관은 이렇게 보고했다. 가옥 붕괴와 화재로 인해 아름다운 거리도 잿더미로 변해버린 것이다. 도쿄 이상으로 피해가 컸던 것은 물론 진원지(사가미만 북서부)에 가까웠던 이유도 있지만 시가지 대부분이 매립지였던 요인도 크다. 그만큼 지반이 취약함에 따라 건물이 일시에 붕괴하여 극심한 피해를 초래한 것이다. 이 시대에 가에몬이 살아 있었다면 자신이 직접 만든 매립지의 참상을 어떻게 바라보았을까? 적어도 '흔연'한 기쁜 마음은 아니었을 것이다. 그런데 가나가와 경비대 사령부가 다카시마 산에 설치된 것은 지진 발생 6일 후인 9월 7일이다. 그때까지 이 고지대는 피난 장소로서 기능하고 있었다. 화재를 피하려던 시가지 사람들이 가파른 언덕을 뛰어올라 이곳에 모인 것이다. 군중은 높은 데에서 불태워지는 시가지를 멍하니 보고 있을 수밖에 없었다.

"선인은 보면 다 때려죽이라"

9월 2일, 그곳에 경찰관이 찾아왔다. 그때의 모습을 기록한 사람이 있다. 소학교 교원이었던 야기 구마지로이다. '사이카'라는 호를 사용하던 서양화가이기도 했던 야기는 지진 재해 피해를 스케치하는 동시에 자신의 체험을 일기에도 남기고 있다. 지진 발생 시 야기는 모토마치의 이발소에 있었다. 가게 주인의 초대로 함께 점심을 먹으려는데 심한 흔들림이 덮쳤다.

멀리 우레와 같은 소리가 났다고 생각한 순간 위아래로 격렬한 진동이 일어났다

일기에는 그런 기술이 있다. 야기는 가게 뒷문을 통해 밖으로 뛰어나갔다. 흙먼지와 화염으로 태양이 가려져 낮인데도 주위는 캄캄했다. 땅이 소리를 내며 계속 균열을 내고 있었다. 그는 간신히 집에 도착했다. 다음 날인 9월 2일이 되어도 화재는 가라앉지 않는다. 야기는 가족과 함께 다카시마야마 고지대로 피난했다.

일기는 이렇게 이어진다.

이날 오후, 우리가 자리 잡은 초원으로 순사가 달려오더니 모두에게 잠시 주목을 구했다. 오늘밤 이 방면으로 불령선인이 300명 습격하기로 되어 있다고 한다. 또한 네기시 형무소의 죄수 1천여 명을 풀어줬다. 이들이 사회주의자와 결탁하여 방화, 강탈, 강간, 우물에 독을 타거나 한다. (생략) 16세 이상, 60세 이하의 남자들은 무장하고 경계 서주세요.

오후 4시 지나, 저편 산 위에서 환성이 일어났다. 일동이 돌아보니 흰옷을 입은 몇십 명이 칼을 들고 많은 사람을 쫓고 있다. 그것을 본 자는 이구동성으로 불령선인 습격이다. 흰옷은 일본의 청년단이라고 떠든다.

각 마을 청년단, 위생조합 사람들이 팔에 붉은 천을 두르고 머리띠를 앞으로 동여매고 허리에 전가의 보도를 차고, 혹은 죽창, 권총, 엽총, 기타 철봉 등을 가지고 피난지 초원에 집합했다.

"불령선인의 습격" 여기서 정해진 루머가 유포되었다. 게다가 경찰관에 의해서다. 경찰관이 자경단을 조직하도록 몰아간다. 마찬가지로 이 근처에 살던 운송점주 구로카와우치 이와오도 다카시마 산에 피난해 있었다. 그의 일기에도 같은 내용이 적혀 있다.

그 밤은 조선인이 식수용 우물에 독을 탔다고 하여 선인은 보면 다 때려죽이라 극단에 달했다 따라서 선인과 방인邦人을 혼동하여 서로 치고 박는 등 혼잡했다

짧은 기술이지만 쓰여 있는 것은 생생하다. "선인은 보면 다 때려죽이라"는 선동이라기보다 명령이다. 살육의 지령이다. 그리고 실제로 이 장소 혹은 부근에서 일찍이 학살이 이루어졌으리라는 것은 구로카와우치의 "서로 치고 박는 등 혼잡했다"라는 기술이 나타낸 대로이다.

야기의 일기에도 그러한 기술을 볼 수 있다.

밤 10시경부터 각 방면에서 총성과 환성이 들리기 시작했다. 등불이 여럿 들판을 날아다닌다. 때때로 무장한 청년 전령이 달려와서 "주의를 부탁합니다. 지금 수상한 자들이 수십 명 이 방면으로 들어온 흔적이 있습니다." 등 번갈아 보고한다. 이 밤, 선인 17-8명, 단마치 유곽에서 참살되었다.

여기에 나오는 '단마치 유곽'이란 다카시마야마 산 아래 현재의 제2게이힌(국도 1호) 변에 있던 유곽을 말한다. 1900년에 개설되어 1945년 요코하마 대공습으로 소실되었다고 한다.

옛 유곽 터를 걸어보았다. 그런 분위기는 전혀 느껴지지 않는다. 그럴 만도 하다. 일대는 공습으로 불탄 들판이 되어 빈터로 되돌아갔다. 1949년에는 부흥 사업의 일환으로 일본무역박람회 회장이 되기도 했다. 박람회가 끝나자 연예관이 있던 자리는 스케이트장이 됐고, 각종 전시가 열렸던 파빌리온은 요코하마 시청 건물로 재탄생했다. 이후 시청이 간나이로 이전할 때까지 이곳은 요코하마시의 '중심부'로서 기능한 것이다. 스케이트장은 지금은 '요코하마은행 아이스 아레나'로 명칭을 바꾸고 일대 대부분은 도시공원 '단마치 공원'으로 정비됐다.

녹음이 우거진 단마치 공원은 시민들의 휴식처이다. 광장에서는 아이들이 뛰어놀며 가족끼리 공놀이 등을 즐기는 모습이 눈에 띈다. 공원은 벚꽃나무로 둘러싸여 있어 꽃놀이 철에는 더 많은 사람들이 찾는다. 성인 남성의 거리였던 곳이 건전한 가족의 거리로 변모한 것이다.

다리 난간에 매달린 시체

사라진 것은 유곽만이 아니다. 학살의 기억 또한 벚나무 아래로 밀려들어갔다. 하지만 기억은 없어져도 기록은 남는다. 야기와 구로카와치, 이 둘만이 아니다. 당시 다카시마야마 인근에 살고 있던 가나가와현립공업학교 전기과 3학년이었던 고교생 쓰이키 가쓰로는 학교의 『진재기념호』에서 이렇게 말했다.

이웃 사람들은 죽창을 들고 조선인을 쫓아다닌다. 조금 지나자 선인이 한 사람 밧줄에 묶여 간다. 그 사이 저쪽에서 한 사람이 죽었네, 이쪽에서 죽었다는 등 사람들의 갖가지 루머는 빈번히 전해진다. (중략) 나는 그날 밤도 순찰을 나왔다. 가끔 '탕', '탕'하고 총성이 울린다.

고등학생들까지 무장을 하고 '습격'에 대비한 것이다. 앞서 언급한 야기

보행로에 남겨진 후타쓰야바시 다리의 난간

의 일기에도, 경찰관이 "16세 이상, 60세 이하의 남자들은 무장하고 경계 서주세요"라고 호소하는 장면이 나온다. 고교생도 충분히 '전력'이었다. 단마치 유곽으로부터 히가시 가나가와 방면으로 더 나아가면 후타쓰야바시 다리가 있다. 정확히 말하면 다리의 흔적이다. 지금 남아 있는 것은 '후타쓰야바시'라고 새긴 난간뿐으로 아래를 흐르고 있던 강은 속도랑이 되었다. 도랑 위에는 가나가와구가 「가나가와 50선」으로도 고른 길이 정비되어 있었다. 길 양편으로 나무들이 이어지는 녹지대 보행로는 '폭포의 강 여울소리 산책로'로 명명되어 시민들의 산책 코스로 사랑받고 있다. 군데군데 매화와 동백나무 등이 배치되어 있고, 강의 흐름을 디자인한 듯한 포장도로는 눈과 발 모두에 상냥하다. 하지만 단순한 건축유산으로 존재하는 지금의 후타쓰야바시 다리에 과거 죽임을 당한 조선인의 시신이 매달려 있었다는 사실을 알게 되면 풍경도 일그러져 보인다.

지진 시에 폭포의 강은 아직 도랑이 되기 전이었다. 그곳에 놓인 후타쓰야바시 다리 난간에 목에 밧줄을 감은 조선인이 매달려 있었다는 것이다. 쓰노다 사부로 지음 『황야의 무지개』에 그려진 한 장면이다. 지진 후 이 근처에서 조선인이 습격당했다.

쓰노다의 어머니는 도망쳐 온 조선인을 숨기고는 현관에 이 집이 해군 군인의 집임을 알리는 종이를 붙였다. 군인의 집임을 강조해 자경단원들의 난입을 막은 것이다. 반면 도망치지 못하고 죽임을 당하는 조선인도 많았다. 살해된 사람의 일부가 다리 난간에 매달려 있었다. 이러한 것이 이 책에 기록되어 있는데, 이때 쓰노다는 아직 태어나지 않았다.

다시 말해 『황야의 무지개』는 소설인 것이다. 이것은 사실인가, 단순한 창작인가. 쓰노다가 아직 살아 있을 때, 문의 편지를 보낸 인물이 있다. 야마모토 스미코(84세)이다. 현재 「간토대지진 시 조선인 학살 사실을 알고 추도하는 가나가와 실행위원회」(통칭 가나가와 실행위원회)의 대표를 맡고 있다. 야마모토의 문의에 대해 쓰노다는 바로 응답했다. 소설이라는 형식이지만 쓰여 있는 것은 가족으로부터 들은 내용을 바탕으로 한 것이며 매달린 조선인도 쓰노다 본인의 형이 직접 목격한 것이라고 한다.

야마모토는 그 후 쓰노다와도 직접 만났고, 소설에 쓰인 등장인물 이름과 지명만이 '창작'이며 그 이외는 모두 '논픽션'인 것도 알았다. 쓰노다는 야마모토와 만나고 3년 후(2012년)에 86세의 나이로 사망했다. 귀중한 증언을 얻기에는 빠듯한 시간이었다. 쓰노다는 전전 육군항공사관학교 출신 군인이었지만 전후에는 기독교에 입신, 각지의 교회에서 목사를 지내는 한편 평화운동에도 열심히 참여했다. 야마모토에게 보낸 편지에서도 "나 자신이 옳다고 믿고 살았던 청년(사관학교 출신) 시절의 추억과 반성에서 야스쿠니 문제와 헌법개악 반대운동에 관여했고 학살문제도 조사했습니다."라고 썼다.

나는 후타쓰야바시 다리 위에 섰다. 그렇다 해도 지금은 단순한 보행로일 뿐이다. 남겨진 난간의 일부는 그곳에 다리가 있었음을 알려줄 만한 잔해이다. 그래도 그 자리에 가만히 있으면 암거에 끌려 내려갈 것 같은 '인력'을 느낀다. 발바닥 더 아래에 조선인이라는 이유만으로 목 매달린 사람이 있었던 것이다. 목에 밧줄이 걸린 시체가 대롱대롱 흔들린다. 그럴 때마다 노면이 삐걱거린다. 사람의 무게로 다리에 작은 균열이 생긴다. 휘어진 다리는 무너져 내리고 나와 함께 강물 속으로 가라앉아 간다. 정신을 차리면 속도랑 속에서 나는 그저 몸부림치고 있다. 그런 장면이 떠올랐다. 바보 같다는 생각에 악몽을 떨쳐버리듯 나는 '여울소리 산책로'를 걷는다. 나무들 사이로 햇빛이 새어나온다. 여울소리는 들리지 않지만 멀리 전차가 달리는 소리가 난다. 나는 더 나아간다. 하지만 그 앞에도 학살의 땅은 있었다. 히가시 가나가와에서 쓰루미鶴見에 걸친 일대도 많은 조선인들이 죽임을 당한 곳이다. 결국 악몽은 어디까지나 따라온다. 요코하마는 곳곳이 학살의 피로 물들어 있는 것이다. '항구도시 요코하마'의 알려지지 않은 단면이다.

아이들 작문에 쓰인 광경

요코하마 고토부키 심상소학교 4학년 오사와 요시유키는 기묘한 광경을 보았다. 이웃들이 모두 긴 막대기를 손에 들고 있었던 것이다. 도대체 아침부터 무엇을 할 생각인가? 다음은 그때의 일을 쓴 그의 작문이다.

왜 막대기를 들고 있느냐고 물었더니 조선 사람들이 모두를 곤란하게 하니 막대기로 때려준다고 했습니다. 그럼 저도 하나 달라고 해서 받아서 형과 함께 외출했습니다. 그랬더니 모두가 조선인을 찌르고 있어 저도 한번 따라했는데 급사했습니다.

그렇다. 그는 조선인을 막대기로 찔렀다. '급'하게 죽어버린 조선인의 죽음을 담담하게 받아들이고 있다. "모두를 곤란하게 하는" 존재일 뿐이었던 조선인의 목숨은 초등 4학년 아이에게도 마냥 가벼웠다. 그렇다 치더라도 죽음을 나타내는 '급'이라는 말이 참으로 생생하다. 그것은 의식을 잃을 때의 의태어로 사용한 것인가. 아니면 죽음을 알리는 조선인의 단말마와 같은 신음이었을까, 오열이었을까, 아니면 풍선 바람처럼 영혼이 빠져나가는 소리였을까.

어쨌든 이 조선인은 '모두'에게 찔려 죽었다. 지진으로부터 2일째, 9월 3일 요코하마 시내의 광경이다. 같은 학년인 진보 사루노스케도 같은 장면을 봤다. 그도 글쓰기에 이렇게 썼다.

조선인이 우물에 독을 탄다고 해서 걱정했지만 아무렇지도 않은 물이었기 때문에 그것을 길어 마시고 밥을 짓거나 했다. 그리고 조선인을 열 명 정도 보았습니다. 피는 줄줄 흐르고 있다. 권총으로 사람을 쏴 죽인다니, 일본인은 바로 쇠막대기로 조선인의 머리를 때려서 죽여 버렸습니다. 밤에는 조선인이라고 떠들어대고 있어서 나는 벌벌 떨고 있었다.

우물에 독을 탄다는 루머가 유포됐지만 결국 물은 안전했다. 그럼에도 불구하고 조선인들은 학살당했다. 피를 '줄줄' 흘리는 조선인들이 있었고 쇠막대기로 죽임을 당하는 조선인들이 있었다. 그는 '벌벌' 떨면서 그 광경을 보고 있다. 하지만 그가 두려워했던 것은 아마도 조선인이 살해당하는 것이 아니다. '권총을 가진' 조선인들이 무서웠을 것이다. 말할 것도 없지만, 권총을 소지한 조선인 등은 지진 당시 확인되지 않았다.

같은 학교 고등과 1학년(현재의 중학교 1학년) 오오타 도키는 아직 날이 밝지 않은 시간에 눈을 떴다. 집 밖이 소란스러웠기 때문이다.

어머니에게 무슨 일이냐고 물으니, 어젯밤 조선인이 오니 잠들지 말라고 했으니 분명 조선 사람일지도 모른다고 했어. 그러자 또 다시 와글와글 소리가 가까이 들렸습니다. 소리가 나는 쪽으로 가서 보니 남자들이 많이 모여 몽둥이를 들고 조선인을 때려죽이고 있었습니다.

요컨대 린치 장면이다. 그녀가 어떻게 생각했는지는 적혀 있지 않다. 처참한 장면은 이렇게 당연한 듯이 되풀이되고 있었다. 같은 소학교의 이토 이치로(학년 불명). 그의 집은 지진으로 완전히 파괴되었다. 그는 청년단의 지시로 조금 떨어진 곳의 소학교 교정으로 피신한다. 그날 밤의 일이다.

조선인이 3백 명 온다느니 3천 명 온다느니 해서 대소동이 났습니다. 그리고 오후 7시경 강물을 걷고 있으니, 조선인이 서 있는 나무에 묶이고 죽창으로 배를 푹푹 찔려 톱질을 당하고 말았습니다.

이건 도대체 어떻게 죽이는 방법인가? '푹푹' 찌르고는 사체를 절단한 것인가. 잔인하기 짝이 없는 처형 장면을 그는 냉정히 보고 있다.

이소고 심상소학교 4학년 다구치 미노루도 이른 아침 어른들이 "조선 놈이다!"라고 떠드는 소리를 들었다. 처음에는 집 안에서 가만히 있었지만 비일상적인 광경이 호기심을 자극했을 것이다. 조심조심 밖으로 나왔다.

모두가 몽둥이를 들고 손에 붉은 천 조각을 감고 있었습니다. 몽둥이를 들고 나아가니 조선 사람 하나가 죽어 있었습니다. 나는 몽둥이로 치고 도망쳐 왔습니다.

그는 어른 흉내를 냈다. 죽은 조선인을 몽둥이로 때리고 달려서 달아났다. 조선인들이 갑자기 일어나 역습을 당할까 두려웠는지, 아니면 뭔가 좋지 않은 일을 하고 있다는 자각이 있었던가. 어쨌든 그는 돌에 맞은 개처럼 그 자리에서 도망쳤다.

그는 작문 마지막을 이렇게 마무리하고 있다.

나는 죽은 사람을 보지 않아 행복했습니다.

그가 "몽둥이로 친" 조선인은 '죽은 사람'으로 간주되지 않았던 것이다. 참고로 작문에 쓰여 있듯이 요코하마에서 조선인을 몰아붙이는 어른들은 팔에 붉은 천을 두르고 있었다. 그것이 '아군 공격'을 막기 위한 표시였다. 같은 이소고 심상소학교 5학년 이시이 마사오는 근처를 흐르는 강에서 죽은 조선인을 보았다.

다리 밑에 조선인이 죽어 있었습니다. 집에 돌아왔습니다. 저는 지진이 끝난 것을, 즐겁게 살고 있습니다.

그의 작문에 잔혹한 장면이 그려져 있는 것은 아니다. 소풍 가서 즐거웠다고 쓰는, 아이들에게 흔한 작문처럼 아무런 궁리도 없다. 그런데도 묘하게 서늘한 기분이 드는 것은 마지막 한 줄이 내 안에서 차가운 납 같은 것을 만들어내기 때문이다. 그는 조선인의 시체를 본 뒤에 "즐겁게 살고" 있다. 그렇게 쓰는 것에 대한 당혹감이 없다. 친구들과 놀거나 부모님과 여행을 떠났을 때를 떠올리듯, 조선인의 죽음을 담담하게 되새기고 있다. 그것이야말로 조선인이 놓인 자리였다. 그 생명은 깃털처럼 가벼워 아무리 고통을 받고 죽더라도 누군가에게는 '추억'의 단편일 뿐이다.

관제 헤이트크라임에 대한 공포

그뿐만이 아니다. 조선인의 죽음을 당연한 듯이 묘사한 사람은 적지 않다. 무참한 인생의 결말에 어떤 흥미도 관심도 없는 것이다. 혹은 조선인등 죽어야 마땅하다는 증오를 표현한 아이들도 많다. 고토부키 심상소학교 6학년 가키자키 요시오는 조선인을 향한 총성을 들으며 "선인의 잔혹한 방식 등을 들을 때마다 '네놈 선인'이라고 생각할 때가 있다"고 썼다.

고토부키 심상소학교 고등과 1학년 고바야시 후미도 연일 계속되는 '조선인 소동'에 진절머리가 나서 "어찌 이런 곳에 조선인이 와서 날뛰는가 하는 생각을 하니 얄미워 견딜 수가 없었습니다"고 썼다.

이소고 심상소학교 고등과 1학년 아무로 가네코는 산비탈에서 경찰관에게 쫓기는 조선인을 보았다. 그 장면을 이렇게 적었다.

산 쪽을 보니 조선인이 언덕을 쿵쿵 뛰어올라간다. 그 뒤로 순사가 따라가지만 중간에 미끄러지기도 하고 좀처럼 붙잡지 못한다. 나는 순사가 미끄러지는 것을 보면 조선인이 미워 죽겠다.

고토부키 심상소학교 6학년 야시타 도메는 '만세' 소리가 들린 방향으로 눈을 돌리자 조선인 시체가 눈에 들어왔다.

나도 모르게 만세를 불렀다.

네놈 선인, 미워 죽겠다. 만세…… 당시 아이들의 솔직한 심경이었을 것이다. 덧붙여 아무로는 "정말로 불쌍한 이야기가 있다"라며 다음과 같은 에피소드를 적는다.

그것은 남자였으나 노인이라 병사가 뭐라 하는데 대답이 늦었기 때문에 살해당한 거라고 한다. 이런 것은 참으로 딱하다. 분명 조선인 같은 차림이라 오해받은 거예요.

여기서도 '말투'로 보아 조선인으로 오인되어 무참히 살해된 자가 있었던 것이다. 이들 작문을 훑어보며 서서히 냉기가 뼈까지 스며드는 듯한 감각을 느꼈다. 마냥 서늘함을 느낀다. 밉거나 싫거나 그런 것은 아니다. 작문을 한 아이들을 탓하고 싶은 것도 아니다. 오히려 잘 기록해준 것 같다는 생각도 든다. 가식 없는 말이 남아 있기에 우리는 학살 사실을 알 수 있다.

조선인을 "미워 죽도록" 만든 것은 어른이자 일본 사회이다. 그러한 '국가의 폭력' 즉 관제 헤이트크라임에 대한 공포에 사로잡히는 것이다. 할 수만 있다면 시간의 벽을 넘어 '아니다'고 설득하고 다니고 싶어진다. 폭동도 방화도 헛소문이다. 아무도 죽여서는 안 된다. 코를 땅바닥에 문질러서라도 간청하고 싶어진다. 물론 그런 일을 하면 내 몸에 구멍이 뚫리게 될지도 모른다.

아마도 나는 그들에 의해 '푹푹' 찔려 피투성이가 되어 누워 있을 것이다. 눈앞에 있는 것은 쇠막대기를 든 소년이다. 그는 조심조심 나에게 다가오자 몽둥이를 내리친다. 나는 성큼성큼 도망치는 소년의 뒷모습을 망막에 아로새긴 채 죽어갈 것이 틀림없다. 그게 지진 시 집단살해의 풍경이다. 나는 상상만 할 뿐이지만 죽은 자는 아픔과 굴욕을 온몸에 느끼며 불합리한 죽음을 강요받았다. 작문에 결여되어 있는 죽은 자들의 억울함만이 나는 견딜 수 없다.

연쇄적인 증오와 차별

덧붙여 이러한 작문들은 지진 다음 해에 쓰인 것이다. 생생한 기억을 바탕으로 하지만, 다시는 비극을 되풀이해서는 안 된다는 식의 통상적인 표현은 거기에 없다. 그만큼 있는 그대로의 심정이 담겨 있는 것일 터이다. 다만 글이 쓰일 무렵 이미 조선인 폭동 등이 유언비어였음은 당국조차 인정하고 있었다. 지진 재해 구호를 목적으로 요코하마에 진주하여 가나가와 경비대 사령관을 맡은 오쿠다이라 슌조는 『서투른 자화상: 육군 중장 오쿠다이라 슌조 자서전』에서 다음과 같이 기록하고 있다.

소요의 원인은 불령 일본인에게 있음은 물론이고 그들은 스스로 나쁜 짓을 저지르고 이를 조선인에게 전가하여 매사에 조선인이라고 한다.

요코하마에서도 조선인이 강도강간을 하고 우물에 독을 던지고 방화 기타 각종 악행을 저질렀다는 소식을 듣고 그러한 명령도 있어, 한편으로 이를 철저하게 조사하니 모두 사실무근으로 귀착하도다.

불령 일본인 등은 학교에 비치된 총기 전부를 공포空包와 함께 약탈하고 피난민 집단을 보호한다고 칭하고는 낮에는 온순하고 얌전하나 밤이 되면 동료와 얘기해 공포로써 치고받고 함성을 지르며 조선인을 습격한다. 도망치라고 외쳐 인근 불타고 남은 가옥에 있던 사람들은 이에 놀라 집을 비우고 도망치니 빈집에 들어가 약탈하고 더욱이 피난민 집단보다도 보호료를 수령했다고 한다.

즉 조선인의 소행으로 지목된 모든 악행은 '사실무근'이며, 약탈 등 대부분은 '불령 일본인'에 의한 것이었다고 회고하는 것이다. 당연히 경찰도 일찌감치 조선인의 '강도 강간 폭동' 등이 유언비어임은 알고 있었다. 실제로 오쿠다이라도 부임하자마자 요코하마 시내에 떠도는 '조선인 습격' 소문에 대해 의심하고 있었다. 시민들이 포박한 조선인들을 조사해 보니 전혀 의심스러운 점이 없었던 것이다. 그래도 혹시 몰라 군 시설에서 보호하던 중 시민들이 이를 '인수'하고는 그대로 바다에 가라앉혀 죽여 버린 것이다. 이러한 사건도 있었기에 오쿠다이라는 나중에 확실히 '사실무근'임을 호소했다. 하지만 아이들에게 조선인은 미워할 만한 존재로 남아 있었다. 그 대부분은 살해가 옳았다고 술회한다. 즉 조선인 습격은 전혀 헛소문이었다는 '진상真相'이 알려져 있지 않은 것이다. 아마도 대부분의 아이들은 조선인의 악행을 믿은 채로 어른이 되었다. 국가도 지방행정도 이를 제대로 비판하고 부정하지 않으니 당연하다. 증오와 차별은 자각하지 못한 채 연쇄한다. 과거 얘기가 아니다. 지금도 그것은 계속된다.

한편 조선인을 언급한 아이들의 글쓰기가 모두 차별과 증오로 가득했던 것은 아니다. 개중에는 유언비어에 약간의 의심을 품는 아이도 존재했다. 고토부키 심상소학교 고등과 1학년 사카키바라 야에코이다. 지진으로 집이 무너지자 그녀는 가족과 함께 '산 쪽'으로 대피했다. 정원사 집 부지에서 식사 등 신세를 지고 그대로 밤을 보내려던 때였다. 권총 소리가 났는가 싶더니 많은 사람들의 발소리가 들렸다. 무슨 일인가 생각하고 있는데 한 남자가 눈앞에 나타났다.

다음은 그녀의 작문이다.

그 사람의 모습을 숨죽여 보고 있었다. "저 조선 사람이에요. 험한 짓 하지 않아요." 라고 말하면서 우리 쪽을 향해 몇 번이고 고개를 숙여 인사를 했습니다.

거기에 '야경꾼들'이 들이닥쳐 조선인 남자를 힐문한다.
"왜 이런 곳에 온 거야."
"저 아까 지진 무서운 일 있었어요."
"거짓말 마."

“…… (침묵)”

“어이.”

“네.”

“아까 경찰관 입회했을 때에는 아무것도 가지고 있지 않다고 했지만, 지금, 네가 가지고 있는 것은 무엇이냐.”

“아까 받은 쌀이에요.”

“그래, 내놔봐.”

“아뇨, 안 돼요.”

“뭐가 안 돼, 이래도 안 내놔.”

그러면서 ‘야경꾼’은 허리의 일본도를 뽑았다.

조선인은 그래도 소중한 듯 작은 기름종이에 싼 물건을 꺼내려고 하지 않았다. 나는 속으로 빨리 꺼내면 되는데, 고작 쌀이라면 속을 열어 보여주면 좋겠다고 생각했다. 사람들이 일본도로 뺨을 때리거나 권총을 겨누어도 선인은 잠자코 있었다. 아까 그 사람이 선인을 향해 “야, 가만있으면 몰라, 어떻게든 해봐”라고 말하며 칼을 치켜들고 힘껏 선인의 뺨을 때렸다. 그때 달빛이 반짝였고, 그 기세의 대단함은 소름이 끼칠 정도였습니다.

아무리 따져도 조선인은 입을 다물고 있었다. 아마 일본어도 불편했을 것이다. 대답할 말을 가지고 있지 못한 것일까, 아니면 두려움에 아무 말도 하지 못한 것일까. 결론이 나지 않는다고 생각한 남자들은 조선인을 메고는 어디론가 데려가 버렸다. 다음날 아침 그녀가 고토부키 경찰서 앞을 지나갔을 때, 조선인으로 보이는 자들의 모습이 눈에 들어왔다.

대여섯 사람이 나무에 묶여, 얼굴 등 엉망이었고, 눈도 입도 없이, 그저 가슴 언저리가 꿈틀꿈틀 움직일 뿐이었다. 나는 아무리 조선 사람이 나쁜 짓을 했다고 하지만, 왠지 믿으려고 해도, 믿을 수는 없었다. 그날 경찰서 마당에서 울부짖던 사람은 지금 어디에 있는 것일까?

그녀는 왜 의심을 품었던 걸까? 지금으로서는 알 길이 없다. 하지만 아마도 그녀는 불균형하고 불평등한 '관계'를 의식했을지도 모른다. 많은 수로 에워싸고 있는 자경단과 떨고 있는 조선인. 증거를 확인하지도 않고 일본도나 권총으로 위협하는 사람들. 치켜든 일본도에 달빛이 번쩍임을 본 것은 그녀가 한순간에 느낀 정의의 빛이 아니었던가. 끌려간 남자의 말로는 그녀도 모른다.

해안으로 밀려온 대량의 인골

야마모토 스미코가 이러한 작문을 '발견'한 것은 50년도 전의 일이다. 당시 야마모토는 요코하마 시내의 초등학교 교원이었다. 교원 생활 12년째인 1973년. '대지진 50년'의 해이기도 했다. 지진 재해를 당시 아이들이 어떤 시점에서 보고 있었던 걸까? 무엇을 느꼈을까? 초등학교 교원으로서 그것을 알고 싶었다. 야마모토는 시내 도서관을 방문했다. 지진 재해에 관한 작문 등이 남아 있는지 도서관 직원에게 묻자 담당자는 서고에서 모은 자료를 수레에 싣고 야마모토 앞에 내밀었다. 그중에 있었던 것이 고토부키 심상소학교의 작문집 『대지진 조난기』와 이소고 심상소학교의 작문집 『지진 재해에 관한 아동의 감상』이다. 그것들을 학습실에서 탐독했는데 "쇼크를 받았다"라고 야마모토는 술회한다. 아이들은 심각한 피해를 호소하고 있었다. 하지만 야마모토가 충격을 받은 것은 '조선인 학살'에 대해 언급한 글이 너무 많았기 때문이다. 어떤 사람은 천진난만하게, 어떤 사람은 조선인에게 분개하면서. 어떤 사람은 당황하고, 어떤 사람은 두려움을 느끼고, 어떤 사람은 비탄에 겨워하며 학살을 기록하고 있었다.

"그때까지 저는 학살이 있었다는 것 정도는 알고 있었지만 구체적인 장

면은 상상도 못했어요. 애초에 요코하마에서 이렇게나 학살이 났다는 걸
알 기회도 없었어요."

지진 직후 정부는 가나가와 현내에 있어서의 조선인 학살은 '2건'이라고
발표했다. 학살은 거의 없었던 일로 되어 있었다. 하지만, 아이들은 저마다
정직하게 학살의 현장을 쓰고 있다. "당시의 정부 발표를 순순히 믿고 있
었던 것은 아닙니다. 하지만 그것을 부정할 정보가 없었습니다. 그렇기 때
문에 학살을 그린 아이들 작문에 심하게 동요되었습니다. 이런 일이 있었
는가, 아니, 왜 요코하마에서 태어나고 자란 나는 이런 것도 모른 채 지내
온 것일까? 아이들에게 역사를 가르치는 입장에 있는 교사가 이래도 되는
것인가? 그런 생각이 한꺼번에 들어 뭔가 해야겠다는 기분이 되더라고요."

작문에서 느낀 '동요'를 시작으로 야마모토는 조사를 계속 해나갔다. 지
진 당시의 신문에는 요코하마에서의 학살을 보도한 기사도 있었다. 예를
들면 지진으로부터 반년 후, 1924년 2월 10일자 〈야마토신문〉. 「학살 선
인 수백 명의 백골, 고야스 해안에 표착」이라는 제목이 나와 있다. 같은 달
8일 폭풍우가 발생했고, 그로 인해 부패한 살점이 붙은 채 인골이 수백 구
나 해안으로 올라왔다. 이것은 그 고장 어부 등에 의해 학살된 조선인의 것
이라고 보도하고 있다. 더구나 조선인의 유골이라 그런지 경찰은 수거를
거부하고 지역 관공서와 '책임 떠넘기기'를 하고 있다는 것이다. 그 결과
해안은 인골로 메워져서 분위기가 으시시하다고 기사는 맺고 있다.

게이힌 급행 신코야스역을 내리면 15번국도가 눈앞에 펼쳐진다. 바로
앞에는 수도고속의 고가가 있고, 그 너머로 펼쳐진 것은 공장과 창고 무리
이다. 이 일대가 예전에 고야스 해안이라 불렸던 곳이다. 해안에서 있었던
일이라고는 상상하기도 어려운, 어딘가 황량한 분위기의 공업지대이지만,
1930년대까지는 해수욕장으로 인기 있는 곳이었다.

1910년 게이힌 전기철도(게이힌 급행전철)가 발행한 『게이힌 유람안내』
에서는 고야스 해안을 "파도 푸르고 소금이 진하니 해수욕장으로 적합한

곳이다"라고 소개하고 있다. 멀리 얕은 해수욕장에는 활어요리를 파는 요 릿집과 숙박시설이 늘어서 있고 해상그네 등의 놀이기구도 놓여 있었다. 도심에서 가까운 거리이기도 해서 매해 여름 많은 사람들로 붐볐다고 한다. 거기에 아직도 살점이 붙은 채인 백골 무리가 표착한 것이다.

지진 때의 다른 기록 등을 보면, 요코하마에서는 조선인의 시신을 강물 속에 던져 넣었다는 증언을 볼 수 있다. 아마도 해류에 의해서 시내 중심부에서 고야스 해안에 도달했을 것이다. 사실 바다 위에 시체가 떠 있었다는 이야기는, 또 있다. 경제학자 오우치 쓰토무는 2004년에 간행된 회고록 『매화』에서 다음과 같이 말하고 있다.

그 무렵, 먼 친척에 해당하는 해군 군인으로부터 요코하마가 큰일이라는 이야기를 들은 적이 있습니다. 요코스카에서 요코하마에 와보니 그 근처 도쿄 만에는 죽은 조선인의 시체가 많이 떠 있었고, 시체 위를 걸어서 다닐 정도로 많은 조선인이 살해당했다는 이야기였습니다.

오우치 쓰토무는 마찬가지로 경제학자이자 호세이대 총장도 지낸 오우치 효에의 아들이다. 도쿄 요코아미초 공원에 조선인 희생자 추도비가 건립된 것은 미노베 료키치 지사 시절인데, 그 미노베 도정의 브레인 역할을 했던 것이 오우치 효에이다. 앞의 이야기가 관련되어 있는지는 알 수 없으나 "시체 위를 걸어서 건널 정도"라는 것은 너무나 끔찍한 광경이다.

편견으로 가득 찬 교과서 부교재

조선인 유학생 등을 중심으로 한 「재일본 간토지방 이재조선동포 위문반」에 의한 지진 직후의 조사에서는 가나가와현에서는 3,999명의 조선인이 학살된 것으로 보고되었다. 이는 이 책 「머리말」에서도 언급했듯이 관헌의 방해를 받으면서도 '위문반'이 각지를 두루 돌아다닌 끝에 산출한 숫자이다. 혼란한 상황 속에서의 조사이다. 다시 말하지만 정확한지는 알 수 없다. 더 이상의 희생자가 있었다는 얘기도 있고, 반대의 견해도 있다. 하지만, 2009년에 일본정부(자민당 정권이었다) 중앙방재회의가 발표한 보고서에서는 학살 피해자 수를 1,000명에서 수천 명으로 추산했다. 이 대략적인 숫자야말로 지진 재해의 혼란을 나타낸 것이며, 동시에 다수의 희생자를 부정할 수 없다는 것도 의미하고 있다. 즉 진원지에 가깝고 조선인이나 중국인이 많이 사는 가나가와현에서 학살 희생자가 '2건'일 리는 없을 것이라 야마모토는 아이들의 작문이나 각종 기록을 대상으로 동료 교원들과 함께 학살 사건의 '심층 조사'에 임하게 된다. 물론 그것은 스스로가 '알아갈' 뿐만 아니라 교원으로서 '전달한다' '가르친다'라는 목적도 있었다. 그러한 가운데 일상적이면서 중대한 '문제'가 존재함을 깨달았다. 교과서 부교재이다.

요코하마시 교육위원회는 지역 역사에 특화된 2개의 부교재를 발행하고 있었다. 초등학교 4학년을 대상으로 한 『요코하마의 역사』와 중학생을 대상으로 한 『요코하마의 역사』이다. 두 책 모두 간토대지진에 대해 언급은 하고 있으나, 초등학생 전용은 학살에 대해서는 전혀 언급하지 않고 중학생 전용은 잘못으로 가득 찬 기술이 되어 있었다. 야마모토 등은 중학생 전용 『요코하마의 역사』는 차별을 부추기는 것이라고 교육위원회에 항의했다.

문제가 된 부분은 다음과 같다.

시내 대부분이 궤멸 상태에 빠졌기 때문에 치안은 혼란하고 한때는 무법지대가 되어 약탈이나 유언비어가 나돌아 혼란 위에 한층 더 혼란과 불안이 커져갔다. 정부는 2일 마침내 계엄령을 발포하여 군대를 보내 요충지를 다지고 경찰관을 재해가 심한 곳에 파견해 치안 유지를 도모했다. 또한 조선인 사건과 같은 무서운 소문과 약탈로부터 자신을 지키기 위해서라도 시민들도 자경단을 조직하여 이에 협력했다.

일본 전국과 외국에서도 많은 동정이 이어져 식량품과 위문봉투 등의 따뜻한 원조품이 도착했다. 정부 및 현과 시 당국의 필사적인 노력과 경찰관과 군대의 경계, 시민들의 적극적인 자경이나 구호활동 등에 의해 겨우 인심은 안정적인 방향을 향해 부흥에의 한 걸음을 내디뎠다.

우선 정확히 말하면 이것은 학살에 대해 언급한 것이 아니다. "유언비어가 나돌아"라면서도 아무런 주석 없이 "조선인 사건과 같은 무서운 소문"이 있었음을 말하고 있다. 더욱이 "약탈로부터 자신을 지키기 위해서라도 시민들도 자경단을 조직해 이에 협력했다"며 무조건 자경단 결성을 평가하고 있을 뿐 아니라 "경찰관과 군대의 경계, 시민들의 적극적인 자경이나 구호활동"이라며 그 활동을 적극적으로 긍정하고 있는 것이다. 이것은 요코하마 시내 학교에서 사회 과목을 담당하는 교사들에 의해 쓰인 것이었다. 야마모토가 당시를 되돌아본다.

자경단과 경찰, 군대만 치켜세울 뿐 학살에 대한 문제의식은 전혀 보이지 않았습니다. 그렇다기보다는 조선인은 무서운 존재였다는 식의 기술입니다. 그 무렵에도 요코하마 시내 공립학교에는 1,000명이 넘는 자이니치 코리안 아이들이 있었습니다. 그들, 그녀들은 어떤 마음으로 이 책을 읽었을까요? 그런 생각을 하니 가만히 있을 수가 없었어요.

야마모토는 자신이 속한 요코하마시 교직원조합의 동료와 연명으로 시 교육위원회에 항의 문서를 보냈다. 1974년 4월의 일이다. 손으로 쓴 등사판 문서에는 야마모토를 시작으로, 요코하마의 조선인·중국인 학살에 대한 역사 논픽션 『그것은 언덕 위에서 시작되었다』를 2023년에 출판한 고토 아마네 등의 이름이 '항의자'로서 열거되어 있다.

문서는 다음과 같이 호소한다.

왜 우리가 이 문제를 다루느냐 하면 첫째 무엇보다도 일본인 자신의 문제이기 때
문입니다. 조선인에 대한 차별과 편견을 그대로 둔 채 교육이 이루어지는 것은 큰
잘못이라고 생각합니다.

조선, 조선인에 대한 학습이 완전히 누락되어 가는 가운데 배외주의를 부추기는
문장으로 인해 아동, 학생이 어떤 조선·조선인상을 그릴 것인지 생각해 볼 필요
가 있습니다.

조선인에 대한 차별과 편견은 전후 30년이 지난 지금도 현실생활 속에 엄연히 존
재합니다. 일본사회라는 공동체 안에서 조선인으로 사는 것을 억압받고 있는 조선
인에 대해 역사사실을 그르쳤을 뿐만 아니라 차별과 편견을 부추기는 문서를 공공
연히 배포하는 것은 조선인을 말소하는 것입니다.

이것이 50년 전 문서라는 사실에 나는 놀랐다. '전후 30년'이라는 구절
만 바꾸면 현재의 일본과 다를 바 없다. 야마모토 등은 학살을 "조선인의
문제"가 아니라 "일본인 자신의 문제"라고 규정하고 있다. 당시에도 학살
을 언급한 문헌은 있었지만, 그중 적지 않은 부분이 학살사건을 '조선인의
비극'으로 보고 조선인 문제라는 범주 안에서 논하고 있었다. 야마모토 등
은 이에 대해 명확하게 '자신의 문제'로서 받아들인 것이다. 더구나 학살을
직시하지 않는 일본사회의 행태를 '배외주의'라고 단언하고 있다.

조선인 학살이 체계적인 자료를 바탕으로 문제제기된 것은 1963년, 강
덕상과 금병동 두 자이니치 학자가 『현대사자료6 간토대지진과 조선인』을
발간하면서부터이다. 그때까지 이 문제에 일본인 자신이 마주하고 피해·
가해 당사자에게 이야기를 듣고 기록하는 등의 작업을 실시한 사람은 언
론인도 포함해 거의 없었다. 진실을 파헤치는 작업은 이제 막 시작하는 단
계였던 것이다. 그렇기에 나는 야마모토 등 교사들에게 놀람과 동시에 이

문서가 그대로 통용되어 버리는 '지금'이라는 시대를 생각하지 않을 수 없다. 고이케 도지사의 '추도문 불송부不送付' 문제나 정부의 대응을 보면 여전 멀었다는 생각이 들었다. 결국 부교재『요코하마의 역사』는 야마모토 등이 지적하는 부분에 약간의 변경을 가했다. 하지만 야마모토는 지금도 납득이 가지 않는다. "시 교육위는 차별과 편견으로 가득 찬 배외적인 글임을 인정한 것이 아닙니다. 어디까지나 문구 변경이라고 저희에게 설명했습니다. 지적된 차별을 인정하지 않는다는 점에 대해서도 현대와 마찬가지죠. 그 후 부교재 집필자였던 한 사람이 사과한 적이 있었는데, 항의하고 20년이 지나서였습니다."

잇단 역사 부정 움직임

덧붙여 요코하마의 부교재에 있어 학살에 관한 기술은 그 후도 혼란이 이어진다. 중학생용 사회과 부교재에서 학살이 상술되는 것은 1990년이 되고 나서다. 그제야 학살사건이 명기되고 가해 주체가 "군대, 경찰, 자경단"이라고 기술됐다. 그러나 2002년에 '군대'가 삭제됐고 2009년에는 '경찰'이 삭제됐다. 집필자 측은 "군과 경찰 모두 '조선인 폭동'이 유언비어임을 인식하고 있었다"는 이유에서였다. 이에 일부 교사들이 항의. 군과 경찰 모두 루머를 믿고 학살에 가담한 사실을 호소했고, 그 결과 2012년부터는 다시 '군대' '경찰'이 기술됐다. 2012년판 부교재『요코하마 이해하기』에는 학살에 관해 다음과 같이 기술하고 있다.

> 정부는 군대의 힘으로 치안을 유지하기 위해 도쿄에 계엄령을 적용했다. 유언비어를 믿은 군대와 경찰, 재향군인회나 청년회를 모체로 조직된 자경단 등은 조선인에 대한 박해와 학살을 자행하고, 또 중국인도 살상했다. 요코하마 각지에서도 자경단이 조직되어 비정상적인 긴장 상태에서 조선인이나 중국인이 학살되는 사건이 일어났다.

‘간신히 정확한 기술로 되돌아 왔다’고 생각한 것도 잠시였다. 같은 해 7월 19일, 요코하마시의회 어린이 청소년 교육위원회에서 자민당 시의원이 이를 문제 삼는다. “마치 군과 경찰이 자경단과 함께 조선인을 학살한 것처럼 적혀 있다. 우리나라의 역사인식과 외교문제에 큰 영향을 미칠 수 있다”고 우려를 나타낸 것이다. 이를 반영하여 시 교육위원회는 놀랍게도 다음 년도 판의 서술 변경을 확약하고 이미 학생들에게 배부되었던 2012년판을 회수했다. 더욱이 수거에 응하지 않는 학생이 있을 경우 이유를 대도록 교육위원장은 지시했던 것이다. 그럼 2013년판은 어떠한 기술이 되었는가?

정부는 군대의 힘으로 치안을 유지하기 위해 도쿄에 계엄령을 적용, 3일에는 가나가와현에도 확대해 요코하마에 군대를 파견했다. 이런 가운데 비정상적인 긴장 상태에서 각지에서 재향군인회나 청년회를 모체로 조직된 자경단 중에 조선인이나 중국인을 살해하는 행위에 나서는 자가 있었다.

앞서 나온 2012년판과 비교해 주었으면 한다. ‘군대’ ‘경찰’뿐 아니라 ‘유언비어’라는 문구도 사라졌다. 마치 지진 재해 시의 혼란(긴장 상태) 속에서 자경단이 우발적으로 사건을 일으킨 것 같은 서술로 바뀐 것이다. 민간에 책임을 떠넘긴 형태이다. 더구나 ‘학살’은 ‘살해’로 바뀌었다. 2013년이라고 하면 전국 각지에서 레이시스트 집단에 의한 헤이트 데모가 빈발한 해이기도 하다. ‘혐한, 혐중’이 물밀듯이 밀려왔다.

그 무렵 나는 연일 “차별의 현장”만을 취재하고 있었다. 마음이 침울해지는 나날이 계속되고 있었다. 특히 도쿄 신오쿠보, 오사카 쓰루하시 등 자이니치 코리안 상업지구, 집주지역에서 벌어진 헤이트 시위는 추악이라는 말로는 부족할 정도로 비열했다. 쓰루하시에서는 ‘불령선인 섬멸’이라고 크게 쓴 현수막이 내걸려 자이니치 코리안에 대해 “집을 불태워라!” “갈기갈기 찢어라!” “내쫓아라!”와 같은 혐오 발언이 반복됐다. 신오쿠보에서는 "조선인을 가스실로 보내라" "불태워버려라" 고성이 울려 퍼졌다. 이어 "조선인 몰살" "목매라" "독을 마셔" 같은 현수막까지 내걸었다. 증오 연설이라기보다 이것은 살인 교사, 바로 증오 범죄Hate Crime라고 해도 좋다. 나치스에 의한 '수정의 밤Kristallnacht' 일보 직전이다. 물론 경찰은 아무것도 하지 않는다. 레이시스트의 대열을 지킬 뿐이다. 당시 신오쿠보를 거점으로 청년층의 국제교류 활동을 지원하던 자이니치 코리안 양영성은 나의 취재에 "두려움일 뿐"이라고 말한 뒤 이렇게 계속했다.

"다 큰 어른들이 즐거운 듯이 '죽여라'라고 외치는 모습을 보았을 때 분노와 함께 공포와 충격을 느꼈습니다. 자이니치 코리안이라는 나의 존재가 완전히 부정당한 것 같았고, 정말 살해당할 수도 있다는 절망에 가까운 생각이 언제까지나 떠나지 않았어요."

신오쿠보에서 부동산업 등을 하는 자이니치 코리안 지인 여성은 시위 대열이 시야에 들어온 순간 "내 안에서 뭔가가 부서졌다"고 말했다. 자이니치 코리안 작가 유미리는 신오쿠보 헤이트 데모를 본 지 하루 만에 트위터에 이런 말을 남겼다.

어제, 일본에서, 공중 장소 눈앞에서, 이 현수막이 내걸린 것을, 나는 결코 잊지 않을 것이며, 결코 용서하지 않을 것이다. "좋은 한국인도 나쁜 한국인도 모두 죽여라" "조선인 목매 독 먹어 뛰어내려 죽어"

레이시스트는 기세가 등등했다. 아니, 신이 났어. 경박, 비열, 더러운 말로 학살을 정당화하고 차별을 부추기고 있었다. 그러한 분위기는 사회 전체로 전파되어(국가가 씨를 뿌린 것과 같지만), 각지 의회에서 배외적인 인터넷 여론을 등에 업은 극우계열 의원이 빨갱이 사냥처럼 '역사의 문제점'을 끄집어내어 공격을 가하는 등의 역사 부정 움직임이 잇따랐다. 요코하마 역시 그런 흐름과 무관하지 않았다는 것이다.

혼란은 아직도 계속된다. 2016년 시 교육위원회는 새로운 부교재 『Yokohama Express』 작성에 들어간다. 그런데 이 책에는 학살 사실이 전혀 기록되어 있지 않다는 사실이 간행 전에 판명된 것이다. 같은 해 여름, 현지 시민단체가 정보공개 청구에 의해 입수한 부교재 초안에는 간토대지진에 대해 다음과 같이 기술되어 있었다.

> 9월 1일 11시 58분 사가미 만을 진원지로 하는 대지진이 일어났습니다. 이 지진과 그 후의 화재로 요코하마 시가지는 거의 궤멸 상태가 되어 개항 60년 요코하마의 번영은 한순간에 재가 되어 버렸습니다.
> 지진으로 발생한 잔해로 매립하고 태어난 공원이 야마시타 공원山下公園입니다.
> 간토대지진에 대해서는 많은 자료가 있습니다. 꼭 알아보시길 바랍니다.

이것뿐이다. 학살에 대해 언급하지 않은 것은 물론이고 지진 피해에 대해서도 '한순간에 재'라고 하고 있을 뿐이다. 마치 지진에 대해 알고 싶으면 스스로 조사하라는 식의 무뚝뚝한 문장이다. 전국판 교과서에서는 결코 접할 수 없는 고장의 역사를 파헤쳐 자세히 설명하는 것이 부교재의 역할일 터이다. 처음부터 그 목적을 방기한 듯한 기술은 역사를 '전달할' 의욕이 전혀 느껴지지 않는다. 부교재 제목만 세련되어 가고 내용은 해가 갈수록 얄팍해져 간다. 당연히 비판의 소리가 잇따랐다. 시민단체, 학식경험자, 현지 언론은 일제히 "아무것도 쓰지 않은 것이나 마찬가지" "역사의 은폐"라고 호소했다. 이러한 비판을 받아 결국 다음과 같은 기술이 새롭게 포함되었다.

> 화재와 여진이 덮친 시민들은 불안에 휩싸였습니다. 이 혼란 속에서 근거 없는 소문이 나면서 조선인이나 중국인이 살해되는 안타까운 일도 일어났습니다. 어째서 이런 일이 일어난 것일까요?

무심하게 내뱉은 듯한 원안과 비교하면 다소의 '살붙이기'가 있었음은 인정된다. 하지만 학살을 '살해'라고 할 뿐만 아니라 어디까지나 '혼란 속'에서 일어난 일이라고 하고 있는 것이다. '살해'한 사람이 누구인지도 언급하지 않았다. 범인도 고의성도 불분명하니까 '안타까운 일'이라고 마치 불의의 사고라도 당한 것 같은 표현이 돼 버리는 것이다. 다음 장에서도 상술하겠지만, 지진 재해의 '혼란'은 학살의 방아쇠에 지나지 않는다. '혼란'이 조선인을 죽인 것이 아니라 일본 사회의 차별과 편견이 학살로 이끌었다. 요코하마에서는 지진 5개월 전에도 시내에서 인삼 행상을 하던 조선인이 독립운동 지지자로 몰려 행인들로부터 뭇매를 맞는 사건이 발생했다. 조선인에 대한 편견으로 빚어진 사건임에는 틀림없다. 당시 조선인이라는 존재는 많은 일본인들에게 '값싼 노동력'이거나 '불령의 무리'이거나 둘 중 하나일 뿐이었다. 사건이 터질 때마다 조선인의 연루가 의심됐다.

지진 2년 전인 1921년 11월 4일 도쿄역에서 하라 다카시 수상이 암살되었다. 범인은 국철 직원인 나카오카 곤이치였다. 나카오카는 현행범으로 체포되었는데 그때 붙잡은 경관은 "네놈, 조선인이지"라고 외치고 있다. 사건을 보도한 신문(〈오사카 아사히신문〉 호외)도 당초에는 「하라 수상 선인에게 찔려 도쿄역 앞에서 혼절하다」라는 제목을 붙였다. 기사 본문에서도 "범인은 선인으로 바로 체포됐다"고 돼 있다. 완전히 오보이긴 하지만 당시 조선인의 이미지가 고스란히 기사에 반영됐을 것이다. 조선인이라는 속성은 그대로 테러리스트를 의미하기까지 되어 있었다.

군 보고서에 쓰인 '빨치산'이라는 단어

요코하마에서도 각종 자료가 그 사실을 증명하고 있다. 지진 다음날인 9월 2일 요코스카에서 해군 육전대가 요코하마에 도착했다. 경찰과 합동으로 각처를 돌며 피해 상황을 해군대신 다카라베 다케시에게 다음과 같이 보고했다.

육전대 보고

오후 11시 반 이소고와 네기시 사이 하치만바시 다리에 상륙.

대표자 말에 따르면 시민 대부분은 네기시 및 이소고 부근에 대피했다는 얘기.

2,300명 불령선인이 부근 산지에 잠복 때때로 부락에 출입 피해 심각.

시민은 이를 빨치산이라 칭하고 공포가 엄청난 모양이었다. 따라서 본대는 먼저 시민을 안심시킬 필요를 인정하여 피난민이 많은 지방 및 피해가 큰 지방을 나팔을 불며 행군. 시민들 환호하고 기뻐하는 것을 보니 굉장한 불안감에 시달렸음을 알겠음. 피난민 5, 6만 명 관헌의 보호로서 순사 2, 3명에 지나지 않아 주로 재향군인 청년단 등에게 경계를 맡겼다.

또한 루머에 따르면 호도가야 부근에서 악화한 철도인부 선인 200명은 재향군인들에게 쫓겨 이소고 방면으로 잠복했다고, 또 소문에 의하면 불령선인 본부는 히가시 가나가와에 있는 것 같고 때때로 2, 300명 무리를 지어 습격한다고.

알기 쉽게 '번역'하자. 먼저 요코하마에 들어선 육전대에 시민들은 "불령선인이 부근 산지에 잠복"하고 있다고 말한다. 시민들은 이런 조선인들을 '빨치산'이라고 부르며 두려워했다. 소문에 의하면 '불령선인' 집단의 본부는 히가시 가나가와에 있는 것 같다. 바로 이것이야말로 편견에 의해 만들어진 조선인 상일 것이다. 그런데 궁금한 것은 시민들이 정말 조선인을 '빨치산'이라고 불렀느냐는 것이다. 이 시대 '빨치산'이라는 말이 일반적이었다고는 도저히 생각할 수 없다.

앞의 야마모토도 이렇게 말한다. "수많은 시민의 증언을 훑어보았는데, 적어도 일반 서민 사이에서는 과격파, 불령不逞이라는 말은 나오지만, 빨치산이라는 말은 거의 보이지 않습니다."

그렇다면 왜 '빨치산'이 보고서에 등장한 것일까? 말할 필요도 없다. "실제로 빨치산과의 조우 경험을 가진 자가 있었기 때문"(야마모토)일 것이다.

조선 농민들이 봉기한 갑오농민전쟁(동학당의 난), 의병투쟁, 간도에서의 저항운동 등으로 일본은 빨치산과 대치하며 그 '토벌'로 애먹었다. 한반도 등에서는 이미 '학살' 가해자로서의 경험을 쌓고 있었다. 또한 시베리아 출병에서는 역으로 7,000명 이상의 일본인이 살해된 니코 항만 사건 기억도 있다. 적어도 군대는 이런 경험과 기억을 갖고 있다. 이는 자경단의 핵심이었던 재향군인회에도 해당된다. 뚜렷한 적의와 공포를 경험자는 안고 있었다. 학살을 이끈 것은 이런 의식이라 할 수 있다. 내무성이 후나바시 무선송신소에서 전국으로 루머 전문을 보낸 것은 앞서도 말했다. 내무성 수장인 미즈노 렌타로 대신, 경시총감인 아카이케 아쓰시 둘 다 한반도에서 3.1 독립운동을 마주했다. 항일운동, 즉 빨치산 투쟁을 경험한 것이다. 이 의미는 결코 작지 않다. 당연히 경찰에도 그런 생각이 침투해 있었다.

경찰이 학살 사건에서 수행한 역할

당시 가나가와 현경에서 공안 관계를 관장하는 고등과장을 맡고 있던 것은 니시사카 가쓰토라는 인물이다. 니시사카는 지진으로부터 48년이 경과한 1971년 『가나가와현사 연구』(11월호)에 다음과 같이 말했다.

그 무렵에는 '불령선인'이라는 말이 돌고 있었어요. 공산주의자 말이지요. (중략) '불령선인'이라는 것은 공산주의를 주장하며 행동하는 조선인을 그렇게 호칭하고 있었습니다.

그중에서도 과격한 주장이나 행동을 하는 자에게는 미행을 붙인 적도 있습니다.

그들이, 조선인이자 요코하마에 있던 자들이 다소 난폭한 경향이 있었기 때문에 이런 혼란 시에는 먼저 '불령선인'이 위험하다는 생각을 누군가가 말하기 시작한 것이 조선인 습격 설의 발단이었을 것이라고 생각합니다.

마치 남의 일 같은 말투지만 미행을 할 정도로 '불령선인'을 위험시했던 것이 경찰이었음을 알 수 있다. 실제로 조선인 학살을 경찰이 부추겼다는 기록은 적지 않다. 『요코하마 지방재판소 진재 약기』라는 책자가 있다. 이는 말 그대로 요코하마 법원 판사와 직원들의 피해 기록을 정리한 것으로 1935년에 발행됐다. 나가오카 구마오부장판사가 이 책에 「진재 조난기」라는 제목의 글을 싣고 있다. 나가오카는 불탄 들판이 된 요코하마 시내로부터 도쿄의 사법성으로 향했는데, 사쿠라기초역 인근에 도착하자 몽둥이를 손에 든 사람들이 많이 있었다. 거기서 "빨간 천을 팔에 감아라"는 말을 들었다. 왜 그러느냐고 물으니 그 사람은 "선인으로 오해받을 우려가 있다"며 이렇게 말했다.

경찰부장으로부터 선인을 보면 살해해도 무방하다는 통달이 나왔다고 진지하게 설명한다.

비슷한 얘기는 검사를 남편으로 둔 오노 후사코小野房子도 같은 책에 남겼다.

(9월 2일) 밤이 되어 지역 청년단들 "선인이 300명 정도 불을 지르러 혼모쿠에 왔다고 하니, 대답 없는 것은 선인으로 간주해 죽여도 좋다는 시달이 있었다. 모두 주의하라"라고 외치며 온다.

이어 판사 이시자카 슈이치의 증언.

(9월 3일) (사촌동생 부부가) 말하길, 선인을 보면 바로 죽여도 좋다는 포령布令이 나왔다고. 나는 당연히 이를 부정할 마음도 없고 또 긍정할 마음도 없고, 이를 의심할 마음도 없고 또 찬동할 마음도 일어나지 않아 무심코 이를 듣고 있었다.

모두 '통달' '시달' '포령'에 의해 조선인을 보면 죽여도 좋다는 말이 나왔음을 술회하는 것이다. 노동운동가로 지진 당시 이재민 구호활동을 하던 이토카와 지이치로도 "조선인 살해 지장 없음"이라는 벽보를 봤음을 나중에 술회하고 있다. 사실 경찰 스스로도 마지못해 인정하고는 있다. 『요코하마시 진재지4』에는 「조선인 살해 지장 없음」 통달에 관해 고토부키 경찰서장에 의한 다음과 같은 담화가 게재되어 있다.

> 본 건 근거 불분명하나, 순사 등이 조선인 방화 등의 풍문을 듣고 "조선인을 죽여도 좋다" 정도의 말을 한 것에 기인하는 것은 아닐까?

좀 거칠게 정리해 보면, 조선인들이 날뛰고 있다는 소문이 돌았으니 어쩔 수 없지 않겠느냐는 반문에 가깝다. 여기서 앞에서 언급했던 다카시마야마에 피난한 운송점주 구로카와우치 이와오의 증언을 떠올렸으면 한다.

> 선인은 보면 다 때려죽이라 극단에 달했다.

요코하마는 학살 사건에서 경찰이 담당한 역할이 컸다. 그것만은 틀림없다. 그리고 경찰이든 군대든 조선인과 빨치산을 겹쳐보는 사고방식이 공식화되고 일부 사람들의 '경험'과 '기억'도 더해졌다. 그렇지 않아도 차별받고 편견으로 굳어진 조선인상은 더욱 악마화되어 민중 사이에 파고들었을 것이다. 그러하기에 더욱 부교재에서 경찰과 군대를 가해자 대열에서 빼고 민간에만 책임을 돌리는 것은 아무리 생각해도 이상한 일이다. 학살은 '정부お上'의 유도에 따라 민관일체가 되어 행해진 것이다.

"하룻밤에 전멸하는 참상"

그중에는 민관일체를 넘어 경찰과 범죄자의 '합작'으로 조선인이 학살

당한 이야기도 남아 있다. 이를 보도한 것은 1923년 10월 17일자 〈호치신문〉이다. 「순사와 죄수와 자경단이 하나가 되어 살인/시체는 전부 불 속에 던졌다/요코하마의 폭행사건 발각」이라는 제목 아래 다음과 같은 기사가 이어진다.

9월 2일, 3일 양일 밤낮에 걸쳐 요코하마시 나카무라초 나카무라바시 파출소 부근을 중심으로 하여 네기시 형무소에서 풀려난 죄수 20여명과 동 마을 자경단이 합체해 ×× 10여명을 살해하고, 마침내는 이곳을 지나는 피난민이나 각지에서 온 위문인 10명을 죽이고 소지한 금품을 빼앗은 후에 사체는 철사로 양손 양발을 묶어 오오카가와 강에 던지거나 또는 화염 속에 던져 소각해 범행흔적을 은폐하려 했지만, 기괴한 것은 모 경찰서의 경관 여러 명도 제복 채로 이에 가세해 대검을 뽑아 살해했다는 소문으로 피해자 중에는 쓰루미초에서 위문 온 2명 외에 자치클럽 서기였던 요시노吉野 모씨도 무참한 죽음을 맞이했다.

복자(××) 부분은 아마도 '선인'일 것이다. 경찰관들이 제복을 입은 채 풀려난 죄수들과 함께 학살에 가담했다는 것이다. 기사의 신빙성은 알 수 없지만, 실은 앞서 나온 고토부키 심상소학교 이토 이치로("조선인이 서 있는 나무에 묶이고 죽창으로 배를 푹푹 찔려 톱질을 당하고 말았습니다."라고 작문에 쓴 소년)도 작문 마지막에 다음과 같은 말을 남기고 있다.

그 다음날부터는 감옥의 죄수가 와서 조선인을 막아주었습니다.

그렇다. 여기에도 죄수로 보이는 자가 등장한다. 이것이 사실이라면 조선인은 조선인이라는 이유만으로 '감옥의 죄인'에게까지 죽임을 당할 운명에 있었던 것이 된다. 자, 여기서 다시 한번 해군 육전대의 보고서를 되돌아보고 싶다. 보고서 마지막에는 "루머에 따르면"이라고 전제한 후에 "불령선인 본부는 히가시 가나가와에 있는 것"이라 하고 있다. 아무런 근거도 없다. 사실 '불령선인 본부'가 적발된 기록도 없다. 히가시 가나가와에는 '본부'가 아니라 그저 평범하게 노동자로 생활하던 조선인이 있었을 뿐이었다. 그러나 마치 폭동의 거점으로 취급된 것이 원인이 되었는지 이 지역에서의 학살 사례는 많이 기록되어 있다.

가나가와 경찰서(3명), 고텐초(40명), 고야스에서 가나가와 정거장까지(150명), 아사노 조선소(48명), 가나가와 철교(500명). 이는 앞서 언급한 「재일본 간토지방 이재조선동포 위문반」 조사 기록이다. 괄호 안은 학살로 인정된 인원수이다. 지진으로부터 1개월 이상이 경과한 10월 18일 〈오사카 아사히신문〉은 「잡부 하룻밤에 전멸 마음껏 약탈한 가나가와 경찰서 관내」라는 제목으로 다음과 같이 썼다.

지진화재로 요코하마에서는 가나가와 경찰서만이 유일하게 간신히 남았으나 관내의 혼잡은 비통하기 짝이 없었고 2일 아침부터 전해진 유언비어로 자경단의 혼란함은 언어로 표현할 수 없어 (중략) 2, 3, 4, 삼일 간에 50여명을 살해하고 시체는 철도노선 및 부근에 유기되어 있었다. 특히 가나가와 방면 모 회사 잡역부 80여명 같은 경우는 거의 하룻밤에 전멸하는 참상을 나타냈다.

같은 일은 다른 신문도 보도하고 있다.

가나가와 모 회사의 ○○○○(아마 '불령선인'이라고 생각된다) 80여 명은 무참히 하룻밤에 전멸했다. (〈요미우리신문〉 10월 21일)

요코하마 아사노 매립지에서/50여명 살해/단체로 살해된 것은 아사노 매립지의 50여 명이다 (〈후쿠오카일일신문〉 10월 22일)

각 신문들이 전하는 '모 회사'는 당시 아사노 조선소이다. 위문반은 이곳에서의 학살을 48명으로 기록하고 있지만, 신문들은 '80명'이라고 보도한 〈오사카 아사히신문〉을 제외하면 모두 '50여명'으로 했다. 숫자는 거의 맞아떨어진다. 덧붙여 야마모토 등의 조사에 의하면, 학살지로 여겨지는 '아사노 조선소'는 정확하게는 동조선소에 인접한 내무성 기계공장 앞의 광장인 것 같다. 이곳에는 100명이 넘는 조선인 노동자들이 기거하는 현장숙소 밥집이 있었다. 그 노동자들이 표적이 되었을 것이다. 현재 이 일대는 공장, 기업 연구소 등이 늘어서 있다.

또한 위문반이 기록한 가나가와 경찰서나 고텐초 주변에도 많은 조선인, 중국인이 거주하고 있었다. 고텐초라는 지명은 에도시대 쇼군이 이용한 '가나가와 고텐'이 있었던 것에서 유래한다고 하지만, 현재 이 지명은 지역자치회명으로서 남겨져 있을 뿐 주소로서는 존재하지 않는다. 이곳에도 100명 이상의 조선인이 생활하던 현장숙소가 있었는데 지금은 히가시가나가와 공원이 되었다. 40명의 희생자가 나왔다는 것은 이 근처이다.

지진 시에 고텐초를 비롯해 인근에 사는 주민들은 지구 내 구마노 신사 또는 금장원으로 피난했다. 금장원을 방문하면 경내에 「대지진화재 횡사자 공양탑」이라고 새겨진 석탑이 세워져 있다. 설명 게시판에 의하면, 이것은 지진 다음 해에 지역 주민이 발기인이 되어 건립된 것이라고 한다. 그런데 제2차 세계대전 때 요코하마 대공습으로 날아가 버려 한때는 '소재 불명'이 되었다. 사라진 석탑이 발견된 것은 간토대지진으로부터 80년 후인 2003년. 근처 나카키도역 개수공사를 했을 때 땅속에 묻혀 있던 석탑이 발견되었다고 한다. 이를 경내로 되돌려 재건했다.

석탑에 새겨진 '횡사자'라는 글자가 일순간 가슴을 술렁이게 한다. 횡사란 일반적으로 살해되었거나 불의의 재난을 당해 죽는 것을 의미하기 때문이다. 하지만 비문을 읽는 한 거기에 '학살 희생자'에 언급한 부분은 없다. 경찰과 군대의 구호활동을 칭송하는 내용이라 '횡사'는 어디까지나 지

금장원 경내 「대지진화재 횡사자 공양탑」

진에 의한 희생자를 의미하는 것이었다. 조선인 희생자들은 여기서도 무시당하고 있다.

없던 일이 되어 버린 가해 사실

500명 이상의 희생자가 발생했다고 알려진 '가나가와 철교'인데, 이곳은 앞서 언급한 다카시마야마 산 아래에 위치한 현재의 아오키바시사거리 부근이다. 게이힌 급행 가나가와역 바로 위를 교차점으로부터 뻗은 고가가 달린다. 일찍이 그것이 '가나가와 철육교'라고 불렸다.

이곳에서의 학살과 관련해서는 구체적인 증언을 찾아볼 수 없다. 『요코하마시사 제5권(下)』의 「제2장 간토대지진과 부흥사업」에서도 "철도 다리에서의 500명 살해는 군대가 배치되어 있던 거점이며 조직적 살해를 엿보게 한다"라고 쓸 뿐이다. 하긴 500명이나 되는 학살이면 군대 출동 정도가 아니고는 불가능할 것이다. 하지만 당시 아오키바시 근처에 살았던 구로카와우치 씨의 증언 중에도 그 사건이 언급되는 일은 없다. 도대체 무엇을 근거로 한 숫자인가? 이 부분에 관해서는 전혀 알 수 없다. 하지만 이 근처에서 군이 관여한 학살이 있었음을 나타내는 자료는 존재한다. 2013년에 공개된 『가나가와 방면 경비부대 법무부 일지』이다. 이는 계엄령에 따라 요코하마에 파견된 육군법무관 스즈키 다다즈미의 행동을 서기(기록계) 덴도 마사오가 기록한 것이다. 그중 특히 주목할 점은 조선인 학살이 이루어진 것으로 추정되는 장소를 그들이 시찰했다는 기술이다.

지진으로부터 1개월 남짓이 경과한 10월 4일의 일이다. 일지에는 "요코하마시 아오키초 구리타야 이와사키산 선인 학살의 흔적을 시찰했다"라고 되어 있다. 게다가 다음 날인 5일에도 재차 이 장소를 방문해 "헌병장과 여러 가지로 협의를 했다"라고 했다. 이들이 조선인 학살 터를 찾아갔다는 기록은 이 이틀뿐인데, 더구나 이틀째는 일부러 헌병장을 대동하고 있는 것이다. 법무관과 헌병장에 의한 조사라면 일반범죄 사안이 아니라 군이 연루된 사건일 가능성이 크다. 여기에 나온 이와사키산이란 아오키바시 교차로에서 히가시 가나가와 방면으로 진행한 국도의 오른편. 예전에는 에도시대부터 이어지는 호상 이와사키 지로키치의 저택이 있던 장소이다. 현재는 고가야 공원이 되었다. 공원에 가기 위해서는 작은 언덕에 만들어진 계단을 올라가야 한다. 세어보니 109단. 게다가 상당한 경사이다. 올라가니 공원이 펼쳐져 있었다. 왕벚나무가 넓은 터의 바깥 둘레를 따라 늘어서 있다. 요코하마역에서도 가까운 시민들의 꽃놀이 장소이다.

전국시대에는 곤겐야마라고도 불렸던 것 같다. 호조 소운이 우에스기가의 가신 우에다 구로도에게 쌓게 한 곤겐 산성에 우에스기 도모요시가 쳐들어간 '곤겐야마 전투'(1510년)가 전개된 곳이기도 함은 시가 설치한 안내판을 통해 알았다. 전투가 있었던 터는 메이지기에 호화 저택이 세워지고 그 후에 학살의 무대가 되었다. 지금은 그 모습을 느낄 수 없고 녹음이 우거진 공원에는 잔잔한 시간이 흐르고 있다.

부지 내에 오래된 비석이 서 있었다. 앞면에 크게 「표충비」라고 새겨져 있다. 건립된 것은 1910년. 청일, 러일 전쟁으로 죽은 이 지역(아오키초, 가나가와초) 출신 전몰자를 합사한 것이다. 지역 군우회(재향군인 등에 의한 조직)가 세운 것이라고 한다. 표충은 말 그대로 충의를 나타낸다는 의미이다. 학살 '시찰'을 온 군 법무관들은 이곳에서 무슨 생각을 했을까? 공문서에 기록자의 주관은 들어가지 않는다. 들어갈 여지도 없다. 이 고지대에서 불탄 들판이 된 요코하마의 거리를 내려다보며 한순간이라도 죽임을 당한 측의 통곡을 헤아리는 마음은 있었을까? 이처럼 공원 내에는 '전투'와 '전몰자'에 관한 안내판도 비석도 있다. 하지만 학살 사실을 알릴만한 것은 아무것도 남아 있지 않다. 싸우면 기록에 남는다. 나라에 충성하다 죽으면 비석이 세워진다. 하지만 '불령'의 낙인이 찍혀 일방적으로 죽임을 당한 자는 기록에서 지워지고 누구도 뒤돌아보지 않는다. 가해 사실은 '없던 일'로 여겨진다는 사실만을 나는 공원에서 보았다.

소문은 어떻게 퍼졌는가

요코하마에서는 지진이 일어난 9월 1일부터 '조선인 습격'이라는 유언비어가 난무하고 있다. 도쿄나 지바 등 다른 지역과 비교하면 상당히 빠른 단계이다.

대지진이 일어난 날 저녁 7시경, 요코하마시 혼모쿠초本牧町 부근에서 "조선인 방화하다"라는 소리가 어딘가에서 났다. 그것은 도쿄 시내에서 떠돌던 사회주의자와 조선인 방화설과는 달리 순전히 조선인만을 가해자로 한 유언비어였다.

작가 요시무라 아키라『간토대지진関東大震災』의「자경단」항목은 이 한 문장으로 시작된다. 실제 각종 기록을 훑어보면, 요코하마에서는 지진 당일부터 학살을 향한 움직임이 있다. 당시 시내 각 학교에는 훈련용 총기를 보관하는 총기고가 설치돼 있었다.

『요코하마시 진재지 4』에는 예를 들어 이런 기술이 있다.

(요코하마 상업고등학교에서는) 9월 1일 격납고가 붕괴하고 조선인 습격 소문 있음을, 군중은 격납고에 난입해 전부 가져갔다.

(혼모쿠 중학교에서는) 삼팔보병총 100정 비치 있음. 9월 1일 지진 당시 조선인 습격 소문이 있었고 지역 청년단 재향군인회로부터 자위의 무기로서 대여신청이 있어 학교당국은 주소를 받고 빌려줬으나 9월 17일 반환해야한다는 취지의 공고를 내고 회수 중에 있다.

땅이 흔들린 직후 일찌감치 '조선인 습격' 루머가 돌았을 뿐 아니라 사람들은 곧 무기를 들었다. 지진은 조선인과의 싸움, 아니 일방적인 학살을 알리는 신호이기도 했다. 요시무라의『간토대지진』은 요코하마에서 풍문유언의 확산 경로를 쫓는 가운데 한 인물의 이름을 들고 있다. 입헌노동당의 '총리'를 자임하고 있던 야마구치 마사노리이다. 야마구치가 지진재해의 혼란을 이용한 집단강도사건을 일으켰고, 그것이 조선인의 범죄라는 소문이 나면서 학살이 소환됐다는 것이다. 야마구치는 1일 오후 4시경부터 물자를 약탈하기 시작했다. 요코하마가 다른 곳보다 빨리 유언비어가 난무하는 곳이 된 것은 이것이 이유라는 것이다. 비슷한 내용을 작가 에구치 간도 쓰고 있다. 문예춘추 임시증간 『쇼와 35대 사건』(1955년)에 실린 「박열 후미코 대역사건」 기사이다. 에구치는 지진으로 불탄 들판이 된 요코하마에서 사람들은 먹을 것이 없어 괴로워했다고 쓰고 다음과 같이 계속했다.

> 굶주린 그들이 생각해 낸 것이 세관창고에 있던 수입식량이다. 창고를 부수고 그것을 가지고 나오는 것이다. 그러한 피난민의 요구에 앞장서서 용감하게 창고를 부순 것이 같은 곳에 피난해 있던 우익단체 우두머리, 입헌노동당 총리 야마구치 마사노리와 그의 아내이다. 그들은 우익인 주제에 평소에도 붉은 머리띠를 두르고 있었다. 그때도 붉은 깃발을 세워 군중을 지휘하여 창고를 때려 부수고 식량을 가지고 나와 피란민에게 나누어 주었다.
>
> 그런데 그렇게 끝났으면 됐는데 그다음이 문제였다. 야마구치 마사노리 일파는 창고를 부순 책임을 면하기 위해 그것을 조선인에게 떠넘겼다. 불에 타 재가 된 요코하마의 거리를 "습격한 것은 조선인이다. 조선 사람이 한 것이다"라고 그날 밤 한껏 소리치며 걸었다. 이 악질적인 유언비어 선전과 그들이 붉은 깃발을 치켜들고 습격한 것이 하나가 되어 사회주의자들이 조선인들과 한데 어울려 곳곳에 불을 지르고 난동을 부리고 있다는 무서운 유언비어로 어느새 변해간 것이다.

사회주의자로 분장한 화재현장 도둑이 조선인에게 죄를 뒤집어 씌웠다는 것이다. 이것을 쓴 에구치는 고바야시 다키지가 특고 경찰에 학살되었을 때는 장례위원장까지 지낸 프롤레타리아 작가이다. 루머를 선동한 자에 대한 분노로 가득 찬 문장이다.

"우익인 주제에 평소에도 붉은 머리띠를 두르고 있었다"는 야마구치란 어떤 인물인가? 사실대로 말하면 국가사회주의자이다. 그가 '총리'로 있던 입헌노동당도 어딘가 좌익 정당 같은 인상을 주는 명칭이지만 그 강령에 "황실경대·국가애호"를 내세우는 애국 정당이었다. 하지만 노동운동가로 서는 기개가 있는 인물이었던 듯 일본에서 최초로 열린 노동절을 주최한 것으로 알려져 있다. 일반적으로 일본에서 최초의 노동절은 1920년 5월 2일 도쿄 우에노 공원에서 5,000명이 참가한 집회라고 전해진다. 하지만 야마구치가 이끄는 항만노동자조합 「요코하마중사동맹회」는 전날인 5월 1일 요코하마 공원에서 '노동제'를 개최했다. 「요코하마중사동맹회」는 항만노동자 중에서도 가장 불안정한 고용을 강요당한 을종인부(현재의 비정규일용직노동자)에 의해 조직화된 것으로 이른바 감금노동이나 폭력합숙소 등 가혹한 노동환경에 놓인 자들의 노조였다. 야마구치는 이런 최하층 노동자들과 함께 "노동자 해방은 만국 공통의 노동운동"이라는 구호를 내걸고 8시간 노동, 일요일 공휴, 치안경찰법 제17조(파업 제한) 철폐, 휴게소 설치 등을 결의하며 일본 최초의 노동절을 감행한 것이었다.

「비 오는 요코하마 공원에서/노동제를 열다」 「요코하마중사동맹 회원 500/발회식 후 당당하게 모여/정숙하고 질서 바르게 거행」 등, 같은 해 5월 2일 〈요코하마 무역신보〉에는 씩씩한 제목이 보인다. 그런 야마구치를 에구치는 "붉은 깃발을 세워 군중을 지휘하여 창고를 때려 부수고 식량을 가지고 나와 피난민에게 나누어 주었다" 뿐만 아니라 "창고를 부순 책임을 면하기 위해 그것을 조선인에게 떠넘겼다"라고 했다. 유언비어 선동의 발단으로 야마구치를 지목하고 있는 것이다. 실제 야마구치 등이 강탈을 한 것은 사실이다. 지진 직후 야마구치는 스스로를 리더로 하여 '요코하마 진재구호단'을 결성했다. 앞서 나온 고토 아마네의 노작 『그것은 언덕 위에서 시작되었다』에 의하면, 야마구치는 지진 당일 오후 4시 나카무라초에 있는

자택 근처 광장에서 정부의 원조가 있을 때까지는 부유층으로부터 물자를
빼앗을 수밖에 없다고 피난민을 앞에 두고 한바탕 연설하여 사람들이 박
수로 응했다고 한다. '구호단' 구성원 대부분은 항만 노동자들이다. 이들은
붉은 천을 팔에 두르고 죽창과 곤봉 등 무기를 들고 기업과 상점을 덮쳐 식
량 등을 빼앗았다. '징발'이라는 이름의 약탈행위는 사복을 채우기 위해서
가 아니라 어디까지나 배급을 목적으로 한 것이었기 때문에 피난민들에게
는 환영을 받았다. 많은 사람들의 눈에는 '의적'으로 비쳤을 것이다. 그렇
다 해도 당국은 이를 언제까지 방치할 수는 없었다. 9월 10일 야마구치 등
수십 명의 구호단 멤버들이 군에 의해 일제히 검거됐다. 그 이후 유언비어
의 책임이 야마구치 등 '구호단'에 있다는 이야기가 신문 지상을 떠들게 된
다. 신문들은 조선인 학살을 '야마구치 일파'의 선동에 의한 것이라고 일제
히 보도했다. 예를 들면 10월 19일 〈요미우리신문〉은 "유언비어의 출처는
가나가와현임이 판명. 그 주범은 입헌노동당 총리 사회주의자 야마구치 마
사노리"라고 단언했다. 그렇기 때문에 에구치 간도 야마구치가 약탈을 "조
선인에게 떠넘겼다"며 "습격한 것은 조선인이다. 조선 사람이 한 것이다"
라고 그날 밤 한껏 소리치며 걸었다는 이야기를 쓰고 있는 것이다. 그런데
정말 그런가? 이에 관해 야마모토 스미코는 "희생양이 되었다"라고 하며,
고토 아마네도 "관헌에 의한 정보조작"이라고 쓰고 있다.

약탈을 반복하고 있던 것은 일본인이었다

이 책에서도 종종 참고문헌으로 이용하고 있는 『현대사자료6 간토대지
진과 조선인』은 지진 재해 학살 자료의 집대성이라고 할 만한 것으로 많은
연구자가 수중에 두는 한 권인데, 여기에 수록된 「진재 후에 있어 형사사
범 및 이에 관한 사항조사서(비)」(사법성) 또한 유언비어의 발생원으로서
야마구치의 이름을 든다.

요코하마시 나카무라초 헤이라쿠 108번지 입헌노동당 총리 야마구치 마사노리(당시 35세)는 9월 1일 오후 4시경 헤이라쿠노하라 광장에서 피난민 약 1만 명에 대해 식량품 약탈에 관한 연설을 했을 때, 선인이 야간에 내지인을 습격하여 위해를 가한다는 설이 있다는 것을 알렸다.

요컨대 야마구치의 연설로 인해 단번에 루머가 퍼졌다는 것이다. 또한 이것이 다음날 9월 2일에는 도쿄에도 전해져 루머에 의한 학살이 일어난 것을 보고하고 있다. 마치 유언비어의 책임이 야마구치에게 있는 마냥 쓰고 있다. 그런데, 이 조사서 앞 단에는 전혀 다른 것이 나와 있다.

이 유언비어가 행해진 요코하마시 야마테혼마치 경찰서 관내 혼모쿠행 전차를 따라 기타가타초치요자키초 미노와 및 우메다 지방에서 실로 9월 1일 오후 7시 무렵으로 추정, 다음으로 같은 날 오후 8~9시 무렵에는 오시마, 다테노, 사기야마, 가시와바, 아이자와, 헤이라쿠 나아가 나카무라초, 미나미요시다초에 이르러 (중략) 다음날 2일 새벽에 이르러 떠들썩하게 전해지고 마지막으로 도쿄 방면으로 전해진 것으로 한다.

이것은 고토도 지적한 것인데, 헤이라쿠 광장에서 야마구치가 조선인에 의한 위협을 부추긴 것이 오후 4시라고 하면서, 같은 조사서에서는 오후 7시 경에 미노와(현재의 고호쿠구) 근처에서 유언비어가 확인되었고 그 후에 헤이라쿠에 전해졌다고 하는 것이다. 즉 야마구치의 연설 이후에 루머가 헤이라쿠에까지 전파된 것이 된다. 야마구치 연설이 루머의 단초라는 것은 앞뒤가 맞지 않는다. 또한 경시청 편 『다이쇼대진화재지』에는 1일 오후 3시경의 "사회주의자 및 선인의 방화 많다"가 도쿄에서 가장 빠른 조선인 관계의 유언비어라고 기재돼 있다. 지진 약 3시간 후이다. 그러면 루머가 요코하마로부터 도쿄에 전해졌다고 하는 설도 수상한 것이다. 사실 야마구치의 강도죄를 물은 나중의 재판에서도 결국 유언비어의 '근원'이라는 것은 인정되지 않았고 게다가 강도 때 조선인을 빙자한 것도 부정되었다.

헤이라쿠 광장에서의 야마구치 연설 내용도 재판에서 드러난 대로, 그가 "약탈할 수밖에 없다"며 피난민을 선동한 것은 사실이지만 조선인의 학살을 부추기는 듯한 말까지는 하지 않았다. 확실한 것은 단 하나. 거리에서 약탈을 일삼은 것은 조선인이 아니라 일본인 집단이었다는 사실이다. 재판에서의 판결은 야마구치에 대해 "다른 사람들과 함께 다치거나 병든 사람의 응급처치를 하고 통신의 편의를 꾀해 식량 그 외 물자의 조달 및 배급에 종사했으나"라고 서론을 한 다음, 징역 2년·집행유예 3년을 선고했다. 앞서 언급한 대로 야마구치는 이른바 우익이기는 했으나 노동자를 조직하는 등 노동운동가로도 '활약'하고 있었다. 그때문에 야마구치 자택은 경찰의 감시 대상이 되기도 했다고 한다. 경찰에게는 위험 분자 중 하나 '주의자'로서 인지되고 있었다. 그렇게 되면 프레임 업(날조)의 대상으로서는 그야말로 '적임자'인 것이다. 앞서 본 아이들 작문에도 나타나 있듯이, 지진 시 경찰관은 학살의 가해자였다. 그 일을 은폐하기 위해서라도 야마구치를 유언비어의 발생지로 만들어버리려고 했을지도 모른다.

이번 장의 첫머리에서도 언급한, 9월 2일 다카시마야마 산에서의 증언을 재차 확인해 주었으면 한다.

불령선인이 300명 습격하기로 되어 있다

이것은 다카시마 산으로 달려간 경찰관의 말이다. 심지어 "선인은 보면 다 때려죽이라" "경찰부장으로부터 선인을 보면 살해해도 무방하다는 통달이 나왔다"는 등의 증언이 있다는 것도 앞서 말한 바와 같다. 게다가 경찰은 학살의 무대이기도 했다. 앞서 소개한 고토부키 심상소학교 작문집에는 이런 서술도 있었다. 고등과 1학년 고바야시 후미이다.

아침에 일어나 보니 이웃집 아이가 "조선인이 파출소에 묶여 있으니 보러 가지 않겠느냐"고 큰소리로 말하고 있었습니다. 기미에君江 씨는 저에게 "보러 가지 않겠는가"라고 했기 때문에 저는 싫다고도 말할 수 없어, 그럼 갑시다. 가서 보니 조선인은 전신주에 매달려 새파랗게 질린 얼굴을 하고 있었습니다. 옆 사람이 "이놈, 얄미운 녀석이라" 죽봉으로 머리를 때리니 조선인은 축 늘어져 아래로 고개를 숙이고 말았습니다.

이러한 관헌의 범죄가 벌을 받는 일은 결코 없었다. 반복한다. '조선인 습격'은 내무성에 의해 전국적으로 전파되었다. 일본 사회에 조선인의 '위협'을 유포해 차별과 편견을 심어준 것도 국가이다. 그리고 학살의 주모자는 달아났고, 민간인 하수인들만 죄를 뒤집어쓰고, 조선인과 중국인은 이유도 모른 채 학살당했다. 무고한 사람들만 '제재'를 당했고, 일본 사회는 이제 그 사실조차 잊으려 하고 있다.

참극의 기점이 된 헤이라쿠 언덕

덧붙여 강도죄로 처벌받은 '야마구치 일파'에게 다른 아무 책임이 없는가 하면 그렇다고도 할 수 없다. 예를 들어 요시무라 아키라는 『간토대지진』 중에 이렇게 쓴다.

조선인에 관한 유언비어는 야마구치 등이 지어낸 것은 아니었지만, 그들의 범행이 서민들에 의해 조선인이 저지른 일로 해석된 것이다.

사실 맞는 말이었다. 야마구치 등은 "조선인을 빙자한" 것은 부인했지만 패거리를 만들어 난동을 부린 것은 틀림없는 사실이다. '조선인 습격' 루머는 마른 풀에 불을 지핀 속도로 각지로 퍼져나갔다. '야마구치 일파'를 조선인 폭도로 보는 사람이 있었다는 것은 이상할 게 없다. 원래 품고 있던 조선인에 대한 차별과 편견이 더해져 시내 곳곳의 '강도 피해'가 조선인에 의한 것으로 오인된 끝에 학살로 이어졌을 가능성이 크다. 적어도 야마구치 등의 범행은 아무것도 모르는 사람들에게 공포를 주었다. 그리고 야마구치가 선동했던 헤이라쿠를 비롯한 인근에서 학살사건이 많이 일어났다는 것은 이 지역 고토부키 소학교 학생들이 분명히 기록하고 있는 것이다. 전술한 '위문반' 조사에서도 나카무라가와 강변 지역에서는 100명을 넘는 학살 희생자가 있었다고 보고하고 있다.

고토 아마네는 『그것은 언덕 위에서 시작되었다』에서 "붉은 삼각기를 들고 집단으로 상점에 침입한 그들의 존재 자체가 조선인 관련 유언비어에 설득력을 더했을 것이고, 나중에는 그들 자신이 그 유언비어를 믿고 행동하게 되었습니다."라고 썼다. 그렇기에 고토도 요코하마에 있어 참극의 기점을 헤이라쿠 언덕에 두고 거기로부터 '시작되었다'라고 하는 것이다.

그곳은 대체 어떤 장소인가? 나는 지도에서 대략적인 위치를 확인하고 나서 게이힌 도호쿠선 이시카와초역에 내렸다. 관광객으로 붐비는 차이나타운과는 반대편 출구에서 나카무라가와 강을 따라 헤이라쿠 언덕으로 향한다. 우선 눈에 들어온 것이 이시카와초역에서 나카무라가와 강변 사이에 늘어선 간이 숙박소이다. 전에 취재차 몇 번인가 방문한 적이 있는 사방 약 300미터 고토부키 지구. 도쿄 산야, 오사카 가마가사키와 함께 일본 3대 인력시장 중 하나로 꼽히는 쪽방촌이다. 고토부키초가 인력시장으로 발전한 것은 1950년대 중반부터이다. 물자집적지로서 요코하마항이 활황을 맞이하며 항만 하역에 종사하는 노동자를 위한 숙박소가 이곳에 들어서게 되었다. 직업안정소도 사쿠라기초에서 고토부키초로 이전하며 고도경제성장과 보조를 맞춰 일용직 노동자가 급증한다. 1960년대에 들어서자 일본 유수의 인력시장으로 성장했다. 하지만 2000년대 이후 고토부키초는 급격히 고령화해 지금은 예전의 활황을 볼 수 없다. 노동자의 거리는 '남성 고령자 케어 타운'으로 변화했다. 약 5,000명이 숙박소에서 살고 있는데 그중 80%는 생활보호대상자라고 한다. 인력시장이라는 말에서 연상되는 열기는 없다. 복고풍 분위기의 싸구려 술집도 있고 길거리에서 술을 마시는 사람도 없는 것은 아니지만 그것은 고토부키초에 국한된 풍경은 아닐 것이다. 적어도 표면상 고토부키초에는 잔잔하고 조용한 시간이 흐르고 있다. 코토부키초에 사람이 모이게 된 것은 메이지기부터이다. 예전에는 늪지였지만 개항과 더불어 요코하마항에 가까운 이곳이 매립되었고 수출용 섬유제품 등을 취급하는 도매상이 많이 들어섰다. 항만 노동자도 살게 된다. 전전의 고토부키초는 쪽방촌이라기보다는 노동자의 거리이며 오피스가이기도 하고 주택가이기도 했다.

1923년 지진으로 인한 불길은 이 마을을 덮쳤다. 사람들은 나카무라가와 강을 건너 그 앞의 고지대로 피난했다. 그 고지대야말로 헤이라쿠의 언덕이라 불리는 지역이다. 그런데 당시 조선인 노동자들이 많이 살았던 곳은 현재의 고토부키초보다 조금 더 나카무라가와 상류로 나아간 곳, 옥천사가 있는 일대였다. 여기보다 더 상류로 나아간 도조바시다리 근처에는 요코하마항에서 취급하는 석유제품 집하장, 가나가와 휘발물 저장고가 있었다. 조선인 노동자 중에는 그 석유제품을 취급하는 운반책이 적지 않았다. 지진으로 저장고 석유제품이 폭발을 일으켜 일대는 말 그대로 '불바다'가 되었는데, 이 또한 조선인 노동자와 관련지어진 것이 학살의 한 요인이되었다. 조선인 노동자 집주지대 뒤편, 고지대 반대 방향은 이세자키초로이어지는 지역인데 이 주변에는 요코하마 유곽이 있었다. 지진 시에 유곽여성들도 나카무라가와 강을 넘어 언덕 위로 도망갔다는 이야기는 많이 기록되어 있다. 그 유곽이 있던 일대는 지금은 맨션이 늘어선 주택가이다. 살짝이나마 옛 거리를 연상케 하는 것이 있다면 마을 한 편을 차지하는 러브호텔 구역일까? 낮에는 그다지 눈에 띄지 않지만 밤이 되면 러브호텔의 요염한 네온이 길거리를 환하게 밝힌다.

그런데, 지진 시에 나카무라가와 강을 사이에 두고 평지 쪽에 살던 사람들은 무너져 내릴 것 같은 다리를 건너 강 건너 고지대(헤이라쿠 언덕)로 피난했다. 참고로 다리 중 하나에는 '도카타바시'라는 명칭이 붙여져 있었다. 노동자들이 이 다리를 오갔던 데서 유래한 것이다.[1] 도카타바시 다리는 휘발유 저장고 폭발의 여파로 지진 발생 직후 소실됐다. 그 후 교체되면서 명칭도 아즈마바시로 바뀌었다. 다리 양 끝에는 도카타바시 시절 있었던 것으로 보이는 돌기둥이 복원되어 있다. 나카무라가와 강에 놓인 다리를 건너면 강가에는 주택과 아파트가 이어져 있는데 그 뒤편에서 급경사면이 시작된다. 요코하마 명물인 언덕길이다. 언덕길은 처음에는 차도 다닐 수 있는 폭 넓은 도로가 이어지나 중간부터는 돌계단으로 바뀐다. 히가시자카, 하스이케자카, 미카에리자카, 부타(돼지)자카, 헤비(뱀)자카, 구라야미자카, 다누키(너구리)자카⋯⋯. 이 근처 언덕길에는 저마다 특징적인 이름이 붙어 있었다.

나는 다누키(너구리) 언덕을 오른다. 돌계단은 굽이치며 언덕 위로 이어진다. 중간에는 「급경사지 붕괴위험구역」이라고 적힌 간판이 서 있었다. 가슴을 찌르는 듯한 가파른 경사를 나는 등을 구부리고 무릎에 손을 얹으며 나아갔다. 그날, 사람들은 이 언덕을 죽기 살기로 뛰어 올랐을 것이다. 노동자도 유녀도 상점 주인도 아이들도 필사적으로 언덕 위를 목표로 했다. 돌아보고 '아래세상'을 바라보면 화염에 휩싸인 거리가 보였을 것이다. 집을 잃은 것을 확인하면서도 살기 위해 사람은 달렸다. 언덕 위를 향해 이 가파른 언덕길을 나아갔다. 다 오른 곳이 헤이라쿠 언덕이다. 시야가 트였다. 바람이 통한다. '아래세상'과는 다른 공기를 느낀다. 멀리 미나토미라

---

1 한국에서 쓰이는 '노가다'라는 말은 일본어 '도카타'에서 유래했다. 건설·토목 현장에서 일하는 막노동, 일용직 노동자를 가리킨다.

이 고층빌딩 군이 보였다. 70층 건물에 들어있는 요코하마 로열파크 호텔이 눈과 같은 높이에 있었다. 바로 이 부근 다누키자카 고개의 끝 부근에 야마구치 마사노리의 집이 있었다. 야마구치의 아내는 조산사로 일하고 있었고 집에는 「야마구치산원」 간판이 걸려 있었다고 한다. 하지만 지진으로 가옥도 반파되어 야마구치는 근처 광장으로 이동했다. 거기서 모인 사람들에게 '약탈'을 부추긴 것이다.

헤이라쿠 언덕으로 피신한 사람들은 3만 명이나 되었다고 한다. 확실히 이 고지대까지 다다르면 '아래세상'처럼 불바다가 펼쳐지는 일은 없었다. 하지만 피난민으로 뒤범벅이 되어 식량도 부족하고 공포와 절망에 지배된 가운데 유언비어는 일정한 설득력을 얻어 간다. 학살의 조건은 갖추어져 있었다. 휘발유 저장고가 폭발한다. 화염이 거리를 휩쓴다. '약탈'을 부추기는 '야마구치 일파'가 있다. 또한 헤이라쿠 언덕에서 그다지 멀지 않은 곳에 있는 요코하마 형무소는 건물이 완전히 파괴되었기 때문에 1,000명의 죄수가 풀려났다는 정보도 전해온다(이것은 사실이었다). 게다가 일본 사회에 뿌리내린 조선인 차별의 감정이 나카무라가와 강가에 살던 조선인 노동자 또는 중국인 노동자에 대한 의심의 눈초리를 낳았다. 총체적으로 패닉 상태이기도 했을 것이다.

가나가와현 경찰부가 정리한 『다이쇼 대지진 화재지』에는 "조선인이 방화, 강도, 강간 등 폭행을 한다는 풍문으로 유포되자 불안은 한층 확대" "유언비어는 증대해 주민들은 죽창, 도검을 가지고 경호에 임하고 있지만, 절제 없는 자경단의 폭행은 이와 함께 격렬해져 때때로 함성을 지르며 선인을 쫓는 등 거의 전시상태와 같다"라고 헤이라쿠 언덕의 모습을 기록하고 있다. 여기서 말하는 '전투 상태'의 모습은 현지 어린이들이 남긴 글과 같다.

학살은 헤이라쿠 언덕에서, 그 아래 나카무라 강변에서, 그리고 시내 전역으로 퍼져나갔다.

어른들이 남긴 체험담도 소개해 두자. 먼저 〈도쿄 아사히신문〉 기자 가사이 하루미이다. 9월 3일 가사이는 지인을 만나고 돌아오는 길에 나카무라초(헤이라쿠 언덕 아래 근처)에서 큰 비를 만나 불에 타고 남은 전철 안에서 비를 피했다. 그때 우연히 있던 노동자풍의 남자들과 다음과 같은 대화를 나눈다.

"조선인은 어때요. 난 오늘까지 6명 해치웠어요."

"그건 굉장하군."

"여하간 몸을 지킬 수 없다면, 천하 거리낄 것 없는 살인이니까, 호기로운 것이야."

수염이 수북한 노동자는 계속 이야기한다.

"이 나카무라초는 선인 소동이 제일 대단했지. 선인 하나를 잡아서 자백시켰더니, 그 자식, 지진 날부터 열 몇 명 강간했다고 한다. 그중에서도 지진이 일어난 날 밤, 남편이 없는 집에서 여자를 강간하고 집에 불을 질러 아기를 그 안에 던져버렸다는 얘기다. 그런 놈은 바로 때려죽였는데……"라고 한다.

"전신주에 철사로 묶어…… 타버려서 밧줄 따위는 없으니까 말이야…….

때리고 차고 쇠갈고리로 머리에 구멍을 내고 죽창으로 찌르고 엉망진창이지. 근데 그놈들 눈에서 뚝뚝 눈물을 흘리며 살려달라고 빌지만 결코 비명을 지르지 않는 게 이상해."라고 한다. 끓어오르는 열정을 속에 지니고 결코 죽음을 두려워하지 않고 묵묵히 죽음을 향해 나아가는 조선의 민족성을 생각하게끔 한다.

"오늘 아침도 해치웠지. 그 강가에 빈 통 같은 게 있을 거예요. 그 속에 놈이 하룻밤 숨어 있었대. 배는 고프고 모기에게 물리고 통 안에서는 움직일 수도 없으니 놈은 참을 수 없게 되어 오늘 아침 기어 나온 거지. 그걸 발견해서 다 같이 잡으려고 했던 거야."

"놈은 강으로 뛰어들어 건너편 강둑으로 헤엄쳐가려고 했소. 이보시오, 돌은 좀처럼 안 맞아요. 모두가 돌을 던졌지만 한 번도 맞추질 못하네. 그래서 마침내 배를 내보냈지. 그런데 말이야, 독한 놈이야. 십분 씩이나 물속에 잠겨 있더군. 한참 있다 숨이 찼는지 배 바로 옆으로 머리를 내밀었어. 그걸 배에 탄 사람이 쇠갈고리로 머리를 콱 걸고는 배로 질질 끌어올렸지. ……마치 통나무같이 말이야."라고 한다. "배 옆에 오니 이미 엉망진창이다. 쇠갈고리 하나로도 죽은 놈을 칼로 베고 죽창으로 찌르고 하니……"

이상은 『요코하마시 진재지』에 보낸 가사이의 체험기이다. 가사이는 이 대화를 통해 "암담한 적적함만이 남아있다"고 느꼈다고 한다. 현재의 가치관만으로 가사이를 비난할 생각은 없지만, 그래도 '적적함'뿐인가 하는 감정이 내 안에서 부글부글 끓어오른다. 강물 속으로 도망친 남자를 생각했다. 그는 결코 '독한 놈'이 아니었다. 필사적이었을 뿐이다. 그래서 하룻밤도 통 안에 숨어 있었다. 돌을 던지자 물속에서 오로지 괴로움을 견뎠다. 그런데 수면 위로 고개를 드는 순간 추격자들이 "쇠갈고리로 머리를 콱 걸고는" 배에 끌려갔다. 그때 의식은 아직도 남아 있었을까. 그 아픔과 억울함만이 먹물을 쏟은 듯 가슴 속을 까맣게 물들인다.

'적적함' 이런 게 아니다. 그를 무참히 때려죽인 자들, 살해를 종용한 자들에 대한 분명한 분노를 나는 느낄 수밖에 없었다. "천하 거리낄 것 없는 살인" 따위 '호기'도 아무것도 아니다. 그저 광기일 뿐이다. 그런 말을 버젓이 하게 만드는 사회야말로 이상한 것이다.

언덕을 다 오르기 전에 살해된 사람들

자, 또다시 언덕길 이야기이다. 요코하마시 미나미구에 위치한 게이힌 급행 미나미오타역을 내린 나는 역 앞에서 이어지는 완만한 언덕길을 걸어간다. 양쪽에는 약간 허름한 상점이 늘어서 있다. 교차로 신호등에 설치된 표지판을 올려다보며 여기에 '동동 상점가'라는 명칭이 붙어 있음을 알게 되었다. 도대체 뭐가 '동동'이란 말인가? 나는 언덕길을 오르내리는 발자국 소리나 힘차게 무언가가 진행되는 모습을 상상했지만 모두 달랐다. '동동'은 강에서 유래한 것이었다. 옛날 이 근처에는 개울이 흐르고 있었다. 평소에는 온화한 표정을 지었으나 호우로 물이 불어나면 폭포수처럼 거센 기세로 냇물을 울렸다고 한다. 그래서 어느덧 사람들은 '둥둥 흐르는 동동 강'으로 호칭하게 되었다.

쇼와시대 초에 도로 정비가 행해져 예전의 개울은 속도랑처럼 변했다. 그럼에도 '동동' 이름은 남아 1950년대부터 이 일대에 '동동 상점가'라는 명칭이 붙었다. 상점가를 벗어나 한층 더 잔잔한 언덕길을 가면 주택가가 펼쳐진다. 걸어가며 이 일대가 움푹 팬 곳임을 깨달았다. 지역 양쪽을 높은 절벽이 둘러싸고 있는 것이다. 그 벼랑 위를 향해 계단이 더 뻗어 있는 것이 보였다. 끌어당겨지듯이 나는 계단이 있는 쪽으로 걸음을 옮긴다. 힘들고 지치고 다 올라가야 아무런 도움도 되지 않는 성취감을 얻을 뿐이지만, 요코하마 거리를 돌아다니다 보니 가파른 언덕을 보면 오를 수밖에 없는 반사 신경이 몸에 배어 버렸다. 스케일이 작은 산악인과 같다. 차량 왕래가 잦은 도로에서 샛길로 빠져 주택가 안으로 들어간다. 완만한 경사는 점점 경사를 더해간다.

이 근처에도 「급경사지 붕괴위험구역」임을 알리는 안내판이 서 있었다. 그렇다 치더라도 이 일대 주민 이외의 사람이 아니라면 어지간한 볼일이나 형편이 아닌 한 돌아다니는 사람은 없지 않을까? 그렇게 생각되는 어딘가 서먹서먹한 공기를 느낀다. 아마도 그것은 골목 곳곳에 설치된 「표어 간판」 때문일지도 모른다. 「차에 대한 배려를 보여주는 도어 록」, 「날치기 주의」, 「악에 물들지 마라, 지지 마라」, 그렇게 크게 쓰인 간판이 눈에 띌 뿐만 아니라 반상회 옆 게시판에도 「말은/칼이 된다/조심해」「고마워/마음에 꽃이/피는 말」 등 5·7조 표어가 늘어선다. 표어를 좋아하는 동네일 것이다. 특별히 치안이 나쁜 것 같지도 않은 한적한 주택가이지만 자꾸 눈에 띄는 표어가 외부 사람에게는 어딘가 불편함을 느끼게 했다. 그런 주택가 안쪽으로 가면 여기서부터 드디어 계단이다. 가옥과 가옥 사이로 짐승 길과 같은 급한 경사가 뻗어 있다. 조심스럽게 난간이 달려 있었다. 원하는 장소가 그 위에 있다면 역에서부터 쭉 올라가는 길이 이어지는 것이다. 등고선을 두 개나 세 개나 넘긴 것 같은 기분도 든다. "지지 마라" 표어를 떠올리며 나는 무릎에 손을 얹고 가파른 경사면을 오른다.

'정상'에 다다르자 익숙한 풍경이 날아들었다. 고지대에 있는 양지바른 주택가, 그리고 바다 쪽으로 펼쳐진 '미나토 미라이' 모습이다. 여기서도 역시 로열 파크 호텔이 존재감을 드러내고 있었다. 이 언덕을 오르면"아마 다들 그렇게 생각했을 것이다. 지진 재해 당시의 일이다. 가옥이 무너지고 화재의 공포가 닥쳤을 때 사람들은 언덕길을 오르려고 몰려들었다. 당연하지. 나도 필시 높은 곳을 목표로 했을 거다. 하지만 다 오르기 전에 살해된 사람도 있었다. 그것이 조선인이었다.

사법성 조사를 뒤집는 공문서

당시 벼랑 아래 펼쳐진 주택가 한편은 노동자들의 집주 지역이었다. 이 근처에는 영세 공장이나 고철 회수소 등이 있었다고 한다. 지금은 그 흔적조차 남아 있지 않지만 그곳은 빈곤층이 많은 마을이기도 했다. 조선인 노동자도 많이 살았다. 이 지역에서 살해된 사람의 기록이 남아 있다. 그 일부를 소개하겠다. 범행 시각은 9월 3일 오전 7시. 피해자는 20대 중반으로 보이는 남성이다. 범인은 검거되지 않았지만 기록에는 '수사 중'이라고 돼 있다. 살해 이유는 다음과 같다.

선인이 범행한다는 풍문 있어 자경 중에 한 사람이 강 속 목재 사이에 잠복하던 것이 발각되어 불령선인이 잠복했다 외치고 경계 중인 민중은 범행이 선인 짓이라 여

　　겨 살해한 일과 같다.

　　아마 이 피해자 남성도 '불령선인'으로 쫓기며 쌓인 목재 밑에서 숨죽여 폭풍이 지나가기를 꾹 기다렸을 것이다. 하지만 운 나쁘게 자경단에게 들켜 죽임을 당했다. 기록상으로는 이 밖에도 "잠복하던 것이 발각"된 조선인이 최소 6명 살해되었다. 실은 이 지역에 있어 학살사건은 오랫동안 자료도 증언도 거의 존재하지 않았다. 그렇다면 내가 여기에 인용한 기록은 무엇인가? 2023년 9월에 일반에 공개된 「신 자료」에 기록된 것이다. 나는 「신 자료」에 기대되어 있는 학살 현장을 확인하기 위해 이곳을 방문한 것이다.

　　2023년 9월 4일, 중의원 회관에 모인 기자들 앞에서 이 자료를 발표한 것은 야마모토 스미코이다. 문서명은 「지진 재해에 따른 조선인 및 중국인에 관한 범죄 및 보호 상황 기타 조사의 건」. 작성자는 지진 당시 가나가와현 지사 야스코치 아사키치로 내무성 경보국장에게 보낸 것이었다. 주목할 만한 것은 이 문서의 「내지인이 조선인에 대해 행한 살상사건 조사」라는 제목의 항목이다. 여기에는 현내에서 57건, 총 145명 조선인이 살해된 사례가 제시되어 있다. 앞서 말한 바와 같이 살해 이유도 기록되어 있고, 일부이지만 피해자·가해자의 성명 등도 기술되어 있었다. 특기할 만한 것은 우선 이것이 공문서라는 점이다. 가나가와 현내에서는 많은 학살 사례가 기록되어 있음에도 불구하고 지금까지 정부는 일관되게 사법성조사에 의한 "희생자는 현내 2명"이라는 숫자에 의거하며 그 밖에 기록은 찾을 수 없다고 해왔다. 그렇게 숱하게 존재하는 학살 기록을 무시한 끝에 정부는 "사실관계를 파악할 수 있는 기록은 찾아볼 수 없다"는 설명을 되풀이해 온 것이다.

　　야마모토가 발표한 이 문서는 사법성 조사의 허술함을 드러냈을 뿐만 아니라 이러한 정부 견해도 뒤엎는 것이었다. 사실 이 자료는 조선인 학살 연구자로 알려진 강덕상(시가현립대 명예교수·2021년 작고)이 10년 전 발견한 것이었다. 정부 관계 문서 등이 모여 있는 고서점에서 발견하여 손에 넣었다고 한다. 강덕상과 야마모토는 함께 자료 수집에 힘썼으며 현내 각지를 돌며 증언을 모아왔다. 이번 새로운 자료와 관련해서도 충분한 근거를 조사하고 목격 증언과도 대조했으며, 게다가 문서의 진위도 포함 검증하여 겨우 발표에 이르게 된 것이었다.

"애초 요코하마에서 학살이 없었다고 하는 자체가 이상하다. 지금 다시 한번 이 문서를 통해 알 수 있는 것은 정부가 학살 사실을 숨겨왔다는 것이 아닐까요?"

야마모토는 그렇게 말한다. 즉 은폐 증거가 밝혀진 것이다.

"물론 이 자료가 모든 것을 정확하게 보고하는 것도 아니다"라는 지적 또한 놓치지 않는다.

문서에 기재된 것은 57건, 145명의 조선인 학살이다. 수많은 증언이나 기록에서 유추되는 숫자와는 그래도 아직 상당한 괴리가 있다. 전술한 「위문반」은 가나가와현 전체에서 3,999명의 학살 희생자를 보고하고 있다. 그래서 야마모토는 "(현이) 내무성에 사례의 일부를 살짝 보이기만 한 것은 아닌지"라고 추측하는 것이다. 예를 들어 많은 목격 증언이 남아 있는 나카무라가와 강변, 또는 고야스에서 히가시 가나가와에 걸친 지역. 이 일대는 요코하마에 있어 '최대 학살 피해지'라고 많은 연구자가 인정하고 있음에도 불구하고 관련 기술이 거의 없다. 너무나도 막대한 피해 규모여서 일부러 보고하지 않은 것은 아닐까? 학살에 군이나 경찰이 관여한 경우도 많았기 때문에 내무성으로 전달하는 것을 주저, 아니 은폐한 것은 아닐까? 예를 들어 군관계로 말하면, 오사카 시사신보 기자 아이자와 겐지가 작성한 기사(1923년 9월 6일)가 알려져 있다. 그는 지진 재해 취재를 위해 오사카를 떠나 3일 오전에 배로 요코하마항에 도착했다. 그런데 상륙하자마자 수많은 '국수회원'(우익단체)이 칼을 겨눈다. 우선은 일본인이라는 것을 의심받았고, 다음은 사회주의자라는 것을 의심받았다. "이런 전쟁터에 뛰어들 놈이 어디 있느냐"는 게 국수회원들의 주장이었다. 아이자와는 그들을 어떻게든 제치고 시내에 들어갔는데 눈에 들어온 것은 곳곳에서 "데굴데굴 구르는" 학살 사체였다. 기사에는 이렇게 서술되어 있다.

육전대는 우왕좌왕하며 질서유지에 힘써 3일 밤까지 벌써 6백 명의 ○○을 ○○하고 ○○○○○도 척척 해버렸다.

○○ 부분은 보도 통제에 의해 복자로 돼 있지만, 이것이 조선인 학살을 나타낸 기사라는 것은 쉽게 상상이 간다. 처음 복자 부분부터 차례로 '선인' '살해' '사회주의자'로 맞추면 된다. 이러한 군과 경찰에 의한 학살 사례가 문서에 기재되어 있지 않을 뿐만 아니라, 중국인 학살 관련 기술도 없다.

정부는 학살 사실을 알고 있었다

지진 시의 중국인 학살에 관해서는 제7장에서 언급하지만, 요코하마에서도 많은 중국인이 살해되었다. 지진 후 중화민국 정부가 정리한 자료집 『일본 진재 참살 화교 안』에는 지진 시의 학살로 죽은 중국인에 대한 상세한 기록이 남아 있다. 그중에는 요코하마 지역에서 학살된 약 100여 명의 중국인 이름도 열거되어 있다. 당시 요코하마에는 난징초(현재의 차이나타운)에 약 5,000명의 화교가 있었고 그 외에도 약 500명의 중국인 노동자가 살고 있었다. 학살이 집중된 곳은 현재의 고야스, 히가시 가나가와 주변이다. 이 지역은 당시 공장 노동자와 일용직 노동자들의 집주 지역으로 중국인 노동자 전용이라고 할 수 있는 '나가야 주택'도 들어서 있었다. 그런 곳에 사는 중국인들이 희생된 것으로 보인다.

요코하마에서의 현지 조사를 거듭한 니키 후미코 『진재 하의 중국인 학살』에 따르면 부두에 있는 요코하마 세관에서는 수병들이 중국인을 밧줄로 매달아 3명이 사망했다는 기술도 있다.

『일본 진재 참살 화교 안』에는 가해자의 속성도 기록되어 있는데, 거기

374

에는 경찰, 노동자, 심지어 군경, 해군 수병, 육군이라는 문구도 있어 중국인이 학살된 것뿐만 아니라 군대가 가담한 사실도 밝혀져 있는 것이다. 더욱이 당시 사법성 자료에서는 가나가와현 내에서는 단 1건의 중국인 학살 사례를 기록하고 있다. 이것은 9월 4일에 아시가라시모군 도이무라(현재의 유가와라마치)에서 2명의 중국인이 살해된 사건이다.

나는 학살 현장을 찾았다. 유가와라역서 해안과는 반대 방향으로 산 경사에 따른 언덕길을 오른다. 다 오른 곳에 펼쳐진 산림은 흔히 '산신의 수총'이라 부르며 말 그대로 산신령이 모셔진 곳이다. 예로부터 현지인들에게는 신성한 장소였으며 현재까지도 사람 손이 닿지 않은 채로 군생하는 거목은 국가 천연기념물로 지정되어 있다. 발아래에는 온천마을로 알려진 유가와라 거리와 햇빛을 받아 반짝반짝 빛나는 사가미만이 펼쳐져 있었다. 이 풍광 좋은 곳에서, 신이 깃든다고 여겨지는 곳에서, 중국인 노동자들은 죽창과 쇠갈고리를 맞아 죽임을 당한 것이다. 학살된 중국인들은 국철 아타미선(오다와라-아타미 간) 부설공사에 종사하고 있었다. 현재의 유가와라역 근처 현장숙소에서 살고 있던 것 같다. 현지 도서관에서 확인한 『유가와라마치사』 등 자료에 따르면 아타미선 부설 공사에는 약 350명의 중국인, 조선인 노동자가 종사하고 있었다. 대지진으로 공사 현장에서 산사태가 잇따르자 대응에 분주하던 가운데 일어난 학살사건이었다.

9월 4일 낮, 술에 취한 일본인 노동자들 사이에 싸움 소동이 있었다. 싸움 당사자 쌍방이 불어나 꽤 대규모 난투극으로 발전한 것 같다. 그런데 지역 주민들은 이 소동을 '조선인 습격'으로 여겼다. 이 마을에도 2일경부터 경계를 호소하는 무선 연락이 들어와 있어 소방조를 중심으로 한 자경단이 결성되어 있었다. 단순한 싸움을 '습격'으로 오해한 자경단은 조선인과 중국인이 생활하는 숙소를 덮쳤다. 그때 도망치지 못한 중국인만이 붙잡혀 '산신의 수총'에 끌려 간 후에 참살되었다. 유가와라마치 도서관에는 지진재해 경험자에 의한 체험집이 소장되어 있다. 그 안에 담긴 마을주민 좌담회에서도 학살 사건을 약간은 화제로 삼고 있었다.

참고로 이 사건에서는 자경단에 참가했던 8명이 검거되었지만, 재판 결과 판결에서는 모두 집행유예가 붙었다. 이때 피고 측 변호사를 맡은 것이 나중에 국회의원이 되는 히라카와 마쓰타로이다. 당시 아시가라시모군에서는 민정당의 히라카와와 정우회의 모리 가쿠가 치열하게 선거를 치르고 있었다. 사건 이후 자경단 관계자들은 집행유예 판결을 받아내고 심지어 무보수로 변호를 맡은 히라카와를 위해 보은 차원에서 선거운동을 지원했다고 한다. 지명도에서는 모리에 뒤떨어지던 히라카와가 아시가라시모군에서 우위에 설 수 있었던 데에도 학살 사건이 관계하고 있는 것이다. 그런데 왜 중국인이 학살당했을까? 이것도 7장에서 자세히 설명하겠지만, 두 말할 것도 없이 가장 큰 이유는 '차별과 편견'이다. 청일전쟁 이래 계속되어 온 중국인 멸시에 더해 그 무렵 증가하고 있던 중국인 노동자를 '일본인 일자리를 빼앗는 자'로서 증오해 온 상황도 있었다. 예를 들면 지진 7개월 전, 2월 14일에 요코하마 다카시마초에서 일본인 노동자와 중국인 노동자 사이에 '대 난투 사건'이 일어났다. 근처 가나가와 코크스(석탄운반회사)에서는 그 무렵 중국인 노동자 30명이 양륙 작업을 담당하고 있었다. 그런데 "일본인 일자리를 빼앗긴다"며 반발하던 일본인 노동자들이 중국인들을 고용하지 말 것을 회사 측에 요구했다. 사측은 중국인 고용을 중단하겠다는 뜻을 답했지만 다음날도 중국인 노동자들은 출근, 여느 때처럼 양륙 작업에 종사했다. 이에 일본인 노동자들이 분개하여 대 난투극으로 발전한 것이다. 중국인 노동자에 대한 반발, 증오, 그리고 멸시라는 시각은 지진 시에 증폭되어 학살로 연결되었다. 하지만 「지진 재해에 따른 조선인 및 중국인에 관한 범죄 및 보호 상황 기타 조사의 건」에는 중국인 학살에 관한 기재는 없고 경찰이 중국인을 보호한 사례만 기록되어 있다. 한편 문서에는 야마모토 등이 파헤쳐온 것과 일치하는 사례도 있었다. 문서가 '조선인 피해자 42명'이라고 기록하는 요코하마항 매립지에서의 학살이다. 이것은 앞서 말한 아사노 조선소에 인접한 내무성 기계공장 앞 광장에서의 학살을 말한다. 피해자를 48명으로 기록한 「위문반」 조사와도 거의 인원이 일치한다. 문서에는 살해 이유로 약탈을 의심한 지역 주민들이 조선인 노동자 숙소를 "대거로 습격"했다는 내용이 기재돼 있었다. 이처럼 새로 공개된 문서에는 지금까지 얻은 증언과 일치하는 것도 있고 빠진 부분도 있으며, 그리고 아무도 몰랐던 '새로운 사실'도 있었다. 야마모토는 말한다.

"분명한 것은 학살 실태 조사가 이루어졌다는 것. 게다가 그것이 국가에 보고되었다는 것입니다. 즉, 정부는 학살 사실을 알고 있었다. 그러면서도 사법성은 요코하마 시내에서 학살은 없었다고 발표했고 정부도 일관되게 기록이 없다고 우기고 있다. 그러한 태도에서는 제노사이드를 일으킨 측으로서의 책임이 전혀 느껴지지 않습니다. 지금 또다시 헤이트스피치나 헤이트크라임이 문제가 되고 있는 것도 지진 시의 학살에 아무런 책임도 지지 않고 교훈을 배우지도 않고 그러기는커녕 학살 자체를 없었던 것처럼 모르는 체하는 그러한 정부의 대응에 기인하고 있는 것은 아닐까 생각하게 됩니다."

그리고 계속해서 이렇게 말한다. "가나가와현이 이러한 문서를 만들었다는 것은 다른 현에도 같은 것이 있을지도 모른다. 어디선가 조용히 아직 알려지지 않은 학살의 기록이 잠들어 있는 것은 아닐까 생각합니다."

그렇기 때문에 야마모토는 지금도 조사 활동을 계속하고 있다. 교사 시절에는 스스로 희망하여 자이니치 코리안 학생이 많은 학교에서 근무했다. 지진 학살 조사를 하면서 교육현장에서 민족차별을 없애지 않으면 그때와 똑같은 비극이 되풀이될 것이라는 믿음에 따른 것이다. 학교 현장에서는 아이들에 의한 '차별의 현장'과 몇 번이나 마주쳤다. 예를 들어 자이니치 코리안 학생에게 돌을 던져 괴롭히는 학생이 있었다. 그 학생은 그것이 나쁘다는 자각은 있었지만 상대가 조선인이라면 용서받을 수 있다고 생각했다.

"거기서 비극의 씨앗을 보았다." 조선인이니까, 중국인이니까, 죽여도 상관없다는 지진 시의 학살과 통하는 심리를 느낀 것이다. 학생뿐만이 아니다. 교사도 교육위원회도 차별을 심각한 문제로 보지 못하는 사람이 적지 않다. 그 위기감 또한 야마모토를 움직여 왔다. 학살을 그린 아이들의 작문과 1970년대 처음으로 마주한 뒤 "비극을 되풀이하지 않기 위해"라고 자신을 타이르면서 조사를 계속해 온 것이다.

교사를 은퇴한 뒤에는 더욱 활동을 가속화했다. 남겨진 증언을 구하기 위해 각지를 뛰어다니며 2012년에 현재의 「실행위원회」를 만들었다. 의뢰를 받으면 현장 강사 역할도 맡는다. 2022년에는 척추관 협착증 수술도 했다. 필드워크 현장에서 때로는 피로와 다리 통증으로 표정을 일그러뜨리면서도 늘 앞장서서 걷는다. 앞으로 무엇을 하고 싶은가? 내가 그렇게 물었을 때, 야마모토는 "비를 세우고 싶다"라고 바로 답했다.

죽임을 당한 사실을 비석에 새기다

요코하마 시내에는 학살된 조선인과 관련된 비가 몇 개 세워져 있다. 「간토대지진 한국인 위령비」가 설치된 보생사에서는 지진 이듬해부터 학살 피해자 법회가 열리고 있다. 이는 자이니치 조선인 동포구제단체인 애린원을 주재하는 이성칠李誠七의 노력에 따른 것이다. 이성칠은 지진 때 농가에 숨어 겨우 난을 피할 수 있었지만 얼마 후 많은 동포들이 학살된 것을 알게 되자 그 공양을 위해 동분서주한다. 그러나 그가 부탁한 절에는 모조리 거절당했다. 그러던 중 유일하게 흔쾌히 허락해 준 것이 보생사의 당시 주지였다. 그로부터 50년 가까이 지난 1971년 재일본 대한민국 거류민단 가나가와현 본부(현재의 한국민단 가나가와현 지방본부) 등에 의해 위령비가 건립되었다.

구보야마 묘지의 「간토대지진 순난조선인 위령지비」는 학살을 목격한 일본인 이시바시 다이지가 사재를 털어 1974년 세운 것이다. 이시바시는 어렸을 때 요코하마 후쿠토미초에 살았다. 지진 때 가족과 함께 대피하던 중 구보야마 언덕에서 전신주에 동아줄로 묶인 조선인 시신을 발견했다. 그 무참한 광경을 잊을 수 없어 어른이 된 후에도 시에 몇 번이나 조선인 위령비 건립을 요구했으나 그 바람이 받아들여지지는 않았다. 그래서 시신이 있던 곳과 가까운 구보야마 묘지에 직접 위령비를 건립한 것이다. 이곳에서도 매년 9월 시민들의 추모회가 열리고 있다.

미쓰자와 묘지에는 학살당한 조선인 유골을 거두기 위한 납골탑 등을 만든 무라오 리키치를 기리는 「경모비」가 있다. 무라오는 해군 출신으로 지진 시에 미쓰자와 묘지에서 난잡하게 쌓아올린 조선인의 학살 사체를 보고 마음이 아팠다. 그래서 지진 이듬해 여기에 목탑을 세웠다. 이어 9년 뒤에는 부지 내에 땅을 매입해 조선인 공동묘지도 조성했다. 무라오는 1946년에 죽었는데 이때 조선인 공동묘지를 개보수하고 그곳에 무라오의 무덤을 만든 사람은 앞서 말한 이성칠이다. 이성칠과 무라오는 조선인 추모의 '동지'이기도 했다. 이성칠은 조선인 유골을 요코하마시 항북구 연승사로 옮겨 납골당을 건립하고, 미쓰자와 묘지에 무라오의 유골을 묻었다. 이후 부지 내에 무라오를 기리는 「경모비」를 건립했다. 국가나 행정이 아무리 냉담해도 학살 사실을 잊지 않고 애도하는 사람의 마음까지 사라지고 없어지지는 않는다. 요코하마에는 곳곳에 그러한 추도의 의지가 살아 있다.

한편 야마모토가 말한 '위령비'는 현존하는 그것들과는 다르다. 분명히 '학살'을 새기고 싶다는 꿈을 갖고 있다. 야마모토는 새로운 공문서를 발굴한 연구자 강덕상과 함께 요코하마 내 학살 현장을 둘러본 적이 있다. 이때 강씨가 툭 내뱉은 말이 잊히지 않는다고 했다.

"여기저기 비석을 세우고 싶네."

학살당한 기억을 잇고 살아 온 증거를 남기고 싶다. 그것이 강덕상의 바람이기도 했다. 그래서 '순난'이 아니라 분명하게 이 땅에서 살았고 죽임을 당한 사실을 비석에 새기고 싶다고 야마모토는 호소한다. 그래서 야마모토는 오늘도 계속 걷는다. 비탈길을 오른다. 무언가에 홀린 것처럼 가파른 경사를 나아간다. 다카시마 산으로 이어지는 언덕길을, 고가야 공원에 들어가는 비탈길을, 주택가 계단을, 야마모토는 간다. 이 언덕길을 오르면 거기서 또 진실이 보일지 모른다. 그 생각이 84세 여성에게 기적의 다리 힘을 부여하는 것이다.

조선인이 쓰루미 경찰서장에게 보낸 감사장

오카와 쓰네키치에 대해 아는 바를 가르쳐 줄 수 없을까? 그런 나의 무례한 요구에 손자 오카와 유타카(72세)는 곤란한 표정을 지었다. 요코하마 시내. 유타카의 자택이다. "할아버지는 1940년에 63세로 돌아가셨어요. 1952년생인 저는 아예 안면도 없어요."

유타카는 응접실 테이블에 할아버지인 쓰네키치의 사진을 놓고 "그렇게 대단한 사람이었나요"라고 가볍게 고개를 갸웃했다. 조선인 학살을 자세히 모르는 사람이라도 쓰루미경찰서장 오카와 쓰네키치 이름만은 알고 있다고 하는 사람도 적지 않을 것이다. 지진 때 조선인과 중국인의 생명을 구한 '영웅'적인 경찰관으로서.

요코하마시 우시오다마치 동점사에는 오카와 쓰네키치의 묘와 현창비가 세워져 있다. 현창비에 새겨진 글은 다음과 같다.

고故 오카와 쓰네키치 비

간토대지진 당시 유언비어에 의해 격앙된 일부 폭민이 쓰루미에 사는 조선인을 학
살하려 하는 위기에 있어 당시 쓰루미 경찰서장 고 오카와 쓰네키치 씨가 죽음을
무릅쓰고 그 잘못을 호되게 꾸짖어 3백여 명의 생명을 구한 일은 참으로 미덕임으
로 우리는 이에 고인의 명복을 빌고 그 덕을 영구히 찬양한다.

1953년 3월 21일, 재일조선통일민주전선 쓰루미 위원회

건립자인 재일조선통일민주전선은 당시 '민전'이라고도 불렸던 민족단
체이다. 쓰네키치는 재일조선인들로부터 "영구히 찬양"받을 정도로 평가
를 받았다. 비문에 나와 있는 대로 쓰네키치는 "죽음을 무릅쓰고" 자경단
에게 쫓기는 조선인을 경찰서 내에 보호하고 목숨을 지켰다. 그 사실은 많
은 책들이 기록하고 있다. 쓰네키치는 "조선인을 내놓으라"며 쓰루미서에
몰려든 1,000명의 군중에게 "조선인을 죽이기 전에 나를 먼저 죽여라" 팔
을 벌려 소리치고, 우물에 독을 탔다고 주장하는 자들에게 "그렇다면 (독
으로 의심된) 병에 든 물을 마셔보겠다"며 실제로 마셔 조선인을 지켜냈다
는 등의 일화가 남아 있다.

작가이자 수필가인 박경남은 쓰네키치의 에피소드에 감명받아 친지들에
대한 취재를 더하여 1992년『두둥실 달이 뜨면』을 출간했다. 그의 할아버
지 또한 지진 당시 도쿄에서 살해될 뻔했다고 한다. 그런 만큼 쓰네키치와
같은 존재는 하나의 희망이기도 했을 것이다. 일본 사회의 차별과 편견에
용감히 맞서던 박경남이 이 주제를 다룬 이유는 너무나도 이해할 수 있다.
한편 전혀 다른 입장에서 쓰네키치를 평가하는 쪽도 있다. 가령 우파로서
교과서 채택 운동을 전개한 자유주의사관연구회와 후지오카 노부카쓰는
『교과서가 가르치지 않는 역사』에서 쓰네키치를 거론하며 조선인을 지키
기 위해 군중에게 일갈하는 모습을 그리고 있다. 일본인은 이 정도로 고상

동점사에 세워진 오카와 쓰네키치 쓰루미 경찰서장을 현창하는 비

하고 아름답다고 하는 문맥이 떠오르게 하는 장치이다. 나도 그렇게 생각하고 있었다. 요코하마에서는 가해자로서의 경찰관 모습만이 떠오르는 가운데, 오카와가 취한 행동은 한층 더 '돋보인다'. 더구나 피해자인 조선인이 쓰네키치를 기리고 비석까지 건립한 것이다. 그 뿐만 아니다. 요코하마의 자택에서 손자인 유타카가 테이블 위에 펼쳐 보여 준 것은, 지진 이듬해에 지역의 조선인 유지가 쓰네키치에게 보낸 「감사장」이다.

감사장에는 「선인 일동」으로 8명의 조선인 이름이 적혀 있고 한글과 한자를 섞어 목숨을 걸고 조선인을 구한 쓰네키치에게 "살아 있음은 오카와 서장 덕분이다"라는 감사가 쓰여 있다. 하지만 감사장이 낡지 않도록 엄중히 보관하고 있는 유타카이기는 해도 특별히 자랑스러운 표정을 보이는 것도 아니다. 그 이유를 묻자 이런 대답이 돌아왔다.

"경찰관이니까 당연한 행동이라고 생각해요."

그리고 이렇게도 계속한다. "도움을 준 행위 자체는 평가받아도 좋지만, 특별히 아름답게 말해질 필요도 없다고 생각해요. 중요한 건 조선인이 학살당했다는 사실입니다. 그 일을 잊어서는 안 되고, 경찰관 한 명의 행위로 일본 사회의 가해 자체가 면죄 받을 수도 없습니다. 전해야 할 중요한 것은 따로 있다고 생각합니다."

유타카는 돌아가신 할머니로부터 "너의 할아버지는 조선인을 도운 사람이야"라고 들은 것 이외에 집안에서 다른 말은 없었다고 한다. 냉담한 심정이었던 것은 아니다. 그야말로 '당연한 행위'로 받아들였기 때문이다.

'이용'당한 오카와 쓰네키치 일화

박경남이 『두둥실 달이 뜨면』을 출간한 직후, 유타카는 박경남에게 한국행을 권유받았다. 이 책을 읽고 감동한 서울의 한 병원장이 저자 이야기를 꼭 듣고 싶다며 강연에 초대한 것이다. 당초 박경남은 취재에 협조한 아버지에게 동행을 권유했지만 고령인 탓에 유타카가 가게 됐다. "사실은 별로 내키지 않았다”라고 유타카는 털어놓는다. 아무리 조선인의 목숨을 구했다고 해도 할아버지는 경찰관이었던 것이다. 조선인을 탄압하는 쪽의 조직에 몸담고 있던 입장이었다. 그 손자인 자신이 환영받을 리 없고 오히려 적대시될 만하다고 생각했다. 가능하면 눈에 띄는 곳에는 서고 싶지 않았다. 하지만, 아니나 다를까 서울의 강연회장에서 유타카는 연단에 서게 되었다.

“다리가 오들오들 떨렸습니다. 진심으로 무서웠어요.”

유타카는 쓸데없는 말을 빼고 솔직한 마음을 짧게 전했다.

“할아버지가 한 것은 당연한 일이에요. 왜 그것이 미담이 되어 버리는 것일까요? 제가 일본인의 한 사람으로서 여러분에게 전할 수 있는 것은 이 한마디뿐입니다.”

유타카는 거기서 말을 끊고 정면을 바라보았다.

“미안해요.”

조용하던 행사장에 박수가 쏟아졌다. 유타카의 성실한 인품은 한국인에게도 제대로 전달된 것이다. 하지만 이걸로 그의 마음이 편해진 것은 아니다.

“지금도 할아버지에 대한 마음가짐은 변함이 없어요. 그 시대에 그 환경에서 사람을 구한 것은 평가할 수 있습니다. 하지만 계속 말해야 하는 것은 가해의 문제가 아닐까요.”

쓰네키치의 일화는 조선총독부에서 근무했던 나카지마 쓰카사中島司가 지진 후 ‘미담’을 수집하여 정리한 서적『진재미담』에 담긴 것이 초출이다. 이 책의「머리말」에는 아래와 같은 사례를 수록했다고 한다.

임협의용任俠義勇의 정신과 행위를 발휘한 사실이 곳곳에 존재한다.

평소 무사한 때라면 몰라도 그가 혼란스러운 틈바구니 속에서 자신의 안위를 염려하지 않고 타인을 위해 나아가 구호 알선을 한다.

조선인 학살 사실을 인정하면서도 "이렇다 저렇다 해도 지금은 옳고 그름도 없다. 모든 것을 물에 흘려보내 잊어버릴 수밖에 없고, 후회해도 소용없는 일이다."

일어나 버린 것은 어쩔 수 없다. 지금은 아름다운 이야기로 '내선융화'에 발맞춰 가자고 호소하고 있는 것이다. 쓰네키치의 일화는 거기서 '이용'되고 있는 셈이다. 그렇다면 다소 과장이 있을 수밖에 없다. 그런 일도 있어 유타카는 무조건 쓰네키치를 기리는 일본 사회에 약간의 의심을 가진다.

"당연한 걸 당연하게 보지 않는 사회가 이상한 거죠. 당시에는 그 당연함과 올바름이 통하지 않았어요. 그런 시대가 다시 오지 않기를 바랄 뿐입니다."

참고로 박경남 『두둥실 달이 뜨면』을 높이 평가한 사람으로 에이 로쿠스케가 있다. 생전에 그는 라디오 또는 저술을 통해 이 책을 언급하며 많은 사람들이 "읽었으면 좋겠다"라고 거듭 말했다. 에이 로쿠스케는 '(돈에) 물드니까'라는 이유로 평생 TV광고 출연을 거부했지만, 딱 한번 찍었던 것이 「아사다아메」 광고이다. 그것은 그가 사사한 작곡가 호리우치 게이조가 「아사다아메」 사장 호리우치 이타로의 셋째 아들이었기 때문이다. 스승과의 관계 때문에 그 한 건만은 출연할 수밖에 없었다. 그리고 유타카가 오랫동안 근무했던 것도 순전히 우연이지만 「아사다아메」. 신기한 인연으로 맺어져 있던 것이다.

제7장

학살을 둘러싼 여러 가지 풍경
: 니가타 쓰난마치, 오사카 히라카타, 한국, 도쿄 가메이도, 후쿠시마 니시고무라

화가 기코쿠가 간토대지진 때의 학살을 그린 그림

1. 지진 전년에 일어난 '나카쓰가와 사건'

도망간 노동자에게 가해진 '죽음의 제재'

현수교를 중간쯤까지 건너 조심조심 아래를 들여다보았다. 바위에 솟은 계류는 곳곳에서 하얀 거품을 남기며 골짜기에 푸른 줄기를 그리고 있었다. 이런 곳에 서면 나도 모르게 최악의 장면을 떠올린다. 누군가 등 떠밀면. 발목을 잡아 내팽개치면. 나는 강변을 향해 떨어지는 내 모습을 상상했다. 현수교의 불안정함이 생사의 경계를 의식하게 한다. 하물며 발아래 냇가는 사람의 목숨이 사라진 곳이었다.

내가 방문한 곳은 니가타현 쓰난마치 산간 지역이다. '혈등지구穴藤地区'가 정식 명칭이지만 예전에는 험준한 절벽에 낀 골짜기의 풍경 때문에 '지옥골'로도 불렸다.

일본에서도 손꼽히는 폭설 지대이다. 깊은 골짜기를 누비듯 나카쓰가와(시나노가와 지류) 강의 급류가 달린다. 이 '지옥골'에서 수많은 조선인이 죽임을 당했다. 간토대지진이 일어나기 한해 전인 1922년의 일이다. 「시나노가와 강을 자주 흘러내려가는 선인의 학살 시체」 그런 큰 제목으로 이 학살사건을 보도한 것은 〈요미우리신문〉(같은 해 7월 29일)이었다. 기사는 「'호쿠에쓰北越 지옥골'이라고 불려」「도망치면 고문하다 죽이기」「산중에도 썩은 시체가 굴러」「몸에 큰 돌이 묶인 채로 낭떠러지로부터」와 같은 오싹한 소제목으로 장식된다.

이 신문 기사 등에 따르면 사건의 대강은 다음과 같다. 당시 나카쓰가와 상류에 해당하는 이 일대에서는 전력수요 급증에 따라 수력발전소 건설공사가 활발하게 이루어지고 있었다. 사업 주체는 신에쓰 전력이다. 도쿄 전등(간토지방 최대 전력회사로 도쿄 전력 전신) 자회사로 나가노·니가타 양현 산간부에서 수력 발전을 맡고 있었다. 공사를 담당한 일본토목, 오쿠라구미(모두 훗날 다이세이 건설)를 비롯한 건설사들은 알선업자를 통

니가타현 쓰난마치 계곡에 걸려 있는 현수교

해 노동자를 끌어 모아 지역주민가옥 등에 나눠서 숙박하게 했다. 이렇게 해서 모인 노동자 대부분은 조선인이다. 전체 근로자 약 1,000명 가운데 절반 이상이 조선인이었다고 한다. 이들은 수력발전소 본체 건설뿐 아니라 자재운반용 화물열차 부설공사에도 종사하고 있었다. 그런데 산간지역 가혹한 자연환경에서의 공사는 노동자들에게는 상상 이상의 중노동이었다. 뿐만 아니라 조선인 노동자들을 공포에 떨게 한 것은 알선업자 및 현장감독 등에 의한 사적 제재(린치)이다. 일이 늦어진다는 등의 이유로 감독자의 폭력은 일상적으로 자행되고 있었다. 이른바 '감금노동'이 강요되고 있었던 것이다.

2022년 7월 마침내 조선인 노동자들은 '감금 방'에서 도망쳤다. 감독자들은 도망치는 노동자를 붙잡고는 또 다른 제재를 가해 죽음에 이르게 했다. 시체는 나카쓰가와 강에 던져졌다.

어떤 사람은 맞아 죽었고 총에 맞은 사람도 있었다. 산 채로 벼랑 위에서 밀려난 사람도 있었다. 운 좋게 추격자로부터 벗어난 사람들 중에는 산속에서 헤매다가 결국은 굶어죽은 사람이 있다고 보도한 신문도 있다. 어쨌든 철저한 '죽음의 제재'가 이루어진 것이다. 사건이 발각된 것은 강을 흘러가는 조선인 노동자의 시체를 전력회사 관계자가 보았기 때문이다. 그것이 요미우리신문 기자에게 전해져 앞서 본 기사가 되었다. 결과적으로 이 신문이 '최초보도'하게 되었지만 이후 다른 신문들도 후속기사를 게재하고 있다. 가장 먼저 반응한 것은 경성(서울의 일제강점기 호칭)에 본사를 둔 〈동아일보〉였다. 동포가 살해당했으니 가만히 있을 수는 없다. 이 신문에서는 편집국장 이상협이 일부러 일본을 방문했다. 그는 도쿄에서 신에쓰 전력 본사, 니가타 현청뿐만이 아니라 아카이케 아쓰시 경시총감, 미즈노 렌타로 내무대신도 취재. 보강 취재에 분주했다. 잘 알려진 대로 아카이케, 미즈노 두 사람은 간토대지진 조선인 학살에 있어 '실행 책임자'이기도 하다. 관계 각처를 취재한 이상협은 당연히 현장도 찾아다니며 인근 조선인

식당을 확인했을 뿐 아니라 숙식을 함께 하며 근로조건 등도 조사했다. 이 결과는 12회에 이르는 이 신문의 연재기획 「니가타의 살인 장소: 혈등 답사기」가 됐다. 게다가 현지 〈니가타신문〉도 「잔인하기 짝이 없는 지옥골/신에쓰 경계 산중/이곳만은 치외법권」이라는 제목으로 사건을 보도했다.

명백했던 언론 통제

움직인 것은 신문만이 아니었다. 주로 도쿄 내 대학에 다니는 재일조선인 유학생들을 중심으로 '재일본 조선노동자 상황조사회'가 결성되어 진상규명 조사활동이 이루어지게 되었다. 그중 핵심 멤버로 김약수라는 인물이 있었다. 그는 당시 니혼대학 유학생이었는데 아나키스트 박열, 일본인 사회주의자 사카이 도시히코, 야마카와 히토시 등과도 교류가 있어 일본 활동가에게는 잘 알려진 존재였다. 나중에 김약수는 한반도로 돌아가 독립운동에 참여했다가 탄압을 받아 수감된다. 전후에는 북한 건국에 반대하는 우파로 돌아서 한국의 초대 국회부의장에 취임했다. 한국전쟁이 시작되자 웬일인지 북한으로 건너가 정부 요직에 오른다. 다만 그 후 숙청당했다고 보도한 매체도 있었다. 정확한 것은 알 수 없지만, 관계 문헌을 훑어보는 것만으로도 그의 진폭이 큰 격동의 삶이 떠오른다.

그런데, 기자 및 조사단의 이러한 진상규명 활동으로 감금노동, 학대의 실상이 드러났다. 〈동아일보〉는 학살사건을 다음과 같이 보도했다.

일본에서의 조선인 대학살 봐라! 이 잔인하고 악독한 참극을/하루 17시간 고역을 강제해 놓고 도망쳤다고 총살하여 강에 투기/독마毒魔에 의해 참살된 자 백여 명

편집국장 이상협이 쓴 연재 기사 「니가타의 살인 장소: 혈등 답사기」에서 일부를 인용해 보자. 예를 들어 학살의 요인이 된 '차별 대우'에 관해 그는 다음과 같이 적는다.

멀리 고향을 떠나 한 발짝 잘못하면 언제 목숨을 잃을지도 모르는 위험에 처해 고통과 어려움을 견디며 일하고 있는 노동자에 대해 일본인이니 조선인이니 차별할 필요란 있을 수 없을 터이다.

하물며 멀리 고향을 떠나 여러모로 물정과 언어풍속이 다른 먼 타국의 심산계곡으로 끌려간 조선인에 대해 자그마한 동정을 표하는 것이 이른바 인정일 것이다. 하물며 지옥골이라 불리는 공사현장에서 일본인 고용주가 조선인 노동자에게 일본인 노동자보다 훨씬 더한 차별을 하다니! (중략) 일본인과 조선인의 차별대우는 조선인 노동자에게 매우 고통스럽고 중대한 모욕이다.

일본인 노동자에게는 1인당 백 엔 이상의 가불을 해주게 되어 있는데 (중략) 조선인에 대해서는 가불금 등 한 푼도 빌려주지 않으며 반드시 계약서를 쓰므로 조선인은 이른바 몸값도 한 푼 없이 노예문서를 내는 것과 같다.

일본인은 가불한 사람에게만 3개월 일을 해야 한다는 조건이 붙지만, 조선인에게는 1전 돈도 빌려주지 않고 20개월간은 반드시 일을 계속해야 한다는 놀라운 차별을 하고 있다.

동일 현장, 동일 노동이라도 (중략) 일본인과 조선인 사이에 평균 일당으로 30전 내지 50전의 차이가 있다.

일본인 노동자에게 특히 위험한 일을 시킬 때는 따로 공임을 주지만, 조선인 노동자는 아무리 위험한 일을 해도 그렇지 않다.

일이 지시대로 이루어지지 않으면, 그것이 일본인 노동자의 과실에 의한 것임이 명확할 때에도 반드시 조선인 노동자를 발길질하고 곤봉으로 후려갈기며 "조선인은 개보다 못하니 돼지와 같다"라고 온갖 모욕을 가하고 있다.

하지만, 학살의 실상이 밝혀졌다고는 말하기 어려웠다. 왜냐하면 전력회사, 건설회사 등 관계 기관은 대체로 조사나 취재를 거부하고, 경찰도 일관되게 비협조적이었기 때문이다. 학대, 학살 사실이 밝혀져도 학살당한 자의 정확한 수를 알 수 없는 것은 그때문이다. 〈동아일보〉는 조선총독부에 의해 일부 기사가 금지됐다. 또 앞서 보도했던 〈요미우리신문〉도 이후 관련 기사를 내보내지 않았다. 해당 기사를 쓴 무라타 도요아키 기자는 조사단 김약수 등에게 "당국으로부터 해당기사의 후속게재를 중지 당했다" 하지만 "학살 사실을 나타내는 증거서류는 산처럼 쌓여 있다. 앞으로 기회를 얻어 다시 게재할 예정"이라며 지역신문인 〈도카마치신문〉(8월 15일)에 답답한 속내를 밝히고 있다. 관에 의한 보도 통제가 있었음은 누구의 눈에도 분명했다.

같은 해 9월 7일에는 도쿄 간다에서 조사회 주최 「시나노가와 학살문제 대연설회」(사회 김약수)가 개최된다. 여기에는 박열 등 조선인 운동가 외에 나카노 세이고(나중에 중의원 의원, 전시 중 할복자살), 사카이 도시히코, 오스기 사카에(아나키스트. 대지진 직후 아내, 조카와 함께 살해당함), 나카하마 데쓰(비밀결사 「기요틴사」 창설자. 1926년에 사형) 등 아나키스트와 볼셰비키 양쪽 호화 멤버가 참가했다. 2,500명의 청중이 모인 연설회였지만, 이에 대해 경시청 특별고등과 내선계內鮮係, 니시키초錦町 경찰서 경찰관이 총동원되어 행사장이 된 청년회관을 포위. 입장하는 사람들 신체검사를 실시해 구둣주걱을 소지하고 있던 사람을 '무기소지자'로서 입장 금지시키는 등 엄중한 경계를 실시했다.

대회 초반 조선인 운동가의 연설 중, 경찰관들이 연단에 뛰어 올라 "변사 중지"를 명령. 항의하는 청중과 충돌이 일어나 대회장은 혼란에 빠진다. "횡포!"라며 경찰을 비난하는 목소리와 경찰관들의 호통소리가 난무했다.

행사장 밖에서는 입장을 거부당한 사람들이 혁명가를 불렀다. 결국 체포자 8명이 나오고 연설회는 해산됐다. 철저한 언론탄압이 이루어진 것이다.

지진 전년에 일어난 대 학살 '나카쓰가와 사건'이 역사가를 제외하고 별로 알려져 있지 않은 데에는 이러한 '사건 은폐'가 영향을 주고 있다. 그 후 사건은 지역에서만 쉬쉬하며 이야기되었다.

일상적인 풍경이었던 현장에서의 학대

다시 이 사건이 주목받게 된 것은 60년 후, 1980년대에 들어서부터이다. 계기를 만든 것은 현지 고교 교사였던 사토 다이지(82세)이다. 지역의 역사를 조사하는 과정에서 '나카쓰가와 사건'을 알게 되었고 당시를 아는 어르신들과의 인터뷰를 거듭했다. "그 당시에는 아직 적지 않은 학살 '목격자' 분들이 살아계셨어요."

사토가 술회한다. 다리와 허리도 약해진 사토는 그래도 숨 가쁜 걸음으로 나를 현장으로 안내해 주었다. 사토가 조사를 시작한 1980년대 혈등지구에는 아직 30가구 가까운 집이 남아 있었다고 한다. 교통이 불편한 산골 마을이긴 했지만 그래도 그나마 '생활'은 가능했다. 지금 남아있는 것은 4가구뿐이다. 지구 내에는 상점도 학교도 없다. 겨울철에는 눈이 쌓여 차로 지구 밖으로 나가기도 힘들다. 한 주민은 "젊어서도 늙어서도 고생하는 곳"이라고 말했다. 놀 거리도 없고 사람도 없으면 젊은이는 떠나간다. 남겨진 노인은 운전을 못하게 되면 고립될 수밖에 없다. 계곡이 마음에 들어 주말마다 '혈등지구'를 찾는 미국인 부부를 제외하면 그리 멀지 않은 시기에 모든 가구가 혈등에서 사라질 것이다. 사토의 공적은 취락이 사라지고 없어지기 전에 증언자를 찾아 기록하고 역사에 굳건히 조선인 차별과 관련한 내용을 각인시킨 데 있다. 조사를 통해 발전소 공사현장에서의 조선인 학대는 일상적인 풍경으로 판명되었다. 다음은 사토가 얻어낸 증언의 일부이다.

엄동설한에 입이 크게 벌어진 작업화를 신고 선로를 실은 썰매를 끌고 있던 조선인을 보가시라(관리자)가 몽둥이로 때리는 것을 보았다.
(『재일조선인사연구』 제15호, 1985년, 이하 같음)

(조선인 노동자는) 배변도 도로에 면해 사람 눈에 띄는 마당에서 대충 했고, 목마른 자는 개울물을 마셨다. 힘센 사람이 몽둥이로 조선인을 때리고 있었다.

(관리자가) 도망친 조선인을 잡아 기둥에 묶고는 손도끼로 머리털을 잘랐다. 아이고, 아이고 울어.

자택 일부를 조선인 노동자용 숙소로 제공했던 사람은 이렇게도 말한다.

(관리자는) 조선 사람이 게을러지면 엉덩이를 걷어찼다. 말하기 그렇지만 거의 노예 취급이다. (중략) 린치는 도저히 보고 있을 수 없을 정도이다. (중략) 토방에 깔린 거적이 온통 핏빛으로 물들었다. 몽둥이로 때리거나 칼을 꺼내와 베겠다고 해서 칼은 숨겼다. 그런 일을 당하는 것은 곤란하다.

학살 사실을 가족 등으로부터 들은 사람도 있었다.

도망친 선인이 붙잡혀, 산속에서. 빙빙 감아 강 속에 처박은 것을 보았다네요, 아버지가.

(학살이 있었을 무렵) 민물송어나 쌀을 소로 운반하여…… 그런데 그때 여기저기 나무에 사체가 매달려 있는 것을 몇 번이나 보았다. 일일이 경찰에 신고하지도 않았다. 관여하기도 싫고. 무정부 상태였다. 마을 사람들도 현장 합숙소를 무서워해서 좀처럼 가까이 가지 않았다.

사토는 이 증언에 나오는 '액사체'는 자살에 의한 것이 아니라고 추측한
다. 도망치려는 인간이 스스로 목을 맬 필연성이 희박하기 때문이다. 다른
사람의 증언으로는 관리자가 조선인을 나무에 매달았다는 것도 있었다. 그
렇기에 '액사체'는 '본때'를 보여주려던 것이 아닌가 의심하고 있다. 그런
것을 부자연스럽게 느끼지 않을 정도로 '무정부 상태'에 있었던 것이다. 다
시 말해 여기서도 조선인에게는 인권도 인격도 없었다. 인정받는 일은 없
었다. 개돼지만도 못한 대접을 받고 있었던 것이다.

조선인은 표적이 되었다

나는 사토의 안내로 현장을 걸었다. 100년 전 공사현장에는 도쿄전력 나
카쓰가와 제1발전소가 들어서 있었다. 지금도 여기서 나카쓰가와 강의 수
자원을 이용해 전기를 만들고 있다.

발전소 건물 근처에 위령비가 있었다. 1972년 도쿄전력에 의해 건립된
「순직자 비」이다. 비석 뒷면에는 공사 중 사고로 숨진 공사 관계자 이름이
새겨져 있다. 하지만, 거기에 있는 것은 5명의 일본인 이름뿐이었다.

"없던 일로 하는 거예요. 학살 사건도, 사건의 피해자인 조선인 노동자
도." 사토는 이렇게 나지막하게 말했다. 우리는 비석에 꽃을 바치고 손을
모았다. 이름이 새겨진 다섯 명의 일본인 노동자와 이름도 모르고 기록도
되지 않는 버림받은 많은 조선인을 생각하면서.

골짜기에 냇물 소리가 울린다. 고향에서 멀리 떨어진 곳에서 억울한 죽
음을 당한 조선인 노동자들의 통곡으로도 느껴졌다. 사건 이듬해, 간토대
지진이 일어났다. 많은 조선인들이 살해당했다. 이것을 지진 때의 패닉에
의한 것으로 보는 분위기도 있다. 정말 그러할까? 애초에 '패닉'이라고 해
도 살해당한 사람은 조선인을 비롯한 외국인들이다. 처음부터 '노려진' 표
적이었다. 일본 사회에는 조선인에게 적의가 쏠리는 '큰 장치'가 있었다.
그것이야말로 '차별'이다. 무엇을 강요해도 상관없다. 인간 취급하지 않아

공사현장 터에 세워진 도쿄전력 나카쓰가와 제1발전소

도 상관없다. 그리고 죽여도 상관없다"그러한 존재를, 일본 사회가 만들어 냈다. 살아 있는 인간을 내민 것이다. 식민주의를 수행하기 위해서. 조선 침략을 정당화시키기 위해서.

덧붙여 간토대지진 직후 학살현장이 된 혈등지구에서도 '조선인 습격' 루머가 유포되었다고 한다. 학살사건에 대한 복수를 위해 조선인들이 대거 혈등으로 향하고 있다는 루머가 돌았던 것이다. 급히 자경단이 조직되어 다이너마이트를 손에 쥔 주민들이 마을의 입구에 버티고 있었다. 물론 습격 같은 것은 있을 리도 없고 다행히도 그 당시는 조선인 노동자도 전혀 없었기 때문에 별다른 '사건'이 일어나지는 않았다. 시대의 변화와 더불어 사건은 잊혀가며 어느덧 마을 자체가 사라지려 하고 있는 것이다. 나는 이 책에서 대지진 직후 시작된 학살에 대해 써 왔다. 하지만 지진이 조선인을 죽인 것은 아니다. 그래, 지진은 단지 계기에 지나지 않는다. 학살자는 경기 시작 휘슬에 맞춰 움직였을 뿐이다. 죽일 준비는 되어 있었다. 니가타의 산간지역, 나카쓰가와 계곡에서는 지진 전에 이미 살육이 시작되고 있었던 것이다. 이렇게 시킨 것은 지진이 아니었다. 조선인은 애초부터 '노려진' 표적이었다.

학살에 이르는 '50년 전쟁'

조선인 학살은 우연도 천재도 아니다. 하물며 지진의 혼란 속에서 돌발적으로 발생한 것도 아니다. 일본 사회의 '민관일체' 박해 체험, 그 정당화 논리의 축적 위에서 일어났다. 지진 훨씬 전부터 피로 범벅된 레일이 깔려 있었던 것이다. 일본의 제국주의, 식민주의는 조선인 학살을 향해, 아니 스스로의 붕괴를 향해 레일 위를 폭주해 왔다. 내가 그 사실을 강하게 의식하게 된 것은 호세이대 사회학부 교수인 신창우의 이야기를 직접 듣고 나서였다. 제1장에서 소개했지만, 지진 시에 도쿄 요쓰기바시 근처에서 학살을 목격하고 자신도 폭행을 당한 신창범의 친족이다. 신창우 교수는 '50년 전쟁'이란 말을 이용해 학살로 가는 길을 설명한다. 예를 들어 '앞선 전쟁에서'와 같은 말을 하는 경우 일반적으로는 만주사변 이후 15년간을 가리킨다. 혹은 진주만 공격에서 시작해 1945년 8월 15일까지 4년 동안만이라고 이해하는 사람도 있을 것이다. 그러나 "그 훨씬 전부터 전쟁은 시작되고 있었다"라고 그는 말한다.

그 무대가 된 것은 한반도다. 식민지 지배를 추진하는 측과 그에 저항하는 측의 싸움이다. 학살을 생각할 때는 이 시간 축을 이용하면서 이해하지 않으면 안 된다. 기점은 메이지유신 10년도 안 된 1875년 강화도 사건이다. 일제는 군함 '운요호'를 한성(현재의 서울) 근처 강화도에 접근시켜 조선을 도발했다. 교전 상태가 되자 무력에서 앞선 일본은 포대를 점거했다. 이를 계기로 일본은 한반도에서 더욱 영향력을 강화하려고 획책한다. 1894년 갑오농민전쟁이 일어난다. 우리 세대에는 교과서에서 '동학당의 난'으로 배웠지만, 한국에서는 현재 단순한 '난'이 아니라 저항투쟁으로 평가가 바뀌었다. 이것은 동학(반反기독교·반反서양)을 믿는 농민들에 의한 반反정부 봉기이다. 그런데 여기에 일본이 개입한다. 조선정부가 청나라에 출병을 의뢰함에 따라 일본도 질세라 파병했던 것이다. 같은 해 7월 일본군(오시마 요시마사 육군 소장이 통솔하는 혼성여단)은 조선왕궁(경복궁)을 점거했다. 문을 도끼로 부수고 내부로 난입해 경비 중인 조선 병사들과 총격전을 벌이는 등 상당히 난폭했다. 이로써 일본은 뜻대로 움직여 주지 않는 국왕(고종)의 실권을 빼앗고 친일파 정권 수립을 이루어낸 것이었다. 일본은 무력으로 목을 갈아 치운 것이다. 이 시점에서 조선을 완전히 깔보고 있다. 일본 뜻대로 움직이는 편리한 존재임을 강요당하고 있었다. 왕궁 점거만으로는 끝나지 않았다. 일제가 옹립한 흥선대원군 친일파 신정부는 일본에 대해 조선 내 청나라 군대 공격을 요청한다. 물론 요청이라고는 하지만 실상은 일본의 지시에 따른 것이다. 엉뚱한 승부조작 시합, 즉 짜놓고 시킨 것이다. 애초부터 이를 위한 왕궁 점거였다. 이것이 청일전쟁의 단초이긴 하지만 일본으로서는 그 전에 해야 할 일이 있었다. 동학당·농민군에 대한 공격이다.

"정권 타도를 목적으로 한 농민군 봉기는 이후 조선을 침략한 일본군에 대한 항일 봉기로 바뀌었습니다. 이에 일본은 농민군을 상대로 철저한 탄압을 자행합니다."

신창우는 그렇게 설명한다. 섬멸과 처형이 실행된 것이다. 무려 3만에서 5만 명의 조선 민중이 죽었다고도 한다. 그렇다. 이미 제노사이드는 시작되고 있었다.

만들어진 조선인 '폭도'상

나아가 청일강화조약이 체결된 1895년에는 조선특명전권공사 미우라 고로를 주모자로 한 무리가 왕비 민비(명성황후)를 궁궐 내에서 살해했다. 정말 지들 하고 싶은 대로 다 한다. 생각을 해보자. 예를 들어 도쿄에서 무장한 외국 군대가 황궁에 난입해 황족을 살해한다면"(천황제의 옳고 그름을 떠나) 있을 수 없는 이야기이다. 용서할 수 없다고 분개해 일어서는 사람도 적지 않을 것이다. 게다가 살해에 관여한 일본인은 재판에 회부되었지만, 전원이 '면소' '무죄'가 되었다. 이후에도 한반도에서의 식민지 지배를 위해 군사적 폭력에 의한 민중 박해는 계속된다. 1904년 러일전쟁 개전에 즈음하여 일본은 조선의 수도 한성을 점거하고, 게다가 한반도 북부에서 군정을 시행하여 당연히 조선 민중의 반발을 불러온다. 일본군은 이에 대해 주모자 처형 등 폭력탄압으로 대응했다. 1905년 일본은 한국(1897년에 대한제국)을 보호국으로 삼았고, 항일 봉기의 기운이 고조되었던 한국 군대는 2년 후 해산되었다. 이후 조선 전역에서 민중의 무장봉기가 빈번하게 일어났다. 1910년 한일병합을 전후하여 조선에서는 '의병투쟁'이 이어진다. 이 사이에 2만 명의 조선인이 살해됐다는 설도 있다.

참고로 한일병합 축하연에서 초대 조선총독 데라우치 마사타케는 득의 양양한 얼굴로 다음과 같은 노래를 읊었다.

고바야카와, 가토, 고니시가 세상에 있다면
오늘밤 이 달을 어찌 볼 것인가

세 사람은 도요토미 히데요시의 조선 침략에 파견된 무장 고바야카와 히데아키小早川秀秋, 가토 기요마사, 고니시 유키나가이다. 그들은 분명 오늘 밤 달을 기뻐하며 봐주었을 것이라는 자화자찬의 노래이다. 도요토미 히데요시가 못다 이룬 꿈을 자신들이야말로 실현시켰다고 생각했을 것이다. 이러한 가운데 멸시와 편견, 공포와 증오로 가득 찬 조선인 '폭도'상이 만들어져 간다. 이듬해인 1911년 데라우치 조선총독 암살 계획에 연루되어 조선의 독립운동가 약 700명이 검거되고 105명이 1심 유죄 판결을 받았다(105인 사건). 이는 고문에 의한 완전한 날조였는데, 조선총독부 기록에는 "불령사건으로 본 조선인"이라는 문구가 확인된다. 여기서 처음으로 독립을 지향하는 조선인을 '불령不逞'이라고 표현했다.

1919년 일제의 식민지지배에 저항하고 조선독립을 목표로 하는 '3.1 독립운동'이 일어난다. 3월 1일 서울 파고다공원(현재의 탑골공원)에 학생 등 수천 명이 집결, 독립선언을 낭독하고 '조선독립만세'를 외쳤다. 조선총독부는 군대와 경찰로 탄압했지만 움직임은 전국으로 확산되었고 많은 희생자가 나왔다. 박은식『조선독립운동지혈사』에 따르면 사망자는 7504명, 체포자는 5만여 명이나 되었다고 한다. 잔혹한 탄압사건도 벌어졌다. 독립선언 한 달 후에 수원 외곽 제암리堤巖里 교회에서 일어난 제암리 사건. 일본군과 경찰은 독립운동에 참가한 사람들을 교회 안에 가두어 놓고 밖에서 일제히 사격, 심지어 불을 지르고 건물을 몽땅 태워 버렸다. 이로 인해 29명이 학살당했다.

1920년에는 간도성 조선인 학살사건이 발생했다. 간도성은 중국과 조선의 국경에 위치한다. 주민 대부분이 조선인이다. 이 지역에서는 항일 조선민족 독립운동이 활발해져 훈춘 일본영사관이 습격당하는 일이 있었다. 일본군은 독립군 소탕 작전을 전개. 군민을 가리지 않고 공격을 가해 무려 3,000명의 조선인을 학살한 것이었다. 이에 따라 불에 탄 가옥은 2507채, 불에 탄 학교도 31곳이나 된다.

일본 사회에 각인된 의식

"이러한 3.1운동 이후 탄압 과정에서 '불령선인'이라는 말이 일본 사회에 정착하게 됩니다."

그렇게 설명하는 것은 일본 식민지 지배에 대해 상세한 일본기독교협의회 간사이자 목사인 김성제이다. 내가 그를 알게 된 것은 2023년 도쿄 오쓰카의 선술집이었다. 그날 나는 영화감독 오충공의 학살 기록영화 상영회에 갔다가 저녁에 술집에 들렀다. 그때 옆 좌석에서 술을 마시고 있던 것이 마찬가지로 상영회에 왔던 김성제였다. 지진 당시 신문이 '불령선인'이란 말로 학살을 부추긴 것에 대해 오충공과 이야기하고 있으니 옆에서 그 이유를 설명해 주었던 것이다. 그는 오랫동안 일본 식민주의에 대한 문헌을 수집하고 연구했다.

"원래는 조선에 주재하는 일본인 관리와 군이 독립운동에 참여한 조선인을 '역도'라며 불령선인이라고 불렀다. 그러던 것이 어느새 일본 본토로 '역류'해 사회에 정착해 나갔습니다."

특히 신문들은 갓 배운 말을 기꺼이 내뱉는 어린아이처럼 이른바 '불령선인'을 제목으로 내세우게 되었다. 예를 들면 1920년 8월 18일 〈요미우리신문〉은 지금은 독립운동가로서 높이 평가되고 있는 여운형의 사진과 함께 항일운동을 기사화하고 있지만, 제목은 「불령선인 독립 음모의 전말/암살·방화·강도를 제멋대로/광포 놀라운 참칭 정부의 방침」이다. 독립운동이 '음모' '암살·방화·강도'와 결합되면서 그 주체로 지목된 것이 '불령선인'이었다. 참고로 요시노 사쿠조는 『중앙공론』 1919년 4월호에서 3.1독립운동은 일본의 식민지정책 실패로 인해 일어난 것이므로 진지하게 반성해야 한다고 밝혔다. 하지만 이러한 의견은 극히 소수로 미디어의 압도적 다수는 폭도=불령선인이라고 한 보도를 반복했고 일본 사회 또한 그러한 의식이 각인되어간다. 애당초 '불령'이란 무엇인가? 김성제 목사는 '불령'의 내력에 대해 "시대는 중국 춘추시대로 거슬러간다"며 다음과 같이 설명한다. 춘추시대 노나라에서 쓴 역사서 『춘추좌씨전』 「은공 11년」에 "曰, 天禍許國, 鬼神實不逞于許君, 而假手于我寡人. 借手于我寡德之人以討許"라는 표현을 볼 수 있다. 이는 하늘이 허나라에 화를 내리고 귀신들도 허나라 왕에게 좋지 못한 마음을 품는다. 따라서 동료를 모아 허나라를 징벌하기로 했다는 뜻이다. "아마도 이것이 '불령'의 초출. 즉 불령이란 천명을 어겼기 때문에 화로서 벌을 받아야 할 존재라는 것을 의미합니다."

그렇다면 이것을 조선에서 일본의 식민지 지배로 대체하면 어떻게 되는가? 이어 말한다. "불령선인이란 문명국 일본에 '병합해 준' 천황의 은의를 배반하는 대죄를 범하는 자라는 것입니다. 그렇기에 대지진 때의 학살을 당시 일본은 정당화한 것입니다. 망설임 하나 없었다. 불령선인은 불충한 '적'으로 토벌해야 한다는 이치가 작용하는 것이니까요."

그것은 바로 「교육칙어」의 한 구절, "일단 완급 있으면 의용 공히 받들어 천양무궁한 황운을 부익해야 한다"는 정신과도 겹친다. 황국신민인 일본인은 천황에게 비상사태가 발생하면 의용의 정신으로 자신의 목숨을 바쳐 영원한 황국의 명운을 지탱해야 하는 것이다. 간토대지진 발생은 3.1독립운동으로부터 4년 후이다. 그 기억이 아직도 생생히 남아 있는 가운데 일본인들은 배운 대로 조선인들을 죽였다. 폭동도 방화도 폭탄투척도 완전한 헛소문이었지만, 애초에 3.1독립운동 이후의 조선인은 불령의 무리이므로 긴급 시에는 쳐야한다고 생각했다.

"황국을 위협하는 불령선인을 섬멸하는 것도 허용되고 칭찬받는 등 정당화 메커니즘이 마련되어 있었습니다.”

　조선인이 “지진의 혼란 속에서 살해당했다”고 하는 것은 너무 단순한 시각이다. 일본 사회는 학살을 향해서 역사를 축적하고 있었다. 처음부터 조선인은 ‘불령’으로 인식됐다. 치고 죽여야 할 대상이었다. 불령선인에 대한 증오와 살의를 부負의 에너지로서 지진까지 충분히 일본은 떠안고 있었다. 지진 전년에 일어난 ‘나카쓰가와 학살 사건’도 바로 그러한 문맥 위에서 성립하고 있다. 조선인을 얕잡아 보고 차별했기 때문에야말로 가혹한 노동이 가해지고 도망만 가도 ‘불령’으로 판단돼 죽임을 당하는 것이다. 지진 때도 유포된 ‘폭동’ ‘방화’ 등이 사실인지 어떤지 관계없었다. 각인된 차별, 증오, 멸시, 편견이 지진으로 한꺼번에 폭발한 것이다. 조선인은 처음부터 표적이 되었다. 그렇기 때문에 당시 일본인 대부분은 학살에 관용적이었다. 지금까지 언급해 온 학살 하수인 재판기록을 봐도 그것은 분명하다. 살인인데도 형은 가벼워 대부분 집행유예를 받았다. 지역 전체가 감형 운동을 전개하여 재판 비용을 부담한 자치체도 적지 않다. 더구나 눈 깜짝할 사이 사면이 이루어진다. 출소한 자를 지역은 따뜻하게 받아들였고 그 후 의원으로 활약한 자도 있다. 앞서 언급한 대로 1919년 3.1독립운동이 일어났을 때, 조선총독부의 치안총수는 정무총감 미즈노 렌타로이다. 더욱이 미즈노를 뒷받침한 것이 경무국장 아카이케 아쓰시이다. 미즈노·아카이케 콤비는 총독부 치안담당으로 철저한 조선인 탄압을 자행했다. 독립을 요구하는 운동이었음에도 불구하고 이것을 ‘불령선인 폭동’으로 평가 절하해 내외에 알렸다.

　다시 한번 확인하자. 그럼 1923년 지진 시에는, 두 사람은 어떤 위치에 있었는가? 두 사람은 일본으로 귀국한 상태였다. 미즈노는 내무대신, 아카이케는 경시총감이다. 인적인 면에서도 제노사이드의 구도가 재현되어 있었던 것이다. 미즈노·아카이케 콤비는 지진이 일어난 9월 1일 오후 2시, 내무성 경보국장 고토 후미오에게 계엄령 시행을 건의했다. 당초 내각은 추밀고문관 소집이 곤란하여 계엄령을 주저하고 있었다. 하지만 이것을 억지로 밀어붙인 것이 미즈노·아카이케 콤비인 것이다. 두 사람은 '시민의 공포 동요' '조선인의 위협' 등을 주장, 내각은 다음날 시행을 결단한다. 두 사람의 머릿속에 서울 거리를 군중이 가득 메운 3.1독립운동의 풍경이, 그리고 '불령선인'에 대한 증오가 있었음은 짐작하기 어렵지 않다. 다음 3일 오전, 경보국장 고토는 '불령선인 폭동' 경계 전신을 제3장에서 살펴본 것처럼 지바 후나바시 송신소로부터 전국에 발신하는 것이다. 폭동, 방화 관련 루머 정보는 순식간에 퍼져 곳곳에서 학살 사건이 빈발했다.

1875년 강화도 사건으로부터 시작된 지진 학살에의 길은 도중에 대량으로 사체의 산을 쌓아 올리며 1923년의 도쿄에 도달한다. 핏자국으로 범벅된 레일 위를 차별과 편견, 증오로 가득 찬 헤이트 열차가 돌진해 폭발시켰다. 일본 사회가 그것을 초래한 것이다.

2. 지진 후 오사카에도 루머가 돌았다

쓰루하시 마을을 휩쓴 레이시스트 집단

'불령선인'이라고 적힌 현수막을 처음 본 것은 2013년 8일 10일이었다. 오사카의 자이니치 코리안 집주지역인 이쿠노구 쓰루하시에서다. 이전까지 증오 표현을 반복하는 사람들의 인터넷 댓글은 여러 번 봤다. 하지만 그 글씨를 길거리에서 버젓이 보여준 것은 그때가 처음이었다. 이날 자이니치 코리안 배척을 호소하는 「재특회」 등을 중심으로 하는 오사카 거주 레이시스트들에 의한 「한일국교단절 국민대행진」이라는 데모가 행해졌다. 어처구니없을 정도로 과장된 명칭인데 핵심은 자이니치 코리안에 대한 헤이트 스피치를 내세울 뿐인 헤이트데모이다. 그 무렵 일본 각지에서 이런 추악한 시위가 반복되고 있었다. 그때문인지 그 해 유행어 톱10 중 하나로 '헤이트스피치'가 들어 있다.

출발지인 사나다야마 공원에서 참가자가 손에 들고 있던 것이 「불령선인 섬멸」이라고 쓴 현수막이었다. 이게 뭔가 도대체. 이렇게까지 한다고…. 나는 시위 주최자에게 알렸으나 "이 정도 하지 않으면 말이야. 팍팍 말하지 않으면 안 된다고"라는 대답이 돌아올 뿐이었다.

이날 시위는 한마디로 추악했다. "조선인 집을 불태워버리겠다" "궁지에 몰아넣겠어" "오사카 만에 쳐 넣어버려" 비열한 욕설을 내뱉으며 100명 가까운 참가자는 주먹을 치켜들고 행진했다. 일장기가 나부낀다. 연호에 맞춰 욱일기가 오르내린다. 「불령선인」이라고 쓰인 현수막이 높이 내걸린다. 차별이, 증오가, 그리고 속이 뒤집어지는 야비한 웃음이 쓰루하시 길거리에 터졌다. 쓰루하시에서 자이니치 코리안이 쌓은 역사는 오래됐다. 1910년대부터 시작된 히라노가와 개착공사에 따라 주변에 조선인 노동자들이 모여들었다. 이후 제주도와 오사카 간 정기항로가 개설되자 더 많은 조선인들이 정착하게 되었다. 종전 직후 쓰루하시 역전에 조선인 노점상을 중심으로 암시장이 형성되어 한인타운의 원형이 만들어진다. 쓰루하시가 속해있는 이쿠노구는 현재 전체인구의 20% 가까이가 자이니치 코리안이다. 어수선한 골목을 걸으면 서울의 시장에 있는 듯한 기분도 든다. 한글 간판도 눈에 띈다. K-POP과 한국 드라마의 영향으로 요즘은 관광객들의 모습도 눈에 띈다. 일본어와 한국·조선어가 뒤섞인 이른바 '자이니치어' 대화도 귀에 들어온다. 이곳은 자이니치가 자이니치임을 숨기지 않고 긴장을 풀고 지낼 수 있는 곳이었다. 그런데 이 마을을 레이시스트 집단이 덮쳤다.

헤이트스피치를 외치는 여중생

나는 그날 중간부터 시위대 따라 걷기를 그만두고 쓰루하시 시장으로 발걸음을 옮겼다. 솔직히 지겨웠다. 그 무렵 이런 데모만을 취재하고 있었다. 정말이지 많은 증오의 현장을 둘러보고 있었다. 이런 취재 자체에도 넌더

리가 났다.

 뭔가 맛있는 것이라도 먹으면서 시간을 때울까 했지만, 이날 시위대가 통과하는 큰 길로부터 안쪽으로 들어간 장소에 있는 가게 대부분이 문을 닫았다. 그리고 골목 안쪽에서는 둥근 의자에 걸터앉은 상점주인과 할머니들이 고개를 숙인 채 시위가 지나가기를 기다리고 있었다. 그 표정은 침통했고 공포에 떨고 있는 것처럼 보이기도 했다. 아마도 시위대에게 습격당할 것을 두려워해 셔터를 내린 것이다. 하지만 혼자 있는 것도 불안하다. 동료들과 조용히 폭풍우가 지나갈 시간을 기다리고 있었을 것이다.

 골목 안쪽에도 헤이트데모 소리는 울려 퍼지고 있었다. "쫓아버려" "불태워버려"라는 말은 노인들의 귀에도 틀림없이 들린다. 그저 그것을 꾹 참고 있다. 고개를 숙이고 말도 없이 굳은 표정으로 지옥 같은 시간을 보낸다. 나는 울고 싶어졌다. 분노보다도 어쩔 줄 모르는 슬픔이 온몸을 관통했다. 이런 꼴을 당하기 위해 이 사람들은 지금까지 살아왔단 말인가. 아마도 여러 차례 감내하기 어려운 차별에 직면했을 것이다. 편견의 벽에 부딪힌 적도 한두 번이 아닐 것이다. 그렇기에 더욱더 그에 질세라 열심히 일해 왔다. 김치를 팔고 반찬을 만들고 고생을 거듭하며 자이니치로서의 삶을 살아왔다. 그런데, 삶의 막바지에서 이렇게 추악한 풍경과 말을 마주해야 하는 것이다. '불령선인'이라고 매도당하는 것이다. 뭐야 이건. 나는 몇 번이고 가슴속으로 혼잣말했다. 시위대 놈들은 이 분들의 삶을 뭐라고 생각하는 건가. 무엇 때문에, 얼마나 고통을 거듭하며, 이 일본 사회에서 살아왔는지 아는가. 내 안에 작은 파괴 충동이 생겼다. 뭐든 좋으니 온 힘으로 뭔가를 부수고 싶다고 생각했다. 자이니치 코리안을 '불쌍하다'고 생각해서가 아니다. 인간의 존엄을, 당연한 영위를, 실실 웃으며 매도하는 패거리에 대한, 그리고 이를 방치하는 일본사회에 대한 분노이다. 데모 막바지에 다다른 쓰루하시역 굴다리 아래에서 여중생 참가자가 마이크를 잡고 외쳤다. "저도 정말, 여러분이 너무 미워 죽겠어요. 이젠 죽여주고 싶어. 여러분도 불쌍하고, 나도 밉고, 사라졌으면 좋겠다!"

아직도 천진난만함이 남아 있는 얼굴이다. 그만큼 '죽여주고 싶어'라는 말이 강하게 가슴에 꽂혔다. 이어 그녀는 이렇게 계속했다.

"언제까지고 난척하고 그냥 있으면, 난징 대학살이 아니라 쓰루하시 대학살을 실행할 거예요! 실행되기 전에 지금 당장 돌아가세요! 여기는 일본입니다. 한반도가 아닙니다. 돌아가!"

데모 참가자는 이에 박수로 응했다. "그렇다!"라고 주먹을 치켜드는 사람도 있었다. 사실 이 여중생의 아버지는 지역에서는 잘 알려진 우익 활동가였다. 노골적인 '헤이트데모'에는 참여를 주저하는 우익이 많은 가운데 이 아버지만은 자주 데모에 참여해 이른바 '인터넷 우익ネトウヨ' 지도자 역할로서 레이시스트들로부터는 '교관'으로 불렸다.

나는 훗날 이 아버지를 취재했다. 딸의 발언을 어떻게 생각하느냐는 나에게 그는 "차별받는 쪽에도 문제가 있을 것"이라고 받아쳤다. 레이시스트에게 흔히 있는 상투적인 논리이다. 차별에 이유를 두는 것이 허용된다면 전 세계 모든 차별이 허용되고 만다. 흑인 차별에도, 유대인 차별에도, 팔레스타인 차별에도, 그리고 일본인 차별에도, 차별하는 자에게는 저마다의 '이유'가 존재하는 것이다. 지진 시의 조선인 학살도, 자경단도 군대도, 나름대로 제멋대로의 '이유'를 마련한 살인이었다. 나는 이런 논리를 인정하지 않는다. 압도적 다수파의 힘을 가진, 혹은 사회적 영향력을 가진 쪽에 의한 일방적 차별은 무조건 단죄돼야 하는 것이다. 하지만 일본의 레이시스트는 지금도 이 논리를 내세우며 차별의 길을 간다.

일본인은 달라졌는가

이제 '불령선인' 글자를 찾기는 쉽다. 인터넷에는 자이니치 코리안 공격의 상투구로 쓰이고 증오시위 현장에서도 난무한다. 제2장에서도 언급했지만, 2019년에 도쿄 스미다구 요코아미초 공원에서 행해진 지진희생자를 애도하는 위령제에서도 지근거리에서 '불령선인'이라는 말이 난무했다. 차별자 집단 「산들바람」이 주최한 가짜 위령제에 참가한 사람들에 의한 스피치이다. 추도비 앞에서 자이니치 코리안을 포함한 많은 사람들이 추모하는 가운데, 그것은 스피커 대신 설치된 대형 메가폰을 통해 공원 전체에 울려 퍼졌다.

"적어도 메가폰 방향을 바꾸도록 요청해 달라"고 나는 경찰관 및 경비하러 와 있던 도쿄도 직원에게 말했다. "불령 재일 선인들에 의해 가족을 살해당하고 집이 불태워지고 재물을 빼앗기고 여자아이를 강간당한 많은 일본인들"과 같은 말들을 추도식에 참가한 사람들은 잠자코 들을 수밖에 없었던 것이다. 덧붙여 오사카 쓰루하시 거리에서 '학살'을 외친 여중생의 그 후 모습을 나는 2024년 1월 10년 만에 다시 보게 되었다. 앞서 나온 「군마의 숲」, 조선인 노동자 추도비가 서 있는 현장이다. 철거를 앞두고 많은 사람이 모인 그 장소에 욕설을 날리며 몰려든 우익 단체. 그 속에 지금은 20대가 된, 예전 그 여중생의 모습이 있었던 것이다.

차별하는 자가 근거로 하는 우월감

조선인에게 '불령'을 씌움으로써 일본 사회는 '적'을 만들어 왔다. 아니, 꾸며냈다. 조선인에 대한 증오를 부추기는 것은 식민주의를 완수하기 위해 필요한 일이라고 국가는 인식했다. 여기에는 차별받는 측에 대한 상상력은 전혀 작용하지 않았다. 내가 레이시스트 집단을 취재했을 때도 같은 느낌을 받았다. 이들의 시야에 피해자의 모습은 담겨 있지 않다. 자신의 카타르시스 혹은 차별이라는 오락만을 우선시하고, 권력구조를 이용해 자기 자신을 안심시키는 것처럼 밖에 보이지 않았다. 차별하는 자가 근거로 하는 것은 국가보다도 자신의 절대적인 우월감이다. 안심하고 차별할 수 있는 환경이 자신을 지지한다. 사회적 다수파라는 안전 권에 눌러앉음으로써 안심하고 차별하며 어려움 없이 우월감을 얻는다. 우연히 매조리티 집단에 태어났을 뿐인 우연을 스스로의 재능인 것처럼 생각한다. 그래서 이들이 차별의 화살을 돌리는 것은 언제나 기회의 평등을 부여받는 일이 적은 집단이다. 외국인, 장애인, 피차별부락 출신자, 성소수자, 혹은 여성, 때로는 빈곤자. 머릿수의 힘만 있다면 무조건 이길 수 있는 상대이다. 불평등 불균형 비대칭을 이용해 권력구조 상 위쪽에 앉아있는데도 소수자의 권리를 특히나 문제 삼고 그것을 빼앗음으로써 안심을 얻으려는 것이다. 어떤 억지를 쓰든 언덕 위에서 큰 돌을 굴러 떨어뜨리고 있을 뿐인 쉬운 '싸움'이다. 한마디로 표현해 '비겁'하다고 할 수밖에 없다. 하지만 그것은 위정자에게 있어 편리한 회로일 것이다. 차별은 저비용으로 인심을 장악할 수 있는 편리한 '정책'인 것이다. 그래서 국가는 차별을 부추긴다. 때로는 노골적으로, 때로는 시사적으로 돌려서. 게다가 일정한 사회적 영향력을 가진 사람이 그 뜻을 받들어 '깃발 드는 역할'을 해주는 것도 알고 있다. 지진 시라면 지역 유지 또는 미디어가 거기에 해당했다. 실상조차 애매모호한 '불령선인' 이미지 유포에 공헌했다. 기본적으로 지금도 그 구도는 변함이 없다. 다만 유포에 걸리는 스피드 감은 증가했다. 인터넷이나 텔레비전이 실시간으로 게다가 광범위하게 위협을 부추긴다. 그 무서움을 현재 '깃발 드는 역'은 알지 못한다. 아니, 스스로 차별선동의 깃발을 휘두르고 있다는 것조차 아마 깨닫지 못하고 있다.

자연재해를 이용한 악질적인 증오시위

1995년 한신 아와지 대지진. 이때 히가시코베 조선초중급학교(현재의 고베 조선초중급학교)에서는 교정을 이재민에게 개방했다. 교사는 붕괴 우려가 있었기 때문에, 지역 이재민들이 숙식을 할 수 있도록 학생 통학용 마이크로버스와 교사들의 자가용차도 제공했다. 이 학교에는 재난을 당한 일본인 주민 약 100명이 피난했다고 한다. 그중에는 동네 주민회町內会 부회장의 모습도 있었다. 조선학교에 인접한 곳에 살고 있었다. 이전까지 교내에 들어와 본 적은 없었지만 학교 교사의 권유를 받고 신세를 지기로 했다. 그때의 모습을 후에 지역지 〈신문 잿불〉은 다음과 같이 보도하고 있다.

주민회 부회장 기타가와 씨가 조선학교로 돌아오자 학생 어머니들이 주먹밥을 만들고 있었다. "이거 드세요"라고 내민 주먹밥을 보고 놀라 "어, 일본인인데 괜찮은가요?"라고 묻자 그 어머니는 이렇게 말했다고 한다.
"(곤란한 것은) 피차 마찬가지지요."
기타가와 씨는 "그날 밤 먹은 주먹밥 맛은 평생 잊을 수 없어요. 죽느냐 사느냐 할 때 받은 친절보다 고마운 건 없다"라며 이렇게도 말했다.
"앞으로 일본을 짊어질 젊은이들은 올바른 역사를 알았으면 좋겠다고 생각해요. 그리고 알게 됨으로써 조선인에 대한 차별도 없어지게 된다. 저도 그랬으니까요."
기타가와 씨는 그해 7월 20일까지 교문 근처 텐트에서 구호물자배급 일을 맡았다. 1997년에 교사가 준공되었을 때에는 축사를 하는 등 교류가 계속되었지만, 그 기타가와 씨도 10년 전에 죽었다. (2015년 1월 31일)

말할 필요도 없지만, 현실에서는 이렇게 재일코리안도 일본인도 재해 현장에서 함께 협력하는 장면은 결코 드문 것이 아니다. 2011년 동일본대지진 때도 센다이시仙台市에 위치한 도호쿠 조선초중급학교는 교사가 완전히 파괴됐는데도 지역 주민들을 위해 밥을 지었다.

그런데도 앞서 언급한 것처럼 아직도 자연재해를 이용한 악질적인 증오시위는 끊이지 않고 있다. 앞선 기사를 쓴 〈신문 잿불〉은 〈구로다 저널〉(전 〈요미우리신문〉 기자인 구로다 기요시가 주재한 저널리스트 집단) 출신 야노 히로시 등에 의해 2005년에 창간되었다. 지금도 메이저 미디어사가 다루지 않는 전국 각지의 뉴스를 세밀히 조사하여 정성스럽게 보도하고 있다. 지진 학살에 관한 보도 또한 아마도 이 신문이 양질 모두 다른 미디어를 능가하고 있을 터이다.

2023년 나는 이 책과 관련된 취재로 수많은 학살 현장을 돌았는데, 거기에는 반드시라고 해도 좋을 정도로 이 신문 구리하라 요시코 기자의 모습이 있었다. 군마현지인 〈조모신문〉 기자였던 구리하라도 〈구로다 저널〉을 거쳐 〈신문 잿불〉 창간 때부터 관여하고 있다. 카메라를 목에 걸고 공책을 들고 학살 현장을 누비는 구리하라의 모습을 나는 '동지'처럼 느끼고 있었다. 그렇다기보다 구리하라의 모습이 있으면 안심했다. "또 만났네"라며 웃으며 취재를 함께할 기회는 결코 적지 않았다. 넉넉한 취재비 등이 있을 리 없는데도 전국을 누비는 구리하라는 학살 현장에서의 취재를 "보도 일을 하는 인간의 책임"이라고 이야기했다. 든든한 큰 조직도 돈도 없는데 '책임'을 다하려는 인간이 있다. 한편 현장을 제대로 보지도 않고 자료를 살펴보지도 않고 차별을 선동하는 '식자識者'도 있다. 언젠가 또 마이너리티가 학살 위기에 처했을 때, 이 사회를 지키는 것은 분명 전자 쪽이다.

"화약고를 조선인이 덮친다"

오사카 이야기로 돌아가자. 예로부터 자이니치 코리안 집주 지역이었던 오사카에서는 사실 지진 시에도 조선인을 위험시하는 유언비어가 유포되었다. 학살로 발전했을지도 모르는 그 루머의 무대가 된 것은 오사카 히라카타시이다. 2023년 여름 나는 게이한 본선 히라카타시역에서 걸어서 15분 정도의 장소에 있는 '현장'으로 향했다. 그곳에는 1956년 구 주택공단(현재의 UR도시재생기구)에 의해 조성된 나카미야 단지의 주거동이 펼쳐져 있다. 단지 부지 안에 발을 들여놓자 마치 고분처럼 살짝 흙이 봉긋한 공간이 있었다. 토루 흔적이다.

이곳에는 1940년까지만 해도 육군의 '긴야 화약고'가 놓여 있었다. 토루는 화약고에서 만일의 사고가 발생했을 경우 피해가 인근에 미치지 않도록 만든 것이다. 이른바 연소를 막기 위한 방파제이다.

종전 후 화약고 광활한 부지에는 대학과 병원, 그리고 단지가 조성되었

나카미야 단지 내 긴야 화약고 터

다. 자그마한 토루와 인근에 설치된 위령비, 화약고와 연결된 군용철도노선이 화약고가 있었음을 보여준다. 위령비는 1939년 3월 화약고에서 발생한 폭발사고로 숨진 사람을 애도하며 건립된 것이다. 포탄 해체 중 불꽃이 화약에 붙어 대폭발을 일으켰다. 토루는 아무 역할을 못했다. 탄환 등 파편은 반경 2킬로미터에 걸쳐 비산하여 인근 주택가도 화재 등 피해를 입었다고 한다. 무려 94명의 사망자를 내고 821채의 가옥이 반파됐다. 대참사였다.

화약고가 이곳에 놓인 것은 1896년의 일이다. 마찬가지로 이곳에서도 많은 조선인 노동자들이 건설공사에 종사하고 있었다. 사실 화약고 사고로 조선인도 사망했다. 하지만 지역 내에 설치된 위령비는 그 사실을 언급하지 않고 있다. 뿐만 아니라 일반 주민의 사망자 이름도 없다. '위령'되고 있는 것은 마을의원과 소방대원뿐이다. 그런데, 지진 후 9월 12일 심야. 긴야 화약고 부지 내에 설치되어 있는 경종이 울렸다.

"화약고를 조선인이 덮친다."

그야말로 '불령선인 습격'을 알리는 종소리였다.

「오사카 시내에도 선인 출몰 빈발」

『현대사 자료 6』에는 그때의 일을 담은 글이 실려 있다. 필자는 우치다 료헤이. 흑룡회 창설자로 우익 활동가 거물로 알려진 인물이다. 그 우치다에 의한 「진재 전후 경륜에 대해」로부터 일부를 인용한다.

9월 12일 오전 0시 내지 1시까지 사이에 풍우 심한 것을 틈타 게이한 연선 히라카타 화약고에 30명 전후 선인(일본인으로 보이는 사람 2명이 있어 지휘하고 있다) 습격하여 갑자기 보초 팔을 비틀어 엎어누르는 모습을 다른 보초가 발견하여 급히 알렸기에 경관, 재향군인, 청년단 등이 쫓아가 일본인 1명, 선인 2명을 잡고 그 외는 도망쳐 버렸다. 더욱이 붙잡힌 두 명의 선인은 모두 노동자 풍으로 교토에서 들어왔다는 소문이 있고, 또 이보다 앞서 1주일 전부터 선인 습격의 풍설이 있었기에 주민들은 경찰에 야경을 요구했으나 허락되지 않고 이 일에 이르렀다고 한다.

조선인 30여 명이 화약고를 '습격'해 일본인 1명과 조선인 2명을 잡았다는 것이다. 게다가 이들은 이전부터 '습격'을 계획했다고도 한다. 그런데 이것은 완전한 엉터리, 가짜 뉴스였다. 그것을 입증하는 것은 당시 오사카부 경찰부장 후지누마 쇼헤이이다. 오사카시립 중앙도서관에 소장되어 있는 후지누마의 자서전 『나의 일생』에는 우치다와는 전혀 다른 시점에서 '화약고' 사건 일이 쓰여 있다. 지진과 함께 도쿄로부터는 속속 조선인에 의한 약탈, 방화 등의 정보가 흘러들어왔다. 마침 오사카에 와 있던 기요세 이치로(당시는 변호사, 입헌국민당 국회의원)도 같은 말을 했다고 한다. 하지만 후지누마는 "도쿄인은 흥분 상태"라고 생각해 조선인 보호를 부내 경찰서에 명했다. 그리고 9월 12일 조선인이 화약고를 덮쳤다는 이야기가 날아든다. 후지누마는 『나의 일생』에서 이렇게 말한다.

히라카타 화약고에 선인 습격한다고 경종을 치고 난리였습니다. 나는 그날 밤 늦게 이나미 히라카타 서장을 불러 사정을 들어보니 그것은 선인 습격이 아니고, 외로움을 견디지 못한 병사가 밖에서 술을 마시고 담을 넘어 병영으로 돌아가려다가 그때 보초병과 탈출병 사이 문답에서 일파만파로 일어난 소동입니다. 나는 만주사변 당시의 제2사단장이었던 다몬 지로 참모장을 직접 방문하여 육군의 체면보다 국가 치안의 중대함을 이야기하고, 세간에 대한 책임은 모두 내가 진다는 것을 언명하고 양해를 구해 (증병 이야기를) 그만두게 했습니다. 그날 아침 등청하니 선인이 화약고를 습격했다는 내용의 보고가 각 서장으로부터 많이 와 있었습니다. 증병하여 그 소문을 사실로서 세상에 보여주었을 때 주민들의 동요를 생각하면 두려움에 떨립니다.

술 취한 한 병사의 단순한 '탈영 소동'이다. 그러나 지역 사단은 이를 '습격'으로 보고 증병까지 주장한 것이다. 만약 군이 유언비어를 믿고 많은 병사를 투입했다면 어떻게 됐을까? 후지누마가 말한 대로 "두려움에 떨" 수밖에 없다. 덧붙여 이 건은 리쓰메이칸대 코리아연구센터 연구원이었던 쓰카사키 마사유키가 재일본조선인인권협회가 발행하는 잡지『인권과 생활』(2023년 여름호)에서 자세히 논하고 있다. 쓰카사키에 따르면 조선인 보호를 명령한 후지누마는 반드시 조선인에게 이해가 있는 인물은 아니었던 것 같다. 지진 이듬해 후지누마는 내무성 경보국장에 취임하는데 조선인 학살의 진상 규명을 요구하는 민족단체에 대해 거만하게 응하는 등 극히 불성실한 태도를 취했다고 한다. 오사카에서는 그 밖에도 조선인에 관한 헛소문이 유포되었다고 쓰카사키는 지적한다. 「오사카에도 불령선인 전차교차로에 불온삐라」「오사카 시내에도 선인 출몰 빈발 불온문서를 부착하려한다」라는 기사가 지방지 등에 게재되었다.

또 오사카 조선인 노동동맹 간부들이 이유도 없이 지역 경찰서에 검속되거나 조선인 노동자들이 직장에서 해고되는 일이 잇따랐다고 한다. 조선인을 위험시하는 풍조가 이러한 사태를 일으킨 것이다.

천지에 이변이 생기면 폭도 의심

그런데, 과거 화약고가 있던 히라카타시 나카미야 단지 주변을 걸으면서 새삼 깨달은 것이 있다. 그곳이 바로 '군도軍都'였다는 사실이다. 현재는 오사카의 베드타운으로 기능하는 히라카타이지만, 전전에는 긴야 화약고 외에도 히라카타 제조소, 고리 제조소 등 3개의 공창이 있었다. 근처 인가가 적고 산등성이와 골짜기가 천연 습곡을 이루는 히라카타는 폭발 사고가 나도 연쇄폭발을 막는 지형이라고 판단되어 군공창 최적지로 간주되었다.

긴야 화약고 터 가까운 곳에서 '나카미야 평화로드'라는 거리를 발견했다. 전전 긴야 화약고와 히라카타 제조소 등을 잇던 군용철도 선로 터이다.

언뜻 보면 주택가를 빠져나가는 차도와 병행한 일반적인 산책로이지만 SL
형 터널과 선로 변에 세워져 있던 군용 전신주, 육군의 돌기둥이 보존·설치
되어 있어 과거 '군도'였던 시절을 떠올리게 한다. 이곳에서부터 대량의 화
약과 포탄 등이 전쟁터를 향해 쌓여 있었던 것이다. 히라카타시는 군용철
도 터를 평화의 상징으로 삼기 위해 1991년 현재의 형태로 정비했다고 한
다. 그렇다 치더라도 하는 생각을 하지 않을 수 없다. 일본의 군사시설 대
부분은 조선인 노동력에 의해 건설된 것이다. 깔보고 차별하고 헐뜯으면서
일본 사회는 군사시설뿐 아니라 철도, 댐, 도로 등 산업기반 건설에서는 조
선인 노동자를 십분 '활용'한 것이다. 실컷 이용해 놓고 천지에 이변이 생
기면 폭도 의심을 한다. 날뛸 거라고 단정한다. 혹사시키고 있었기 때문에
어쩌면 반란을 일으킬 것이라고 믿고 있었던 것인가.

'황민화 정책'의 도구

'나카미야 평화로드' 끝에서 더 흥미로운 것을 보았다. 국가특별사적 '백
제사 터'이다. 그 이름대로 백제 왕족의 후손인 백제왕씨가 조성한 것으로
알려진 사찰 터이다. 전해 내려오는 이야기에 의하면, 8세기 후반 신라·당
에 멸망당한 백제 왕족이 이곳으로 망명하여 절과 가로를 쌓았다. 다시 말
해 침략전쟁 무기를 생산하던 군수공장은 한반도의 왕족 출신이 쌓은 땅
위에서 조업하고 있던 것이다. 백제사는 11~12세기에 없어졌으나 지금 그
자리는 유구 발굴이 진행되어 이미 기단 등이 복원되어 있다.

이 백제 절터에 대해 나는 오사카에서 돌아온 후에 지난 신문에서 관련
기사를 찾았다. 그때 한 기사가 눈에 띄었다. 2008년 3월 16일 〈마이니
치신문〉(오사카 지방판)이다. 이 기사에 따르면 사찰 발굴조사는 만주사
변 이듬해인 1932년 시작됐으며, 당시 신문에서는 히라카타 제조소에서
일하는 조선인 노동자들이 인접한 백제왕신사에 참배하는 모습을 보도했
다. 일본군의 '무운장구武運長久'를 기원하고 있던 것 같다. 기사에는 자이니

치 내력에 정통한 현지 고교 교사의 코멘트도 다음과 같이 덧붙여져 있다.

> 당국은 '귀화인'의 상징으로 백제왕경복百済王敬福을 규정하고 일본에 헌신하는 조선인상을 알리고 싶었을 것입니다. 학술적으로는 '전설'인 '전왕인묘伝王仁墓'가 주목을 받는 것도 이 시기. '황민화 정책'의 수단으로 여겨진 것입니다.

황국신민으로 가혹한 노동을 강요당한 조선인들은 배급된 밥만으로는 모자라 다이너마이트 재료인 규조토를 먹고 허기진 배를 달랬다고 한다. "은은한 단맛이 났나 봐요. 성분 중에 있는지 피로를 마비시키는 효과도 있었던 것 같습니다"라는 고교 교사의 말이 기아 상태에서 흙을 먹는 조선인 노동자의 모습을 연상케 했다. 이 기사는 또한 근처를 달리는 게이한 가타노선 공사로 조선인 노동자 한 명이 사망한 것 등도 전하고 있다.

「훌쩍 완행열차」라는 미지근한 느낌의 마을 소재 기사인데 조금도 훈훈한 느낌이 들지 않는 이유는 기사 마지막에 기자 이름을 보았을 때에 납득했다. 거기에 있던 것은 현재 프리 저널리스트로 활약하는 나카무라 일성이었다. 기사는 나카무라가 〈마이니치신문〉 오사카본사에서 기자를 하고 있을 무렵에 쓴 것이다. 거기에는 평범한 기자는 도달할 수 없는 일종의 '대단함'이 묻어난다. 자이니치 코리안 나카무라는 헤이트스피치 문제에 대해 '당사자'로서의 분노를 안은 채 취재를 거듭하고 있으며 『르포 교토조선학교 습격사건: 헤이트크라임에 저항해』, 『우토로 여기서 살고, 여기서 죽는다』 등의 저서가 있다. 세심한 취재와 냉정한 필치로 증오 범죄를 계속해서 쫓고 있다. 내가 존경하는 저널리스트의 한 사람으로 취재현장에서 마주칠 때도 많다. 당연히 나카무라는 지진 학살에 관한 취재도 하고 있다.

긴야 화약고에 있어 루머 유포를 조사하고 있는 과정에서 '군도 히라카타'라는 존재를 알고 더 많은 자료를 살펴보는 가운데 나카무라의 이름과 조우한 것은 우연이라기보다는 필연이었을지도 모른다. 지진 학살은 현재도 이어지는 문제이다. 차별도 루머도 마치 가보라도 되는 것처럼 사회 속에서 대대손손 물려받는다. 그러니 지금 이 시대에 차별 문제를 취재하려면, 100년 전 학살을 언급하지 않을 수 없다. 당연히 사회의 불합리와 고지식하게 대치해 온 나카무라, 구리하라와 같은 저널리스트들의 발소리가 들려온다. 더욱이 나카무라의 기사 속에 등장하는 고교 교사가 실은 앞서 나온 리쓰메이칸대 코리아 연구센터 연구원 쓰카사키였음도 부언해 두어야겠다. 쓰카사키는 2023년 9월에 67세의 나이로 사망했다.

3. 학살희생자 유가족을 찾아 한국에

'책임'을 다해야 할 사람은 누구인가

오사카에서 돌아온 나는 얼마 후 한국으로 건너갔다. 공항에서 서울 시내로 진입하여 바로 향한 곳은 익선동 근처 비즈니스호텔이다. 로비 옆 카페에서 낯익은 얼굴이 나를 맞아주었다. 학살사건 기록영화를 찍어온 영화감독 오충공이다. 앞서 말한 대로 그는 영화학교 졸업 작품으로 찍은 〈숨겨진 손톱자국〉 이후에도 학살지를 돌며 희생자 유족을 찾아 계속 카메라를 돌리고 있다. 이때도 '학살 100년' 기록영화를 제작 중으로 한국 거주 희생자 유족을 취재하기 위해 서울에 체류 중이었다. 오충공의 데뷔작 〈숨겨진 손톱자국〉은 1983년에 제작되었다. 이후 40년간 그는 학살을 쫓고 있다. 그 집념은 어디서 오는 것인가, 물어본 적이 있다. "이어가야 하니까." 그것이 대답이었다. 아직 새내기 영화감독이었던 무렵 미국 로스앤젤레스에서 〈숨겨진 손톱자국〉 상영회가 개최됐다. LA는 한인들의 집주 지역이다. 당연히 주민들의 관심이 높아 많은 관객이 몰렸다. 그중에는 이곳에 거주하는 오충공 감독 할머니의 모습도 있었다. 오랜만에 만난 할머니는 이렇게 말했다.

"네 할아버지도 그때 죽을 뻔했어."

지진 당시 할아버지는 메이지대 유학생이었다. 도내에서 자경단에게 습격당했지만 죽은 척해 살았다고 한다.

"거기서 할아버지가 죽었다면 내 인생도 없었을 것이다. 학살을 면했기에 지금 나는 여기에 있다. 그래서 계속 이야기를 이어가야 한다고 느끼는 거죠. 삶을 나눠받은 책임으로."

나는 오충공의 말을 듣고 착잡한 기분이 들었다. '책임'을 입에 올린 것은 그만이 아니다. 지진 학살 사실을 밝혀내 희생자를 위해서 애쓰고 있는 사람 대부분이 "지금을 사는 사람의 책임"이라고 목소리를 모은다. "그렇죠" 하고 나는 맞장구를 치면서 그때마다 복잡한 감정에 사로잡힌다. 왜 이런 사람들만 '책임'을 느껴야 하는가. 학살 가해자들은 지역에서 모은 성금까지 받고 결론이 뻔한 재판을 통해 실패한 사기꾼에게나 주어질 법한 가벼운 형을 선고받았고, 심지어 3년도 안 돼 출소했으며 장기휴가에서 돌아온 직장인처럼 사회 복귀를 했다. 심지어는 죄 값을 치르지 않은 자가 압도적으로 많다. 아니, 유언비어를 솔선수범하여 퍼뜨린 국가, 자치단체, 살인의 실행자로 전락한 일부 군경 관계자도 대부분 무죄 방면이다. 책임이고 뭐고 없다. 애초에 최대 가해자인 국가는 책임을 다하기는커녕 이제 역사적 사실을 바꿔 쓸 수도 있는 기세이다. '책임'을 다해야 할 것은 오충공을 비롯한 성실한 시민들이 아닐 터이다. 이런 사람들의 성실함과 마주할 때마다 나는 국가의 불성실함을 비난하고 싶어진다. 하지만 오충공 감독 등은 진실을 말한 관계자나 학살사건 조사에 자신의 일생을 건 연구자 강덕상을 기릴 뿐, 자신은 아직 "멀었다"며 70세를 눈앞에 둔 지금도 카메라를 계속 돌리고 있다.

할아버지는 후지오카 사건의 피해자였다

약속 장소인 호텔 로비에서도 이미 오충공은 한 유족의 모습을 카메라에 담고 있었다. 권재익(66세). 한국유족회 대표를 맡고 있는 인물이다. 경북 북부 영주시에 사는 그는 오 감독과 내가 일본에서 취재하러 온다고 해서 일부러 고속버스로 서울까지 찾아준 것이었다.

얼마 전까지 합기도 도장을 운영했다는 권재익은 몸집은 작지만 근육질 이 탄탄한 체형이었다. 그는 나와 인사를 마치고는 큰 종이 한 장을 굵은 팔로 쫙 펼쳤다. 제적등본의 복사본을 확대한 것이었다. 거기에 기록된 것 은 남성규라는 이름이다.

"저의 할아버지입니다."

그의 설명에 따르면 남성규는 외할아버지에 해당한다고 한다. 제적등본 에는 "군마현 후지오카 경찰서에서 죽었다"라고 기록되어 있었다. 그렇다. 할아버지는 자경단에 의해 자갈채취 노동자 17명이 살해된 후지오카 사건 의 희생자 중 한 명이었던 것이다. 권재익의 할아버지인 남성규가 일본에 건너간 것은 1923년 7월. 지진 발생 불과 2개월 전이다.

"가난한 마을의 가난한 가정에서 자란 할아버지는 가족의 생활을 돕기 위해 일본으로 건너갔습니다."

2개월만 일본에 늦게 갔다면 그에게는 또 다른 인생이 있었을 것이다. 하지만 일본에서 무언가를 이룰 틈도 없이 그는 폭도로 변한 자경단들에 게 습격당해 목숨을 빼앗겼다. 죽음 후 얼마 지나 유족 곁에는 유해가 도착 했다고 한다. "갑작스럽게 죽음을 통보받은 가족들은 아마 할아버지의 죽 음을 인정하고 싶지 않았을 겁니다. 장례식도 안 치른 걸로 알고 있어요."

사실 할머니도 가족 누구도 할아버지가 왜 죽었는지 알 수가 없었다. 유 골에는 아무런 설명도 없었던 것이다. 그래서 권재익도 할아버지가 "일본 에서 죽었다"는 말만 들었다. 그것이 실은 학살로 인한 죽음이었음을 알 게 된 것은 2015년의 일이다. 그 계기를 만든 것은 오충공이다. 그 무렵 오 감독은 한국 내에서 학살 희생자 유족을 찾아다녔다. 오충공이 말한다.

"취재를 계속하면서 위화감을 계속 갖고 있었어요. 1980년대부터 학살

한국유족회 회장을 맡고 있는 권재익

희생자 추도식 또는 위령제 등을 촬영해 왔는데 거기에서 유족의 모습은 전혀 찾아볼 수가 없었어요. 유족이 없는 추도식이라니 이상하죠. 유족들은 계속 기다리고 있었던 게 분명해요. 사랑하는 남편이나 아버지가 돌아오는 날을. 그런 유족과 함께 학살사건의 진상을 밝혀 나가고 싶었습니다.”

그는 일본 내에 남겨진 여러 사료와 문헌, 명부, 추도비에 새겨진 이름 등을 단서로 한국을 여러 차례 방문하여 유족을 찾았다. 그 결과 2017년까지 희생자 9명의 가족 17명과 만날 수 있었다. 그중 한 명이 권재익 회장이었다. 오충공은 그의 집을 찾아내어 할아버지의 죽음이 학살에 의한 것이라고 밝혔다. 90년이 넘는 세월이 지나 진실이 전해졌다. 다음은 다시 권의 이야기이다. “할아버지가 학살 피해자라는 사실을 알고 놀랐습니다. 인간은 누구나 죽는 법이고 죽는 법도 천차만별. 하지만 아무 죄도 짓지 않았는데 일방적인 폭력에 의해 살해당하다니…… 아연실색할 수밖에 없었습니다.”

오충공의 권유도 있어 그해 유족회가 결성된다. 권재익이 대표로 취임했다. “왜 살해당해야 했나. 당시 정부는 이 사건을 어떻게 보고 있는가. 그리고 지금 일본 정부는 어떤 책임을 느끼고 있는가, 없는 것인가. 유족에게 제대로 설명을 해 주었으면 합니다. 말할 것도 없이 우리가 아무리 호소해도 무시당하기만 합니다만……”

남겨져 간다는 생각

2018년에는 처음으로 일본을 방문했다. 후지오카에 가서 추도비 뒤편에 할아버지 이름이 새겨져 있는 것을 확인했다. 그 후에 과거 할아버지가 일하셨다는 간나가와로 향했다. 자갈 채취가 이루어졌던 곳이다. 거기에는 아무것도 없었다. 강변은 잡초로 덮여 있었다. 상상을 할 수 밖에 없었다. 이 강변에서 할아버지는 자갈을 건져 올리고 있었구나 하며 본 적이 없는 그 모습을 떠올렸다. 도대체 그 자갈은 무엇에 사용된 것일까? 아마도 어느 건설현장에서 자재로 이용되었을 것이다. 도로인가 철도인가, 아니면 댐이나 발전소인가. 어쨌든 일본 어딘가에서 할아버지가 운반한 자갈은 세포처럼 작은 형태로 살고 있을 게 틀림없다고 생각했다.

"그런데 살해당한 거죠."

그 말에 나는 고개를 끄덕일 수밖에 없다.

"간나가와 하천 부지에서 멀리 산줄기가 보였어요. 어딘가 고향의 산들과 비슷한 느낌이 들었습니다. 인근 풍경은 완전히 변해버렸지만 산의 형태까지는 변하지 않았을 터. 할아버지도 같은 광경을 하루하루 보고 있었겠구나 하는 생각이 들었어요."

산 능선만은 100년 전과 같은 곡선을 그리고 있다. 산 너머 더 멀리 바다를 건넌 곳에 한반도가 있다. 돌아가야 할 곳이 있다.

"그런 생각을 하고 있었던 걸까요, 할아버지는."

"빨리 돌아가고 싶었던 걸까. 언젠가 꼭 돌아갈 거라고 맹세했던 걸까. 어쨌든 조만간 내가 살해당할 거라고는 생각도 못 했겠죠."

불과 2개월의 노동이었다. 일본어가 서툰 할아버지가 유언비어로 술렁이는 일본 사회의 분위기를 느낄 수가 있었을까? 시키는 대로 경찰서로 피신해 유치장 안에서 다시 노동현장에 나갈 날을 꾹 기다릴 수밖에 없었다. 그러던 중에 군중이 경찰서로 닥쳐왔다. "죽이라"는 외침의 의미를 알았을까. 살해당하기 직전 할아버지가 마지막으로 본 것은 화를 내는 자경단원의 얼굴이었을까, 아니면 흉기의 끝이었을까. 아니, 분노의 형상을 보이고 있던 것은 할아버지였을지도 모른다고 권은 생각한다. "억울했을 겁니다. 왜 살해당해야 했는지, 그 순간이 와도 아마 할아버지는 그 의미를 이해할 여유도 없었다고 생각합니다." 싸우기 위해 일본에 온 것이 아니다. 하물며 그곳에서 죽는다는 것은 생각해 본 적도 없었다. "불령선인이라는 말을 들은 거지요. 적어도 그 호칭만이라도 일본 정부는 지금부터 완전 부정해 주어야 하지 않을까? 이런 굴욕은 없을 겁니다."

그날 저녁 우리는 멋진 카페들이 즐비한 익선동 구역 내에서 뚝 떨어져 나온 듯한 칼국수집에서 쫄깃한 면발을 당기고 소주를 마셨다. "한국에서도 이 문제에 제대로 대처하는 사람은 적습니다. 학살당했다는 기억은 한국에서도 희미해지고 있어요."

쓸쓸한 듯 말하는 권재익의 모습은 세련된 카페 스트리트 속에서 고풍스러운 우동을 계속 만들고 있는 이 집 같았다. 윤석열 대통령은 한일관계에 대해 '미래지향'이라는 말을 많이 쓴다. 하지만 지진 학살에 대해 언급한 적은 없다. 미래를 논하는 것이 나쁜 일은 아닐 것이다. 하지만 그것이 과거를 흘려보내는 것이어서는 안 된다고 생각한다. 대통령이 '미래지향'을 말할 때마다 일본은 크게 고개를 끄덕이고, 부負의 기억을 한 장 한 장 버리고 있는 것처럼 생각된다. 남겨져 간다. 권에게는 그런 생각이 강하다. 화도 나고 초조하기도 하다. '미래지향'이 역사부정과 연결될까 봐 두렵다. 그런 흐름을 바꿀 수 있는 것은 아마도 가해국인 일본밖에 없다. '책임' 그 말을 되새기면서 우리는 우동을 먹었다.

그 마을은 조인승의 고향이었다

다음날 나는 서울 버스터미널에서 고속버스로 남쪽으로 내려갔다. 목적지는 경상남도 작은 마을의 작은 촌락. 거창군 위천면 황산리라는 곳이다. 일이나 여행으로 한국에 수없이 발품을 팔았지만 거창군을 찾는 것은 처음이었다. 서울에 사는 한국인 기자 친구도 "그게 어디야?"라며 의아한 표정을 짓기만 했다. 서울에서 버스로 약 4시간. 경상남도 북서부에 위치하고 있으며 지리산, 덕유산, 가야산 등 명승지로 둘러싸인 자연이 풍부한 지역이다. 황산리는 거창 버스터미널에서 택시로 20분이 더 소요되었다. 촬영 일 때문에 서울에 머무는 오 감독의 지시 덕분에야 간신히 나는 이 마을에 도착할 수 있었다.

시냇물이 흐르는 황산리 중심부

그곳에는 그림엽서 같은 풍경이 펼쳐져 있었다. 마을 중앙을 맑은 시냇물이 흐르고 그 주위에는 사극에서나 볼 법한 한옥이 드문드문 들어서 있다. 멀리 지리산과 그곳으로 이어진 산들이 보였다. 마을 주위에는 초록이 펼쳐져 있다. 나뭇잎들이 햇빛을 받아 초록 물결을 빛내고 있었다. 넘실거리듯 튀듯 바람에 맞춰 나뭇잎들이 흔들린다. 차가 쌩쌩 달릴 만한 큰길은 없다. 편의점도 슈퍼도 없다. 마을 광장에 서면 들려오는 것은 강물 소리와 새 소리뿐이다. 그 한 모퉁이에 조광환(63세) 집이 있었다. 쌀농사와 콩 재배 등 농사를 지으면서 〈지리산 힐링 신문〉이라는 지역 뉴스 사이트의 편집장도 맡고 있다.

"옛날부터 이 마을에는 아무것도 없었어요. 풍요로운 자연에 둘러싸인 시골 풍경만이 장점인 가난한 마을이에요." 그렇게 말하면서 나를 집 안으로 초대해 주었다 거실에서 다과를 대접하며 그는 내게 두꺼운 책자를 보여줬다. 한국의 오래된 집은 대체로 가지고 있는 경우가 많은 '족보'이다. 일본으로 치면 가계도이다. '족보'를 연 손끝이 한 인물의 이름 위에서 멈췄다. 조권승. 1923년 음력 7월(양력 9월)에 사망한 사실이 기록되어 있음은 나도 이해할 수 있었다. "일본에서 살해당했습니다." 조광환은 온화한 표정 그대로 이야기했다. 권승은 그에게는 할아버지의 형에 해당한다. 지진 2년 전인 1921년에 일본에 건너가 두 번 다시 이 마을에 돌아오는 일은 없었다. "어디서 죽었는지는 확실하지 않습니다. 다만 이 마을에서 함께 돈 벌러 간 사람이 간신히 도망쳐와 도쿄에서 살해당했다고 알렸다고 합니다."

조광환이 몇 번이고 되풀이하듯 황산리는 '아무것도 없는 마을'이었다. 그것만은 예나 지금이나 변함없다. 원래부터 경지 면적이 적은 산간의 한촌이었을 뿐만 아니라 식민지 정책인 토지조사사업, 쌀 증산계획 등으로 인해 빈농 지역의 생활은 곤궁에 허덕였다. 조선에서 살 수 없게 된 농민들은 생활의 양식을 찾아 일본으로 건너갈 수밖에 없었던 것이다. 황산리도 예외가 아니어서 많은 젊은이들이 일자리를 찾아 일본으로 떠났다. 그 한 사람이 권승이었다. 덧붙여 조씨 성 사람으로 또 한 사람, 일본으로 떠난 자가 있었다. 조인승이다. 이 책 제1장에서 인승에 대해 언급한 적이 있다. 오충공의 영화 〈숨겨진 손톱자국〉에도 등장하는 곱창집 아저씨이다. 자경단에게 잡혀 쇠갈고리로 다리에 상처를 입기도 했으나 간신히 도망칠 수 있었던 인승의 체험담을 먼저 적었다. 그런 그 역시 이 마을 출신이며, 게다가 먼 친척이기도 하다는 것에 나는 놀랐다.

"다들 가난했어요. 그리고 당시에는 가난한 사람일수록 고향에서 떨어진 곳에서 죽임을 당할 운명이었죠." 사회 구조를 알아맞힌 듯한 표정은 온화하지만 웃고 있지는 않았다. 친척인 '인승'은 구로다 고무공장에서 일했다고 하니 같은 마을 출신인 '권승'도 아마도 그 근처에서 일하고 있었을 가능성은 크다. 당시 조선인들은 같은 지역 출신들이 뭉쳐 사는 경향이 강했기 때문이다.

유골이 없는 유족의 슬픔

조광환에 따르면 마을 변두리 산속에 조권승의 묘가 있다고 한다. 정확히 말하면 조씨 집안의 무덤이다.

무덤은 1968년 조권승의 아내가 사망하면서 만들어졌다. 말할 것도 없지만 거기에 권승의 뼈는 없다. 유골이 돌아오지 않으니 수습할 길이 없다.

"그게 얼마나 억울한 일인지 아십니까?"

조광환은 나를 향해 물었다. 그리고는 내 대답을 들을 새도 없이 말을 이어간다. "유골이 없어서 가족들은 계속 권승이 돌아오기를 기다렸다고 해요. 살해당했다는 말을 듣고도 믿지 않았다. 아니, 믿고 싶지 않았던 거겠지요. 그래서 바늘구멍 같은 가능성에 기대고 있었다. 언젠가 갑자기 돌아올지도 모른다고. 잔인한 일이라고 생각합니다. 누구에게 어떻게 살해당했는지도 모르고. 뼈도 없고. 그러니 마음을 다잡을 수도 없는 거죠."

마을 변두리에 있는 조씨 집안 묘

기적의 생환을 믿었던 조권승의 아내는 1968년 사망할 때까지 남편의 죽음을 믿지 않았다고 한다. 아니, 그럴 수밖에 없었다. 뼈가 없다는 것은 바로 그런 것이다. 나는 예전에 비슷한 이야기를 취재 중에 들은 적이 있다. 이야기해 준 것은 전 자민당 간사장 고가 마코토였다.

고가가 2살 때 아버지는 필리핀 레이테 섬에서 전사했다. 하지만 자택에 도착한 하얀 나무상자에는 전사를 전하는 종이밖에 들어 있지 않았다. 가족들은 '전사'를 받아들일 수 없었다.

2003년 고가는 처음으로 레이테 섬을 방문했다. 정글 안에서 즉석 제단을 만들어 손을 모았다. 거기서 처음으로 아버지의 죽음을 받아들였다. 결단이 섰다고 한다. 거기에 이르기까지 61년이나 필요로 했다. 그때 난생처음 아버지를 생각하며 울었다고 한다. 데려가고 싶었다. 유골 대신 조약돌을 주워 주머니 속에 넣었다. 가지고 온 조약돌은 지금 불단에 모셔져 있다.

고가는 나에게 말했다. "돌멩이 하나, 모래알 하나에도 그곳에서 쓰러진 사람의 영혼이 깃들어 있다고 생각하는 것이 유족의 심정이라는 것이다."

이때 나는 오키나와에서 문제가 된 '유골 토사'에 대한 의견을 듣기 위해 고가를 방문한 것이었다. 정부는 오키나와 전투 격전지였던 본섬 남부에서의 토사 채취를 검토하고 있다. 나고시 헤노코 미군 신기지 건설에 수반하는 매립 공사에 이용하기 위해서이다. 폭거 아닌가? 남부 일대에는 전쟁에서 희생을 강요당한 많은 현민, 병사의 뼈와 유품이 파묻힌 채로 있다. 현재도 유골 수습이 진행되고 있다. 그런 땅의 토사를 하필이면 기지 건설에 사용한다고 하니 많은 현민이 분노하는 것도 당연하다. 그에 대한 답이 앞서 언급한 고가의 말이다. 게다가 고가는 이렇게 계속했다. "유골이 없는 유족의 슬픔. 이건 말로 설명할 수가 없어. 그걸 이해하지 못한다면 너무 무신경한."

나는 고가를 치켜세울 생각은 없다. 그 역시 전후 책임을 흐지부지해 온 자민당의 거물급 의원이다. 하지만 이 와중에 고가는 역겨운 개헌에 단호히 반대하는 자세를 굽히지 않고, 침략전쟁을 미화하는 풍조도 비판해 왔다. 나는 그 점만은 고가의 자세를 믿는다. 그리고 유골이 없는, 유골을 받아본 적이 없었던 유족에 대한 생각은 진짜라고 생각한다.

"뼈도 없고. 그러니 마음을 다잡을 수도 없는 거죠"라고 한탄한 조광환의 말과 어딘가에서 겹치는 것이다.

"참을 수 없이 분하다"

나를 조광환이 무덤까지 안내해주었다. 집을 나와 마을을 벗어나 뒷산을 향했다. 논밭 사이를 누비듯이 만들어진 포장길은 마을 변두리에서 끊겼다. 인가도 보이지 않는 그곳에서 멀리는 잡목이 우거진 좁은 산길이었다. 이른바 '짐승 길'이다. 앞길을 막는 마른 가지를 양손으로 치우며 어른 키만큼 자란 잡초를 밟고 산속으로 나아간다. 금실처럼 흐르는 맑은 개울을 뛰어넘은 그 앞에서 갑자기 시야가 트였다. 둥글게 부푼 봉분을 한 무덤이 산비탈의 작은 공간에 만들어져 있었다. 최근 계속된 장마 때문에 그릇 모양 봉분에 토사가 흘러들어 미묘하게 형태를 무너뜨리고 있었다. 한여름 태양이 쨍쨍 내리쬐는 가운데 조광환은 무덤을 가리키며 말했다.

"뼈 대신 권승이 젊었을 때 입었던 옷이 들어 있어요. 유일한 유품이래요."

무덤 속에 넣은 것은 새하얀 한복이라고 한다. 권승의 아내는 그것을 남편의 대리라고 생각하고 죽을 때까지 소중히 간직했다고 한다.

무덤 앞에 손을 모으고 나서 나는 물었다. "평소 어떤 마음으로 성묘를 다니십니까?" 그는 잠시 생각에 잠겨 하늘을 살짝 우러러본 뒤 이렇게 대답했다. "권승이 죽은 것은 100년 전입니다. 얼굴도 본 적 없는 할아버지를 그리워하는 일은 없고 슬프냐고 물어도 실감이 안 나요." 맞는 말이다. 만난 적도 없는 인간을 '그리워할' 수는 없다. 다만 이렇게 계속했다. "억울하기는 해요. 그럴 수밖에 없는 게… 일본 정부는 학살에 대해 언급하지 않는다. 현재의 한국 정부도 그렇다. 버림받고 잊혀져갈 뿐인가. 그렇게 생

434

각하면 너무 억울해요."

살해당했다고만 들었을 뿐 남은 가족들은 아무것도 할 수 없었다. 식민지 시대 종주국 일본에 대한 비판은 봉쇄되었고, 해방 후에도 한국전쟁의 혼란 속에 던져졌다. 이 마을 근처에서도 지리산에 숨은 빨치산과 한국군에 의한 격렬한 전투가 반복되고 많은 주민이 연루되어 목숨을 잃었다.

"한국이 민주화를 달성할 때까지의 긴 시간에 걸쳐 지진 학살 피해자 유족이 공개적으로 소리를 낼 수 없었다. 뭔가를 주장하는 것 자체가 '빨갱이'라고 생각되는 시대가 있었어요."

침묵을 강요당하고 그때문에 한국 내에서도 기억이 풍화되어 간다. 학살 100년을 맞은 해에, 다시 한번 '권승이 죽임을 당한 것의 의미'를 생각하고 있다고 한다.

"죽인 자경단원이 나쁜가. 아니면 그런 사회를 만든 국가가 나쁜가. 여러 가지 생각이 머릿속에서 맴돌아요. 어쨌든 일본은 국가로서의 책임을 아직도 인정하지 않는다. 그래서 초조한 거예요. 언젠가 학살 자체가 '없던 일'로 되어버리는 것은 아닐까 하는 위기감이 있습니다. 네, 여러 번 말한 것처럼 억울해요."

조급함과 억울함은 유족 누구에게나 공통되는 일이다. 나는 문득 오충공 감독 영화 〈숨겨진 손톱자국〉의 마지막 장면을 떠올렸다. 곱창집 아재이자 학살사건의 생존자이기도 한 조인승이 증언해 준 일본인의 손을 잡으며 감사해하는 장면이다.

"정말 억울했어요."

인승은 어린애처럼 흐느꼈다.

"억울하죠" 하고 나는 무덤을 향해 작게 말을 걸었다.

죽은 사람은 말이 없다. 살아남아 증언을 남긴 사람도 이젠 상당수가 돌아가셨다. 일본인도 조선인도.

"그러니까, 다들, 잊어간다."

쓸쓸한 목소리로 그렇게 몇 번이고 되풀이했다. 잊어가는 것만이 아니다. 정부도, 일부 언론도, 그리고 결코 적지 않은 사람들이 학살은 없었다고 역사를 다시 쓰려고 시도한다. 학살 사실을 부정하려 하고 있다.

"이제 와서 소리를 내거나 유족의 마음을 호소한다 해도 일본에서는 들어 주는 사람이 있을까요?"

그가 조심조심 나에게 물었다. 주저도 갈등도 있었지만 나는 바로 답했다.

"있습니다. 잊지 않으려고 필사적으로 싸우는 사람들이 있습니다."

그런 나의 말을 그는 변함없는 표정으로 듣고 있었다. 별다른 답변은 없었다. 매미가 운다. 근처를 흐르는 시냇물의 물소리가 울린다. 무덤은 말이 없다. 죽은 자는 돌아오지 않는다. 한여름 강한 햇빛을 맞으며 일본 사회에서 살아가는 사람으로서 해야 할 '책임'을 나는 여기서도 생각하지 않을 수 없었다.

4. '왕 시티엔 사건'과 '주의자 사냥'

사카사이바시 다리 아래에서

"안시파安息吧"

강변 산책로에 린 하쿠요(84세)의 목소리가 울려 퍼졌다. '편안히'를 뜻하는 중국어다. 그가 손을 모으고 눈을 감았다. 나도 그에 따른다.

"아쉽네."

이번에는 일본어였다.

린은 강 수면으로 얼굴을 돌려 지금 그 자리에 있을 리 없는 인물에게 천천히 말을 건넨다. 정중하고 신중하게. 마치 현악기에서 새겨지는 작은 선율처럼 상냥한 목소리였다.

“당신은 아직 30세도 안 된 나이였다. 그런데 여기서 얼굴도 팔다리도 잘려 나가 강에 버려졌다. 가슴이 아픕니다. 당신은 분명 아직 눈을 감지도 못하고 이 하늘 위를 헤매고 있겠지요. 그리고 이 나라를, 사회를, 보고 있어.”

말은 몸속에서 한 가닥 실을 자아내듯 흘러나온다.

“일본 사회는 말이야, 다시 옛날 길을 걷기 시작하려고 해. 그러니까 제대로 우리를 보고 있어줘. 나도 너에 대해 말해줄게. 일본 사회에, 혹은 중국 사회에. 우리의 투쟁을 지켜봐줘.”

그리고 마지막으로 린 하쿠요는 그 사람의 이름을 중국 발음으로 외쳤다. 칼로 찔리고 죽임을 당하고 버려졌던 인물이다.

“왕 시티엔王希天!”

지진 때 학살당한 중국인이다. 그 이름을 입에 올리는 순간에만 그의 말에 격렬함이 깃들어 있었다.

2023년 9월. 린 하쿠요의 안내로 나는 그곳을 방문했다. 고베에 사는 재일중국인 2세인 그는 상경할 때마다 이곳을 방문해 숨진 동포들을 추모한다. 한 사람의 중국인으로서 그리고 사회운동에 관여하는 사람으로서 린은 지진 시에 학살된 중국인의 내력을 쫓고 있다.

에도가와구 고마쓰가와 강과 고토구 가메이도를 연결하는 사카사이바시 다리 아래이다. 다리 밑을 흐르는 것은 아라카와 지류 옛 나카가와 강이다. 도에이신주쿠선 히가시오지마역에서 도보로 10분 남짓한 장소에 있다. 지금은 콘크리트로 호안 정비되었으나 옛 나카가와 강은 과거 잡초가 무성한 들판이 펼쳐져 있었다. 에도시대에는 ‘사카사이 나룻배’라 불리는 나루터가 있었고 작은 배들이 양안을 왕래하고 있었다. 우타가와 히로시게가 『명소에도백경』의 하나로 「사카사이 나룻배」를 그린 것은 1856년(안세이 3년) 무렵이라고 한다. 이곳에 사카사이바시 다리가 설치된 것은 메이지 시대 초이다. 이후 몇 차례 다시 만들어져 현재의 콘크리트 다리가

옛 나카가와 강에 걸려 있는 사카사이바시. 지진 후 다리 아래에서 왕 시티엔이 살해되었다.

된 것은 1968년이다.

지진 때는 덜컹덜컹 흔들린다고 해서 '덜컹 전철'이라고도 불린 성냥갑 같은 조토전차(노면전차)가 다리 위를 달리고 있었다. 다리 아래를 흐르는 강은 '옛'이 붙여지기 전의 나카가와였다. 옛 나카가와라고 호칭이 바뀌는 것은 지진 다음 해부터이다. 이 책 제1장 첫머리에 적은 아라카와 방수로의 개착開削으로 나카가와가 분단된 것에 의한다. 그 무렵의 나카가와에는 아직 자연 그대로의 강변이 남아 있었다. 현재 사카사이바시 위에는 수도고속도로 고가가 설치되어 있고 양안에는 고층 주택이 늘어서 있다. 아침저녁으로는 강가 산책로를 조깅하는 사람들의 모습이 눈에 띈다. 고여 있는 강의 수면을 때때로 숭어가 뛴다. 다리 밑에서 낚싯줄을 드리우고 있는 사람에게 들으니 망둥이도 낚인다고 한다.

이곳에서 중국인 왕 시티엔이 죽임을 당했다. 아직 27살이었다.

한 병사가 남긴 일기에서

지진 후 9월 12일 새벽의 일이다. 기독교계 사회운동가로「중화민국교일노동동포공제회(이하 교일공제회)」회장을 맡고 있던 왕의 목숨을 앗아간 사람은 육군 제1사단 야전중포병 제3여단 소속 군인이었다. 동 여단 소속 병사 구보노 시게쓰구久保의 10월 19일자 일기에는 이렇게 기록되어 있다.

중대장 처음으로 왕 시티엔 군을 불러 "너희 나라 동포들이 소란을 피우니 훈계해 달라"고 불러내어 사카사이바시 철교 있는 데에 이르자 대기하고 있던 가키우치 중위가 와서는 너희들 어디로 가는가 하고 6중대 장교 일행에게 말 걸어 뭐 담배라도 태우자며 쉬게 하고는 등부터 어깨에 걸쳐 내리쳤다. 그리고 그의 안면과 팔다리 등을 도려내 옷은 태워버리고 10엔 70전과 만년필은 빼앗아 버렸다. 죽인 것은 장교들 사이에 비밀에 부쳐졌고 살해의 보초가 된 병사들로부터 일일이 들었다. 이와 같은 일은 불법적인 행위이지만, 같은 권리로 지배되는 일본인이 아니라 외교상 불리하기 때문에 나는 침묵하고 있다.

한 마디로 속인 것이다. 적당히 이유를 대 사카사이바시까지 끌고 가 참살한 것이다. 더구나 신원을 알 수 없도록 얼굴도 팔다리도 도려내고 옷도 태워버리고 소지품도 빼앗았다. 비겁하기 짝이 없는 범행이다. 이 「일기」가 공표된 것은 1975년 8월이다. 글쓴이인 구보노 시게쓰구는 지진 시에 조선인을 나라시노 수용소로 이송하는 업무를 담당하고 있었다. 지진 직후 왕 시티엔은 군으로부터 이송을 도우라는 명령을 받고 이를 이유로 구속되어 이송 업무에 대한 협력을 강요받았는데, 그때 군 담당자 중 한 명인 구보노를 알게 되었다. 구보노는 지성적인 왕에게 호감을 가진 듯 "배움이 없는 우리(병사)는 '오키텐王希天 군'이라고 부르며 존경했다"라고 일기 공표 직후에 있었던 신문기자의 취재에 대답하고 있다(〈아카하타〉 1975년 9월 1일). 일기에 동료 병사로부터 들은 살해 경위를 적고 그것을 몸소 간직해 온 것도 "잘도 죽이기 쉬웠구나, 장난이나 치고, 짐승 같으니라고, 속이 부글부글 끓어오르는 생각이 들었기" 때문이라고 한다. 병사들 중에는 구보노처럼 올바른 감정을 가진 인간도 소수 존재했던 것이다.

관민일체의 중국인 배척에 저항

왕 시티엔은 중국 지린성 창춘에서 태어나 1915년 유학생 신분으로 일본에 건너가 제일고등학교 예과에서 공부한다. 왕이 일본으로 건너간 그해 1월, 일본은 제1차 세계대전 중 얻은 중국에서의 권익 확장을 위해 「21개조 요구」를 당시 중국 정부에 내댔다. 이것은 산둥성에서 독일 권익의 계승이나 '만주(현재의 중국 동북부)' '내몽고'에서 일본 권익의 확장 요구 등과 함께 중국 정부 내에 일본인 '정치 고문' '군사 고문'까지 둘 것을 압박한 것이었다. 린 하쿠요는 이를 "중국을 일본이 하라는 대로 하기 위해, 심지어 중국인을 노예화하기 위한 요구였다"고 설명한다.

일본은 1910년에 한반도를 '병합'한 지도 얼마 되지 않았다. 제국주의는 대륙도 집어삼키려고 하고 있었다. 그것은 당연히 중국인들 사이에서 격분의 물결을 일으켰고 일본은 그것에 적개심을 가졌다. 일본 내에서는 재일중국인에 대한 차별과 비난이 거세졌다. 왕은 그러한 공기를 호흡하면서 인생에서 가장 감수성이 예민한 시기를 일본에서 보낸 것이다. 감리교파 크리스천이었던 왕은 원래 사회적으로 약한 입지에 있는 사람들에 대한 공감이 컸다. 5.4 운동(중국 내에서 퍼진 '21개조 요구'에 대한 저항운동)의 영향을 받아 보다 적극적으로 학생운동 등에 참여하게 된다. 왕은 팔고(현재의 나고야대)에 진학하면서도 학업보다 사회운동을 우선시했을 것이다. 졸업을 마치지 않고 상경하여 현재의 고토구 오지마에서 중국인 노동자를 지원하는 교일공제회를 결성했다. 공제회라는 명칭에서 어딘지 모르게 상조회적 이미지를 받지만 실상은 지극히 급진적인 노동조합이었다. 당시 중국인 노동자들은 경영자나 브로커 등에 의한 웃돈 떼기, 급여 미지급, 학대 등 가혹하고 열악한 노동환경을 강요받고 있었다. 일본인 노동자로부터도 "저임금으로 일본인으로부터 일자리를 빼앗는 자"로서 적대시되고 있었다. 저임금은 중국인 노동자가 원했던 것이 아니라 경영자가 이를 강요한 것에 불과하지만 불합리한 증오, 심지어 차별과 편견이 중국인들을 고립시키고 있었다.

제1차 대전이 가져온 군수 경기, 이른바 '다이쇼 버블'은 가고, 전후 공황이 시작되고 있었다. 곤경에 처한 것은 일본인 노동자도 마찬가지였는데 불만 배출구는 경영자가 아니라 중국인 노동자에게 향하는 경우가 많았다. 배경에는 중국인을 멸시하는 일본의 차별적인 식민지 정책이 있다. 일본 사회에 있어서는 일본인과 중국인 사이에 일촉즉발의 긴장관계가 존재했다. 물론 예나 지금이나 외국인에게 '적'으로 꼬리표를 붙이는 것은 가장 가성비 좋은 정책이다. 정부도 중국인의 위협을 부추겼다.

1921년 오사카의 아사히바시 경찰서는 "내지 노동자 보호"를 이유로 항만작업에 중국인 노동자 고용을 금지하는 통달을 냈다. 이듬해에는 내무성 경보국장이 각 청·부현 장관 앞으로 「지나인[1] 노동종사자 단속의 건」 통첩을 보내 중국인 노동자를 고용하지 않도록 각지에 권고했다. 린 하쿠요에 따르면 이러한 정부의 차별선동 영향을 받아 각지 노동현장에서 중국인 배척 움직임이 활발해졌다고 한다.

1922년 10월 12일에는 스미다가와 연안 인부 300여명이 연판장을 만들어 대표 5명이 경시청에 중국인 노동자를 퇴거시키도록 진정을 접수했습니다. 이유는 "불황의 결과 지나인 노동자는 일본인 노동자보다 30%나 싼 임금으로 일해 우리나라 노동자가 쫓겨날 우려가 있다"는 것입니다. 같은 해 11월 말에는 후카가와토미카와초에서 일본인 노동자들이 중국인 노동자 배척을 결의. 1923년 2월 13일에는 요코하마 다카시마초에서 일본인 노동자가 중국인 노동자를 습격, 이에 대해 중국인 노동자도 반격하여 요코하마시 다카시마초 화물역 앞 광장에서 약 300명이 난투극을 벌이는 소동도 일어났습니다. 7월에는 지바현에서 호쿠소 철도 부설공사 종사 일본인 노동자에 의한 중국인, 조선인 노동자 배척 사건도 일어났습니다.

교일공제회는 이러한 관민일체의 중국인 배척 움직임에 저항했다. 중국인 노동자에 대한 해고 및 임금 체불, 브로커에 의한 웃돈 떼기 등을 허락하지 않고 경영자와 직접 협상을 거듭했다. 일을 달라고도 호소했다. 이에 경영자뿐 아니라 경찰도 '치안'을 이유로 적개심을 키웠다.

린은 말한다. "교일공제회 활동은 대륙에서 진행되던 민중과 학생들의 항일운동과 틀림없이 겹쳐 보였을 겁니다. 기회가 된다면 중국인 노동자와 교일공제회를 일제히 쫓아내거나 섬멸하고 싶었을 것입니다."

---

1   지나와 지나인은 중국과 중국인에 대해 전전 일본에서 쓰던 멸칭

덧붙여 교일공제회 본부가 놓인 오지마초는 물길이 좋아 중소공장이 밀집한 지역으로 알려져 있었다. 가네가후치 방적, 도요 모슬린, 닛신 방적 등 대형 방적공장의 진출에 따라 하청공장도 늘어서 있었다. 이들 공장에서 생산된 제품이나 원료, 연료가 되는 석탄 등의 운반에는 지역을 흐르는 수로가 이용되고 있었다. 그때문에 하역 등의 작업을 담당하는 노동자도 많았는데 대부분은 중국인이었다. 교일공제회, 특히 리더인 왕 시티엔은 그러한 노동자들을 위해 밤낮으로 분주했다. 지금으로 말하자면 오합지졸 노동운동의 지도자인 셈이다. 자본주의 심장부는 자본주의가 가장 취약한 부분이기도 하다. 법 제도는 미정비 미분화되어 있어 거기에 인권 문제를 가져가면 노사는 격렬한 충돌을 피할 수 없다. 왕은 노동운동에서 가장 어려운 무대 위에서 분투했다. 그것은 노동자로부터 신뢰를 얻을 수 있는 한편 국가와 자본으로부터는 최대의 적으로 간주되기도 했다. 하지만 대지진이 일어난 후, 가장 먼저 죽임을 당한 사람은 그가 아니라 오지마에 사는 중국인 노동자들이었다.

대량 학살도 관민일체로

국립 공문서관이 운영하는 아시아역사자료센터의 레퍼런스에는 다음과 같은 「경시청 히로세 히사타다 외사과장 직화」(9월 6일 외무성에 공식 보고)가 남아 있다.

현재 도쿄 지방에 있는 지나인은 약 4천5백 명, 그중 2천 명은 노동자인데, 9월 3일 오지마초 7초메丁目에서 선인 방화 혐의와 관련하여 지나인 및 조선인 3백 내지 4백 명, 3회에 걸쳐 총살 또는 맞아 죽었다. 제1회는 3일 아침 군대에서 청년단으로 인도받은 2명 지나인을 총살했고, 제2회는 오후 1시경 군대 및 자경단(청년단 혹은 재향군인회 등)이 약 2백 명을 총살 또는 때려죽였으며, 제3회는 오후 4시경 약 백 명을 같은 식으로 살해했다.

위에 나온 「직화」를 비롯한 각종 자료에 따르면, 오지마초에서는 약 4백 명의 중국인이 살해되었다. 대량 살육이다. 학살이 계획적이고 조직적으로 이루어졌음은 외교사료관에 소장된 외무성 문서 「오지마초 사건 그 외 지나인 살상 사건」을 비롯하여 저널리스트 다하라 요, 작가 니키 후미코의 정력적인 조사, 더 나아가 일본변호사연합회(약칭 니치벤렌)가 낸 「간토대지진 인권구제신청 사건보고서」(2003년 8월 25일) 등에 의해 밝혀진 바 있다. 당시 오지마초에는 중국인 노동자 약 2천 명이 살고 있었다. 대부분은 동네 곳곳에 마련된 전용 숙소에서 생활했다. 지진 이후 계엄령을 이용한 중국인 학살을 모의했다. 여기에 가담한 것은 중국인에게 적의를 지닌 일본인 알선업자나 경영인, 일반 노동자를 중심으로 조직된 자경단, 그리고 경찰과 군대이다.

9월 3일 아침, 자경단과 경찰은 오지마초 내 숙소를 돌아 중국인들에게 나중에 안전한 곳으로 안내할 테니 소지금을 지니고 숙소에서 대기하도록 명령했다. 동시에 부근 일본인 주민에게는 외출을 삼가도록 요청했다. 그 후 자경단 등은 중국인들을 동네 광장으로 이동시켰고 적당한 때를 보아 광장을 둘러싼 군중이 일제히 덮쳤다. 군중 대다수는 칼이나 쇠갈고리, 도끼, 쇠막대기 등을 손에 들고 중국인을 차례차례 살해했다. 경찰관이나 군인들도 거기에 있었다.

당시 오지마초에 살던 기도 시로(전기모터판매업)는 다음과 같은 증언을 남겼다.

5, 6명의 병사와 몇 명의 경찰과 다수의 민중은 2백 여명의 지나인을 포위하고, 민중은 손마다 장작 패는 도끼, 쇠갈고리, 죽창, 일본도를 들고 닥치는 대로 지나인을 학살했으며 나카가와 수상서 순사와 같은 이도 사람들과 함께 미치광이처럼 되어 학살에 가담했다. 2발 총소리가 났다. 도망자를 쏜 것인가, 나는 당시 우리 동포들의 이러한 잔혹 행위를 똑바로 볼 수가 없었다.

대량 살육 또한 관민일체로 이루어진 것이다.

죽이는 쪽과 죽임을 당하는 쪽 사이에 가로놓인 것

현장이 된 광장에는 현재 「히가시오지마 문화센터」가 들어서 있다. 문화 교실과 각종 모임에 사용되는 고토구 시설이다. 히가시오지마역에서 3분 정도 거리에 있으며 주위는 고층 주택뿐이다. 지진 시 광장 바깥쪽에는 수련밭이 펼쳐져 있었다고 하나 그 흔적을 주택가 안에서 찾기는 어렵다. 애당초 발바닥으로 흙을 느낄 만한 장소가 거의 없다. 물론 추모비와 같은 것도 없다. 땅의 따스함도 학살의 기억도 모두 아스팔트 아래로 사라졌다.

가메이도 경찰서 기록 문서에 따르면 사체는 '석유 약 30통'을 사용하여 소각되었으며 유골은 버려졌다고 한다. 참고로 광장에서 단 한 사람, 도망친 중국인이 있다. 황지롄黃子蓮이라는 인물이다. 그도 이런 증언을 남겼다.

많은 일본의 군경, 청년단, 낭인浪人이 오지마 8초메 중국인 숙소에 와서 "돈 있는 놈은 모두 중국으로 돌려보내 줄 테니 우리를 따라와"라고 말했다. 우리는 그 말을 믿고 따라갔다. 가까운 골목에 이르자 갑자기 "지진이다. 엎드려!" 전원 땅에 엎드리게 하고는 손에 든 곤봉, 쇠갈고리, 곡괭이 등의 흉기로 단번에 때려죽였다. 공인된 살인마, 죽임을 당한 자는 2백 명 정도. 나는 맞아서 정신을 잃었기 때문에 죽은 걸로 알고 두고 갔다.

여기서도 또 속임수가 벌어졌다. 황이 '공인'이라 한 것은 거기에 군인과 경찰도 있었기 때문이다. 죽은 줄 알았던 황은 숨이 돌아와 간신히 그곳을 도망칠 수 있었다. 그는 학살극 다음 달 중국으로 귀국하여 자신의 체험을 미디어에 알렸다. 이를 계기로 항일운동 중이기는 해도 지진피해에 동정적인 분위기였던 중국 여론이 변했음은 물론이다(그래도 중국 불교회는 학살이 밝혀진 이후에도 일본의 피해를 걱정하고 숨진 이들을 위해 큰돈을 들여 만든 종을 일본에 기증했다. 현재 조선인 희생자 추도비가 있는 오쿄아미초 공원 내에 놓여 있다).

참고로 황은 고향인 저장성 원저우로 돌아왔는데, 광장에서 습격당했을 때 다친 상처로 인해 3년 후에 죽었다. 결국 그 역시 학살 피해자로 들어가게 되었다. 그런데, 광장이 있던 「히가시오지마 문화센터」에서 더 서쪽으로 나아가면 오른쪽에 상점가가 보인다. '선 로드 중의 다리'라고 명명된 300미터 길이 상점가에는 청과물과 수산물, 반찬 등 약 100개의 점포가 늘어서 있다. 정말이지 100년이 넘는 역사를 가진 상점가라고 한다. '서민가 부엌'이라는 분위기가 있고 가끔은 TV 프로그램에서도 다루어질 정도로 인기 있는 상점가로 날마다 손님들이 끊이지 않는다. 머리 위에 채소와 과일, 빵과 닭꼬치까지 얹은 이미지 캐릭터 '나카탄*なかたん*'의 기묘한 모습만 신경 쓰이지 않는다면, 대형 쇼핑몰에는 없는 소박하고 상냥한 거리의 분위기에 매료되는 사람도 많을 것이다. 하지만 이곳 역시 중국인 학살 현장이다. 상점가 중간쯤이다. 과거 그곳에 중국인 노동자 숙소가 있었다. 살던 중국인 대다수는 저장성 원저우시 근방 칭톈현을 원적으로 둔 마씨 성 사람들이었다. 그런 점에서 광장 학살과는 별개로 '마 일족 학살 사건'으로 이어져 내려오고 있다. 마씨 일족을 중심으로 한 23명의 중국인은 역시 자경단과 경찰관에 의해 길거리로 끌려 나와 그 자리에서 살해당했다.

상점가 한가운데 일찍이 마 일족이 살해당한 거리는 지금은 '쇼와의 향수'를 느낄 수 있는 장소라고 미디어에서 떠들썩하게 선전하여 에코백을 손에 쥔 많은 사람이 오간다. 린의 안내를 받아 이곳을 방문했을 때였다. 나 말고도 '학살 100년' 풍경을 취재하는 전국지 신문기자 또는 개인 저널리스트, 심지어는 사건에 관심 있는 일반 시민도 함께 있었다. 학살 장소를 기록으로 남기려고 모두가 카메라나 스마트폰으로 촬영을 시작한 터라 무슨 일인가 하고 의아한 표정으로 멀리서 지켜보는 사람들도 적지 않았다.

446

중국인 학살 사건 100년을 거쳐 현장에서 묵도를 올리는 사람들

그중 한 사람 자전거를 탄 여성이 우리에게 말을 걸어왔다.

"여러분, 뭘 하고 있습니까?"

그 발음에서 일본어를 모어로 하는 사람이 아니라는 것은 바로 알 수 있었다. 근처 사람들이 과도하게 겁먹게 하는 것은 아닐까 주저하기도 했으나, 반대로 숨기는 것도 이상하다는 생각이 들어 우리는 그곳이 중국인 학살 현장이라는 사실을 알렸다.

"그렇습니까!"

그렇게 외치며 입으로 손을 막은 여성은 이 동네에 사는 중국인이었다. 산둥성 출신으로 일본에 와서 벌써 20년이 지났다고 한다.

"매일 이 상점가에서 장을 보고 있는데 전혀 몰랐어요. 그런 끔찍한 일이 있었군요." 여성은 간토대지진 직후에 일본 각지에서 학살 사건이 있었던 것도 몰랐다.

도쿄 변두리에는 지금도 많은 중국인이 살고 있다. 도심지에 비해 월세 등 생활비가 저렴하며 꾸밈없는 마을 분위기를 좋아하여 일부러 이쪽에 생활 터전을 찾는 사람도 적지 않다. 과거 에도가와구에는 잔류 고아와 그 가족 등 중국으로부터의 귀국자를 일시적으로 받아들이는 정착 시설도 있었다. 인터넷에서는 늘어나는 중국인 주민을 '치안' 문제로 연결시키고 싶어 하는 글도 많지만, 오랜 기간 변두리에서 살아온 경험에서 말하자면 그것은 너무나 편향된 인상 조작에 불과하다. 인정미 넘치는 변두리 등 진부한 선전 문구를 사용할 생각도 없다. 평범한 일상과 당연한 일상이 있다. 잡다한 사람들이 해발 0미터 마을에서 각자의 삶을 살고 있다. 이 여성도 분명히 동포의 학살 같은 것은 알지도 못하고 의식할 기회도 없이 그러한 환경 속에서 당연하게 살고 있었던 것이 틀림없다. 어느 시대이든 그런 일상을 위협하는 것은 차별과 편견이다. 그 시대 중국인 노동자는 당연한 생활을 영위하기 위해 이 마을에서 필사적으로 일했다. 그것을 지역 주민은 "저임금 노동으로 일본인 일자리를 빼앗았다"라고 비난했다. 앞서도 말했지만, 중국인 노동자는 스스로 '저임금'을 택한 것이 아니다. 그것을 강요당했을 뿐이었다. 경영자 또는 알선업자는 중국인을 값싼 노동력으로밖에 보지 않았다. 이익을 위해서 그런 것이었다. 그것이야말로 중국인에게는 굴욕적인 차별이지만 그러한 사고방식을 사람들에게 주입한 것은 일본의 식민주의, 제국주의이다. 학살로 향하게 한 것도 그 사고방식이다. 차별은 사람 목숨에 경중의 격차를 둔다. 노동력이 저렴하다면 목숨값도 쌌다. 차별하는 쪽에게는 이익의 문제이지만 차별당하는 쪽에게는 생명의 문제인 것이다. 죽이는 쪽과 죽는 쪽 사이에 가로놓인 것은 불균형하고 불평등하며 비대칭적인 인간관계이다. 그리고 그것을 부추기는 것은 언제든 국가이다. 왕 시티엔도 그 희생자였다.

왕 시티엔 살해로 끓어오른 중국 여론

시계 바늘을 100년 전으로 되돌려보자. 지진 직후 며칠간 왕은 동포 유학생을 구하러 뛰어다녔다. 오지마 지구 노동자의 재해 상황이 걱정되어 그가 와세다에 있던 친구 하숙집에서 자전거로 교일공제회로 향한 것은 9일이 되어서이다. 그사이 학살 사건이 일어난 것을 왕은 몰랐던 것 같다. 같은 날 점심 무렵 왕은 오지마에 위치한 교일공제회 사무소에 도착한다. 사무소는 현재의 도에이신주쿠선 니시오지마역 근처, 학살 현장이 된 광장으로부터는 2개 역 정도 떨어진 곳에 있었다. 지금은 상가건물이나 맨션 등에 끼인 초록길 공원으로 되어 있지만 당시에는 조토전차 선로가 사무소 앞을 달리고 있었다. 덧붙여 사무소와 전차 궤도를 사이에 둔 맞은 편에 후술하는 '가메이도 사건'으로 희생당한 히라사와 게이시치의 자택이 있었다.

왕은 사무실에 들른 후 인근 헌병대 임시파출소로 향했는데 그 자리에서 구속되었다. 당국 입장에서는 '귀찮은 놈이 왔다' 정도로만 생각했을 것이다. 예방 구금이었음이 틀림없다. 참고로 왕이 오지마초 학살을 어느 단계에서 알게 되었는지는 확실하지 않다. 그는 가메이도 경찰서로 연행되었는데 군으로부터 나라시노 수용소로의 중국인 노동자 이송 작업을 돕도록 명령받았다. 중국인들로부터 신뢰가 두터운 왕이라면 이송 작업도 원활하게 진행될 것으로 군도 판단했을 것이다. 왕은 낮에는 이송 작업을 돕고 밤에는 경찰서 유치장에서 보냈다. 이 작업을 군 측에서 담당한 사람 중 하나가 앞서 나온 『구보노 일기』를 쓴 구보노 시게쓰구이다. 구보노는 존경을 담아 '오키텐 군'이라 불렀고 나중에 왕의 살해 사실을 알았을 때는 "이런 빌어먹을"이라고 분개했는데, 그 말에는 불과 며칠 동안이지만 왕과의 사이에 '교류'가 있었음을 짐작케 한다. 왕으로서는 구속된 데다 군의 명령에 따라 일하는 것은 본의가 아니었겠지만 설마 자신에게 위험이 닥치리라고는 생각하지 못했을 것이다.

그 무렵 군은 왕의 '처분'을 검토하고 있었다. 관할 가메이도 경찰서로부터는 왕이 '배일 지나인의 거두'라는 정보가 전해졌다. 노동운동 대응으로 속을 썩던 가메이도서 입장에서 왕은 곤란한 존재였다. 가메이도의 도요 모슬린 공장에 주둔하고 있던 야전중포병 제3여단사령부에서는 경찰로부터 정보를 받아 가네코 나오시 여단장 지휘 아래 나카오카 야타카 제7연대장과 사사키 헤이키치 제1연대 제6중대장 등이 협의. '반일 리더'인 왕을 죽여야 한다고 결론 내렸다. 여기에는 왕의 노동운동을 혐오한 지역 알선업자 등 노동 브로커의 입김도 작용했던 것 같다.

9월 12일 군은 왕을 가메이도 경찰서에서 데리고 나와 사카사이바시 다리 아래에서 참살했다. 그 자리에 잠복하고 있던 가키우치 야스오 포병 중위가 왕을 베었다. 소지품을 빼앗고 얼굴을 난도질하여 신원 불명 상태로 강에 버린 잔인한 살해 행위였다. 그것은 동시에 사건의 은폐를 노린 것이기도 했다. 실제로 군은 오지마초에서의 학살도 왕 시티엔의 살해도 은폐하려 했다. 군 당국은 외무성에 대해 왕은 '위험하지 않은 자'로 풀어줬고 그때 왕은 매우 기뻐했으며 그 후 전차를 타고 어딘가로 갔다는 내용의 문서를 제출했다. 군에 의해 마음대로 '실종'이 되어버린 것이다. 하지만 왕 시티엔은 이름난 사회운동가였다. 당연히 중국 측은 이를 그대로 받아들일 리 없다. 먼저 앞에서 언급한 '학살 사건의 유일한 생존자' 황지렌이 귀국하여 오지마 학살 사건의 전말을 알렸다. 또 교일공제회 회장을 왕 시티엔으로부터 이어받은 왕 자오징도 긴급 귀국. 왕 시티엔이 행방불명이 된 것은 살해 가능성이 크다고 중국 언론에 호소했다. 중국 여론은 갑자기 들끓었다. 각지에서 일본에 대한 항의 집회가 개최되었다. 베이징 중앙공원(현재의 중산공원)에서 열린 추도 집회에는 3만 명이나 되는 사람들이 모였다. 중국 정부는 일본에 대해 사건의 철저한 진상규명과 피해자에 대한 배상을 요구. 심지어 조사단도 파견했다. 외교 문제로까지 비화해 일본 정부도 흔들렸다. 당시 외교 문서에는 중국인 학살을 "철저히 은폐할 수밖에 없다고 결정"이라고 있다. 물론 황지렌으로부터 이미 상세한 보고를 받은 중국 측은 쉽게 납득하지 않는다. 야마모토 곤베 내각은 아주 극소수 중국인이 조선인으로 오해받아 사살 되었음을 인정하기에 이르렀으나, 대량 학살은 부정했다. 왕 시티엔도 석방 후 실종되었다는 거짓 답변을 되풀이했다. 말할 필요도 없지만 '오살'을 믿는 사람은 없다. 사건 현장은 중국인 집주지역이다. 게다가 가해자 중에는 경찰과 군대 외에 중국인 노동운동을 혐오하던 경영자나 브로커도 다수 포함되어 있었다. 중국인이기 때문에 학살대상이 된 것은 지금까지의 대립 경위로 보아도 분명했다. 무엇보다 생존자 황의 상세한 증언이 있다.

지급되지 않은 위자료

현재도 사건을 쫓고 있는 린 하쿠요도 일본 사회의 중국인 멸시를 지적한 후에 다음과 같이 '오살'을 부정했다. "애초에 당시 중국인은 겉모습부터 달랐다. 중국인 대부분은 일본에서 살고 있어도 천 단추가 달린 중국옷을 입고 있었다. 한번 보면 바로 중국인인 걸 알 수 있거든요. 그런 복장을 한 사람이 '선택되어' 의도적으로 살해당한 거죠."

　진상 규명을 요구하는 목소리는 일본 내에서도 확산했다. 이해 12월에 개회된 제47 임시의회에서는 드디어 '학살'이 문제가 됐다. 헌정회 나가이 류타로가 조선인 학살과 함께 '지나인 오살 사건'에 대해 질문. 사과해야 하지 않겠느냐고 정부를 다그쳤다. 하지만 정부는 조사를 계속하고 있다고 하며 상세한 것은 분명하지 않다고 대답할 뿐이었다. 때를 같이 하여 중국 외교총장 구웨진은 일본 공사 요시자와 겐키치에게 보낸 서한에 피해자 명부도 첨부하며 (1) 범인 처벌, 죄상 공개, (2) 피해자 가족에 대한 의연금, (3) 향후 재일중국인의 안전 보장을 요구했다. 참고로 요시자와는 "상대방의 요구는 타당"하다는 의견과 함께 보고했다.

　이듬해인 1924년 기요우라 게이고 내각은 은밀히 중국인 학살 사실을 겨우 인정했다. 중국에 대해 "지나인 장애 사건 위자료 2천만 엔 책임 지출 결정"을 한 기록은 외교 문서에 남아 있다. 게다가 1925년 6월에는 중일 배상교섭 회담이 두 차례 행해졌다. 여기서 말하는 '위자료 2천만 엔'은 어디까지나 총액이다. 왕 시티엔 1만 엔, 다른 노동자 560명에게 1인당 300엔이라는 계산이다. 그러나 그 후 국내 정치 혼란과 다이쇼 천황 서거 등이 있어 중일 교섭은 중단. 결과적으로 '위자료'가 지급되는 일은 없었다.

　왕 시티엔 살해 사건, 오지마초 학살 사건의 전모가 밝혀진 것은 전후에 이르러서이다. 앞서 나온 니키 후미코, 다하라 요 등이 이 문제를 정력적으로 취재. 관계자, 유족 등의 증언을 충실히 모아서이다. 다하라는 사건으로부터 60년이 지났을 무렵, 제1사단 야전중포병 제3여단 소속으로 왕 시티엔 사건 은폐에 가담했던 엔도 사부로를 취재했다. 그때 엔도의 말은 다하라의 저서 『간토대지진과 중국인』에 기록되어 있다.

　그때 내가 이상한 정의감 따위 갖지 않고 범죄 필벌이라는 생각이었다면 어땠을까 하는 생각은 드네. 그냥 두면 친한 동료나 후배가 죄를 뒤집어쓴다. 혹은 자신이 속한 부대의 오명이 떠들썩하게 전해지는 것은 막아야 한다. 그것을 막는 것이 부대

참모의 정의라고 믿었던 게지. 마음속 깊은 곳에 중국인과 사회주의자를 경시하고 멸시하는 의식이 있어 동료를 구하는 편이 올바른 선택이라는 착각을 하고 있었다. 게다가 그것이 가능한 최적임자가 자신이라는 자부심도 있었다. 어디로 흐를지 모를 국제문제이기도 하고 굳이 위험을 무릅 쓰기에는 나든 다케다 씨든 그 나름의 각오가 필요했다. 하지만 잘못을 인정해야 할 때 인정하지 않는, 사죄해야 할 때 그렇게 하지 않는 (특히 중국을 비롯한 아시아 여러 민족과 그 주권 침해에 관련해) 일본 군국주의 체질은 이 무렵부터 현저해졌다고 할 수 있을 것이다. 군대의 독선적인 논리에 온통 물들어 있었다.

엔도는 육군사관학교, 육군대학을 나온 엘리트 군인이었다. 패전 후 전범 혐의로 스가모 형무소에 한때 수감되었으며 그 후 사이타마현 사야마시에서 개척 농민이 되었다. 군도를 괭이로 바꿔 든 엔도는 전쟁에 대한 반성에서 점차 평화주의자로 거듭난다. 「중일우호전군인모임」을 결성하여 전쟁 포기, 평화헌법 옹호를 호소했다. 국교를 회복하기 전의 중국에도 몇 차례 다녀왔고, 마오쩌둥, 저우언라이와도 친분을 쌓았다. 그래서 '붉은 장군'이라고 불리는 경우도 많았다.

예전 엔도가 살았던 사야마 집을 방문했다. 한적한 주택가였다. 따로 약속을 잡은 것도 아니었는데 초인종을 울리자, 엔도의 손주라는 도쿠코(80세) 씨가 맞이해주었다.

"이 근방은 예전엔 아무것도 없었어요." "주위에는 밭이 펼쳐져 있고 지평선 너머로 후지산이 보였어요. 전전, 전시 격동의 시대를 산 할아버지는 이런 환경에서 느긋하게 지내고 싶으셨을 겁니다."

마당 한쪽에 비석이 세워져 있었다.

군비 철폐를 호소한 전 육군 중장
엔도 사부로

그런 글자가 새겨져 있다. 어? 라고 생각했다. 엔도는 1984년에 사망했다. "여기에 잠들다"인데 1977년 건립은 어찌 된 일인가?

"후훗" 웃으며 도쿠코 씨가 답해 주었다.

"죽기 전에 만들어버렸거든요. 건강할 때 '군비 철폐'라는 말을 남기고 싶었던 게 아닐까요."

과시하고 싶었던 걸까, 아니면 그저 남기고 싶었던 걸까. 진의는 잘 모르겠다. 하지만 '군비 철폐' 이것이야말로 엔도 후반생의 주제였던 것만큼은 충분히 이해할 수 있었다. 군인이었기 때문에 더욱이 엔도는 전쟁의 어리석음을 잘 알고 있었다.

학살의 사상은 그 후에도 계속되었다

사건으로부터 100년 후인 2023년 11월 29일 참의원 예산위원회에서 사민당 후쿠시마 미즈호 당대표는 "지나인 장애 사건 위자료 2천만 엔 책임 지출"을 결정한 기록(외교사료관 소장)을 제시하며 조선인과 중국인 학살이 있었음을 인정하도록 정부에 요구했다. 하지만 가미카와 요코 외무상은 "당시 외무대신이 재중국 공사 앞으로 보낸 전보 등에 기재된 내용"임을 인정한 다음 "문서에서 해당 기재 이상의 내용을 파악할 수 없다" 그러면서 학살 사실을 확인할 수 있는 자료가 아니라는 견해를 밝혔다. 고이즈미 류지 법무상도 "평가 및 소감을 말하기는 곤란"하다며 질문에 제대로 된 답변을 하지 않았다. 정부는 사건을 파악하고도 계속 도망칠 뿐이다.

"언제까지고 정부는 사실과 책임을 인정하지 않는다. 일본에는 계속 후쿠자와 유키치가 살아 있는 거지요."

한숨 섞인 목소리로 린 하쿠요는 이렇게 말했다.

후쿠자와 유키치가 이끌었던 시사신보는 청일전쟁 개전 직후 「청일 간의 전쟁은 문야 간의 전쟁이다」라는 제목의 사설을 게재했다. '문야'란 '문명' 과 '야만'을 가리킨다. 그것이 후쿠자와의 중국관이었다.

"이러한 담론이 일본 사회 속에 중국인 멸시를 주입해 갑니다. 그것은 죽여도 된다는 사고방식으로 쉽게 발전합니다."

다음으로 린은 강조했다.

"지진 학살을 이야기할 때 많이 쓰는 게 '중국인도 학살당했다'라는 말입니다. 하지만 나는 아니라고 생각합니다. '중국인이 학살당했다'는 것입니다."

'도'와 '이'를 가르는 의미는 크다. 중국인은 어쩌다 보니 죽임을 당한 것도 내친김에 죽임을 당한 것도 아니다. 중국인 멸시를 부추긴 결과 뚜렷한 차별 의식을 지닌 일본 사회에 의해 죽임을 당했다는 것이다. 이 학살의 사상은 "그 후에도 계속되었다" 린은 말한다. 노구교 사건 이후 전면전이 된 중일전쟁에서 일본은 '폭지응징暴支膺懲'이라는 슬로건을 내세웠다. 날뛰는 지나를 혼내준다는 의미이다. 침략전쟁을 정당화하기 위한 구실이었다.

나는 이 슬로건을 금세기 들어서도 여러 번 보았다. 이 또한 레이시스트 집단의 증오시위 현장에서였다. 예를 들어 2013년 도쿄 아키하바라와 이케부쿠로에서는 '반중反中'을 주제로 한 헤이트데모가 반복해서 열렸다. 두 곳 모두 중국 자본의 가전 판매점 및 음식점이 많은 지역으로 중국 관광객도 눈에 많이 띈다. 이를 향해 레이시스트 집단은 '폭지응징'이라고 쓰인 현수막을 내걸었던 것이다. 과연 얼마나 정확한 지식을 가지고 이 슬로건을 들고 나왔는지는 모르겠지만, 이들이 가진 중국인을 향한 시선이 얼마나 추악한 것인지는 충분히 이해할 수 있었다. 시위대 사이에서는 "창코로"라는 멸칭까지도 난무하고 있었던 것이다.

코로나 사태에 있어서는 중국인 차별이 더욱 심해졌다. 2020년 도쿄도 지사 선거에서는 정치단체 '일본제일당' 사쿠라이 마코토 당대표가 입후

보했다. 사쿠라이는 레이시스트 집단 「재특회」를 발판으로 헤이트스피치를 반복해 온 인물이다. 이 당은 그 명칭대로 재일외국인이 일본인 이상으로 우월적 권리를 가진다는 엉터리 주장을 하면서 각지에서 헤이트데모와 가두선전을 전개해 왔다. "죽여줄 테니까 나와." "다 죽여버릴 거야." 재일코리안 집주 지역이나 조선대학 앞에서 목소리를 높이는 그의 모습을 나는 몇 번이고 직접 봤다. 이토록 살육을 부추겨 온 사쿠라이기에 외국인을 향한 심한 욕설이나 차별선동에 아무런 주저함도 없다.

도지사 선거 가두 연설 장소로서 그가 최초로 선택한 것은 도쿄 미나토구에 위치한 중국 대사관 앞이었다. 맨 처음 말은 "많은 사람을 죽인 것은 다름 아닌 여기 있는 '지나인'이라고요!"였다. 코로나 감염 확대를 중국 탓이라고 주장하고 싶었던 것일 텐데, 그야말로 '폭지응징' 사상 그 자체였다. 사쿠라이는 중국인의 멸칭인 '지나인'을 연호하며, 더 나아가 코로나 폐렴을 '우한 폐렴'으로 바꾸어 말하며 차마 들을 수 없는 증오 가두 선전을 계속했다. 특정 지역이나 민족에 대한 편견을 막기 위해 세계보건기구WHO가 바이러스 호칭에 국가 또는 지명을 붙이지 않도록 한 가이드 라인 따위 그에게는 아무것도 아닐 것이다. "'지나인'은 10만 엔을 주면 쉽게 사람을 죽여요"라는 근거도 없는 주장을 펼치며 대사관에서 나온 관용차를 향해 "'지나인' 거기 언니 대답해 봐" 하고 호통을 친다. 화제가 '센카쿠尖閣 문제'로 넘어가니 오키나와현 다마키 데니 지사가 공격 대상이 된다. "'지나'가 보낸 공작원"하고 소리를 지른다. 이런 인종 혐오주의 후보는… 그러나, 도지사 선거에서 18만 표나 획득한 것이다. 이를 모방한 것은 아니겠으나, 코로나19가 심각한 상황이던 시기 일본 각지에서는 '중국인 사절'이라는 종이를 써 붙인 가게가 속출, 오키나와에서는 일본 본토에서 이주한 레이시스트가 나하시 국제거리에서 길 가던 중국인 관광객에게 "걸어 다니는 생물 무기" 등의 욕설을 내뱉는 '사건'도 발생했다.

전쟁과 차별은 불가분의 관계

린 하쿠요의 말대로 후쿠자와 유키치도 폭지응징 슬로건도 형태를 바꾸어 일본에 '살아 있다.' 린은 교토부 난탄시에서 태어난 재일중국인 2세이다. 아버지는 푸젠성 출신, 어머니는 조선 태생인 중국인이다. 1910년대에 배를 타고 일본으로 건너왔다. 부부는 결혼하여 도쿄에서 살았는데 간토대지진이 일어났다.

"상당히 위험했었다는 말을 들었어요. 창코로, 죽여 버려, 라는 말을 들은 적도 있다고 합니다. 위험을 느낀 부모님은 경시청까지 가서 보호를 요청했다고 해요."

린이 태어난 것은 1939년. 그 무렵 부모님은 현재의 난탄시에서 원단 행상을 하고 있었다. 린에게는 결코 잊을 수 없는 어린 시절의 기억이 있다. 어머니 손을 붙잡고 근처 마을들을 행상으로 돌던 때의 일이다. 방문한 집에서 갑자기 욕설이 날아왔다.

"창코로 오지 마!"

일본군이었던 아들이 중국 대륙에서 전사한 집이었다. 그래서 원한을 품었을 것이다. 집주인은 "나가!" 하고 호통을 치며 검은 개를 풀었다. 어머니와 둘이서 필사적으로 도망쳤다. 논두렁길을 달리고 있을 때 어머니 등에 있던 보따리가 풀렸다. 안에 들어있던 원단이 길에 나뒹굴고 논으로 처박혔다.

"히데야, 빨리 주워!" 어머니가 외친다. 린은 '히데카즈'라는 일본식 통명을 쓰고 있어 어머니는 '히데'라고 불렀다. 린은 논 진흙 속으로 뛰어들었다. 근처에서 검은 개가 짖고 있었다. 어머니와 둘이 논에 가라앉는 옷감 몇 개를 주워 모아 다시 산속으로 뛰어 도망쳤다. 시냇물이 흐르고 있었다. 그 물로 진흙투성이가 된 원단을 빨았다. 어머니는 "아이고, 아이고" 하며 울었다. 조선 태생 어머니는 자신의 감정을 조선어로 표현하는 경우가 많았다.

"아이고"

몇 번이고 반복하며 눈물을 뚝뚝 흘리고 있었다. 햇빛이 반사되어 어머니의 눈물이 반짝반짝 빛나고 있었다. 린은 강물 속에서 원단을 빨면서 그 눈물을 계속 보고 있었다.

"차별이라는 것을 처음으로 의식한 순간이었을지도 모릅니다. 지금은 개를 푼 집주인 마음도 이해가 됩니다. 그 집 또한 전쟁의 희생자였다. 그 억울함을, 분노를, 중국인인 우리에게 풀었던 거겠죠. 전쟁은 차별을 낳고 차별도 전쟁을 낳는다. 둘은 불가분의 관계입니다."

린은 교토대학에 진학하여 대학 자치회 대의원으로서 1960년 안보 투쟁에도 관여했다. 도쿄대생 간바 미치코가 국회 앞에서 죽었을 때도 현장에 있었다. 학생운동에 참여한 것도 전쟁에 대한 강한 혐오가 있었기 때문이다. 대학 졸업 후에는 엔지니어로서 상사 계열 기업에 취업했다. 10년 정도 일한 후 그만두고 고철 수집 회사를 경영했다.

'네―상'이란 도대체 누구인가

그런 린에게 있어 커다란 계기가 된 일은 1980년대 후반 '하나오카 사건' 조사에 관여하게 된 것이었다. 전쟁 막바지 아키타현 하나오카마치(현재의 오다테시), 가지마구미(현재의 가지마 건설)가 운영하는 하나오카 광산에 강제 연행된 중국인 노동자들이 가혹한 노동을 견디다 못해 일제히 봉기. 진압에 나선 헌병과 경찰관 등에 의해 중국인 노동자 측에 다수의 사망자가 발생했다. 학대와 굶주림으로 인한 사망자도 포함해 희생자 수는 400명 이상에 이른다.

이 사건의 생존자를 화교총회에 초청한 것을 계기로 하여 린은 일본의 전쟁 가해 문제에 적극적으로 관심을 가지게 되었다. 엄마의 눈물을 본 순간부터 린은 차별과 전쟁을 격렬하게 미워하게 되었다. 하나오카 사건 조사에 관여하고부터는 더 구체적으로 반反 차별, 반전 운동을 전개해 갔다.

중일전쟁, 만주 침략, 난징학살, 종군위안부, 그리고 지진 학살. 모든 것이 해결과는 거리가 멀다. 일본 정부는 책임을 흐지부지하고 심지어 역사에서 지우지 못해 안달인 것처럼 보인다.

"역사 부정을 넘어 전쟁도 학살도 옳았다는 인식을 나타내는 정치인마저 등장하고 있다. 거기에 위기감을 가지고 있습니다. 역사를 외면하고 차별을 낳는 사회는 누구에게나 살아가기 어렵다고 생각합니다. 그래서 가만히 있을 수 없는 거죠."

린은 "일본인을 원망하는 것도 아니고 일본이 싫은 것도 아닙니다"라고 말한다. 학살 시에 단호히 가담하지 않았던 일본인도 있고 말리려 한 일본인도 있었다. 더 나아가 필사적으로 중국인을 도운 일본인도 있었다. 지금 린은 그 한 사람 '네―상'[2]이라 불린 일본인 여성을 찾고 있다. 지진 시 요코하마 쓰루미에 진젠칭이라는 중국인이 살고 있었다. 린의 아버지와 마찬가지로 1910년대에 일본으로 건너와 일본인 아내와의 사이에 두 아이가 있었다. 지진 직후 진은 자경단에게 습격당했다. 양손 양발을 철봉 등으로 두들겨 맞아 죽을 뻔한 중상을 입었다. 시체 더미 속에서 진을 구해낸 것이 아내였다. 가족은 이대로 일본에서 사는 것에 위협을 느껴 중국으로 건너갔다. 거처로 정한 곳은 진의 고향인 푸젠성 푸칭시 동장촌이었다. 하지만 일본에서 부상당한 진은 일하는 데에 어려움이 있었다. 그것을 아내가 열심히 뒷받침했다. 마을 사람들은 그런 일본인 아내를 친근하게 '네―상'이라 불렀다고 한다.

하지만 심한 장애가 있는 남편과의 생활은 힘들었다. 얼마 안 되는 논밭이나 집을 팔아 간신히 견딜 수밖에 없었다. 1947년 진은 마을을 떠나 자살했다. 네―상도 이듬해 병과 굶주림 때문에 죽었다. 이 이야기를 린은 2015년에 알았다. 사실 아버지의 출신지도 진과 같은 푸칭시였다. 이 해

---

2 모르는 여성을 친근하게 부르는 말. 언니, 누나, 아가씨 등에 해당한다.

아버지의 고향을 찾은 린은 이 집안의 비극을 듣고 자손을 찾았다. 간신히 다다른 곳에 '네ー상'의 무덤이 있었다. 머리를 일본 방향으로 하고 묻혀 있었다. 친족 중 한 사람과 이야기를 나눌 수 있었는데, 네ー상의 본명은 몰랐다. 네ー상을 알 법한 마을 사람도 지금은 없다. 자식들 행방도 묘연하다. 다만 지금도 마을 사람들은 "유골을 일본으로 돌려보내 주고 싶다"고 입을 모았다. 친척 증언에 따르면 네ー상은 남편뿐만 아니라 자경단을 설득해 붙잡혀 있던 조선인 등도 구해낸 이야기가 전해지고 있다고 한다. '네ー상'은 도대체 누구인가. 어디에서 태어나 어떤 경위로 진을 알게 되었고 어떤 마음으로 도왔는가?

"그걸 알고 싶어요. 국가라는 틀에 얽매이지 않고 자신의 위험을 무릅쓰고 필사적으로 중국인 남편을 돕고 마지막에는 쓸쓸히 죽어간 이 일본인 여성의 신원을 밝혀내어 일본 땅으로 돌아가게 해드리고 싶어요."

그때문에 린은 분주히 움직인다. 진이 살았다고 하는 쓰루미 지역에서 탐문을 거듭하고 현지 관공서와 경찰에도 협조를 부탁했다. 아직 단서는 없다. 그러나 포기할 생각은 없다. 린은 그것 또한 학살 사건에 연루된 자신의 의무라고 말한다. 새삼 다시 생각한다. 일본 사회는 언제까지 이렇게 진상 규명을 남한테 떠넘길 것인가. 역사 부정 움직임도 외국인 차별 문제도 갈수록 심각해지고 있지 않은가. 애당초 일본에서는 오랫동안 사회운동 분야에서도 '외국인 차별' 관련해서는 일부 사람들을 제외하고는 관심이 적었다.

신좌익에게 제기된 '화청투 고발'

문득 생각난 것이 있다. 1960년대 후반 일본 전국이 학생운동으로 달아오른 가운데 화교 젊은이들을 중심으로 하는 화교청년투쟁위원회가 조직되었다. 통칭 화청투華青鬪.

화청투는 신좌익 진영의 일익을 담당했으나 1970년 각 당파에 절연장을 내던졌다. 계기는 '노구교 33주년·일제의 아시아 재침략 저지 인민 대집회' 사무국 인선을 둘러싸고 화청투가 다른 당파와 대립한 데에 있으나, 근저에는 외국인 차별의 상징이라고 할 수 있는 출입국관리법入管法에 대해 일본의 좌익 당파가 적극적으로 대처하지 않는 데에 대한 불만이 있었다. '침략전쟁 반대' 등과 같은 그럴듯한 슬로건을 내세우면서 실제로는 반차별 운동을 경시하고 때로 마이너리티를 적대시하는 듯한 언행마저 난무했다. 화청투는 이에 반발한 것이다. 외국인 차별에 대한 둔감함을 용납할 수 없었다. 앞서 언급한 집회 당일(1970년 7월 7일), 행사장인 히비야日比谷 야외음악당 단상에 화청투 대표가 섰다.

"오늘 집회에 참석하신 억압 민족으로서의 일본 제군!"

그것은 바로 '절연'의 의사표시였다. 그는 메모에 눈길도 주지 않고 목소리를 높여 '절연'과 '결별'의 이유를 말해 나갔다.

투쟁 섹터라는 일본의 신좌익 안에도 명확하게 배외주의에 맞서 싸우는 이데올로기가 구축되어 있지 않다.

제멋대로 연대를 말해도 우리는 믿을 수 없다. 일본 계급 투쟁 속에 피억압 민족 문제는 끝내 정착하지 못했다.

우리는 전전, 전후, 일본 인민이 권력에 굴복한 후, 우리를 잔혹하게 억압해 왔음을 지적하고 싶다. 우리는 말로는 더 이상 제군들을 믿을 수 없다. 실천이 없는 한, 연대라고 해야 허튼소리일 뿐이다. 억압 인민으로서 입장을 철저히 검토해 주기 바란다.

이것을 선언하고 혹은 결별 선언으로 하겠다.

전후 좌익사에 있어 이렇게까지 거센 좌익 규탄은 없지 않았는가. 그 자리에 있던 당파 활동가들은 고개 숙여 들을 수밖에 없었다. 나는 '계급 투쟁' 운운하는 이데올로기에 대해 큰 관심은 없다. 당파 간의 싸움에도 신좌익의 주장에도 흥미는 없다. 다만 당파가 내세워온 '연대'를 '허튼소리'라 단정하고 "믿을 수 없다" 호소한 화청투의 격렬한 말 속에 있는 일본 사회에 대한 불신에는 엄청난 설득력이 느껴진다. 그것은 '차별'에 관해서는 너무 둔감한 현재 '리버럴' 진영에도 통하는 말이다. 지진 학살의 진상 규명이 사회적으로 큰 물결이 되지 않는 것도 사회 어딘가에 있는 '외국인 문제'라는 의식, 아니 지금도 존재하는 중국인, 조선인 차별 탓은 아닌가? 이른바 '화청투 고발'은 단순히 신좌익 역사의 한 장면으로만이 아니라 겉치레뿐인 '국제화'와 위정자에게만 편리한 '다양화'라는 실상에도 들어맞는 사건이었다. 그리고 하나 더 덧붙여야만 한다. 단상에서 운동권과의 절연을 격렬하게 호소한 것은 린 하쿠키林伯輝라는 인물이었다. 2022년에 세상을 떠난 이 청년은 이름에서 알 수 있듯이 린 하쿠요의 동생이었다.

남갈노동협회와 교일공제회

왕 시티엔 사건과 관련해 조금 더 말하고 싶다. 왕이 회장을 역임한 교일공제회는 지진이 있기 한해 전인 1922년 9월에 설립되었다. 이미 말한 바와 같이 이 모임은 매우 급진적인 노동조합이기도 했다. 그해 10월 교일공제회 바로 코 앞에 있는 가메이도에서 남갈노동협회가 설립되었다. 거의 비슷한 시기였다. 린의 말을 빌리자면, 중소공장이 모여 있던 이 지역에는 같은 시기 그만큼 "가혹한 노동환경이 문제가 되었기" 때문이다. 남갈노동협회는 가와이 요시토라, 미나미 이와오, 요시무라 고지, 와타나베 마사노스케, 가토 다카히사, 기타지마 기치조, 소마 이치로 등 20세 전후 청년 노동자들이 조직했다. 조합이 아니라 명칭을 '협회'로 한 것은 정치적 자각이 높지 않은 노동자 대중에게도 관심을 가지도록 하기 위해서였다(이듬해 남갈노동회로 개칭).

초대 이사장을 맡은 것은 와타나베 마사노스케, 통칭 와타마사이다. 후일 대만 기룽 항구에서 경찰과 격렬한 총격전을 벌이다가 궁지에 몰려 스

스로 머리를 쏴 죽었다(1928년). 그의 장렬한 활동가 인생은 여기 가메이도 땅이 원점이다. 와타마사는 1917년 18세 나이에 가메이도의 나가미네 셀룰로이드 공장에 취업. 이 회사는 큐피 인형 생산으로 알려진 곳이다. 노조를 결성하고 처우개선을 요구한 파업을 결행하여 대폭적인 임금인상과 임시수당 등을 쟁취한 경험이 있다. 덧붙여 와타마사는 동료였던 여성 노동자 노무라 고한테 반해 자신의 팔에 '고 명こう命'이라는 문신을 새겨넣었다. 대만 기륭에서 죽었을 때 이 문신으로 와타마사임을 확인할 수 있었다고 한다. 이런 열정적인 와타마사를 중심으로 마찬가지로 변두리에서 격렬한 노동운동에 임해 온 실력자들이 모여 남갈노동협회가 만들어진 것이었다.

거기에는 지식인들의 점잔 뺀 정치투쟁과는 다른 현장 출신자들만의 열기와 기세가 있었다. '남갈 혼'이라 불린 그 전투성은 불합리한 처지에 놓인 노동자들에게 매우 믿음직한 존재였다. 어용노조가 망설이는 파업이나 직접교섭에 있어 주저함이 없었다. 투쟁을 통해 노동자의 인권을 쟁취한다는 노조의 원칙을 관철했다. 단기간에 대우 향상 등 큰 성과를 거둔 점에서 지역에서 일하는 중소공장 미조직 노동자들의 신뢰는 높았다.

린은 "왕 시티엔은 남갈노동협회 활동을 가까이에서 보고 그 운동의 이론과 사상을 민감하게 느껴 공제회 활동 속에서 실천적으로 응용해 나갔음에 틀림없다. 상당한 영향을 받았을 겁니다."라고 말한다. 이러한 가메이도 지구에서는 공장 노동자가 모이는 남갈노동협회, 하천 하역현장에서 일하는 중국인 노동자를 위한 교일공제회라는 2개 전투적 노조가 동시에 활동을 시작한 것이다. 두 단체 사이에 교류가 있었는지는 확실하지 않다. 하지만 가장 격렬한 노동 현장에서 조직화를 진행하던 관계에서 보면 서로 의식하고 있었음은 틀림없을 것이다. 반면 전투적 노동운동의 탄생은 지역 경영자나 경찰에게는 위협일 뿐이었다. 그중에서도 관할 가메이도 경찰서로서는 파업이 빈발하고 외국인이 일본인 경영자에게 압력을 가하는 등

용납할 수 없는 일이었다. 고모리 시게타카 서장은 경시청 특고과 출신이었다. 공안적 시각에서 보면 가장 중요한 지역이 된 것이다. 그렇기에 당국 입장에서는 탄압할 필요성이 있었다. 두 단체 모두.

지진을 이용한 '주의자 사냥'

남갈노동회에 대한 대 탄압 '가메이도 사건' 대강은 다음과 같다. 지진 초기 남갈노동회는 이재민 구호에 임하고 있었다. 그러던 9월 3일 가와이 요시토라, 요시무라 고지, 사토 긴지, 야마기시 지쓰지, 스즈키 나오이치, 곤도 고조, 가토 다카히사, 기타지마 기치조 등 8명이 가메이도 경찰서로 연행되었다. 가장 전투적인 와타마사는 3개월 전에 치안경찰법 위반(제1차 공산당 사건)으로 검거되어 이치가야 형무소에 수감 중이라 아이러니하게도 목숨을 부지할 수 있었다. 같은 가메이도 지구에서 활동하던 순노동자조합 히라사와 게이시치, 나카스지 우하치 두 명도 가메이도 경찰서로 연행되었다.

순노동자조합은 비교적 온건파 노조로 그 노동자-자본가 협조 노선은 노동계에서도 비판을 받는 일이 있었다. 대표였던 히라사와는 노동자 출신으로 일본 최초 노동 극단을 창립하는 등 문화인으로서의 면모도 갖추었고, 노동금고 또는 소비생활조합의 제창자로서도 알려져 있다. 남갈노동회의 전투성과는 대척점에 있는 듯한 인물이었다. 다만 히라사와 및 나카스지가 속해 있던 순노동자조합은 당시 현지 대형 공장과 쟁의 중이었으며, 전년 오지마제강쟁의에서는 가메이도 경찰관과 난투극까지 발생하여 120명이 구속되는 등 '온건'이라고는 하기 어려운 투쟁을 전개한 참이었다. 당국에서 보면 노조는 모두 '권력의 적'으로 인식되고 있었다. 즉 지진을 이용한 '주의자 사냥'이 일어난 것이다. 이렇게 10명이 가메이도 경찰서로 끌려갔다. 구속된 10명은 4일 밤부터 5일에 걸쳐 경찰서 연무장 옆 광장에서 나라시노 기병 제13연대 병사들에 의해 총검 등으로 살해된 것이다.

경찰이 사건을 공표한 것은 10월 10일이 되어서다. 경찰은 "혁명가를 불러 수감자 다수를 선동했다"라고 주장. "손을 쓸 수가 없어 군대에 제지를 의뢰"했으나 "방 밖으로 끌려갔을 때 옆에 있던 장작으로 저항"했기 때문에 어쩔 수 없이 군대가 진압했다고 한다. 만일 이것이 모두 사실이었다고 치자(그럴 리 없겠지만). 혁명가를 부르는 것이 죄인가? 죽임을 당할 만한 일인가? 또한 장작으로 저항했다는데 그것만으로 10명 전원을 죽이는 것은 합리적인 이유인가?

사실, 그 일이 있기 얼마 전에 가메이도서에서는 자경단원 4명이 마찬가지로 군인에 의해 살해당했다. 이 자경단원들은 유언비어를 퍼뜨리고 주민들에게 린치를 가해 경찰관이 주의를 주자 일본도를 휘두르며 덤벼들었기에 체포하여 유치장에 들어있었다. 그런데 구류 중에도 "죽일 테면 죽여봐" 하고 떠들어대어 군에 살해를 의뢰했다고 한다. 그 무렵 경찰은 "자경단원들을 방 밖으로 끌고 나왔을 때 장작으로 저항했다"라고 발표했다. 남갈노동회 멤버 등에 대한 살해와 완전히 똑같은 이유이다. 그런 일이 있을 수 있을까? 여하간 '가메이도 사건'은 정확히는 '사건'으로 처리되지 못했다. 정부는 "계엄령하에서는 필요한 조치였다"고 하여 경찰도 군대도 불문에 부쳤다.

"경시청 당국으로서 참으로 면목 없는 바입니다"

참고로 당시에 내무성 관방주사(사실상 경시청 톱)는 후일 요미우리 신문사를 인수하는 쇼리키 마쓰타로였다. 쇼리키는 가메이도 사건 후 다음과 같은 담화를 발표했다.

실제로 2일, 3일 가메이도 일대는 당장이라도 폭동이 일어날 것이라는 불안한 공기로 가득 차서 2일 밤 고모리 서장은 부하 경관을 모아 결사 명령을 내릴 정도로 마치 무無경찰 상태로 사상단, 자경단이 횡행했다 하여 군대 힘을 빌려 치안을 유지하기 위해 결국 이런 일이 된 것인데, **이번 사건은 완전히 법에 저촉하여 사살된 것이다.** 경관이 일을 저질렀는지 아닌지는 나로서는 군대와 협력, 폭행자를 유치장 밖으로 끌어낸 것은 사실이나 사살에는 절대 관여하지 않았다고 믿는다.

(다카기 노리쓰네 「쇼리키 마쓰타로」, 『20세기를 움직인 사람들』 제15권)

"사상단, 자경단이 횡행"했던 무 경찰 상태였기에 살해 정당성이 인정된다는 것이다. 이렇게 되면 자경단원 살해도 남갈노동회 탄압을 위해 필요한 '전 단계'였던 것은 아닌가 하는 의심마저 든다. 그 무렵의 쇼리키 마쓰타로에 관해서는 1960년대 통상·법무 장관 등을 역임한 전 자민당 거물 국회의원 이시이 미쓰지로 『회상 88년』에서 다음과 같이 적고 있다. 이시이는 지진 당시 〈아사히신문〉 경리부장이었다.

기자 한 명을 경시청에 정세를 들으러 보냈다. 당시 쇼리키 마쓰타로 군이 관방주사였다.

"쇼리키 군한테 가서 정세를 캐와. 그리고 먹을 것과 마실 것이 거기에는 모여 있을 테니 가져올 수 있는 만큼 받아와. 제국 호텔에서도 음식과 음료를 최대한 받아와"라고 시켰다. 그래서 다행히도 먹을 것과 마실 것을 확보할 수 있었다. 그런데 돌아온 기자가 보고하기를, 쇼리키 군으로부터 "조선인들이 반역을 일으킨다는 소문이 있으니 각자 조심하라는 걸 자네들 기자가 돌아다닐 때 여기저기에 말해줘"라는 부탁을 받았다는 것이다.

그 자리에 마침 시모무라[당시 〈아사히신문〉 전무 시모무라 가이난] 씨가 있었다. "그 얘기는 어디서 나온 거지?" "경시청 쇼리키 씨가 말했습니다." "그건 이상해." 시모무라 씨는 그런 일은 절대로 있을 수 없다고 단언했다. "지진이 9월 1일에 일어난다는 것을 예상할 수 있는 사람은 아무도 없다. 예측할 수 있었다면 이렇지는 않지. 조선인이 9월 1일에 지진이 일어날 것을 미리 알고 그때 폭동을 일으킬 것을 획책할 리가 없잖아. 유언비어임이 틀림없다. 절대로 그런 말을 해서는 안 된다.” 이렇게 말하며 시모무라 씨는 모두를 제지했다. 우리는 경시청이 그런 거라면 뭔가 있나 라고 생각했지만, 시모무라 씨는 단호히 그렇게 말했다. 이것은 시모무라 씨의 큰 식견이었다.

쇼리키는 '조선인 폭동'을 기자들에게 부추겼다는 것이다.
그 쇼리키는 후일 스스로 이것이 헛소문이었음을 인정하고 있다.
쇼리키 회고록 「쌀 소동과 대지진의 추억」(오야 소이치 편 『악전고투』 수록)에서 일부를 인용한다.

그런데도 선인이 그 후 좀처럼 도쿄에 나타나지 않기에 이상하게 생각하던 중에 겨우 밤 10시경에 이르러 내습은 허위정보임이 판명되었습니다. 사람들이 충격을 받아 착각을 일으키고 전화도 불통인 상황에서 이른바 한 마리 개가 공연히 짖으면 진짜인 줄 알고 여러 개가 따라 짖는 일이 일어난 것이죠. 경시청 당국으로서 참으로 면목이 없습니다.

경찰은, 군대는, 무고한 조선인을, 중국인을, 그리고 일본인을 죽였다. 그 미래를 빼앗았다.

"남길 혼을 영원히 기념한다"

가메이도 사건 후 히라사와 게이시치의 죽음을 애도한 오사나이 가오루('신극의 아버지'라 불린 극작가)는 「히라사와 게이시치를 위해」라는 제목의 글을 월간지 『수필』 1924년 4월호에 남겼다. 오사나이는 히라사와의 예술 면에 있어 스승과 같은 존재였다.

나는 남 몰래 인간으로서 히라사와의 완성을 기대하고 있었다. 예술가로서의 히라사와도 물론 아깝지만 인간으로서의 히라사와는 특별하기 때문이다.

관헌 입장에서는 '혹たん瘤'이었을지 모르나 우리 친구들에게는 '여의주'였다. 그 '보석'을 관헌이 깨버린 것이다. 나는 분노를 품고―분노라는 죄를 범하고 이 문장을 썼다.

그래, 노동운동가도, 그리고 중국인도 조선인도, 국가에 있어서는 '혹'이었다. 없애버리고 싶은 존재였다. 그래서 없앴다. 가메이도 사건에서 죽은 것은 34세였던 히라사와를 빼면 모두 20대 청년이었다. 젊은 목숨이 방해로 여겨져 빼앗긴 것이다. 덧붙여 학살된 요시무라 고지는 마찬가지로 남갈노동협회 창립 멤버였던 미나미 이와오의 형이다(요시무라는 양자로 보내져 얻은 성이다). 그리고 이 형제의 맏형에 해당하는 것이 이 책 제1장에서 언급한 미나미 기이치이다. 그는 전후 국책 펄프, 야쿠르트 두 회사의 회장 등을 역임했다. 아래 동생들과는 달리 미나미 기이치는 스미다구에서 글리세린 공장을 운영한 경영자이자 지진 직후에는 자경단 책임자이기도 했다. 하지만 동생 요시무라가 학살된 것을 알고 미나미 기이치는 복수를 다짐한다. 공장을 매각하고 거금을 가지고 노동운동에 뛰어드는 것이다. 당시 비합법이었던 일본공산당에 입당하여 각종 노동쟁의를 지도하기에 이른다. 하지만 1928년 형사 탄압으로 체포되어 이후 전향. 1940년에 미즈노 시게오와 폐지재생회사 대일본재생제지를 설립하여 자본가로서의 길을 걸어간다. 미즈노 또한 공산당에서 전향한 이력이 있다. 기관지 〈아카하타〉 초대 편집장을 역임했으나 미나미와 함께 체포되어 옥중 전향, 미나미와 같이 회사를 설립하여 실업가가 되었다. 전후에는 1956년 문화방송사장에 취임, 이후 후지텔레비전 설립에 관여하고 더 나아가 〈산케이신문〉을 매수하여 현재 후지 산케이 그룹의 기초를 만들었다.

한편 살해당한 요시무라의 동생인 미나미 이와오는 평생 노동운동에 헌신했다. 전후에는 전일본산업별노동조합회의(약칭 산별회의) 가나가와현 연합회에서 사무국 차장 등을 역임했다. 사람도 바뀌고 풍경도 바뀐다. 지진 시에 역 앞에 있던 가메이도 경찰서는 켕기는 마음을 뒤로 하고 이전하여 조토 경찰서로 명칭을 바꿨다. 경찰서가 있던 자리에는 지금은 상가건물이 서 있다. 역 주변은 음식점으로 붐빈다. 교자, 내장구이 '맛집'이 늘어선 B급 미식가 성지이다. 음식점 거리를 지나 구라마에바시거리 가기 전, 가메이도역에서 도보 8분 정도 되는 곳에 정심사가 있다. 1615년(元和元年) 창건이라고 전해지는 고찰이다. 경내 일각에 서 있는 것이 「가메이도 사건 희생자 비」이다. 가메이도에서 학살 사건이 있었음을 알리는 유일한 비석이다.

매년 9월 이곳에서 추모 집회가 열린다. 비석에는 "노동자의 승리를 확신하며 권력의 만행에 쓰러진 혁명전사가 심혈을 기울여 해방의 깃발을 휘날린 이 땅에 건립하여 희생자의 남갈 혼을 영원히 기념한다"라고 새겨져 있었다. 세월의 흔적이 느껴지는 표현은 차치하더라도 '남갈 혼'이라는 글자에서 치열하게 싸울 수밖에 없었던 당시 노동운동가들의 끓어오르는 분노가 전해온다. 그것이 시대의 '혹'의 운명이었다. 혼은 적대시되고 상처받고 버려졌다. 대부분의 조선인, 중국인 희생자와 마찬가지로 유골조차 유족에게 돌아오지 않았다.

발굴된 오스기 사카에 사인 감정서

더욱이 또 하나의 사건도 말해 두고 싶다. 이른바 '아마카스 사건'이다. 1923년 9월 16일 아나키스트 오스기 사카에, 내연의 처이자 여성해방운동가 이토 노에, 아직 6살이었던 조카 다치바나 무네카즈는 현재의 기타신주쿠 자택에서 헌병대에게 구속되었다. 오타키바시 뒷길 주택가이다. 이후 며칠간 연락 두절 상태가 계속됐다. 사람들이 오스기 등의 무참한 최후를 알게 된 것은 그로부터 9일 뒤였다. 시사신보 특종 기사가 세 사람의 죽음을 전했다. 「오스기 사카에 외 2명 아마카스 대위에게 살해당하다 16일 밤 모처에서 괴사건 어제 발표되다」라는 제목으로 "평소 사회주의자의 행동을 국가에 유해하다고 생각하던 차에 이번 대지진에 있어 무정부주의자의 거두인 오스기 사카에 등이 지진 후 무질서인 상태에 편승하여 어떤 불령 행위를 저지를지 우려하여 먼저 국가에 해독 끼침을 제거艾除하려 했던 것과 같다." (9월 25일)

육군 헌병 대위 아마카스 마사히코가 지진 후에 불령한 짓을 하지 않을까 염려하여 오스기 등을 살해했다는 내용이다. 이 기사에서는 범행 상황은 전혀 알 수 없으나 나중에 열린 군법회의에서 벌거벗겨진 오스기 등 3인은 손으로 목을 조르는 질식사를 당했고 사체는 거적에 말린 상태로 헌병대 본부 구내의 우물에 던져졌음이 밝혀졌다. 게다가 1976년에 발견된 「사인 감정서」에는 3인 모두 집단으로 때리고 발로 찬 폭행이 가해진 흔적이 기록되어 있었다. 집단 폭행이다. 게다가 6살짜리 남자아이마저 희생자가 된 것이다. 잔인하기 짝이 없는 범행이다. 나는 이 감정서를 실제로 본 적이 있다. 18년 정도 전의 일이다. 그 당시 나는 프리로 주간지 기자 일을 하면서 때때로 논픽션 작가 사노 신이치의 취재 스텝·데이터맨 역할을 맡고 있었다. 사노는 『주간 신초』에서 아마카스 마사히코의 생애를 쫓는 논픽션 기사를 연재했고 나도 관련 취재로 분주했다.

이 감정서 존재를 처음으로 밝혀낸 것은 〈아사히신문〉 기자이다. 그 경위는 1976년 8월 26일 〈아사히신문〉 기사에 나와 있다. 감정서를 사건 발각 후에 작성한 것은 육군위수병원 다나카 류이치 군의관이었다. 다나카는 1939년에 중국에서 전사했다. 1970년대 다나카의 부했던 의사가 자신의 회고록을 쓰기 위해 다나카의 유족을 찾았다. 이때 '아마카스 사건' 희생자의 「사인 감정서」를 다나카의 아내가 소중히 보관하고 있었음을 알게 된 것이다. 취재 시에는 회고록을 쓴 의사도 다나카의 아내도 이미 사망한 뒤였지만, 사노와 우리 취재반은 다나카의 아들이 감정서를 보관하고 있다는 것을 듣고 교섭 끝에 집까지 가서 그것을 볼 수 있었다. 감정서는 오래된 나무 상자 안에 보관되어 있었다. 감정서를 담은 봉투에는 「제4회 후지와라 공장」이라는 제목이 붙어 있었다. 일부러 의미가 불분명한 제목을 붙인 것은 아무에게도 들키지 말라는 다나카 군의관의 '섬세한 궁리'였다. 나무 상자도 이중 덮개로 감정서의 중요함과 기밀성을 이해하면서도 파기할 수도 없었던 다나카 군의관의 복잡한 심경을 느낄 수 있었다. 감정서는 먼저 사체 발견 현장의 모습부터 시작한다. 3명의 시체는 도쿄 헌병대 본부 '폐 우물'에 있었음을 적은 후에 다음과 같이 계속한다.

우물물은 심히 불결하고 흐린 물이다. 우물 위에서 보니 부록 그림과 같은 위치에 겉은 거적으로 싸고 삼노끈으로 묶은 시체가 셋 있었다.

더러운 물속에 뜬 삼노끈으로 묶인 3개의 거적 덩이를 상상했다. 오스기는 속옷 차림, 이토와 다치바나는 벌거벗은 채였다고 한다. 감정서는 용지 23장에 담은 것으로 각각의 체형부터 모발, 음모 상태까지 상세하게 기록되어 있는데, 역시 충격적이었던 것은 처참한 폭행을 알 수 있는 소견이었다.

안면은 일반적으로 자람적색 부종에 부어올라 양안 모두 감고 상안검 특히 좌측은 암적색을 띠어 피부 아래 출혈이 보인다. 양 안구 모두 돌출하고 각막 암적색 고도로 혼탁하여 동공을 확인할 수가 없다. (중략) 혀는 치열보다 1센티 돌출됐다. (오스기) 안면 고도의 자람색 내지 사후 부패에 의한 오청색을 띠고 부종에 종창하여 양안 모두 감고 양측 안구는 돌출됐다. (중략) 혀는 치열보다 0.5센티 돌출됐다. (노에)

또 다음과 같이 기록된다.

남녀 두 시신 전흉부의 상처는 매우 강력한 외력(차고 짓밟는 등)에 의한 것임은 명백하나 앞서 설명한 바와 같은 이유에 의해 이것은 절명絶命 전에 생긴 상처이

며 또한 죽음의 직접적인 원인은 아니다. 하지만 죽음에 쉽게 다다르게 한 것은 확
실하다.

오스기도 노에도 상당히 격렬하게 '차고 짓밟는' 폭행을 당했음이 의사
의 눈에는 분명했다.

아마카스는 2년 반 만에 석방

군법회의에서 아마카스는 거의 무저항 상태였던 두 사람을 교살했다고
말했다. 그러나 그것은 완전한 거짓말이었다. 두 사람은 움직일 수 없게 될
때까지 린치당했다. 축 처진 뒤에야 마지막에 목을 졸렸다. 사노는 이것을
'놀리다 죽이기'라고 표현했다. 그랬다. 이 사건뿐만 아니라 학살 사건의
피해자들은 모두 이처럼 일방적으로 '놀리다 죽이기' 당했다. 그것을 가능
하게 한 것은 가해자 측이 사회의 다수파였다는 사실과 거기에 국가권력이
라는 '궁중이 존재했기 때문이다. 적어도 어떤 경우에도 가해자는 안전하
게 안심하고 자신이 다칠 염려는 없이 '적'을 죽일 수 있었다. 학살이란 가
해자의 안전이 보장된 범죄이다.

여기서 다시 쇼리키 마쓰타로의 등장이다. 오스기의 친구이자 〈요미우
리신문〉 기자 야스나리 지로가 남긴 메모가 있다. 아나키즘 계열 출판사
흑색전선사의 기관지『자유사상』1960년 10월에 그대로 옮겨 실렸다. 야
스나리는 메모 첫머리에서 이것은 1924년 요미우리신문사 간부 등이 사
장인 쇼리키 마쓰타로를 둘러싸고 열린 회합의 기록이라는 취지를 적고 있
다. 이미 말한 바와 같이 쇼리키는 지진 시에 경시청의 사실상 가장 높은
자리에 있었으나 지진 약 3개월 후에 일어난 '도라노몬 사건'의 경호 책임
을 물어 사직하고 〈요미우리신문〉 경영자로 돌아선 것이었다. 이것은 당시
황태자(훗날 쇼와천황)가 무정부주의자 난바 다이스케로부터 총격을 당한
사건이다. 황태자는 무사했으나 지진 부흥에 진력하던 야마모토 곤베 내각

또한 인책성 총사퇴를 피할 수 없게 되었다. 다시 문제의 회합이다. 사장에 취임한 쇼리키는 간부사원과의 친목을 다지기 위해 풀어진 분위기 속에서 "지금이니까 얘기한다"며 '아마카스 사건'에 대해 언급한 것이다.

야스나리의 메모는 쇼리키의 말을 다음과 같이 기록했다.

> 육군이 14일에 오스기를 죽이겠다고 했다. 오스기와 요시노 사쿠조 박사와 그 밖의 두 사람, 누구였던가(오야마 이쿠오 씨냐고 내가 물었다. 그럴지도 모른다며 쇼리키 씨는 확실한 대답을 하지 않았다) 네 명을 죽이겠다고 왔다. 그런 바보 같은 일이 있나 했는데, 16일이 되어 요도바시 경찰서에서 오스기가 헌병대에 끌려갔다는 보고가 왔다. 죽였구나 라는 생각이 들었으나 잠자코 있었다.

무슨 일인가. 14일이라면 오스기 등이 헌병대에 끌려가기 이틀 전이다. 다시 말해 쇼리키는 사전에 정보를 얻었으면서도 "그런 바보 같은 일이 있나" 하고 방치했을 뿐만 아니라, 실제로 헌병대가 움직였을 때도 "죽였구나"라고 생각만 하고 "잠자코 있었다"는 것이다. 게다가 다이쇼 데모크라시의 일등공신이며 민주주의 제창자이기도 한 리버럴 학자 요시노 사쿠조 등의 암살 계획도 있었다는 것이다. 그는 지진 후 이른 단계에서 학살 행위를 규탄한 몇 안 되는 학자 중 하나이다. 그는 『중앙공론』 1923년 11월호에 「조선인 학살 사건에 대해」라는 논문을 발표했다. "국민적 복수로서 닥치는 대로 남녀노소 구별 없이 선인을 몰살"이라며 다음과 같이 썼다.

> 이처럼 무고한 선인이 재액災厄을 당한 수는 매우 많다. 죄 없이 무의미하게 죽는 것만큼 불행한 일은 없다. 이번 지진 화재로 많은 재산과 많은 가까운 사람을 잃은 불쌍한 사람은 수도 없지만, 하지만 딱한 정도로는 민중 격정에 희생된 무고한 선인의 망령에 미칠 수는 없을 것이다. 이번 재액에 있어 이재민의 필두에 오는 자는 이들 선인이어야 한다.

만약 계획대로 요시노가 살해되었다면 이러한 논조가 일본 사회에서 빛을 보기까지는 더 많은 시간이 필요했을 것이다. 야스나리 메모에는 쇼리키의 말이 더 남아 있다.

육군에는 아마카스 같은 남자는 얼마든지 있다. 아마카스가 안 했다면 다른 누군가가 했을 것이다. 아이가 함께 있지 않았다면 오스기 사건은 전혀 알려지지 않고 끝났을 것이다. 그리고 요시노 박사도 당했을지도 모른다.

이 사건에서는 아마카스가 주범으로 징역 10년을 선고받았지만 불과 2년 반 만에 풀려났다. 아무리 생각해도 조직적인 범죄임에 틀림없으나 아마카스를 비롯한 관계자는 상층부의 관여는 전혀 언급하지 않고 침묵을 지켜 나갔다. 애초에 군인치고는 너무 약해서 혼자서 3명을 '놀리다 죽이기' 할 수 있을 리도 없고, 게다가 집단 폭행의 흔적이 지적되었는데도 재판에서 그 실상이 밝혀지지 않았다.

"오스기 사카에, 노에와 같이, 개와 같이 학살"

아마카스는 출소 후에 육군 자금으로 프랑스에 유학. 그 후 만주로 건너가 「만주영화협회」 이사장이 된다. '만영' 시대 그는 적색갱사건 실행 책임자로 전후에는 마오쩌둥 사상 보급을 위해 힘쓴 오쓰카 유쇼, 일본 공산당 기관지 〈아카하타〉 전 편집장 미무라 료이치, 작가 단 가즈오 여동생으로 전후 팔로군에 합류해 일본에 귀국한 뒤에는 좌파 신문사 〈조슈신문〉 일러스트레이터가 된 단 스미 등 좌익계 인사들을 왠지 주변에 뒀다. 일본에서 도망쳐 온 좌익 운동가를 숨겨준 일도 있어 그것이 아마카스의 어떤 사상에 근거한 것인지 관계자를 취재해도 나로서는 알 수가 없었다. 종전 직후 아마카스는 만영 이사장실에서 음독자살했다. 유서에 "큰 도박 온 몸으로 빈털터리"라는 말을 남겼다.

나는 희생당한 3명의 무덤을 방문했다. 오스기 사카에 무덤은 시즈오카 시 아오이구 구쓰노야 공원묘지에 있었다. 무덤 옆에는 비석이 세워져 있었다. 비문은 아라하타 간손이 쓴 것으로 "군헌으로 인해 학살당하다. 아까워라 웅지일재 헛되이 중도에 무너지다"라고 새겨져 있다. 9월 16일 기일에 맞춰 매년 열리는 묘전제는 2023년 사후 100년을 기점으로 마지막을 맞았다. 유족과 관계자의 고령화가 이유라고 한다. 이토 노에 무덤은 후쿠오카시 교외, 현해탄을 바라보는 산중에 있었다. 그녀의 고향이다. 무덤이라 해도 큰 바위가 옆으로 누워 있을 뿐 이름도 새겨져 있지 않다. "불어라, 거칠어라, 바람아, 폭풍아"라고 노래한 이토 노에와 어울리는 무덤이라고 생각했다. 내가 취재로 방문했을 당시 다치바나 무네카즈의 무덤은 나고야시 지쿠사구 가쿠오산 일태사에 있었다(이후 다치바나 가문의 보리사로 이전). 이 무덤은 사실 오래도록 그 존재가 알려지지 않았다. 사건 반세기 후인 1972년 우연히 개 산책을 하던 사람이 개에 이끌려 들어간 오솔길에서 잡초에 파묻힌 묘비를 발견한 것이다. 소이치는 미국 이민 중인 아버지 다치바나 소자부로와 오스기의 여동생 아야메 사이에서 태어났다. 묘비 앞면에는 출생연도인 1917과 출생지인 'Portland'라는 글자가 새겨져 있었다. 그리고 뒷면을 보았을 때 그 글자를 새겼다는 아버지 다치바나 소자부로의 격렬한 분노가 납 같은 무게로 내 가슴을 짓눌렀다.

무네카즈(8세)는 도일 중 도쿄대지진 때 다이쇼 12년(1923년) 9월 16일 밤, 오스기 사카에, 노에와 같이, 개와 같이 학살되었다.

권력에 대한 증오라고 해도 좋을 말이다. 여섯 살짜리 아이를 빼앗겼으니 당연한 일이지만, 아버지 소자부로이든 묘비를 만든 석재상이든 당시로서는 목숨을 건 일이었을 터이다. 반세기 동안 남의 눈에 띄지 않았던 것도 수긍이 간다. 작은 묘석은 풀밭 속에서 격렬하게 포효하고 있었다.

5. 진재 에마키를 둘러싸고

나카야마 경마장에서

오랜만에 발걸음을 옮겼다. 아리마 기념등의 큰 무대로 유명한 지바현 나카야마 경마장이다. 20대 시절 이곳을 몇 번인가 다닌 것은 술과 도박으로 신세를 망친 선배 기자가 집요하게 꾀었기 때문이었다. 나는 인생을 걸 만한 자금도 배짱도 없었기에 몇 백 엔으로 대박을 꿈꿀 뿐이었지만 선배는 목숨을 주고받듯이 마권을 샀다. 장외마권도 괜찮지만 경기 전 말의 상태를 직접 봐야한다거나 기자는 현장을 찾아야 하는 법이라는 등 나름 이유가 있는 듯 선배는 '직접 관람'을 선호했다. 하지만 말의 상태에 관계없이 선배는 항상 빗나간 마권을 바닥에 내리치고 있었다. 그래서 나카야마 경마장이라 하면(다른 경마장에서도 마찬가지지만), 그 대상이 말인지 기수인지 주최자인 일본중앙경마회JRA인지는 몰라도 자신을 파멸로 밀어 넣는 자들을 향해 선배가 퍼부었던 저주의 말만 생각난다. 나는 그런 선배를 정말 좋아했지만 역시 예상대로 선배는 파멸했다. 돈도 일자리도 잃고 공원에서 쓰러져 있다 발견돼 내가 병원으로 달려갔을 때는 이미 때가 늦었다. 선배는 폭력단 간의 항쟁이라든지 연예인의 하반신 스캔들이라든지 나로서는 전혀 흥미가 생기지 않는 허황된 기사거리만 쫓는 기자였지만 왠지 마음이 맞았다. 선배는 이시카와 다쿠보쿠를 좋아했다. "지도 위 조선국에 검디검은 먹물을 칠하며 가을바람을 듣는다"고 읊은 다쿠보쿠의 심정을 절절히 말해준 것도 선배였다. 다쿠보쿠는 한반도 '병합倂合'이라는 폭거를 비판한 몇 안 되는 가인 중 한 명이었다. 그런 생각을 하며 나카야마 경마장 정면 게이트 앞에 선다. 평일 오후 문은 닫혀 있었다. 조용했다. 경마장과 나란히 달리는 길을 앞으로 나아가면 '북방 사거리' 교차로가 나온다. 이곳에서 학살이 있었음은 앞서 언급했다. 지역 전 경방단(자경단)장이 "무선의 해군 소장이 '우라야스, 교토쿠에 600명의 불령선인이 올 테니 오늘밤 경계를 부탁한다'며 총을 건네받았지요. 두 번 말을 걸어 대답을 하지 않으면 쏴도 된다는 거였어요."라고 술회한 장소이다. 그는 "조선인은 보면 죽이라는 거죠. 뭐 대단했어요. 도망갈 수 없죠. 대부분 조선인은 전멸이에요."라고 증언하기도 했다.

이 주변에서 학살사건이 많이 발생한 것은 전직 경방단장의 증언에 나오는 '무선無線', 즉 해군 후나바시 무선송신소가 가까웠기 때문이다. 일본 전국에 조선인폭동 루머를 퍼뜨린 무선송신소를 지키기 위해 송신소장은 "두 번 말을 걸어 대답을 하지 않으면 쏴도 된다"며 지역 주민들에게 '학살용' 총을 건넨 것이다. 구글 맵 등 항공사진으로 꼭 장소를 확인해 보았으면 한다. 나카야마 경마장과는 JR 무사시노선 선로를 사이에 두고 동쪽으로 마치 미스터리 서클처럼 정돈된 원형의 땅을 볼 수 있다. 서클 중심에 위치한 것이 무선 송신소이다. 이런 근접한 위치관계 또한 지역에서 학살을 초래한 하나의 요인이 되었다. 간토대지진 시 여기에 경마장은 없었다. 정확히 표현하자면, 여기와는 다른 곳에 '나카야마 경마장'이 있었다.

나카야마 경마장의 기원은 1907년 개설된 마쓰도 경마장에 있다. 청일·러일 전쟁 등을 통해 군마 개량을 꾀하던 국가 방침에 따라 각지에 경마장 설치가 잇따랐던 시기이다. 하지만 마쓰도 경마장은 1919년에 군용지로 수용이 결정되어 이웃한 이치카와시로 이전. 현재의 나카야마 경마장과는 현도를 사이에 둔 서쪽 와카미야 지구이다. 1923년 들어 경영진 사이에 내분이 발발하면서 일부 경영진은 시 해안과 가까운 염전 터에 새로운 경마장을 개설했다. 그런데 지진에 의한 쓰나미로 신 경마장은 유실. 경영 내분도 끝나지 않아 한동안 이곳에서 경마 개최를 할 수 없는 상황이 계속됐다. 그 후 현지 행정도 포함해 새로운 경마장을 건설하려는 움직임이 일어나 현재 장소에 새로운 나카야마 경마장이 생긴 것은 1928년이 되어서이다.

이렇게 해서 지진 시에 경마장이 있던 장소에는 농지가 펼쳐져 있다.

심상소학교 학생이 그린 연필화

여기에서 행해진 학살에 대해서는 지진 당시 신문을 비롯해 「지바현에서의 간토대지진과 조선인 희생자 추도·조사 실행위원회」에 의한 증언 기록 등 많은 문헌이 있다. 하지만 사진이나 영상은 없다. 당연하다. 카메라는 고가의 물건이었고 텔레비전조차 존재하지 않는 시대였다. 우리는 문헌을 통해 학살의 풍경을 상상할 수밖에 없다. 그러나 얼마 되지 않지만 그 참혹한 장면을 떠올리게 하는 '그림'은 남아 있다. 밭 속을 필사적인 모습으로 도망치는 조선인으로 보이는 남성에게 수많은 자들이 덤벼드는 순간을 그린 것이다. 재향군인인지 군복 같은 것을 입은 자들이 남자를 잡아 누르려 할 뿐만 아니라 그 주위를 머리띠 차림으로 손에 죽창 등의 무기를 든 자들이 에워싼다. 조선인으로 보이는 남자는 그래도 소소한 저항을 시도한 건지 검은 흙덩어리를 손에 든 것처럼 보이기도 한다. 생생한 살육 직전의 풍경. 논픽션 작가 가토 나오키의 명저 『구월, 도쿄의 노상에서』 표지에도 사용된 그림이다. 이 그림은 지진 이듬해 혼조구(현재의 스미다구)에 있던 혼요코 심상소학교 4학년 야마자키 이와오가 그린 색연필화이다. 그 무렵은 학교 건물이 지진으로 불타 이른바 '야외수업'이 행해지면서도 피해 아동들이 겨우 안정을 찾아가는 때이기도 했다. 미술 교사가 "지진 재해 때 가장 무서웠던 것"을 그려보자고 했더니 야마자키는 이 그림을 그렸다. 야마자키는 이 광경을 가까이에서 보았을 것이다. '가장 무서웠던' 장면으로 학살 광경을 골랐다. 그림 오른쪽 상단에는 '나카야마'라고 적혀 있다. 당시 변두리에 살던 많은 사람이 지바현 방면으로 도망친 데에서 그것이 현재의 이치카와시 나카야마인 것은 틀림없다.

이 나카야마의 '북방 사거리'야말로 앞에서 말한 것처럼 그 학살 현장이었던 것이다. 많은 관계자들은 그림에 그려진 장소가 현재 나카야마 경마장의 주차장 근처가 아닐까 추측한다. 조선인들이 도망친 것으로 알려진 밭 위에 생긴 주차장은 꽤 넓어 야구장만한 크기이다. 그곳에 있던 밭에 심어져 있던 것은 고구마였던가 아니면 연꽃이었던가.

나는 머릿속으로 야마자키가 그린 그림을 광활한 주차장과 겹쳐보았다. 살기 위해 조선인 남자는 도망쳤다. 밭 건너편에는 뭔가 희망이 보였을까? 아니면 어쨌든 필사적으로 도망쳤더니 밭 안이었던 것일까? 남성의 발은 땅 속에 무릎 아래까지 파묻혀 있는 것처럼 보이기도 한다. 연한 진흙에 빨려 들어가듯 그는 지옥의 문턱에 몰렸다. 자유롭게 움직일 수 있는 상태가 아니다. 움켜쥔 흙덩어리만이 그에게는 마지막 저항이다. 거기에 무수한 죽창이 덮친다. 아마 그의 몸에는 뾰족한 창끝이 여러 개 꽂혔을 것이다. 흙덩이 따위는 아무 소용도 없었을 것이다. 그림 속에서 그를 덮치고 있는 것은 20명이 넘는 집단이다. 1 대 20. 그의 패배는 결정적이다. 단지 자신이 조선인이라는 이유만으로 죽어가면서 남자는 무슨 생각을 했을까. 그리고 소년은 어떤 기분으로 한 사람의 인간의 생이 끊어진 순간을 보고 있었던 것일까. 야마자키의 그림은 잔혹함뿐만 아니라 죽임을 당한 자의 억울함도 전한다.

70년간 수장고에서 잠자고 있던 '기억'

이 그림은 도쿄 요코아미초 공원(고이케 유리코 도지사가 무시하는 조선인 희생자 추도비가 놓인 공원이다) 부지 내 「도쿄도 부흥 기념관」에 소장되어 있다. 전시하고 있지는 않다. 다른 많은 그림과 함께 수장고에 있다. 아라이 가쓰히로가 여기에서 이 그림을 발견한 것은 30년 전의 일이다. 일본근대사와 자유민권운동 전문가로 센슈대 교수, 고려박물관 관장 등을 역임했다. 당시에는 지바현 사쿠라시국립역사민속박물관에 조교수로 있었다. 박물관에서 간토대지진을 테마로 한 전시를 열게 되었는데 담당 책임자 중 한 명이 아라이였다.

"간토대지진 관련 전시를 하려면 학살사건과 제대로 마주해야 한다고 생각했어요. 아니 그걸 떼버리면 지진을 얘기하는 의미가 없다."

그런 생각으로 아라이는 자료를 모으기로 했다. 하지만 "바로 벽에 부딪쳤다"라고 한다. 학살 사실을 알려주는 문헌 자료는 발견됐다. 하지만 아라이가 원했던 것은 시각적인 '전시 자료'이다.

"그것들을 거의 찾을 수가 없었어요."

각처를 돌아 간신히 도착한 것이 도쿄도 부흥 기념관이었다. 관내에는 수많은 그림이 전시되어 있었다. 그러나 거기에 학살을 그린 것은 없었다. 여기 말고 다른 자료는 없느냐고 담당자에게 물었더니 수장고 안에 "아직 많이 있다"고 했다. 그래서 수장고로 안내를 받았다. 수북이 쌓인 자료 중에 허름한 앨범이 있었다. 그것이 혼요코 심상소학교의 『다이쇼 진재 기념화첩』이다. 초등학생이 그린 그림이 146장 담겨 있었다.

"책을 뒤척이다가 갑자기 눈에 띈 것이 야마자키 이와오 군 그림이었어요. 충격을 받았습니다. 그는 학살 현장의 목격자였다. 아이가 이렇게나 잔인한 그림을 그리게 만든 사회의 책임을 느꼈습니다."

누구에게도 주목받지 못하고 칭찬받는 일도 없이 70년간이나 어두운 서고 안에 야마자키의 그림은 잠들어 있었다. 공포에 찬 기억을 모처럼 그림으로 표현해줬다.

"어쩐지 그에게 미안한 마음이 들었어요."

만난 적이 없는 이름을 들어본 적도 없는 소년에게 가슴속에서 사과했다. 그것이 아라이가 '학살 그림'에 관심을 가지는 계기가 되었다. 어딘가에 조용히 이런 그림이 잠들어 있을지도 모른다. 그 참혹한 현실을 생생히 기록하고 고발한 것이 어딘가에 남아 있을지도 모른다. 이후 아라이는 '학살 그림'을 찾아 헤매고 있다.

비로소 자리를 찾은 '학살 그림'

그로부터 몇 년 뒤 더욱 충격적인 '학살 그림'과 마주쳤다. 어느 날 잘 아는 헌책방 사람이 한 장의 수채화를 가지고 왔다. 그 무렵 아라이는 '학살 그림'을 찾기 위해 고서점을 매일같이 돌고 있었다. 업자 대부분은 그런 그림을 발견했을 때 아라이에게 들고 가야 한다는 걸 다들 알고 있었다.

"이런 게 있었는데요, 어떨지요."

고서점 업자가 보여준 그림에 아라이는 눈을 뗄 수가 없었다. 분명히 전문 화가가 그린 것이었다. 장소는 어딘가의 강변이다. 강의 크기와 주위 풍경으로 미루어 보아 아마도 스미다가와 강이리라 짐작했다. 문제는 거기에 그려져 있는 사람의 모습이다. 흰 하복 차림 경찰관이 뒷짐결박당한 남성을 연행하고 있다. 그 옆에서는 총에 머리를 맞은 남성이 피를 뿜으며 이제 막 쓰러지는 순간이었다. 남성의 등에는 자경단처럼 보이는 인물이 손에 쥔 일본도 같은 것이 꽂혀 있다. 더욱이 그림 왼쪽 끝으로는 이미 살해된 사람들일 터이다. 5명 정도 남성이 하늘을 향해 땅에 누워 있었다. 이들도 모두 뒷짐결박당한 채이다. 쇠갈고리로 시체를 끄는 듯한 남자의 모습도 있다. 후방에는 군중이 몰려들고 있었다. 이 얼마나 잔인한 장면인가.

아라이는 '마치 학살 실황중계와 같은 그림'이라고 평한다. 그럴지도 모른다. 총소리와 비명소리, 신음소리, 칼이 베는 소리, 그리고 군중의 함성이 울려 퍼지는 듯한 리얼함으로 가득 차 있다. 업자의 말에 따르면, 고서 교환시장이 열렸을 때 우연히 '발견'해 아라이라면 관심이 있을 것이라 생각해 손에 넣었다고 한다. 이 그림에는 작가의 이름도 기록되어 있지 않았다. 업자는 출처를 알려주지 않는다. 그래도 아라이는 관계자를 수소문해 겨우 작가를 알아낼 수 있었다. 가와메 데이지라는 삽화가였다.

가와메는 아이치현 출신이지만 지진 시에는 도쿄 고바야시상점(현재의 라이온) 광고부 도안계에서 일하고 있던 것도 알아냈다. 아라이가 들은 바에 의하면, 가와메는 친족에게 "지진 그림을 그렸지만, 내가 죽어도 남에게는 보이지 마라"라고 다짐을 받았다고 한다. 그래도 그림은 파기되지 않고 시대를 초월해 아라이의 손에 넘어갔다. 무엇보다도 가와메는 그렸다. 한 사람의 화가로서 그리지 않을 수 없었다. "남에게는 보이지 마라"면서 그래도 남겼다. 학살 사실과 마주하기 위해 '학살 그림'을 찾아 헤매던 아라이의 손에 넘어간 것은 운명이라기보다 숙명이다. 전달되어야 할 곳에, 전달되어야 할 시대에, 그림이 비로소 자리를 잡았다.

인터넷 경매에 나온 학살을 그린 두루마리 그림

그 후로도 아라이는 '학살 그림'을 계속 찾고 있다. 그것은 작가의 생각을 '받아들이고 이어가기' 위한 것이기도 하다고 한다. "기분 좋게 그린 것은 아니겠지요. 하지만 기록해야만 했다. 화가로서의 본능이라기보다도 화가로서의 책임감이었을지도 모릅니다. 그 마음은 누군가 이어가야 한다고 생각하거든요."

그렇다고 쉽게 '학살 그림'이 날아드는 것은 아니다. 절대적인 숫자가 적을 것이다. 하지만 운명의 톱니바퀴는 사람과 때를 보고 딸깍 소리를 낸다. '만남의 장'은 인터넷 경매였다. 2021년 2월 그 순간이 왔다. 그날 밤 컴퓨터를 켰다. 아라이가 가장 먼저 확인하는 것은 '야후Yahoo! 옥션'이다. 아라이의 연구주제 중 하나가 '군사우편'이다. 병사가 전장에서 보낸 편지 말이다. 야후 옥션에는 이 군사우편이 출품되는 경우가 많아 PC를 켜면 곧바로 그것을 체크하는 것이 습관처럼 되어 있었다. 그날도 언제나처럼 야후 옥션을 바라보고 있자니 돌연 「간토대지진 에마키」라는 출품이 눈에 들어왔다. 에마키, 즉 두루마리 그림이 2개. 1개가 10m 이상의 길이라고 한다. 사진으로 확인하는 한 보존 상태도 나쁘지 않다. 설명문에는 판매자는 도호쿠지방 업자로 낡은 집에서 발견된 귀중한 두루마리 그림이라는 내용이 적혀 있었다. 작가명은 '기코쿠淇谷'이며 1926년에 그려진 것이라고 한다. 정보는 그것뿐이다. 에마키에 학살 장면이 있는지는 확인할 수 없었다. 단지 지진 재해를 그린 10미터 이상 되는 두루마리 그림이라는 점이 흥미로웠다. 그런 에마키가 야후 옥션에 출품되는 일은 좀처럼 없다. 아라이는 경매에 참여해 보기로 했다. 처음에는 아무도 값을 매기지 않았다. 우선은 6

만 엔[11] 가격을 매겨 보았다.

"사실 만 엔 정도부터 시작하고 싶었는데 너무 싼 것도 실례인가 해서요. 그래서 1개에 3만 엔 해서 2개에 6만 엔. 저로서는 큰 값을 매겼습니다."

반응은 없었다. 아무도 관심을 보이지 않는가? 다음 날, 그다음 날도, 그리고 경매 마감일이 되어도 6만 엔은 움직이지 않는다. 이걸로 구매할 수 있을까 싶더니 마감 몇 시간 전에 가격이 움직였다. 갑자기 대항마가 나타난 것이다. 상대는 조금씩 값을 끌어올린다. 거기서부터 몇 시간 동안 아라이는 자기 방 PC 앞에서 벗어날 수 없었다. 서로 천 엔 정도를 얹어가는 치킨 레이스이다. 6만 엔은 7만 엔으로 8만, 9만을 돌파했다. 이대로라면 10만 고지에 오를지도 모른다. 자, 어떻게 할까. 애초에 그렇게까지 가치가 있는 것인가. 아라이의 마음도 흔들린다. 마감 직전이었다. 아라이는 마지막이라고 자신을 타이르며 9만 7천 엔을 제시했다. 상대는…… 움직이지 않는다. 반응이 없다. 마감 시간이 되었다. 승부가 났다. 신경전에서 승리하여 아라이가 낙찰받았다. 일주일 후 두루마리 그림이 도착했다. 서재에서 펼쳐봤다. 1개가 14미터, 다른 1개는 18미터. 합계 32미터나 되는 길이이다.

에마키이므로 당연히 시계열로 이야기는 진행되어 간다. 우선 지진 당일. 잔잔한 마을 풍경에서 시작된다. 그곳을 대지진이 덮친다. 가옥이 무너지고 곳곳에서 불길이 치솟는다. 도망치려는 사람들로 도로가 메워진다. 풍경은 거센 불꽃과 검은 연기로 뒤덮였다. 재난당한 사람들의 당황스러운 표정, 혼란스러운 모습, 화재의 기세 등이 잘 묘사되어 있다. 게다가 두루마리 그림 스토리를 따라가다 보니 끝에 가까운 부분에 갑자기, 그것이 그려져 있던 것이다. 학살 장면이다.

기록하겠다는 명확한 의지

여기도 아라이의 설명을 바탕으로 시간 순서대로 따라가 본다. 우선 등장하는 것은 죽창이나 칼을 든 자경단으로 생각되는 사람들이다. 20명이 넘을까. 경찰관이나 군인(혹은 재향군인)의 모습도 있다. 그들이 에워싼 것은 벌렁 드러누운 남성이다. 그는 경찰관에게 발길질당하고 있다. 필사적으로 도망치려는 사람의 모습도 있었다. 그러나 긴 막대기를 손에 든 경찰관이 바로 뒤로 쫓아오고 있다. 더욱이 전방에는 군인으로 보이는 자들이 기다리고 있다. 그 앞에는 학생모를 쓴 청년이 칼을 든 남자들에게 둘러싸여 있었다. 이미 칼을 휘두른 뒤일 것이다. 청년의 어깨에서 팔에 걸쳐 많은 양의 피가 흐르고 있다. 거기서부터는 이제 숨넘어간 자들의 모습이 이어진다. 죽창이 꽂힌 채 쓰러져 있는 자. 온몸에서 피를 흘리며 흰자를 까고 있는 자. 머리에서 피를 흘리고 있는 자. 이들 주위에는 항상 이상한 형상을 한 자경단원들이 있었다. 그리고 학살 장면 마지막에 그려지는 것은 피투성이가 되어 겹겹이 쌓인 시체 더미이다. 나는 그 잔혹한 스토리는 물론이고 선명한 핏빛에 눈길을 빼앗겼다. 시뻘건 물감이 망막에 흩날린 듯 시야는 선혈로 물든다.

"기코쿠라는 작가는 왜 이렇게 사실적으로 그리고 상세하게 학살을 그렸을까요?"

내 물음에 아라이는 이렇게 대답했다.

"기록하려는 명확한 의지가 있었다고 생각합니다. 학살 장면에는 경찰관, 군대, 자경단, 또는 민중 등이 혼연일체가 되어 그려져 있습니다. 즉 학살이 관민일체로 실행되었음을 정확하게 전하고 있다. 그것이 학살의 실상임을 알리고 싶었던 게 아닐까요."

덧붙여 이 그림에는 「자서自序」라고 제목을 붙인 「서문」과 같은 문장이 곁들여져 있었다. 작가의 의도가 어렴풋이 떠오른다. 거기에는 '모 화백'이 그린 그림을 참고로 하거나 지진피해를 입은 지인의 의견을 듣거나 하여 작성했다는 경위 외에 다음과 같은 글이 나열된다.

가공할 유언비어는 흥분이 극에 달한 시민의 신경을 괴롭혀 무기를 들고 각자 자위하기에 이르렀다. 이것은 전대미문의 공황이다.

이 참화를 직접 겪지 않은 다수 사람에게 제시하여 성려의 염省慮の念을 촉구하고, 혹은 후세 기념 한 조각으로 삼을 수 있다면 나의 희망은 이루리로다.

'성려의 염'이란 무엇을 말하는 것인가? 요점은 반성을 나타낸 말일 것이다.

아라이는 말한다.

"거기에 강한 의지를 느끼는 거죠. 왜냐하면 생각해 보세요. 지진의 비극을 전하는 것만이 목적이라면 당시 일본인의 감각으로는 그야말로 무너진 가옥과 화재만으로도 좋았던 것입니다. 하지만 그는 굳이 학살 장면을 이래도 될까 싶을 정도로 극명하게 그렸다. 그것이야말로 그로서는 반성하는 마음이 아니었을까요?"

여기서 작가 '기코쿠'이다. 도대체 어떤 인물인가? 그 세계에서는 알려진 화가인가?

"저도 금방 밝혀질 줄 알았어요. 지금까지는 작가 이름을 대면 미술사 전문가가 바로 대답해 주었습니다. 그런데 아무도 '기코쿠'를 모르는 겁니다. 물론 인터넷에 검색해도 나오지 않고요."

이젠 포기인가 싶었는데 희소식이 날아들었다. 2022년의 일이다. 국립국회도서관은 현재 수장 자료의 디지털화를 추진하고 있다. 아라이의 제자인 대학원생이 그 시스템을 이용해 '기코쿠'에 대해 조사했더니, 후쿠시마현 출신 화가 오하라 야이치라는 인물에 도달했다. 기코쿠는 오하라의 아호였던 것이다. 그럼, 오하라 야이치는 누구인가? 아라이가 지금까지 조사한 자료를 안고 나는 도호쿠 신칸센에 뛰어 올랐다. 향한 곳은 오하라 야이치의 출신지 후쿠시마이다. 그의 윤곽만이라도 파악하고 싶었다.

후쿠시마 마을에서도 일어났던 학살

아라이의 조사에 의하면, 오하라 야이치는 후쿠시마현 가와사키무라 이즈미자키(현재의 니시시라카와군 이즈미자키무라) 출신으로 인접한 니시고무라에서 오랫동안 소학교 선생님을 했다고 한다. 니시고무라 마을에는 교육자로서의 오하라를 기리는 현창비가 세워져 있다는 사실도 아라이가 알려주었다. 니시고무라라고 들어도 감이 오지 않는 사람도 많을 것이다. 다만 신칸센이 정차하는 유일한 '무라' 단위 행정구역으로 일부에서는 알려져 있다. 도호쿠 신칸센 신시라카와역이 마을 입구로 서쪽에 걸쳐 니시고무라가 펼쳐진다(참고로 동쪽은 시라카와시).

목표로 하는 스와 신사는 니시고무라 북서부, 신시라카와역으로부터 7킬로 정도 앞 아부쿠마가와 강을 넘은 장소에 있었다. 오하라의 현창비가 세워진 신사이다. 그곳은 잡목림 속에 고즈넉하게 자리 잡고 있었다. 도리이가 없다면 설령 지도에 표시되어 있어도 지나쳐 버릴 것 같은 작고 수수한 신사였다. 물론 간누시 등이 상주하는 신사는 아니다. 도리이 바로 옆에 사람 키를 넘는 큰 비석이 세워져 있다. 「오하라 선생 송덕비」. 1933년에 건립된 현창비이다.

90년 동안 풍설을 견디며 신사 입구에 자리 잡고 있던 비석에 새겨진 글자는 육안으로는 판독이 곤란하다. 사진에 담아 훗날 '해독'하니 다음과 같은 내용이 적혀 있었다. 오하라 야이치는 분큐 2년(1862년) 유학자 집안 오하라 가문의 넷째 아들로 이즈미자키 마을에서 태어났다. 아호는 '기코쿠'이고 니시고무라 소학교에 봉직. 스스로 가위를 들고 학생들 이발을 해주는 등 "지도 친절하고 자상하기 그지없다." 마을의 청소년 교육에 열의를 다한 것은 "효과가 크게 나타났다." 또한 "먹과 붓을 가까이하며 세퇴하는 사람들의 마음을 진흥시키려는 그림도 칭찬받아 널리 명성을 떨친다." 그리고 마지막에는 이렇게 쓰여 있다.

오하라 야이치 현창비가 세워진 스와 신사

　오호, 선생님 같은 분은 진정으로 교육자의 이상을 체현하는 것이라 할 수 있다.

　이 시대 현창비에 흔한 표현은 읽기만 해도 답답한 감이 있지만 적어도 마을의 공헌자로서 높이 평가되고 있음은 충분히 이해할 수 있었다. 다만 그림을 향한 마음이 있었던 것은 알았지만 비문에는 지진 관련은 기록되어 있지 않았다. 당연히 에마키에 대해서도 전혀 언급되어 있지 않았다. 니시고무라 사무소 병설 도서관에도 갔지만 특별히 오하라를 언급한 자료는 없었다. 하지만 1989년에 간행된 『니시고무라 입촌백년사』를 훑어보다가 무심코 페이지를 넘기던 손이 멈춰 버리는 서술과 맞닥뜨렸다. 지진 직후 이 마을에서 살해 사건이 있었다는 것이다. 지진 시에 이 지역에서도 조선인이 ‘잠입’했다는 유언비어가 날아들어 자경단이 결성되었다. 사건은 지진으로부터 6일 후인 9월 7일 심야에 일어난다. 시라카와 우체국 ‘노老 배달부’가 니시고무라 구마쿠라 지구에 전보 배달을 나갔다. 늙은 배달부는 귀가 잘 안 들렸고 게다가 그것이 원인으로 대화도 불편했다. 기록상 심야 2시 무렵 배달로 되어 있으므로 뭔가 급함을 알리는 전보였을 것이다. 배달부는 집 문을 두드린다. 그런데 집에 있던 사람은 이를 ‘조선인의 습격’으로 착각했다. 심야 방문이다. 수상한 자를 의심한 것은 당연한 일이다. 게다가 배달부는 장애가 있는 노인이다. 전보 배달이라는 것을 잘 설명하지 못했을지도 모른다.

　공포에 질려 허둥대던 사람은 뒷문으로 빠져나와 그대로 소방 둔소屯所로 달려갔다. 자경단 초소이다. 심야 ‘습격’을 알게 된 자경단원들도 곧바로 임전 태세가 됐다. 손마다 쇠갈고리와 낫을 들고 현장으로 직행. 전보를 전달하지 못하고 집 앞에 머물고 있던 배달부를 발견하자마자 집단으로 덤벼들어 죽여버린 것이다. 그 결과 가해자인 자경단원은 징역 2년, 집행유예 3년을 선고받았다고 한다. 『백년사』는 이를 “불행한 사건이었다”라고 짧게 논평한다. 조선인으로 오인한 것이 사건의 계기였다. 그러나 그뿐이겠는가. '노 배달부'는 아마 힐문 당했을 것이다. 하지만 장애가 있는 그는 전보 배달임을 설명할 여유도 없었을 것이다. 그래서 살해당했다. 민족 차별과 더불어 장애인 차별도 있었다. 이 도호쿠 시골 마을에서도 차별을 이유로 한 지진 학살이 있었다.

'기코쿠'를 둘러싼 탐색

이제 문제의 오하라이다. 그의 인물상을 찾는 힌트는 현창비에 남겨져 있었다. 새겨진 비문 전반부에 오하라에게는 나카코라는 아내가 있었지만 사별했고, 그 후 고리야마에 사는 요코타 지에몬의 조카인 세이코와 재혼했다는 서술이 있었다. 유학자 집안으로 알려진 오하라 가문의 흔적은 니시고무라에도 이즈미자키무라에도 없어 그의 발자취를 쫓는다면 여기 나온 요코타 지에몬이라는 인물로부터 더듬어 갈 수밖에 없다.

나는 고리야마 도서관에서 요코타 지에몬에 대해 조사했다. 그러자 이 요코타가 에도시대에 「에비야海老屋」라는 여관을 경영하던 것이 밝혀졌다. 하지만 메이지기가 되고는 폐업하여 그 후의 발자취를 알 수 없었다. 그러다 고리야마시 문화재 담당자, 향토사가, 료칸호텔조합 등을 모두 만나는 가운데 우연히 '요코타 가'를 아는 사람을 만났다. 놀랍게도 요코타 가문 직계 자손이 고리야마 시내에 살고 있다고 한다. 나는 즉시 그 인물을 만나기 위해 알려준 집으로 향했다. 시 중심부이다. 사람과 자동차로 붐비는 거리의 조금 후미진 곳에 그 집은 있었다. 문패를 확인할 것도 없이 나는 그곳이 바로 그 집이라고 확신했다. 삼각 지붕의 양옥 같은 건물. 오래된 집이지만 품격이랄까 기품이랄까, 예술가가 발산하는 감성이 그 집의 모습과 분위기에서 느껴졌다.

갑작스러운 방문에도 불구하고 취재에 흔쾌히 응해 준 것은 요코타 시게이치(82세)였다. 그의 말에 따르면 이 양옥풍 건물은 일부 손댄 곳이 있기는 하나 원래는 1929년에 할아버지가 세운 것이라고 한다. 참고로 할아버

지 이름도 지에몬인데 일찍이 요코타 가의 장남은 대대로 '지에몬'을 답습
했다. 니시고무라의 비문에 기록되어 있던 '요코타 지에몬'은 그의 증조부
에 해당한다. 현재 주위는 빌딩이나 주택이 늘어선 시의 중심지이지만 예
전에는 집 앞에 '사라누마皿沼'라 불리는 관개용 수지(급수지)가 펼쳐져 있
었다고 한다. 지역 주민들에게는 피서지와 같은 곳이기도 해 뱃놀이나 수
영을 즐기는 사람도 적지 않았다. 1935년에는 급수지 일부를 이용한 시민
풀이 만들어져 종전 후 한때는 여기에 진주한 미군의 전용 풀장이 되었다.
창문을 열면 연못이 눈 앞에 펼쳐지는 환경을 살려 그가 젊었을 때는 현재
거실로 사용되는 공간에서 찻집을 열었다고도 한다. 그 흔적인지 집안도
역사의 무게감을 느끼게 하는 중후한 분위기로 가득 차 있어 마치 조용한
카페 안에 있는 듯한 아늑함을 느꼈다.

"할아버지는 서양화 그리는 것을 취미로 삼으셨기 때문에 처음에는 작업
실로 지으신 것으로 알고 있습니다."

그림이 화제에 오른 것도 흥미로웠지만, 더욱 놀란 것은 이 집에 오하라
야이치도 세 들어 살고 있었다는 것이었다. 요코타는 오하라를 '기코쿠 씨'
라고 부른다. "서양화를 취미로 하던 할아버지와 일본화를 그린 기코쿠 씨
는 그림을 좋아하는 사람들끼리 마음이 통하는 데가 있었을 겁니다. 기코
쿠 씨는 할아버지의 사촌 여동생과 결혼했는데 단순한 친척이라기보다는
친구 사이와 같은 관계였던 것으로 들었습니다. 기코쿠 씨가 죽은 것은 전
쟁이 끝난 1945년이니까, 그때 저는 4살. 물론 기억은 없습니다. 다만 기
코쿠 씨가 이 집에 살며 좋아하는 일본화를 그리고 있었다는 것만은 할아
버지에게서 들었습니다."

즉 이 집은 '기코쿠'의 작업실이기도 했다.

"이런 것도 남아 있어요." 요코타가 창고에서 꺼내 와 준 것은 기코쿠가
남긴 그림이었다.

하나는 방목된 소가 그려진 것이다. 전문가가 아닌 나로서는 얼마나 뛰

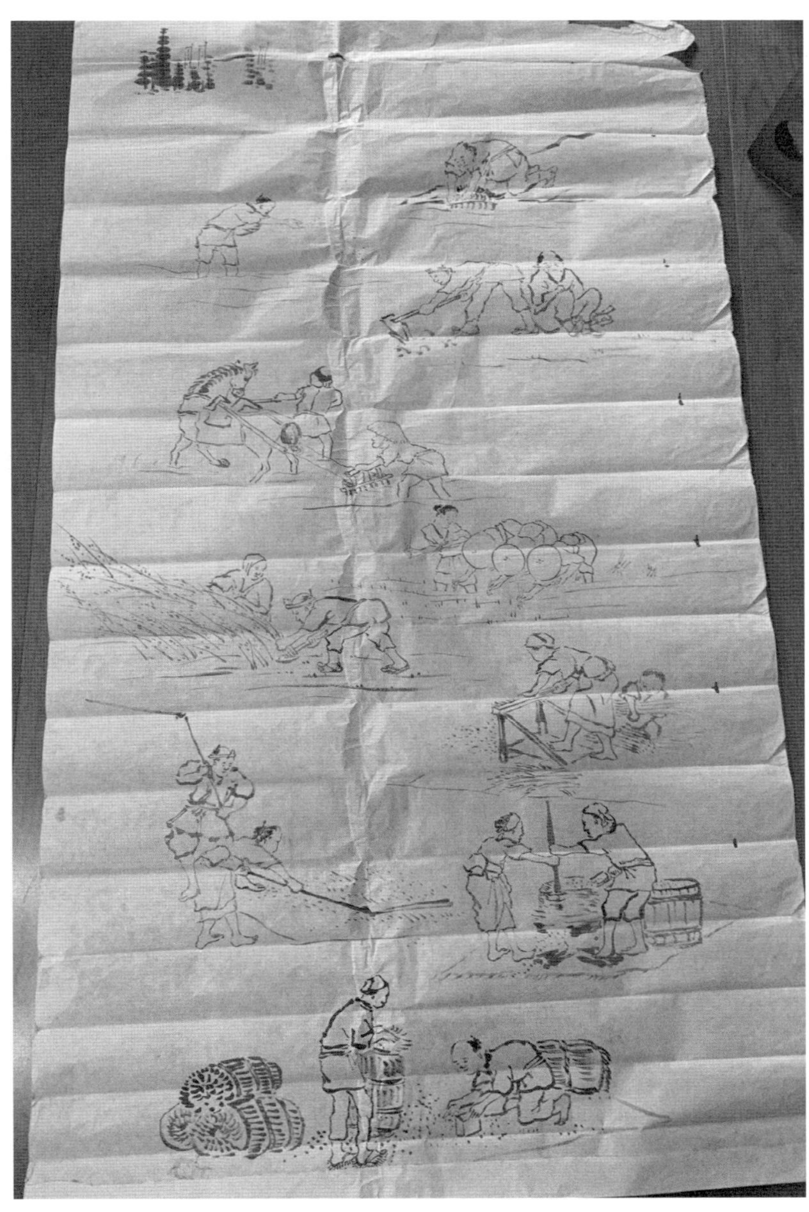

오하라 야이치가 남긴 그림

어난 것인지 평가할 수는 없다. 그래도 살집이 좋고 애교 있는 소의 표정은 어딘지 모르게 유머러스하고 점잔을 뺀 일본화와는 다른 독특한 '따뜻함'이 느껴졌다. 또한 농민을 그린 그림(밑그림)도 있었다. 탈곡 작업을 하는 자, 벼 추수를 하는 자, 흙을 가는 자, 말을 끄는 자 등이 에마키 풍으로 전개된다. 거기에 그려진 농민들의 모습은 지진 에마키에 그려진 사람들과 같은 터치이기도 했다. 곡선적이면서도 사실적인 인물의 움직임은 바로 기코쿠의 기법이다.

"기코쿠 씨는 이 집에서 그림을 그리며 살았다는데, 그것을 생업으로 삼은 것은 아니고 어디까지나 취미로 그리셨나 봐요."

'기코쿠' 즉 오하라에게는 아이가 있었던 것 같지만 지금은 어디에 있는지 요코타로서는 전혀 알 수 없다고 한다.

건네받은 기억의 바통

"그런데"하고 나는 말을 꺼냈다. 지진 에마키에 관한 것이다.

"기코쿠 씨는 학살 장면이 포함된 지진 에마키를 남겼습니다. 그것이 야후 옥션에 출품되었습니다. 그 그림에 대해 알고 계신 것이 있습니까?"

"출품자에 관해서는 전혀 짐작할 수 없네요. 기코쿠 씨로부터 그림을 넘겨받은 분 중 누군가가 내놓은 것이 아닐까요?"

"에마키를 기코쿠 씨가 그리고 있었던 것은 알고 있습니까?"

"저는 기코쿠 씨의 에마키에 대해서는 모릅니다. 하지만 지진이라는 말을 듣고 할아버지가 이야기해 주신 간단한 것이 떠올랐습니다."

그렇게 운을 띄우고 나서 요코타는 다음과 같이 설명했다.

"실은 지진 때에 할아버지 지에몬은 우연히 가나가와현에 사는 친척을 방문했습니다. 거기서 대지진을 겪은 거지요. 필설로 다할 수 없는 풍경을 본 것입니다. 고리야마에 돌아와서도 그 풍경을 잊을 수 없어 기록으로 남기고 싶다고 생각한 것 같습니다. 그래서 할아버지는 회화 동료 중 한 명에게 자신의 지진 기억을 전하고 에마키 그림을 그려달라고 하셨다고 합니다."

"그 회화 동료란 기코쿠 씨와는 다른 분입니까?"

"네. 그분은 '교쿠키玉鬼'라는 호를 가진 화가였습니다. 본명도 모르고 저도 만난 기억은 없어요. 단지 할아버지는 '교쿠키라는 대단한 화가가 있었다'라고 자주 몇 번이고 말씀하셨고 지진 그림을 그려 준 것도 알려주었습니다. 지진 에마키에 대해 제가 알고 있는 것은 그것뿐이에요."

아, 하고 나는 가슴속에서 작게 소리쳤다. 앞서 언급한 에마키에 있던 '기코쿠'가 쓴 「서문」을 떠올린 것이다. 거기에는 분명히 "'모 화백'이 그린 그림을 참고했다"라고 기록되어 있던 것이다. 이 '모 화백'이야말로 '교쿠키'가 아닐까? 다시 말해 지진의 학살 현장을 직접 본 것은 요코타 지에몬으로, 그것을 교쿠키가 에마키로 그리고, 더욱이 그것을 '참고'로 하여 오하라가 다른 에마키를 그렸다. 그런 추측이 성립되는 것이다. 그렇다면 '교쿠키'란 누구인가? 도쿄로 돌아온 나는 '교쿠키'에 대해 조사했지만, 결론부터 말하면 그 내력까지 도달하지는 못했다. 다만 국회도서관 등에서 '교쿠키' 그림에 대해 검색하면 전전 하이쿠 잡지 등에 '삽화'를 그린 '교쿠키'가 나오는데, 과연 그 인물이 지에몬의 친구인 '쿄쿠키'인지는 아직 확실하지 않다. 그러나 요코타의 이야기를 통해 지진 재해를 기점으로 하는 하나의 회로가 떠올랐다. 에마키에 그려진 리얼한 학살 현장은 아마도 지에몬이 본 것일 터이다. 그는 학살을 포함해 직접 본 지진의 지옥도와도 같은 모습에 충격을 받는다. 어떻게든 그것을 기록으로 남기고 싶다고 생각했다. 그래서 친구 '교쿠키'에게 그림을 의뢰했고, 더 나아가 그것을 본 '기코쿠'가 더욱 새로운 그림을 그려냈다.

교쿠키가 구체적으로 어떤 그림을 남겼는지는 알 수 없다. 하지만 기코쿠가 거기에 영향을 받았다고 한다면 그 역시 사실적인 학살 장면도 그려져 있었을 것이다. 학살의 생생한 사실은 이렇게 화가 사이에 전파됐다.

100년이라는 시간이 흐르고 우리는 그들의 충격을 공유하게 된 것이다. 기억의 바통bâton을 건네받은, 학살 그림을 찾아 헤맨 아라이가 취재 중에 나에게 한 말이다.

학살 사실은 그 대부분이 은폐되었다. 국가는 침묵했고 기록으로 남기는 일은 거의 없었다. 보도도 제한됐다. 가해자들도 입을 열지 않았고 지역은 피해자보다 가해자 지키기에 열을 올렸다. 많은 사람들이, 지역이, 국가가, 학살을 잊으려 했다. 아니, 지금도 잊기 위해, 없던 일로 하기 위해, 눈을 감고, 귀를 막고, 입에 손을 댄 자가 대부분이다. 하지만 그럼에도 학살 사실이 차례차례 밝혀져 온 것은 아라이가 말한 '바통'이 이어지고 있기 때문이다. 말하는 사람이 있다. 기록에 남긴 사람이 있다. 그것을 파헤친 사람이 있다. 그러한 사람들이, 바통을 누군가에게 맡기고, 그것이 또, 다음 세대에게 전달된다. 지금 바통을 손에 쥔 것은 나이고 우리이다. 바통은 분명 다음 세대로 이어질 것이다. '없던 일'로 만들고 싶어 하는 자가 나타나더라도, 기억 자체를 지울 수는 없는 것이다. 바통은 나의, 우리의 손안에 있다.

후기

　이에나카 요시오가 살해된 것은 지진 다음날인 9월 2일 오후 9시경이라고 여겨진다. 장소는 도쿄 신타니마치. 현재의 니시아사쿠사 주변이다. 센소지 뒤편, 고토토이거리와 국제거리가 교차하는 부근의 약간 서쪽이다. 지금은 맨션이나 사무용 빌딩, 해외여행객용 호텔이 늘어서 있다. 당시는 시영전차가 달리는 길을 따라 상점이 늘어서 있었다. 구석에 자리한 작은 재봉 가게에서 이에나카는 일했다.

　지진은 아사쿠사에도 큰 피해를 가져왔다. 아사쿠사 공원에 세워진 전망탑으로 '아사쿠사 12층'이라고도 불린 능운각凌雲閣은 붕괴했고 거리 대부분도 화재로 탔다. 아사쿠사 지구에서만 3천 명이나 되는 사람들이 죽었다고 한다. 동시에 학살 피해자가 많은 곳이기도 했다. 지진 직후부터 폭동 또는 우물에 독을 탔다는 유언비어가 아사쿠사 거리를 휩쓸었다. 자경단은 '불령의 무리'를 혈안이 되어 찾고 있었다. 거기에 운 나쁘게 나타난 것이 이에나카이다. 일터인 재봉 가게 근처에서 이에나카는 자경단 검문에 걸렸다.

　"50엔 50전이라고 해봐."

　이 책에서도 언급한 '조선인 식별법' 중 하나이다. 탁음을 제대로 발음하지 못하는 자는 조선인으로 간주 되었다. 이를 이에나카는 따라 할 수가 없었다. 이에나카는 도쿄농아학교(현재의 쓰쿠바대학 부속 청각특별지원학교) 졸업생으로 청각 장애자였다. 자경단이 무슨 말을 하는지 아마 이해할 수 없었을 것이다. 입 모양으로 말을 겨우 알아들었을지라도 정확한 발음으로 대답하기는 어려웠을 것이다. 그의 운명은 이 순간에 결정된 것이나 다름없다. 일본도에 베인 이에나카는 죽음을 맞이했다. 22살의 짧은 생애였다. 도쿄농아학교 기록을 확인하니 이에나카는 오사카 출신으로 6살 때 뇌타박상에 의해 청력을 잃었다. 1917년 데이메이 황후(쇼와 천황 어머니)가 이 학교를 시찰했을 때, 이에나카는 학생 대표로 선발되어 '어전음화御前音話'를 선보였다. 구화口話 발성도 다소는 가능했을 터이다. 『쓰쿠바대학 부속 농학교 동창회사』에는 이에나카에 대해 "그는 난청으로 말이 가능한 사람"이었다는 동급생의 증언이 기록되어 있다. 동급생은 또 "그는 키가 크고 마른 체형. 외모가 수상했는지 눈에 띄었다. 그리고 조선인이 아닌가 하는 의심을 받아 죽임을 당했다. 일본도에 싹둑 베였다"라고 얘기한다.

사건 이듬해 교장은 전교생을 앞에 둔 훈화 말씀 중 지진 시에 죽은 학생들 이름을 하나하나 불렀으나, 이에나카에 대해 "선인으로 오해받아 살해"라고 했을 뿐 더 이상의 언급은 없었다. 교장은 지진으로 죽은 모든 학생을 '불행한 분들'이라고 했다.

꿈에도 생각지 못했던 재앙이 닥쳤다는 의미에서는 분명 '불행'이었을지도 모른다. 하지만 이에나카는 운이 나빠서 죽임을 당한 것이 아니다. 그는 지진에서 살아남았다. 그럼에도 죽임을 당했다. 일본도로 '싹둑' 베인 것은 장애인이었기 때문이다. 자경단의 목적이 무엇이든 간에 장애가 없었다면 이에나카는 죽임을 당하지 않았다.

일련의 취재와 조사를 되돌아보면, 학살의 실상이 분명히 보인다. 사회가 위기에 처하고 살의가 싹틀 때 희생당하는 것은 가장 약한 위치에 있는 사람들이라는 사실이다. 더구나 살의는 어느 날 갑자기 하늘에서 내려온 것도 땅에서 솟아난 것도 아니다. 사회는 '적'이 누구인지를 학습해 왔다. 아니, 학습 당해왔다. 지진 전부터 죽임을 당할 자가 선별 되어왔다. 일본 사회는 죽여야 할 상대를 확실히 정해 왔다. 사람들은 그러한 시대의 공기를 마음껏 호흡했고 희생자를 낳았다. 결코 지진 직후의 혼란만이 학살의 요인은 아니다. 일본 사회는 이미 쌓인 마른 장작이나 다름없었다. 지진은 발화 장치의 하나일 뿐이다. 성냥 하나로 장작은 순식간에 불이 붙고 들판에 번져 사상 초유의 비극을 몰고 왔다.

몇 번이고 반복한다. 학살을 부추긴 것은 차별과 편견이다. 국가권력이 차별과 편견을 사회에 각인시켰고 적지 않은 사람들이 이를 받아들였다. '일본'이 죽인 것이다. 조선인도, 중국인도, 이에나카 같은 장애인도.

1924년 2월 발행된 월간지 『식민』은 「선인학살비판」이라는 특집으로 구성되어 있다. 일본의 식민주의를 뒷받침하는 매체이기는 하지만 그런 관점에서조차 학살을 비판하지 않을 수 없었을 것이다. 특집에는 당시 '식자'에 의한 엄중한 비판이 보인다. 잡지 발행처 일본식민통신사 사장 나이토 히데오는 "논란의 여지가 없다"며 "진심으로 일본인으로서 미안한 일을 저지르고 말았다. 솔직하게 사과하는 것이 좋다. 아무런 변명도 필요 없다"고 썼다.

이밖에 저널리스트 하세가와 뇨제칸은 "요컨대 오늘날까지의 민족적 교양의 결함을 교정하는 것이 중요합니다", 만철 이사 마쓰오카 요스케도 "야마토 민족이 자성하고 국제적, 세계적 수양을 더 쌓을 필요가 있음을 통감"한다고 했다.

또한 재해지 도쿄를 대표해 도쿄시 사회교육과장 오사코 모토시게는 "지진에 있어 선인 학살 사건에 직면하여 우리들은 무슨 말로써 선인鮮人 제군에게 사죄하면 좋을지를 모르겠습니다. 너무나 참혹하고 무자비하며 사려 깊지 못하여 천인공노 오래도록 용서하기 어려운 죄악이라고 생각합니다. 일본인은 근본적으로 거듭나 새로 시작하지 않으면 안 됩니다. 회개해 전적으로 그들에 대한 잘못된 사념邪念, 사정邪情을 일소하며, 사죄의 마음을 잊지 않고 그들의 행복을 위해 모든 방법을 강구 할 필요가 있습니다."라고 말했다. 오사코는 그 후 미야자키 시장이 되어 현재의 시장을 제정한 인물로서도 알려져 있다. 그 오사코는 "천인공노 오래도록 용서하기 어려운 죄악"이라며 조선인 학살을 단죄했고, 일본인들은 "근본적으로 거듭나 새로 시작하지 않으면 안 됩니다"라고 했다. 그런데, 일본인은 '새로 시작'했는가? 지진으로부터 100년이 지난 현재의 일본을 보면, 근본적으로 거듭나는 것도, 새로 시작하는 것도, 전혀 실현하지 못했음을 충분히 알 수 있을 것이다.

이 책에서도 종종 언급했듯이 헤이트스피치는 항간에 넘쳐나고, 조선학교 습격, 자이니치 코리안 집주지역 방화, 자이니치 코리안 협박 등 증오 범죄도 끊이지 않는다. 중국인 배제를 가게 앞에 내건 음식점이 있고, 거리에 '폭지응징' 현수막을 내걸고 세를 과시하는 듯한 차별 시위도 반복되며, 중국인 주민이 많은 단지 게시판에는 배척을 호소하는 전단이 붙는다. 휠체어를 사용하는 장애인이 이동의 자유를 호소하면, SNS에서는 금세 "제멋대로네" "분수를 알라" 등의 글이 잇따르고 "정상인을 괴롭히지 마라"라는 이치에 어긋나는 주장에도 많은 찬성이 따른다.

차별의 '표적'은 거기서 그치지 않는다. 예를 들어 사이타마현 남부에서는 쿠르드인 배척을 주장하는 차별 시위도 빈발하고 있다. 쿠르드인이 운영하는 음식점을 괴롭힐 목적으로 '직격'하는 사람도 적지 않다. 다시 새로 시작하기는커녕 후퇴하고 있다. 지진 직후 학살조차도 정부는 "기록이 없다"라며 모르는 척하는 것이다. '사념, 사정'은 일소는커녕 더욱 커지고 있다. 그렇기에 나는 학살 현장을 돌아다녔다. 취재하면서 과거를 직시하고 과거의 죄악을 확인하며 다시는 무도한 길을 걷지 않겠다고 다짐했다. 아무리 욕을 먹더라도 결코 외면해서는 안 될 사실이 있다고 호소하고 싶었다. 과거와 현재는 단절되지 않고 계속되고 있다. 경치는 변해도 불합리한 폭력을 안은 채 시계는 계속 돌아간다. 폭력을 발동시키는 차별을 이제는 끊어야 한다. 나는 목소리가 지속되는 한, 사고가 멈추지 않는 한, 차별을 그만하라고 외친다.

여기서 이 책 첫머리 장소로 돌아가 보자. 도쿄 스카이트리가 보이는 장소, 많은 사람이 거꾸로 처박힌 아라카와 하천 부지이다. 학살 100년째인 2023년 9월 2일. 이곳에서 학살 희생자 추도식이 열렸다. 주최자는 20~40대 일본인과 자이니치 코리안 등으로 구성된 그룹 「백년百年」이다. 이들은 수많은 목격 증언과 수기를 번갈아 낭독했다. 젊은이들의 목소리가 울린다. 죽임을 당한 자들의 마음이 이야기된다. 여름풀로 뒤덮인 강변에 처참한 광경이 떠오른다.

추도식 마지막에 「백년」 멤버는 자신의 마음을 호소했다. 젊은이들이 엮은 시를 그대로 인용하고 싶다.

'당신'은 누구입니까.

당신은 어떤 생활을 하고, 무엇을 좋아하고, 어떤 사람과 함께 있습니까?

당신에 대해 우리는 아무것도 모릅니다.

'당신'은 누구입니까?

100년 전 당신을 이 장소에서 상상하고 싶다.

생활의 연장선상에서 이웃 사람이 죽거나 죽인 것

어쩌면 당신이 옆에 있었을지도 모른다는 것

어쩌면 옆에 있는 당신이 없었을지도 모른다는 것

우리는 지금 여기에 있다.

당신도 분명히 이 장소에 있었다.

이름을 모르는 당신에게

'당신'은 누구입니까.

내년에도 또 여기서 당신을 만나고 싶어

나 또한 모르는 '당신'을 생각하며 취재를 계속했다.

죽임을 당한 '당신', 죽인 '당신'을 생각하며. 학살로 이끈 참혹한 시대의 레일을 상상하며.

　그런 시대가 다시는 오지 않기를 바라며.

○

　이 책을 출판하는 데에 많은 분들의 협력을 받았다.

　우선은 오래전부터 자료 발굴, 연구, 취재를 거듭해 온 선행자에게 경의를 표하고 싶다. 지진 학살을 직접 경험한 사람은 지금은 거의 없다. 당사자가 생존하지 않는 지금 나는 남겨진 기록에 기댈 수밖에 없었다. 국가, 행정이 학살 사실을 은폐, 축소해 온 가운데, 엄청난 고생을 거듭했다고 생각한다. 정말 고개가 숙여진다. 또 취재에 응해 준 모든 관계자에게 감사하고 싶다. 일본 각지에서, 한국에서, 많은 사람으로부터 귀중한 이야기를 들었다. 자료도 제공받았다. 진상규명을 위해 꾸준히 진지하고 정력적으로 일해 온 사람의 존재야말로 사회의 재산이라고 나는 생각한다.

　더욱이 취재가 막혔을 때 살며시 도와준 기자 동료들에게도 감사의 인사를 전하고 싶다. 도움이 됐으면 좋겠다고 자료를 제공해 준 기자, 취재하고 싶은 사람의 연락처를 찾아 준 기자, 취재 중개를 해 준 작가 친구도 있다. 언론출판계 내에서 고립되는 일이 많은 그런 나로서도 이러한 후의에 도움을 받는 장면이 많이 있었다. 그리고 역시 '동지'로서 필사적으로 같이 뛰어준 중앙공론신사 논픽션편집부 가나자와 도모유키에게 진심 어린 감사를 전하고 싶다. 지진 학살에 대해 써 보지 않겠느냐는 그의 말에 취재는 시작되었다. 2023년 초의 일이다. '간토대지진 100년'에 맞춰 그해 9월 발간할 예정이었지만 방대한 자료, 광범위한 취재처를 앞두고 그 계획은 무너졌다. 미안하면서도 그러나 섣불리 타협하기는 싫었다. 내 이기심을 봐줬을 뿐만 아니라 끝까지 함께 해 준 가나자와의 존재가 나를 지탱해 줬다.

○

이 책에 도움을 준, 혹은 상관하지 않을 수 없었던 여러분, 감사합니다.
그리고 이 책을 손에 든 독자 여러분 감사합니다. '학살의 시대'를 반복하
지 않는 사회를 함께 만들어 갈 수 있으면 좋겠습니다.

야스다 고이치

주요 참고문헌 및 자료

정부 및 지자체 간행물

柏市史編さん委員会編『柏市史 近代編』柏市教育委員会，2000年

神奈川県警察部編『大正大震火災誌』 1926年

神奈川県史編集委員会編『神奈川県史研究(1971年11月号』神奈川県県民部県史編集室，1971年

群馬県多野郡教育会編『群馬県多野郡誌』1927年

警視庁編 『大正大震火災誌』 1925年

埼玉県北足立郡役所編 『埼玉県北足立郡大正震災誌』 昭文堂，1925年

中央防災会議『1923関東大震災報告書 第2編』中央防災会議災害教訓の継承に関する専門調査会，2009年

東京百年史編集委員会編『東京百年史 第4巻』 1972年

西郷村総務課編『西郷村立村百年史』 1989年

本庄市史編集室編『本庄市史 通史編3』 1995年

横浜市役所市史編纂係『横浜市震災誌 第四冊』 1927年

横浜市編『横浜市史 第五巻(下)』1976年

横浜地方裁判所編『横浜地方裁判所震災略記』 1935年

寄居町教育委員会町史編さん室編『寄居町史 通史編 1986年

외국정부, 민간단체

中華民国政府『日本震災惨殺華僑案』 1923~25年

日本弁護士連合会人権擁護委員会『関東大震災人権救済申立事件調査報告書』2003年

일반 간행물 (개인출판 포함)

『綾川武治　述　埼玉県自警団事件経過真相』（私家版）

石井光次郎『回想八十八年』カルチャー出版社，1976年

猪上輝雄　『藤岡での朝鮮人虐殺事件──関東大震災（一九二三年）』（私家版），1995年

大内力『埋火──大内力回顧録』　御茶の水書房，2004年

大宅壮一編，正力松太郎『悪戦苦闘』　早川書房，1952年

郭基煥『災害と外国人犯罪流言──関東大震災から東日本大震災まで』松籟社，2023年

加藤直樹『九月、東京の路上で──1923年関東大震災　ジェノサイドの残響』ころから，2014年

加藤直樹『トリック──「朝鮮人虐殺」をなかったことにしたい人たち』　ころから，2019年

関東大震災五十周年朝鮮人犠牲者追悼行事実行委員会編　『歴史の真実　関東大震災と朝鮮人虐殺』　現代史出版会，1975年

関東大震災六十周年朝鮮人犠牲者調査追悼事業実行委員会編　『かくされていた歴史──関東大震災と埼玉の朝鮮人虐殺事件』　1974年（増補保存版1987年）

姜徳相　『関東大震災』　中公新書，1975年

姜徳相・琴秉洞編『現代史資料6　関東大震災と朝鮮人』　みすず書房，1963年

姜徳相・山本すみ子共編　『神奈川県関東大震災朝鮮人虐殺関係資料』　三一書房，2023年

絹田幸恵　『荒川放水路物語　新版』　新草出版，1992年

キムジョンス文，ハンジョン絵『飴売り具學永──関東大震災で虐殺された一朝鮮人青年の物語』，　山下俊雄・鍬野保雄・稲垣優美子訳，　展望社，2022年

後藤周『それは丘の上から始まった──1923年横浜の朝鮮人・中国人虐殺』　ころから，2023年

佐藤冬樹『関東大震災と民衆犯罪——立件された一一四件の記録から』筑摩選書，2023年

鈴木忠純『神奈川方面警備部隊法務部日誌』 1923年

関原正裕『関東大震災 朝鮮人虐殺の真相——地城から読み解く』 新日本出版社，2023年

田中正敬， 専修大学関東大震災史研究会編 『地域に学ぶ関東大震災——千葉県における朝鮮人虐殺その解明・追悼はいかになされたか』 日本経済評論社，2012年

田原洋『関東大震災と中国人——王希天事件を追跡する』 岩波現代文庫，2014年

千葉県における関東大震災と朝鮮人犠牲者追悼・調査実行委員会編 『いわれなく殺された人びと——関東大震災と朝鮮人』 青木書店，1983年

千葉福田村事件真相調査会編 『歴史の闇にいま光が当たる 福田村事件の真相』 2001年

朝鮮大学校編 『関東大震災における朝鮮人虐殺の真相と実態』 1963年

辻野弥生 『福田村事件——関東大震災・知られざる悲劇』 崙書房，2013年（改訂版，五月書房新社，2023年）

中島司 『震災美談』 1924年

仁木ふみ子 『震災下の中国人虐殺——中国人労働者と王希天はなぜ殺されたか』 青木書店，1993年

西崎雅夫編『〈増補百年版〉 関東大震災朝鮮人虐殺の記録——東京地区別1100の証言』 現代書館，2023年

『20世紀を動かした人々 第15巻』 講談社，1963年

朴股植，姜徳相訳注 『朝鮮独立運動の血史1』 平凡社，1979年

朴慶南『ポッカリ月が出ましたら』 三五館，1992年

比嘉春潮 『沖縄の歳月——自伝的回想から』 中公新書，1969年

藤沼庄平 『私の一生』（非売品）1957年

ほうせんか編著『風よ風仙花の歌をはこべ——関東大震災・朝鮮人虐殺・追悼のメモランダム』増補新版，ころから，2021年

山田昭次『関東大震災時の朝鮮人虐殺——その国家責任と民衆責任』　創史社，2003年

吉河光貞　『関東大震災の治安回顧』　法務府特別審査局，1949年

吉村昭　『関東大震災』　文春文庫，1977年

渡辺延志『関東大震災「虐殺否定」の真相——ハーバード大学教授の論拠を検証する』ちくま新書，2021年

이밖에 당시 신문과 잡지, 민간·시민 단체, 교육기관 등에 의한 자료를 참조했다.

옮긴이의 말

　　일본근대문학을 전공한 나는 박사학위논문에서 1920-30년대 일본의 모더니즘 문학을 주로 다루었다. 요코미쓰 리이치, 가와바타 야스나리로 대표되는 신감각파의 등장을 가능하게 한 것은 간토대지진이 가져온 사회의 변화였다. 도쿄 남부와 요코하마에 걸친 지역을 궤멸시킨 대지진으로 인해 도시의 모습은 마침 찾아온 건축양식의 전환과 맞물리며 극적인 변화를 맞이한다. 이처럼 간토대지진이 일본 근현대사를 구분 짓는 큰 사건이었음은 너무나도 잘 알고 있었다. 더욱이 당시 '조선인 학살'이 있었음은 전공을 떠나 한국인으로서 어렸을 적부터 익히 들어 알고 있는 사실이었다. 하지만 부끄럽게도 1923년 그날의 '실상'을 제대로 접하고 100년 후 현재의 '아픔'에 진정 공감하게 된 것은 이 책을 통해서였다. 이런 소중한 경험에 징검다리가 되어 주신 김석희 선생님과 마르코폴로 김효진 대표님께 감사드린다.

　　이 책의 저자 야스다 고이치의 이름을 처음 알게 된 것은 『거리로 나온 넷우익: 그들은 어떻게 행동하는 보수가 되었는가(원제는 ネットと愛国—在特会の「闇」を追いかけて)』(후마니타스, 2013년)를 통해서였다. 당시 '일본' 연구자 선생님과 작은 독서회를 하고 있었는데 한 명씩 돌아가며 한 권씩을 추천하는 가운데 만나게 되었던 기억이 난다. 재일 특권을 인정하지 않는 시민 모임, 이른바 재특회에 대한 심층 취재를 통해 일본 사회의 '어둠'을 들여다본 노작이었다. 지금 뒤돌아보면 일본 사회 내에 존재하는 차별 문

508

제에 관심을 두게 된 저자가 1923년에 일어났던 '지진과 학살'이라는 주제를 다루게 된 것은 너무나도 당연하게 생각된다. 가끔은 연구자로서 보다 철저한 고증이 필요하다고 느껴지는 부분도 있었으나, 번역하는 내내 학자의 점잔 뺀 연구와는 다른 기자 출신 르포라이터의 날것이 주는 힘을 느낄 수 있었다. 100여 년 전 그날-그곳과 지금-여기를 헤아릴 수도 없이 왕복한 저자의 순수한 열정이 많은 이들에게 가닿기를 바란다.

1923년 9월 1일 간토대지진이 일어났고 조선인 학살이 벌어졌다. 경찰은, 군대는, 자경단은 무고한 조선인을, 중국인을, 그리고 일본인을 죽였다. 그러한 학살의 현장은 매우 광범위했다. 저자는 도쿄 야히로·요코아미초·신주쿠·가메이도, 지바 후나바시·나라시노·야치요·노다, 사이타마 요리이·오미야·진보하라·혼조, 가나가와 요코하마, 군마 후지오카, 니가타 쓰난마치, 오사카 히라카타, 후쿠시마 니시고무라는 물론이고 바다 건너 한국에까지 학살과 관련한 취재와 인터뷰를 위해 일일이 방문하는 수고를 아끼지 않았다. 역자인 나로서는 처음 접하는 지명도 있었고 유학 경험을 통해 익히 알고 있던 동네도 있었지만, 그곳이 어디든 역사적 기억이 켜켜이 쌓인 어쩌면 새로운 장소로 다가오게 되었음은 물론이다.

당시 조선인은 '불령선인不逞鮮人'이라 불렸다. 왜 조선인을 이런 눈으로 바라보게 된 것일까? 이는 조선인들이 실제로 일본 제국을 전복하려는 '불령한' 테러리스트라서라기보다는 조선을 식민화함으로써 결국 일본인 자신이 근원적으로 품게 된 불안에서 유래한 것임에 틀림없다. 절대 원인이 자신에게 있으면서 그것을 타자에게 부여하고 제거하려는 이상한 편견과 혐오와 차별의 구조가 여기에는 존재한다. 이러한 가운데 발생한 지진은 '학살'의 방아쇠에 지나지 않았다. 지진이 초래한 혼란이 조선인을 죽인 것이 아니라 일본 사회 내에 뿌리박힌 멸시와 차별이 학살로 이끌었다. 더욱이 주로 자경단원에 의한 우발적 사건으로 알려진 것과는 달리 실제로는 그 배경에 정부기관에 의한 공식적인 '통달' '전문'이 존재하며 군대와 경찰이 직접적으로 연루되어 있었다. 저자는 이 책에서 간토대지진 시의 학살이 국가 폭력이라는 점과 혼란 속에서 돌발적으로 발생한 일이 아니라는 점을 강조한다.

일상의 멸시와 혐오와 차별이 위급 상황에서 학살로 이어진다. 이러한 정신 구조를 바꾸지 않는 한 역사는 어디서든 반복될 수 있다. 1923년 9월 1일 간토대지진이 일어났고 조선인 학살이 벌어졌다. 이런 일이 21세기에는 일어나지 않을 거라고 단언할 수 있는가? 아니, 일어날 수 있다. 그리고 실제로 일어났다. 2025년 대한민국 서울 한복판에서 벌어진 일이다. 윤석열 대통령 탄핵 반대 집회에서 "중국인 꺼져라" 너 중국인처럼 생겼는데 "한국말 해봐"라고 봉변당하는 일이 있었다(https://joongang.co.kr/article/25308441). 이것이 1923년 지진 직후 "15엔 50전" 일본어 발음을 검사받았던 것과 무엇이 다른가? 단지 자신이 조선인이라는 이유만으로, 중국인이라는 이유만으로, 혹은 일본인이라는 이유만으로, 다시 말해 ○○인이라는 이유만으로 누구든 배제와 죽임의 대상이 될 수 있다는 것. "죽이지 않기 위해. 안 죽으려고. 안 죽이게 하려고. 그리고 사회를 망치지 않기 위해" 그런 생각으로 저자는 지진 100년, 아니 학살 100년의 현장을 돌았고, 역자인 나 또한 그런 마음으로 이 책을 번역했다.

오카와 쓰네키치는 쓰루미 경찰서장으로서 지진 때 많은 조선인과 중국인의 생명을 구했다. 그를 기리는 현창비가 재일조선한국인들의 손으로 요코하마시 동점사에 세워져 있다. 이 책을 번역하면서 가장 인상 깊었던 것은 현재 70대인 그의 손자가 한 말이다. "경찰관이니까 당연한 행동이라고 생각해요." "도움을 준 행위 자체는 평가받아도 좋지만, 특별히 아름답게 말해질 필요도 없다고 생각해요. 중요한 건 조선인이 학살당했다는 사실입니다. 그 일을 잊어서는 안 되고, 경찰관 한 명의 행위로 일본 사회의 가해

자체가 면죄받을 수도 없습니다. 전해야 할 중요한 것은 따로 있다고 생각합니다." 누군가를 차별하거나 혐오하거나 괴롭히거나 죽이거나 하지 않는 '당연한 행위'와 '당연한 말'이 '당연한 일'이 되는 세상이기를 바란다. 이런 책을 쓸 필요도 번역할 필요도 없는 세상 말이다.

지진과 학살 1923~2024

1판 1쇄	2026년 3월 1일

지은이	야스다 고이치
옮긴이	김태경
편집	김효진
교열	이수정
디자인	최주호
펴낸곳	마르코폴로
등록	제2021-000005호
주소	세종시 다솜1로9
이메일	laissez@gmail.com
페이스북	www.facebook.com/marco.polo.livre

ISBN	979-11-24110-12-6

책 값은 뒤표지에 있습니다. 잘못된 책은 교환하여 드립니다.